Kaiser | Leesmeister
Einführung in die VOB/C
Basiswissen für die Praxis

EINFÜHRUNG IN DIE
VOB/C
BASISWISSEN FÜR DIE PRAXIS

Rechtsanwalt Dr. Stefan Kaiser
Fachanwalt für Bau- und Architektenrecht

Rechtsanwalt Dr. Christian Leesmeister
Fachanwalt für Bau- und Architektenrecht

Werner Verlag 2014

Bibliografische Information Der Deutschen Nationalbibliothek
Die Deutsche Nationalbibliothek verzeichnet diese Publikation in der Deutschen
Nationalbibliografie; detaillierte bibliografische Daten sind im Internet
über http://dnb.d-nb.de abrufbar.

ISBN 978-3-8041-4095-0

Die DIN-Normen sind wiedergegeben mit Erlaubnis des Deutschen
Instituts für Normung e.V. Maßgebend für das Anwenden der Norm
ist deren Fassung mit dem neuesten Ausgabedatum, die im
Beuth Verlag GmbH, Burggrafenstraße 6, 10787 Berlin, erhältlich ist.

www.werner-verlag.de
www.wolterskluwer.de

Alle Rechte vorbehalten.

© 2014 Wolters Kluwer Deutschland GmbH,
Luxemburger Straße 449, 50939 Köln.
Werner – eine Marke von Wolters Kluwer Deutschland GmbH.

Das Werk einschließlich aller seiner Teile ist urheberrechtlich geschützt.
Jede Verwertung außerhalb der engen Grenzen des Urheberrechtsgesetzes
ist ohne Zustimmung des Verlages unzulässig und strafbar. Das gilt insbesondere für Vervielfältigungen, Übersetzungen, Mikroverfilmungen und die
Einspeicherung und Verarbeitung in elektronischen Systemen. Zahlenangaben
ohne Gewähr.

Verlag und Autoren übernehmen keine Haftung für inhaltliche oder drucktechnische Fehler.

Umschlagkonzeption: futurweiss kommunikationen, Wiesbaden
Satz: Satz-Offizin Hümmer GmbH, Waldbüttelbrunn
Druck und Weiterverarbeitung: Williams Lea & tag GmbH, München

Gedruckt auf säurefreiem, alterungsbeständigem und chlorfreiem Papier.

Für Stephanie und Christine

Vorwort

Dieses Buch soll alle ansprechen, die im Rahmen von Studium oder Beruf grundsätzliches Verständnis für die VOB Teil C und ihre besondere Stellung im Bauvertragsrecht und in der Baupraxis benötigen. Es richtet sich nicht nur an Studenten der Fachrichtungen Jura, Bauingenieurwesen oder Architektur, sondern insbesondere auch an Rechtsanwälte, Justiziare, Richter, Bauingenieure, Baukaufleute, Projekt- und Bauleiter sowie Projektsteuerer.

Unsere kurze, aber mit viel Inhalt gefüllte Einführung in die VOB/C ersetzt weder ein Lehrbuch noch einen Kommentar – und das soll sie auch gar nicht: Ziel dieser Einführung ist vielmehr, den Leser in übersichtlicher und komprimierter, leicht verständlicher und schnell lesbarer Form in das Bauvertragsrecht der VOB/C mit ihren zahlreichen DIN-Normen (ATV) einzuführen und die so wichtige erste Information und Orientierung zu geben; gleichwohl erfüllt das Buch den praxisnotwendigen wissenschaftlichen Anspruch, nicht zuletzt durch die zahlreichen Verweise und Quellenangaben im Text.

Das Buch enthält praktische und wissenschaftliche Informationen zur Entwicklung von Gesetz und Rechtsprechung. Die insgesamt zwölf Kapitel A bis L behandeln für die VOB/C vor allem ihre Entstehung und Fortschreibung, ihre mannigfaltige Rechtsnatur, ihre Geltung und Einbeziehung in den Bauvertrag, Inhalt, Aufbau und Systematik, für den Praktiker hilfreiche Vorgaben für das Aufstellen einer Leistungsbeschreibung und Vorgaben für die Abrechnung, Auslegungshilfen in Bezug auf den geschuldeten Leistungsumfang (vertragliches Bau-Soll), ihre positiven Auswirkungen auf die Qualitätssicherung der Bauleistung, genehmigungs- und ausführungsplanungsrelevante Hinweise, diverse konkretisierte Rechtspflichten der Bauvertragsparteien und vieles mehr.

11 ausführliche praxisrelevante Arbeitsbeispiele mit Lösungen sowie viele kleine Textbeispiele dienen dem Verständnis für rechtliche und bautechnische Zusammenhänge.

Der Text ist auf dem neuesten Stand der Rechtsprechung und Literatur – der Leser ist also mit unserer 1. Auflage gleich up to date. Es gibt eine Fülle wichtiger BGH- und OLG-Entscheidungen, die man kennen muss und die eingearbeitet sind.

Bevor wir mit der eigentlichen Einführung beginnen, legen wir dem Leser die in den Rdn. 1 bis 30 abgedruckten und von uns kommentierten »10 wichtigsten Entscheidungen der letzten Jahre« zur VOB/C sowie die für alle Kapitel allgemeingültigen wichtigen »Prinzipen« (Rdn. 31 bis 43) nahe. In diesem Zusammenhang bedanken wir uns bei unserem wissenschaftlichen Mitarbeiter, Herrn Ass. jur. Richard Krieger, Kapellmann Rechtsanwälte, für seine hilfreiche und effektive Mitarbeit.

Auch weisen wir auf den umfangreichen und besonders praxisdienlichen Anhang hin, der nicht nur den vollständigen Text der DIN 18299 und das Verzeichnis der übrigen VOB/C-DIN-Normen beinhaltet, sondern insbesondere auch tabellarische ATV-Inhaltsübersichten, die dem Leser zu den einzelnen DIN 18299 bis 18459 kurze, übersichtliche Inhaltszusammenfassungen zu Neben- und Besonderen Leistungen, Abrechnungsfragen und so weiter geben und dabei relevante Gemeinsamkeiten und Unterschiede aufzeigen.

Solides juristisches Wissen gerade in speziellen Rechtsgebieten wie dem privaten Baurecht mit seiner VOB/B und VOB/C schafft Sicherheit im Rechtsgefühl und ist die Grundlage für praktisch richtiges Handeln. Die Einführung in die VOB/C bietet hierfür die aktuelle, fundierteste und kürzeste Möglichkeit, den Leser insoweit auf den neuesten Stand zu bringen.

Darin liegt der Sinn dieses Einführungsbuches.

Anregungen und Kritik nehmen wir im Hinblick auf die 2. Auflage gerne entgegen.

Mönchengladbach, Mai 2014

Dr. Stefan Kaiser	Dr. Christian Leesmeister
Rechtsanwalt	Rechtsanwalt
Fachanwalt für Bau- und Architektenrecht	Fachanwalt für Bau- und Architektenrecht

Bearbeiter

Dr. jur. Stefan Kaiser
Rechtsanwalt,
Fachanwalt für Bau- und Architektenrecht
Kapellmann Rechtsanwälte, Mönchengladbach

Dr. jur. Christian Leesmeister
Rechtsanwalt,
Fachanwalt für Bau- und Architektenrecht
Kapellmann Rechtsanwälte, Mönchengladbach

Inhaltsverzeichnis

	Rdn.	Seite
Kurzkommentar: Die zehn wichtigsten Urteile der letzten Jahre	1	1
Prinzipien	31	15

A. **Allgemeines** 44 17
   I. Die Bedeutung der VOB/C für die am Bau Beteiligten . 44 17
   II. Entstehung und Fortschreibung der VOB/C 55 20
   III. Verfahrensgang bei der Fortschreibung oder Entstehung einer ATV-DIN-Norm der VOB/C 66 23

B. **Die Rechtsnatur der VOB/C** 71 25
   I. Die VOB/C als Rechtsnorm 71 25
   II. Die VOB/C als Allgemeine Geschäftsbedingung 78 27
   III. Die VOB/C als anerkannte Regel der Technik 79 28
   IV. Die VOB/C als Gewohnheitsrecht 85 30
   V. Die VOB/C als Verkehrssitte, Handelsbrauch oder baugewerbliche Übung 86 30
   VI. Die VOB/C als Auslegungshilfe 93 31

C. **Geltung und Einbeziehung der VOB/C** 95 33
   I. Grundlegendes: Unterschiede bei den Bauvertragstypen 97 34
     1. Beim VOB-Bauvertrag 98 34
     2. Beim BGB-Bauvertrag 103 36
   II. Zeitpunkt und Umfang 108 37
   III. Geltungsreihenfolge 111 38
   IV. Auswirkungen des AGB-Rechts auf die Geltung 115 39
     1. Allgemeine Geschäftsbedingungen, § 305 Abs. 1 BGB 115 39
     2. AGB-rechtlich wirksame Einbeziehung, §§ 305 Abs. 2, 305a–305c BGB 118 40
       a) »Bauprofi« als Vertragspartner 119 40
       b) »Baulaie« als Vertragspartner 120 41
     3. Inhaltskontrolle und Wirksamkeit (»Geltung«), §§ 306–310 BGB 124 42
       a) Einleitung 124 42
       b) »Umgehung« der Klauselkontrolle – Privilegierung der VOB/B und VOB/C? 129 43
       c) Maßstab für die Beurteilung der Unwirksamkeit 132 44
         aa) Grundlegendes 132 44
         bb) Ausgewählte Beispiele für die Entwicklung des »richtigen Gespürs« 134 45
       d) Rechtsfolge der Unwirksamkeit, § 306 BGB 137 48
   V. Geltungsbereiche der verschiedenen ATV 139 48

	VI.	Abbildungen	143	50
D.	**Inhalt und Aufbau der VOB/C**		144	51
	I.	Systematik	146	51
		1. Allgemeines	146	51
		2. Abschnitt 0 »Hinweise für das Aufstellen der Leistungsbeschreibung«	149	52
		3. Abschnitt 1 »Geltungsbereich«	155	53
		4. Abschnitt 2 »Stoffe, Bauteile«	162	54
		5. Abschnitt 3 »Ausführung«	164	54
		6. Abschnitt 4 »Nebenleistungen, Besondere Leistungen«	166	55
		7. Abschnitt 5 »Abrechnung«	169	55
	II.	Die DIN 18299 als Grundlage für alle Bauleistungen	173	55
	III.	Die verschiedenen ATV der VOB/C	177	56
		1. Umfang	177	56
		2. Gemeinsamkeiten und relevante Unterschiede	188	60
	IV.	Die weitergehenden Fach-DIN-Normen (außerhalb der VOB/C)	206	64
		1. Allgemeines	206	64
		2. »DIN-Normen-Ketten« (Konkrete Beispiele)	211	65
		3. Auffinden aller für die jeweilige Bauleistung einschlägigen DIN-Normen	215	67
		4. Andere »technische Regelwerke«	218	68
	V.	Abbildungen	220	69
E.	**Vorgaben der VOB/C für das Aufstellen der Leistungsbeschreibung**		221	70
	I.	Allgemeines	221	70
	II.	Angaben zur Baustelle	232	73
	III.	Angaben zur Ausführung	268	86
	IV.	Einzelangaben	290	95
		1. Einzelangaben bei Abweichungen von den ATV	290	95
		2. Einzelangaben zu Nebenleistungen und Besonderen Leistungen	295	96
	V.	Angaben zur Abrechnung	299	97
F.	**Vertragliches Bau-Soll und Leistungsumfang – Auslegung anhand der VOB/C**		300	97
	I.	Hauptleistung	300	97
		1. Ausführungsvorgaben aus der VOB/C	300	97
		2. Werkerfolg und Tätigkeit	314	100
		3. Kooperationspflichten in der VOB/C	315	101
	II.	Nebenleistungen und Besondere Leistungen	339	106
		1. Nebenleistungen	339	106
		2. Besondere Leistungen	353	109

	III.	Stoffe und Bauteile, Boden und Fels	360	112
		1. Stoffe und Bauteile	360	112
		2. Boden und Fels	376	114
G.		**Planungsaufgaben des Auftragnehmers gemäß der VOB/C**	395	118
	I.	Die leistungsübergreifende DIN 18299	401	120
	II.	Die 0-Abschnitte der Fach-DIN	403	120
	III.	Genehmigungsunterlagen und Standsicherheitsnachweise	412	122
		1. Allgemeine Grundsätze	412	122
		2. Leistungsbereiche der Technischen Ausrüstung	424	125
		3. Blitzschutzanlagen	429	126
		4. Förderanlagen, Aufzugsanlagen, Fahrtreppen und Fahrsteige	436	128
		5. Stahlbau- und Metallbauarbeiten	440	129
	IV.	Ausführungsunterlagen	452	131
		1. Allgemeine Grundsätze	452	131
		2. Ausführungsplanung durch den Auftragnehmer	458	133
		3. Arbeitsvorbereitende Ausführungsunterlagen	463	135
		4. Aussparungspläne, Schlitz- und Durchbruchspläne	473	137
		5. Ausführungsunterlagen für andere Leistungsbereiche	481	138
H.		**Prüfungs- und Bedenkenhinweispflichten des Auftragnehmers aus der VOB/C**	483	139
	I.	Verschiedene Formen und Rechtsgrundlagen	483	139
		1. Stoffe und Bauteile	491	140
		2. Vorleistungen anderer Unternehmer	497	143
		3. Vorgesehene Art der Ausführung	503	145
	II.	Anforderungen und Umfang	512	148
	III.	Rechtsfolgen bei pflichtgemäßer Beachtung oder Pflichtverstößen	518	149
		1. Haftungsausschluss für Mängel	518	149
		2. Schadensersatz	521	150
	IV.	Mitteilungspflichten und sonstige Mitwirkungspflichten	523	151
	V.	Abbildungen	527	152
I.		**Qualitätssicherung und VOB/C**	528	153
	I.	Einleitung: Mängelrechte des Auftraggebers	528	153
	II.	Der Mangelbegriff – »DIN-konform« vs. »den anerkannten Regeln der Technik entsprechend«	538	155
		1. Definition	538	155
		2. Mangelfreiheit durch Einhaltung der anerkannten Regeln der Technik (und DIN-Normen)	545	156
		3. Grundsätzlich bei Widersprüchen: Vorrang der anerkannten Regeln der Technik vor den DIN-Normen	557	161
		4. Relevanter Zeitpunkt	560	162

	5. Mangelhafte Leistung trotz Einhaltung der anerkannten Regeln der Technik – Der »funktionale Mangelbegriff« und die »Erfolgshaftung«	569	164
	6. Abgrenzung von Abnutzung und Verschleiß gemäß VOB/C	574	165
III.	Einfluss der VOB/C auf die Sachmängelhaftung	576	166
IV.	Darlegungs- und Beweislastregeln aus der VOB/C	595	172
	1. Allgemeines	595	172
	2. Grundsätzliche Beweislastregeln für Mängel	599	172
	3. Widerlegbare Vermutung der anerkannten Regeln der Technik	602	173
	4. »Mehr« oder »weniger« als die anerkannten Regeln der Technik vereinbart	605	174
	a) »Mehr« vereinbart	606	174
	b) »Weniger« vereinbart	609	175
	5. Besondere Beweislastregeln (entwickelt) aus der VOB/C	617	177
V.	Abbildungen	623	179

J. Die VOB/C und die Herbeiführung öffentlich-rechtlicher Genehmigungen, Erlaubnisse und Bewilligungen 624   180
  I. Allgemeines 624   180
  II. Wer schuldet die Genehmigungseinholung? 630   181
  III. Rechtsmängel 637   183
  IV. Abbildungen 640   185

K. Mitwirkungs- und Schutzpflichten in der VOB/C 641   185
  I. Einleitung 641   185
  II. Bemusterung (Muster und Proben) 645   186
  III. Prüfnachweise 658   189
  IV. Bestands- und Revisionspläne 672   192
  V. Wartung sowie Wartungs- und Bedienungsanleitungen nebst Einweisung 680   194
  VI. Schutzmaßnahmen 684   196
  VII. Mitwirkungspflichten und Obliegenheiten des Auftraggebers 696   198
  VIII. Abbildungen 702   200

L. Vorgaben für die Abrechnung 703   200

Anhang   207
  Inhaltsverzeichnis des Anhangs   209
  Verzeichnis der DIN-Normen   211
  Text DIN 18299, Einleitungsnorm VOB/C   214
  Stoffe und Bauteile   224
  Ausführung   244

Bedenkenanmeldung	262
Nebenleistungen	278
Besondere Leistungen	302
Abrechnung	352
A. Abrechnungsgrundlagen	352
B. Übermessungs- und Abzugsregeln	378
Stichwortverzeichnis	389

Abkürzungsverzeichnis

a. a. O.	am angegebenen Ort
a. F.	alte Fassung
AG	Auftraggeber; Amtsgericht
AGB	Allgemeine Geschäftsbedingungen
AN	Auftragnehmer
a. R. d. T.	anerkannte Regeln der Technik
ATV	Allgemeine Technische Vertragsbedingungen für Bauleistungen (VOB/C)
BauR	Zeitschrift für das gesamte öffentliche und zivile Baurecht
BGB	Bürgerliches Gesetzbuch
BGH	Bundesgerichtshof
BGHZ	Entscheidungen des Bundesgerichtshofs in Zivilsachen
BOL	Bauoberleitung
BÜ	Bauüberwachung
DAfStb	Deutscher Ausschuss für Stahlbeton
DVGW	Deutscher Verein des Gas- und Wasserfaches
DIN	Normen des Deutschen Instituts für Normung e. V.
ETB	Einheitlichen Technische Baubestimmungen
GU	Generalunternehmer
GÜ	Generalübernehmer
GWB	Gesetz gegen Wettbewerbsbeschränkungen
HOAI	Honorarordnung für Architekten und Ingenieure
IBR	Immobilien und Baurecht, Zeitschrift
LG	Landgericht
LV	Leistungsverzeichnis
n. F.	neue Fassung
NJW	Neue Juristische Wochenschrift
NJW-RR	Neue Juristische Wochenschrift, NJW-Rechtsprechungsreport Zivilrecht
NZBau	Neue Zeitschrift für Baurecht und Vergaberecht
ö-r	öffentlich-rechtlich
OLG	Oberlandesgericht
Schäfer/Finnern	Rechtsprechung der Bauausführung, abgeschlossene Loseblattsammlung
Schäfer/Finnern/Hochstein	Rechtsprechung zum privaten Baurecht, abgeschlossene Loseblattsammlung
VDE	Verband Deutscher Elektrotechniker
VersR	Versicherungsrecht, Zeitschrift
VOB	Vergabe- und Vertragsordnung für Bauleistungen
WDVS	Wärmedämmverbundsystem
ZfBR	Zeitschrift für deutsches und internationales Bau- und Vergaberecht

Literaturverzeichnis

Beck'scher VOB-Kommentar, VOB Teil B, 3. Auflage, München 2013

Beck'scher VOB-Kommentar, VOB Teil C, 2. Auflage, München 2008

Berger/Fuchs, Einführung in die HOAI, 4. Auflage, Mönchengladbach 2013

Duve/Maffini, Bautechnik für Juristen, 2. Auflage, München 2012

Heiermann/Riedl/Rusam, Handkommentar zur VOB, 13. Auflage, Wiesbaden 2012

Ingenstau/Korbion, VOB-Kommentar, Teile A und B, 18. Auflage, Köln 2013

Kapellmann/Langen, Einführung in die VOB/B, 23. Auflage, Mönchengladbach 2014

Kapellmann/Messerschmidt, VOB Teile A und B, 4. Auflage, München 2013

Kapellmann/Schiffers, Vergütung, Nachträge und Behinderungsfolgen beim Bauvertrag. Rechtliche und baubetriebliche Darstellung der geschuldeten Leistung und Vergütung sowie der Ansprüche des Auftragnehmers aus unklarer Ausschreibung, Mengenänderung, geänderter oder zusätzlicher Leistung und aus Behinderung gemäß VOB/B und BGB
Band 1: Einheitspreisvertrag, 6. Auflage, Köln 2011;
Band 2: Pauschalvertrag, 5. Auflage, Köln 2011

Kniffka/Koeble, Kompendium des Baurechts, 3. Auflage, München 2008

Kus/Verfürth, Einführung in die VOB/A, 4. Auflage, Mönchengladbach 2013

Langen/Schiffers, Bauplanung und Bauausführung, Eine juristische, baubetriebliche und organisatorische Gesamtdarstellung der Baudurchführung einschließlich des Schlüsselfertigbaus, München 2005

Leinemann, VOB/B, 5. Auflage, Köln 2013

Markus/Kaiser/Kapellmann, AGB-Handbuch Bauvertragsklauseln, 4. Auflage, Köln 2014

Messerschmidt/Voit, Privates Baurecht, 2. Auflage 2012

Palandt, Kommentar zum BGB, 73. Auflage, München 2014

Werner/Pastor, Der Bauprozess, 14. Auflage, Köln 2013

Zöller, ZPO, 30. Auflage, München 2014

Kurzkommentar:
Die zehn wichtigsten Urteile der letzten Jahre

Bevor wir mit unserer eigentlichen Einführung in VOB/C beginnen, stellen wir zunächst die nach unserer Auffassung zehn wichtigsten Entscheidungen des Bundesgerichtshofs und von Oberlandesgerichten der letzten (ca. 20) Jahre vor, die für die VOB/C und deren Anwendung in der Praxis von Bedeutung sind.

> **1** Für die Abgrenzung, welche Leistungen von der vertraglich vereinbarten Vergütung erfasst sind und welche Leistungen zusätzlich zu vergüten sind, kommt es auf den Inhalt der Leistungsbeschreibung an. Diese ist im Zusammenhang des gesamten Vertragswerks auszulegen. Haben die Parteien die Geltung der VOB/B vereinbart, gehören hierzu auch die Allgemeinen Technischen Bestimmungen für Bauleistungen, VOB/C.
>
> *BGH, Urt. v. 27.06.2007 – VII ZR 202/04, NZBau 2006, 777*

Das Urteil betrifft die praktisch häufig auftretende Problematik, welche Kriterien im Rahmen eines VOB/B-Bauvertrages für die Entstehung eines Anspruchs des Auftragnehmers auf zusätzliche Vergütung bestimmend sind.

Die Parteien schlossen einen VOB-Vertrag über die Modernisierung und Sanierung eines Handelsspeichers. Nachdem die Beklagte den Vertrag gekündigt hatte, verlangte die Klägerin ihren Restwerklohn. Eine über den entschiedenen Fall hinausgehende Bedeutung erlangte das Urteil durch die allgemeingültigen Ausführungen zu der Frage, ob der Klägerin ein Anspruch auf Vergütung der im Rahmen von Dacharbeiten entstandenen Gerüstbaukosten zusteht. Der Bundesgerichtshof lehnte die Ansicht des Berufungsgerichts ab, wonach die ausgeführten Gerüstbauarbeiten lediglich Nebenleistungen darstellten, die mit dem vereinbarten oder üblichen Werklohn abgegolten seien. Zur Begründung führte der BGH insoweit aus, dass für die Abgrenzung zwischen Leistungen, die unter die vereinbarte Vergütung fallen, zu solchen Leistungen, für deren Erbringung der Auftraggeber eine Zusatzvergütung schuldet, maßgeblich auf die konkrete Leistungsbeschreibung abzustellen sei. Deren Inhalt müsse durch Auslegung der vertraglichen Parteivereinbarungen auf der Grundlage des gesamten Vertragswerks nach Maßgabe der §§ 133, 157 BGB bestimmt werden. Unter wirksamer Einbeziehung der VOB/B gehören gemäß § 1 Nr. 1 Satz 2 VOB/B hierzu auch die Allgemeinen Technischen Bestimmungen für Bauleistungen (VOB/C), denen somit eine Ausstrahlungswirkung auf die Festlegung des vertraglich geschuldeten Leistungsinhaltes zukommen soll. Einen klaren Maßstab für die Qualifikation der Gerüstbauarbeiten als zusätzlich zu vergütende Leistung lieferten daher konkret die Bestimmungen der DIN 18338 sowie der DIN 18334, wonach im Hinblick auf die ausgeführten Dacharbeiten nur das Auf- und Abbauen sowie das Vorhalten von Arbeitsgerüsten mit einer Arbeitshöhe von bis zu 2 m als eine nicht gesondert zu vergütende Nebenleistung definiert werden.

4 Das Urteil ist zu begrüßen. Es enthält eine ausdrückliche und praktisch bedeutsame Klarstellung zu der früheren Entscheidung »Konsoltraggerüste« (BGH, Urt. v. 28.02.2002 – VII ZR 376/00, NZBau 2002, 324). In dieser hatte der Bundesgerichtshof noch für erhebliche Irritation gesorgt, indem er für die vergütungsspezifische Leistungsabgrenzung in zumindest missverständlicher Weise allein auf die vertragliche Leistungsbeschreibung abstellte und hierzu ausführte, dass die in den geltenden DIN getroffene Unterscheidung zwischen Neben- und Besonderen Leistungen insoweit nicht ausschlaggebend sei.

> 2 1. Der Auftragnehmer schuldet im Rahmen der getroffenen Vereinbarung ein Werk, das die Beschaffenheit aufweist, die für den vertraglich vorausgesetzten oder gewöhnlichen Gebrauch erforderlich ist.
> 2. An dieser Erfolgshaftung ändert sich grundsätzlich nichts, wenn die Parteien eine bestimmte Ausführungsart vereinbart haben, mit der die geschuldete Funktionstauglichkeit des Werkes nicht erreicht werden kann.
> 3. Der für die bestimmte Ausführungsart vereinbarte Werklohn umfasst, sofern die Kalkulation des Werklohnes nicht allein auf den Vorstellungen des Auftragnehmers beruht, nur diese Ausführungsart, so dass der Auftraggeber Zusatzarbeiten, die für den geschuldeten Erfolg erforderlich sind, gesondert vergüten muss.
> 4. Ist das Werk deshalb mangelhaft, weil der Auftragnehmer die vereinbarte Ausführungsart ausgeführt hat, können die ihm zustehenden Zusatzvergütungen im Rahmen der Gewährleistung als »Sowieso-Kosten« berücksichtigt werden.
>
> *BGH Urt. v. 16.07.1998 – VII ZR 350/96, NJW 1998, 3707*

5 Die Entscheidung enthält eine praxisrelevante Präzisierung der werkunternehmerischen Erfolgshaftung und behandelt hiermit im Zusammenhang stehende Fragen der Kostentragung. Konkret ging es um die Beurteilung der Mangelhaftigkeit von Sanierungsarbeiten an Decken und Böden zweier Mietshäuser, hinsichtlich derer die Parteien im zugrunde liegenden VOB-Vertrag eine bestimmte Art der Ausführung in einzelnen Leistungspositionen festgelegt hatten. Bei der Neuherstellung der entkernten Böden und Decken hatte der Werkunternehmer die geltende DIN 4109 (Schallschutz) sowie die DIN 4102 (Brandschutz) nicht eingehalten. Der Bundesgerichtshof beanstandete die getroffene Vertragsauslegung des Berufungsgerichts, wonach ausweislich der konkret ver-

einbarten Leistungspositionen die Einhaltung der DIN vertraglich nicht geschuldet gewesen sei. Allgemein unterliegt der Auftragnehmer einer Erfolgshaftung und muss somit diejenige Beschaffenheit gewährleisten, die für den vertraglich vorausgesetzten oder gewöhnlichen Gebrauch erforderlich ist. Bei Einbeziehung der VOB/B zählt zum vertraglichen Leistungssoll auch die Einhaltung der anerkannten Regeln der Technik, auf die die §§ 1 Nr. 1 Satz 2, 13 Nr. 7 Abs. 2b VOB/B (a. F.) Bezug nehmen. Eine abweichende Vereinbarung zwischen den Parteien ist zwar im Rahmen der Privatautonomie grundsätzlich möglich. In Ermangelung einer ausdrücklichen Parteiabrede verlangt der Bundesgerichtshof für eine entsprechende Vertragsauslegung jedoch gewichtige Anhaltspunkte, die sich gerade nicht aus der Vereinbarung einer bestimmten Ausführungsart ergeben sollen. Der Werkunternehmer schuldet nach dieser Rechtsprechung folglich die Herstellung der Funktionstauglichkeit des Werkes unter Einhaltung der anerkannten Regeln der Technik selbst dann, wenn sich die konkret vereinbarte Ausführungsart als hierzu ungeeignet erweisen sollte. Als Ausgleich für diese ausgedehnte Erfolgshaftung erfasst der vereinbarte Werklohn nur die vereinbarte Herstellungsart, so dass der Werkunternehmer eine gesonderte Vergütung für erforderliche Zusatzarbeiten verlangen kann. Dies gilt jedoch nur, soweit die Kalkulation nicht ausschließlich auf den Vorstellungen des Auftragnehmers beruht und dieser somit nicht das alleinige Risiko eines etwaigen Mehraufwands infolge eigener Fehlkalkulation zu tragen hat.

Die Entscheidung verdeutlicht, dass sich der Auftragnehmer im Hinblick auf **6** die mangelfreie Ausführung der Leistung nicht ausschließlich auf die im Vertrag fixierte Leistungsbeschreibung verlassen darf. Selbst die penible Einhaltung konkret vereinbarter Leistungspositionen schützt nicht vor der Mangelhaftigkeit des hergestellten Werks, soweit der Auftragnehmer eine eigenständige Überprüfung und etwaige erforderliche Anpassung des Leistungsumfanges an die geltenden technischen Standards nach VOB/C unterlässt. Die Einbeziehung der VOB/B einschließlich der VOB/C begründet somit ein erweitertes und nicht immer unmittelbar ersichtliches Leistungsspektrum, für dessen Einhaltung dem Auftragnehmer als Ausfluss seiner Erfolgshaftung eine gewisse Fürsorgepflicht gegenüber dem Auftraggeber obliegt. Beschränkt sich der Auftragnehmer lediglich auf die vereinbarte Ausführungsart, kann er die im Falle einer mangelfreien Herstellung hypothetisch angefallene Zusatzvergütung nur noch als »Sowieso-Kosten« den Gewährleistungsansprüchen des Auftraggebers entgegenhalten.

---

3 Ob eine Hof- und Zugangsfläche einer Wohnanlage ein Gefälle zum leichteren Abfluss von Oberflächenwasser haben muss, kann nicht allein danach beurteilt werden, dass es in der Baubeschreibung nicht vorgesehen und auch nicht zwingend erforderlich ist. Es kommt vielmehr darauf an, ob der Besteller ein solches Gefälle nach den dem Vertrag zugrunde liegenden Umständen, insbesondere dem vereinbarten Qualitäts- und Komfortstandard, erwarten kann.

BGH, Urt. v. 21.11.2013 – VII ZR 275/12, IBR 2014, 73

7 Die Klägerin begehrte vom Beklagten die Zahlung eines Vorschusses zur Mängelbeseitigung, weil dieser die Hof- und Zugangsfläche einer Wohnanlage ohne Ausbildung eines Gefälles errichtet hatte. Auf der Grundlage von § 633 BGB muss der Unternehmer die geschuldete Leistung dergestalt erbringen, dass sich das hergestellte Werk für die vertraglich vorausgesetzte oder gewöhnliche Verwendung eignet. Die Erfüllung dieser Voraussetzung hinsichtlich des fehlenden Gefälles durfte das Berufungsgericht nach Ansicht des Bundesgerichtshofes nicht davon abhängig machen, dass der Werkvertrag keine ausdrückliche Regelung bezüglich dieses Ausführungsdetails enthielt. Vielmehr hätte es insoweit der Prüfung bedurft, ob unter Berücksichtigung der Umstände des Vertragsschlusses eine bestimmte Qualität der Ausführung stillschweigend vereinbart worden war. Zur Beantwortung dieser Auslegungsfrage erachtete es der Bundesgerichtshof als unerheblich, ob ein Gefälle für die Funktion der Hof- und Zugangsfläche zwingend erforderlich war. Dieses Kriterium gebe angesichts der Tatsache, dass die Ausbildung eines Gefälles eine verbesserte Funktionseigenschaft der Hof- und Zugangsfläche dank eines effektiveren Wasserabflusses bewirken könnte, keinen Aufschluss über den vertraglich geschuldeten Qualitätsstandard.

8 Das Urteil verdeutlicht zwei wesentliche Gesichtspunkte im Zusammenhang mit der Feststellung sachlicher Baumängel gemäß § 633 BGB. Zum einen betonte der Bundesgerichthof, dass den Leistungsbeschreibungen in Bauverträgen kein abschließender Charakter zukommt. Insoweit reiht sich diese Entscheidung in die bundesgerichtliche Rechtsprechung zur Erfolgshaftung des Unternehmers ein, weil dieser die Anforderungen für eine mangelfreie Ausführung generell nicht ausschließlich der vertraglich festgelegten Leistungsbeschreibung entnehmen darf. Maßgeblich ist stattdessen die Bestimmung des geschuldeten Qualitätsstandards durch Vertragsauslegung im Einzelfall. Diesbezüglich hat der Auftragnehmer auch die Einhaltung geschriebener sowie ungeschriebener anerkannter Regeln der Technik zu beachten, die sich bei Einbeziehung der VOB/C und den hierzu gehörenden DIN ergeben können. Zweitens stellte der Bundesgerichtshof klar, dass die Unabdingbarkeit einer Leistungsausführung kein taugliches Kriterium zur Bestimmung des vertraglich geschuldeten Qualitätsstandards bildet, sondern auch technisch entbehrliche Arbeiten erforderlicher Bestandteil einer mangelfreien Leistung sein können. Die mangelfreie Errichtung des Werkes erschöpft sich daher nicht in der Einhaltung für die Funktionstauglichkeit zwingend notwendiger Leistungen, da selbstverständlich auch ein höherer Qualitätsgrad mit verbesserten Funktionseigenschaften im Rahmen der Privatautonomie vertraglich geschuldet sein kann. Relevanz besitzen die zwingenden Leistungsbestandteile aber in umgekehrter Weise insoweit, als ihr Fehlen einen Sachmangel sicher begründet.

> 1. Welcher Schallschutz für die Errichtung von Eigentumswohnungen geschuldet ist, ist in erster Linie durch Auslegung des Vertrages zu ermitteln. Wird ein üblicher Qualitäts- und Komfortstandard geschuldet, muss sich das einzuhaltende Schalldämmmaß an dieser Vereinbarung orientieren. Der Umstand, dass im Vertrag auf eine »Schalldämmung nach DIN 4109« Bezug genommen ist, lässt schon deshalb nicht die Annahme zu, es seien lediglich die Mindestmaße der DIN 4109 vereinbart, weil diese Werte in der Regel keine anerkannten Regeln der Technik für die Herstellung des Schallschutzes in Wohnungen sind, die üblichen Qualitäts- und Komfortstandards genügen.
> 2. Kann der Erwerber nach den Umständen erwarten, dass die Wohnung in Bezug auf den Schallschutz üblichen Qualitäts- und Komfortstandards entspricht, muss der Unternehmer, der hiervon vertraglich abweichen will, den Erwerber deutlich hierauf hinweisen und ihn über die Folgen einer solchen Bauweise für die Wohnqualität aufklären. Der Verweis des Unternehmers in der Leistungsbeschreibung auf »Schalldämmung nach DIN 4109« genügt hierfür nicht.
>
> *BGH, Urt. v. 04.06.2009 – VII ZR 54/07, BauR 2009, 1288*

Das Urteil enthält präzisierende Ausführungen zum allgemeinen Verhältnis zwischen sachlichen Baumängeln sowie DIN-Vorschriften als anerkannten Regeln der Technik. Die Kläger erwarben von der Beklagten eine noch fertig zu stellende Eigentumswohnung innerhalb einer Wohnanlage. In der Baubeschreibung wurde ausdrücklich auf eine Trittschalldämmung gemäß DIN 4109 zur Ausführung der Geschossdecken Bezug genommen. Nach Fertigstellung verlangten die Kläger insbesondere wegen unzureichenden Schallschutzes Nachbesserung, lehnten dabei jedoch den von der Beklagten angebotenen Standard nach DIN 4109 (89) ab und beharrten auf der Einhaltung eines erhöhten Schallschutzes gemäß Beiblatt 2 zur DIN 4109 (89). Da die Beklagte dies ablehnte, begehrten die Kläger die Rückabwicklung des Vertrages.

Den Kern des Rechtsstreits markierte die Frage, welche Schallschutzmaßnahmen die Beklagte zur mangelfreien Ausführung der Wohnung verwirklichen musste. Im Ausgangspunkt fordert der Bundesgerichtshof zur Bestimmung des geschuldeten Schallschutzstandards die Auslegung der konkret getroffenen Parteivereinbarungen. Generell kann der Erwerber danach für eine noch herzustellende Eigentumswohnung die Ausführung eines Schallschutzes erwarten, der sich nach den zur Zeit der Abnahme geltenden anerkannten Regeln der Technik richtet. Der VII. Senat bestätigt in diesem Zusammenhang nochmals seine nunmehr gefestigte Rechtsprechung, wonach die Bestimmungen der DIN 4109 (89) nicht die für Wohnzwecke üblichen und somit zu erwartenden Komfort- und Qualitätsansprüche erfüllen, da die betreffenden Schalldämmmaße lediglich unzumutbare Schallübertragungen in Aufenthaltsräumen für Menschen verhindern sollen. Der BGH gelangte im Ergebnis zu einer gespaltenen Subsumtion der DIN 4109 unter den Begriff der anerkannten Regeln der Technik, als die betreffenden Schallschutzanforderungen nur im Umfang des festgelegten Mindestschutzes vor unzumutbaren Belästigungen als solche zu qualifizieren seien.

11 Die wesentliche Neuerung der vorliegenden Entscheidung besteht darin, dass der Bundesgerichtshof dieser allgemeinen Prämisse nicht nur – wie bislang praktiziert – im Falle fehlender schallschutzspezifischer Parteiabreden Geltung beimisst, sondern sie auch entgegen einer ausdrücklichen vertraglichen Bezugnahme auf die DIN 4109 zugrunde legt. Entgegen der Annahme des Berufungsgerichts dürfe eine solche Leistungsbeschreibung folglich nicht dahingehend verstanden werden, vertraglich sei nur die Einhaltung der gemäß DIN 4109 geregelten Mindestanforderungen geschuldet. Vielmehr verbiete die Bezugnahme auf dieses Regelungswerk lediglich ein Unterschreiten der dort fixierten Anforderungen, da der DIN 4109 auch nur in diesem Umfang die Qualität von anerkannten Regeln der Technik zukomme. Im Übrigen müsse das Maß des erforderlichen Schallschutzes an den üblichen Wohnstandards bemessen werden, ohne dass es für eine Überschreitung der Mindestanforderungen auf einen herausgehobenen oder exklusiven Eindruck der Wohnung ankomme. Eine maßgebliche Orientierung sollen insoweit etwa die jeweils gleich lautenden Schallschutzwerte der VDI-Richtlinie 4100 sowie des Beiblattes 2 zu DIN 4109 geben.

12 Begehrt der Unternehmer hingegen eine effektive Beschränkung der baulichen Ausführung auf die geringeren Mindestvorgaben der DIN 4109, so müsse er den Erwerber ausdrücklich über das Unterschreiten der anerkannten Regeln der Technik aufklären und darauf aufmerksam machen, dass der geplante Schallschutz erheblich unterhalb des berechtigter Weise zu erwartenden Standards für Wohnraum liegt. Der bloße Verweis auf die DIN 4109 ohne nähere Erläuterung genügt nach Ansicht des Bundesgerichtshofes nicht für die Annahme einer anderweitigen Parteiabrede im Rahmen der Vertragsauslegung.

13 Festzuhalten bleibt im Ergebnis, dass der Werkunternehmer zur Herstellung eines mangelfreien Werkes generell die anerkannten Regeln der Technik zu beachten hat. Technische Regelwerke und insbesondere die einschlägigen DIN-Vorschriften können von diesen maßgeblichen Standards jedoch negativ abweichen mit der Folge, dass ihre Einhaltung nicht allein für die Mangelfreiheit des Werkes genügt. Die allgemeine Vermutung, wonach eine bauliche Ausführung im Einklang mit den geltenden DIN zugleich den anerkannten Regeln der Technik entspricht und damit mangelfrei erbracht ist, unterliegt insoweit weitreichenden Einschränkungen durch die Möglichkeit der Widerlegung. Selbst die ausdrückliche Bezugnahme der Leistungsbeschreibung auf die Regelungen der jeweiligen DIN enthebt dabei den Unternehmer nicht der Last, die Vorgabe und Einhaltung höherer Qualitätsanforderungen im Einzelfall zu überprüfen. Als Folge der insoweit relativ hohen Anforderungen an eine Vereinbarung über einen niedrigeren Ausführungsstandard wird dem Unternehmer entsprechend seiner Erfolgshaftung eine fürsorgliche Stellung gegenüber dem Besteller aufgebürdet, da letzterer – wie der Bundesgerichtshof zumindest bei Wohnraum treffend ausführt – in der Regel keine Vorstellung und Erfahrung bezüglich der praktischen Auswirkungen von technischen Standards besitzt.

> **5** Werden bei der Aushebung und Sicherung einer Baugrube DIN-Normen nicht beachtet, so spricht eine widerlegliche Vermutung dafür, dass im örtlichen und zeitlichen Zusammenhang mit der Aushebung auf einem Nachbargrundstück entstandene Schäden auf die Verletzung der DIN-Normen zurückzuführen sind. Ein wegen der Schäden in Anspruch genommener Beklagter hat darzulegen und zu beweisen, dass die Schäden nicht auf die Verletzung der DIN-Normen zurückzuführen sind.
>
> *BGH, Urt. v. 19.04.1991 – V ZR 349/89, NJW 1991, 1149*

Das Urteil betrifft eine der wenigen Ausführungen zu der Frage, welche Auswirkungen sich aus der Missachtung von bauausführungsspezifischen DIN-Bestimmungen auf die Verteilung der Darlegungs- und Beweislast im Rahmen eines deliktsrechtlichen Schadensersatzprozesses ergeben können. Konkret ging es um Ausschachtungsarbeiten der Beklagten zur Errichtung eines Schwimmbeckens, bei denen die für ihre Ausführung einschlägigen Vorschriften der DIN 4123 und 4124 nicht eingehalten wurden. Kurze Zeit nach Verfüllung und Verdichtung der Baugrube zeigten sich am Haus der Kläger auf dem benachbarten Grundstück Risse, weshalb sie die Beklagten auf Schadensersatz und Beseitigung in Anspruch nahmen.

Das Berufungsgericht lehnte die Klage mit der Begründung ab, der den Klägern obliegende Beweis für die Ursächlichkeit zwischen Ausschachtungsarbeiten sowie eingetretenen Schadensfolgen sei nicht erbracht. Der Bundesgerichtshof trat dem entgegen und stützte seine Entscheidung auf die Aussage, dass die geltenden DIN 4123 und 4124 anerkannte Regeln der Technik verkörperten. Werden deren Bestimmungen bezüglich der Wahrung von Standsicherheit und Festigkeit des Nachbargrundstücks nicht eingehalten, spreche wegen der hiermit verbundenen Gefahrerhöhung eine widerlegliche Vermutung dafür, dass die im örtlichen und zeitlichen Zusammenhang mit der Aushebung der Baugrube auf dem Nachbargrundstück eingetretenen Schäden auf die Verletzung dieser DIN zurückzuführen sind. Danach obliege es den Beklagten darzulegen und zu beweisen, dass die Beschädigungen auch bei Einhaltung der anerkannten Regeln der Technik eingetreten wären und somit nicht auf ihrer Verletzung beruhen. Diesbezüglich verbleibende Zweifel sollen zulasten der Beklagten gehen.

16 Der Bundesgerichtshof bezeichnet die beweislasttechnische Auswirkung eines DIN-Verstoßes als »widerlegliche Vermutung« und lässt in dogmatischer Hinsicht offen, ob es sich hierbei um einen bloßen Anscheinsbeweis oder eine echte Beweislastumkehr handelt. Vorzugwürdig und im Ergebnis richtig erscheint jedoch die Annahme eines Anscheinsbeweises. DIN-Normen bilden die Anforderungen an eine nicht zu beanstandende technische Ausführung ab. Sie repräsentieren somit eine ausreichende Grundlage für einen allgemeingültigen Satz der Lebenserfahrung, wonach einer abweichende Gestaltung des Bauablaufs typischerweise ein Gefahr erhöhendes Element mit entsprechender Indizwirkung für die Kausalität in Bezug auf Schadensfolgen hat. Daher genügt zur Widerlegung bereits die Erschütterung der Vermutungsfolge, indem der Schädiger die ernsthaft in Betracht zu ziehende Möglichkeit einer abweichenden Schadensursache darlegt. Es bedarf insoweit nicht des vollen Beweises für ein Nichtberuhen des Schadens auf der Missachtung der DIN. Einer Korrektur bedarf indes die Begründung des V. Sentas, DIN-Normen stellten anerkannte Regeln der Technik dar. Diese Aussage ist in ihrer Pauschalität nicht richtig, da lediglich eine Identitätsvermutung zwischen DIN und anerkannten Regeln der Technik besteht. Wie der VII. Senat später bestätigt hat, können DIN sehr wohl vom aktuellen Stand der allgemein anerkannten Regeln der Technik abweichen, indem sie etwa durch neue wissenschaftliche Erkenntnisse überholt oder noch nicht ausreichend in Theorie und Praxis etabliert sind.

---

6 1. Entscheidend für die Leistungspflichten der am Bau Beteiligten ist nicht, wer üblicherweise zur Erbringung bestimmter Leistungen verpflichtet ist, sondern was nach der Ausschreibung vereinbart worden ist oder nicht.

2. Welche Leistungen von der funktionalen Leistungsbeschreibung, die dem vereinbarten Pauschalpreisvertrag zugrunde liegt, erfasst sind und welche Leistungen möglicherweise zusätzlich zu erbringen und damit auch zu vergüten sind, ist im Wege der Auslegung des Vertragswerks zu ermitteln.

3. Ist im Gewerk »Haustechnik« geregelt, dass in die Vergütung das Herstellen von Wand- und Deckendurchbrüchen einkalkuliert ist, bedeutet dies nicht, dass der Auftragnehmer auch das Verschließen der Durchbrüche unentgeltlich zu erbringen hat.

4. Das Verschließen von Öffnungen im Mauerwerk ist nach Nr. 4.2.5 der DIN 18330 (Mauerarbeiten) und Nr. 4.2.9 der DIN 18331 (Beton- und Stahlbauarbeiten) eine besondere Leistung.

5. Verlangt der Auftraggeber vom Auftragnehmer das Verschließen von Öffnungen, die vorher von einem anderen Auftragnehmer hergestellt wurden, ist dies eine Anordnung nach § 1 Abs. 4 VOB/B.

OLG Düsseldorf, Urt. v. 19.07.2011 – I-21 U 76/09, 21 U 76/09, BauR 2012, 244

Die Entscheidung liefert wichtige Maßstäbe zur Bestimmung des werkunternehmerisch geschuldeten Leistungsumfangs, sofern die Parteien eine funktionale Leistungsbeschreibung im Rahmen eines Pauschalpreisvertrages vereinbart haben. Im Ergebnis beschränkt das OLG Düsseldorf die inhaltliche Reichweite einer solchen Kombination auf das Leistungssoll und verhindert zu Recht dessen ungerechtfertigte Überdehnung durch das Postulat der einzelfallabhängigen Vertragsauslegung. Zugleich räumt die Entscheidung in diesem Zusammenhang mit althergebrachten Legenden unter den am Bau Beteiligten auf. 17

Die Klägerin stritt mit dem beklagten Generalunternehmer (GU) um die Berechtigung von Ersatzvornahmekosten für die nachträgliche Verschließung von Brandschutzkappen. Der GU hatte zuvor auf der Grundlage der ihm vorgelegten Leistungsbeschreibung ein Pauschalpreisangebot für die Errichtung eines schlüsselfertigen Gebäudes abgegeben, in dessen Erläuterungen er die kalkulatorische Berücksichtigung üblicher Wand- und Deckendurchbrüche bis zu 30 × 30 cm offengelegt hatte. Auf der Grundlage dieses Angebotes sowie der Leistungsbeschreibung schlossen die Parteien den Generalunternehmervertrag, nach dessen Klausel dem GU kein zusätzlicher Vergütungsanspruch für Teilleistungen zustehen sollte, die in den Anlagen zum Vertrag »nicht exakt beschrieben sind«. 18

Der GU lehnte eine Haftung für die Mängelbeseitigung mit der Begründung ab, die Verschließung der Brandschutzkappen liege außerhalb des geschuldeten Leistungsumfangs. Das OLG Düsseldorf gab dieser Argumentation im Grundsatz Recht. Weder der Generalunternehmervertrag noch die Leistungspositionen in der Ausschreibung regelten ausdrücklich die Verpflichtung des GU, nach Abschluss der anderweitig ausgeführten Verlegung von Leitungen und Kanälen die von ihm zuvor für diesen Zweck geöffneten Mauerteile einschließlich Brandschutzkappen wieder zu verschließen. Ebenso wenig bejahte das OLG Düsseldorf eine entsprechende Verpflichtung aufgrund des Umstandes der funktionalen Leistungsausschreibung. Unmissverständlich stellte es dabei zunächst die Selbstverständlichkeit klar, dass die übliche Baupraxis, nach welcher der Rohbauer in der Mehrzahl der Fälle auch die Verschlussarbeiten ausführe, keinen Vorrang gegenüber dem Inhalt der konkreten Leistungsabrede auf der Grundlage der Ausschreibung genieße. Des Weiteren bezeichnete das Gericht in sehr deutlichen Worten die Annahme vieler Baubeteiligter als »schweren Irrtum«, der Unternehmer schulde allein aufgrund einer Pauschalpreisabrede im Verbund mit einer funktionalen Leistungsbeschreibung »alles« ohne Berechtigung zur Geltendmachung von Nachträgen. Erforderlich zur Abgrenzung zwischen pauschal und gesondert zu vergütenden Leistungen sei vielmehr die Auslegung des Vertragswerks einschließlich der Begleitum- 19 stände, wobei das OLG Düsseldorf – im Einklang mit der Rechtsprechung des Bundesgerichtshofes – für diese Differenzierung auch den einschlägigen Bestimmungen der DIN Bedeutung zumisst. Unschwer gelangte es daher zu dem Ergebnis, die in Rede stehenden Verschlussarbeiten zählten nicht zum ursprünglich geschuldeten Leistungsumfang. Die einschlägigen DIN 18330 und 18331 weisen diese als Sonderleistungen aus, zudem bezog der GU seine gegenüber der Klägerin offengelegte Kalkulation ausdrücklich nur auf die Öffnung von Mauerteilen mit einer Größe von bis zu 30 × 30 cm, so dass Verschlussarbeiten nicht erfasst waren. Schließlich konnte eine abweichende Risikoverteilung richtiger Weise auch nicht der entsprechenden Vertragsklausel entnommen werden, weil diese nur die Erbringung nicht exakt beschriebener Leistungen regelt und folglich nicht im Falle vollständigen Fehlens jeder Beschreibung Anwendung finden konnte.

20 Dass der GU dennoch zur Zahlung verurteilt wurde, beruhte lediglich auf dem Umstand, dass er entgegen seiner ursprünglichen Verpflichtung zur Überzeugung des Gerichts die Verschlussarbeiten dennoch ausführte und somit § 1 Nr. 4 VOB/B (a. F.) einschlägig war.

> **7** **Der Umfang der Prüfungs- und Hinweispflichten eines Bauhandwerkers wird durch die DIN nicht abschließend, sondern nur beispielhaft umschrieben. Für alle Faktoren, die sich unmittelbar auf die Qualität der Werkleistung auswirken können, obliegt dem Werkunternehmer in vollem Umfang die Prüfpflicht.**
>
> *OLG Köln, Urt. v. 08.02.2006 – 11 U 93/04, NJW-RR 2006, 1456*

21 Das OLG Köln stellt in dieser Entscheidung klar, dass die gemäß § 4 Nr. 3 VOB/B (a. F.) dem Auftragnehmer obliegende Prüf- und Hinweispflicht nicht abschließend durch die einschlägigen DIN-Normen umgrenzt wird. Die Klagerin verlangte die Zahlung eines Kostenvorschusses zur Mängelbeseitigung, da nach Abschluss der durch den Beklagten ausgeführten Bodenlegearbeiten konvexe Wölbungen an den kunststoffummantelten Fußbodenleisten aufgetreten waren. Der gerichtlich beauftragte Sachverständige stellte hierzu fest, dass die Wölbungen auf rückseitig einwirkende Feuchtigkeit aus der Wand zurückzuführen seien und die vor Ort befindlichen Baustoffe zudem ein überhöhtes Maß an Restfeuchte aufwiesen.

22 Der erstinstanzlich verurteilte Beklagte begründete seine Berufung dahingehend, er habe gemäß der anzuwendenden DIN 18365 Abschnitt 3.1.1 nicht die Wandflächen überprüfen müssen. Das OLG Köln widersprach dieser Argumentation und führte unter Hinweis auf die Rechtsprechung des Bundesgerichtshofes aus, dass die Prüf- und Hinweispflicht gemäß § 4 Nr. 3 VOB/B nicht abschließend, sondern nur beispielhaft durch die geltenden DIN umschrieben seien. Stattdessen habe der Auftragnehmer einer weitergehenden Prüf-

pflicht zu genügen, die sämtliche Faktoren mit Einwirkungspotential auf die Qualität des Werkes vollumfänglich erfasst. Überdies hätte der Beklagte dem Umstand der Kunststoffummantelung der angebrachten Bodenleisten in besonderer Weise Rechnung tragen und daher auf eine ausreichende Trocknung achten müssen. Schließlich wäre nach Ansicht des OLG Köln selbst im Falle einer nicht bestehenden Prüfpflicht zumindest ein Hinweis auf naheliegende Bedenken infolge eigener Sachkunde des Auftragnehmers angezeigt gewesen.

Einmal mehr erfolgt der Hinweis, dass die allgemeine Bedeutung der DIN im Rahmen der Bauausführung auch nicht überschätzt werden darf. Dies gilt außerhalb des Bereichs der werkvertraglichen Sachmängelhaftung auch für die Anforderungen an Prüf- und Hinweispflichten des Auftragnehmers gegenüber dem Auftraggeber.

> **8**
> 1. **Wird der Bauunternehmer mit der Errichtung einer Spundwand beauftragt, um eine Baugrube abzustützen und ein Nachbargebäude abzusichern, ist diese Spundwand zur Absicherung aber nur geeignet, wenn sie zusätzlich vom Grundstück des Bauherrn aus eine Abstützung erfährt, muss er hierauf ausdrücklich hinweisen. Außerdem muss der Bauunternehmer auf die Erforderlichkeit einer Statik für die Spundwand hinweisen und diese, wenn auch auf Kosten des Bauherrn, erholen.**
> 2. **Unterlässt der Bauunternehmer den Hinweis auf die Erforderlichkeit einer Abstützung und kommt es wegen der fehlenden Abstützung zu Schäden am Nachbargebäude, hat er diese Schäden zu vertreten.**
>
> *OLG München, Urt. v. 21.02.2006 – 28 U 1823/04, BauR 2007, 598*

Der beklagte Bauunternehmer errichtete im Auftrag der Kläger eine Spundwand, die der Absicherung einer Baugrube sowie des mit einem Wohnhaus bebauten Nachbargrundstücks dienen sollte. Nach Fertigstellung begann der Erdbauer mit dem Aushub der Grube im unmittelbaren Bereich der Spundwand zur Errichtung des vorgesehen Garagenkellers. Die Aushubarbeiten verursachten das Abrutschen der Baugrubenböschung, wodurch das benachbarte Wohnhaus absank und erheblich beschädigt wurde. Ursächlich für diese Entwicklung war die unterbliebene Abstützung der Spundwand von der klägerischen Grundstücksseite aus. Der Eigentümer des Wohnhauses hielt sich gegenüber den Klägern schadlos, woraufhin diese den Bauunternehmer in Regress nahmen. Der Beklagte lehnte eine Haftung ab, da er ausschließlich mit der Errichtung der Spundwand, nicht jedoch mit der Überprüfung deren Standsicherheit für den anschließenden Baugrubenaushub beauftragt worden sei. Das OLG München folgte dieser Sichtweise nicht und sprach den Klägern einen Schadensersatzanspruch gemäß § 635 BGB a. F. zu, weil die errichtete Wand nicht für den vertraglich vorausgesetzten Zweck zur Absicherung des

Nachbargrundstückes geeignet gewesen sei. Der Beklagte hätte insoweit ausdrücklich auf die erforderliche Abstützung der Wand von der klägerischen Grundstücksseite aus hinweisen müssen. Zudem hätte der Beklagte auf die Notwendigkeit einer Statik für die zweckentsprechende Ausführung hinweisen und diese nötigenfalls selbst auf Kosten der Kläger einholen müssen.

25 Das Urteil verdeutlicht, dass den praktisch bedeutsamen, aber all zu oft nachlässig behandelten Maßnahmen zur Absicherung von Grubenarbeiten am Bau erhöhte Aufmerksamkeit zu Teil werden sollte. Der beauftragte Werkunternehmer kann sich insoweit nicht der Haftung unter Hinweis darauf entziehen, er habe lediglich die Errichtung einer Stützwand geschuldet. Entsprechende Sicherungsmaßnahmen bergen ein erhebliches Schadenspotential und ihre korrekte mangelfreie Ausführung setzt ein nicht zu unterschätzendes Maß an Fachkunde voraus. Das Erstellen der für Baubehelfe notwendigen Standsicherheitsnachweisen und Ausführungszeichnungen zählt nach DIN 18034 Abschnitt 4.1.3 der VOB/C zum Bereich der Nebenleistungen und wird damit sogar ohne besondere Vergütung gemäß § 2 Nr. 1 VOB/B (a. F.) geschuldet.

> **9** Der öffentliche Auftraggeber hat in der Leistungsbeschreibung eine Schadstoffbelastung auszuhebenden und zu entfernenden Bodens nach den Erfordernissen des Einzelfalls anzugeben. Sind erforderliche Angaben zu Bodenkontaminationen nicht vorhanden, kann der Bieter daraus den Schluss ziehen, dass ein schadstofffreier Boden auszuheben und zu entfernen ist.
>
> *BGH, Urt. v. 21.03.2013 – VII ZR 122/11, NZBau 2013, 428*

26 Die Klägerin wurde von den Beklagten mit Tiefbauarbeiten für den Ausbau einer Kreisstraße beauftragt. Ausweislich der Baubeschreibung wurde eine lediglich 4 cm dicke Asphaltschicht aufgeschlossen, deren Teergehalt unterhalb der Grenze für einen Wiedereinbau des Aufbruchgutes im Heißeinbau liege und somit eine vollständige Wiederverwertung ermögliche. Nach dem Leistungsverzeichnis sollte die Klägerin den Boden lösen, in ihr Eigentum übernehmen und von der Baustelle entfernen. Da der abgetragene Boden eine jedoch erhebliche Chlorid- und Arsenkontamination aufwies, war eine Wiederverwertung ausgeschlossen und der Entsorgungsaufwand stark erhöht. Die Klägerin machte entsprechend einen Anspruch auf zusätzliche Vergütung gegenüber den Beklagten geltend.

27 Zu Recht, wie der Bundesgerichtshof befand. Ein Bieter dürfe die Leistungsbeschreibung einer öffentlichen Ausschreibung gemäß VOB/A im Zweifelsfalle so verstehen, dass der Auftraggeber den geltenden Anforderungen der VOB/A entsprechen will. Danach seien sämtliche für die Bauausführung wesentliche Umstände einschließlich der Bodenbeschaffenheit so zu deklarieren, dass der Bieter ihre Auswirkung auf die bauliche Ausführung hinreichend beurteilen kann. Dabei seien gemäß § 9 Nr. 1 bis 3 VOB/A (a. F.) insbesondere die DIN 18299 ff zu beachten, so dass es konkret nach Maßgabe der DIN 18299 und 18300 grundsätzlich einer Angabe der Schadstoffbelastung nach den Erfordernissen des Einzelfalles bedurft hätte. Ein solcher Hinweis könne nur unterbleiben, falls sich aus den Vertragsumständen die Kontamination für den Bieter klar erkennbar ergibt. Nach diesen Auslegungsgrundsätzen gelangte der Bundesgerichtshof zu dem Schluss, die Leistungsbeschreibung habe die Bodenbeschaffenheit mangels entsprechender Angaben als schadstofffrei ausgewiesen, so dass auch nur der Aushub schadstofffreien Bodens zwischen den Parteien vereinbart worden sei. Auch die eventuelle Kenntnis der Klägerin bezüglich eines durchgeführten Winterdienstes auf dem betreffenden Straßenabschnitt rechtfertige kein Absehen von der Angabe einer bestehenden Chlorid-Kontamination, da der gerichtlich bestellte Sachverständige eine Salzbelastung in tieferen Bodenschichten ausdrücklich als selten eingestuft hat.

---

10 1. **Die Abrechnungsregelungen der VOB/C: Allgemeine Technische Vertragsbedingungen für Bauleistungen sind Allgemeine Geschäftsbedingungen (hier DIN 18299 Abschnitt 5 und DIN 18332 Abschnitt 5).**
2. **Bei der Auslegung der Allgemeinen Technischen Vertragsbedingungen kommt der Verkehrssitte maßgebliche Bedeutung zu, wenn Wortlaut und Sinn der Regelung nicht zu einem eindeutigen Ergebnis führen. Kommentierungen der VOB/C sind grundsätzlich keine geeignete Hilfe zu deren Auslegung.**
3. **Aus Wortlaut und Sinn der Allgemeinen Technischen Vertragsbedingungen lässt sich nicht eindeutig entnehmen, ob DIN 18332 Naturwerksteinarbeiten auch dann Anwendung findet, wenn Wärmedämmarbeiten für eine Natursteinfassade isoliert in Auftrag gegeben werden.**
4. **Auf welcher vertraglichen Grundlage das Aufmaß zu nehmen ist, ist eine Rechtsfrage und daher einer Begutachtung durch einen Bausachverständigen nicht zugänglich.**
5. **Die Ermittlung, ob eine Verkehrssitte besteht, kann dem Gutachter übertragen werden.**

BGH, Urt. v. 17.06.2004 – VII ZR 75/03, NZBau 2004, 500

Das Urteil betrifft die zu beachtenden Vorgaben bei Auslegung der Allgemeinen Technischen Vertragsbedingungen für Bauleistungen (ATV) in der VOB/C. In diesem Zusammenhang hebt der Bundesgerichtshof zutreffend die prozessual bedeutsame Trennung zwischen Rechts- und Tatsachenfragen hervor und betont, dass nur letztere einem Beweis durch Sachverständigengutachten zugänglich sind. **28**

29 Die Klägerin forderte von der Beklagten restlichen Werklohn. Sie hatte auf der Grundlage eines Einheitspreisvertrages mit gesondert angerfertigem Leistungsverzeichnis und unter Einbeziehung der VOB/B als Nachunternehmerin eine Wärmedämmung für die durch die Beklagte geschuldete Natursteinfassade errichtet. Die Parteien stritten nunmehr darüber, ob das Aufmaß für die Wärmedämmung gemäß DIN 18299 Abschnitt 5 nach den Flächen der Wärmedämmung (so die Beklagte) oder gemäß DIN 18331 Abschnitt 5.1.1.3 nach den Ausmaßen der Fassadenbekleidung (so die Klägerin) zu berechnen war. Das Berufungsgericht gab der Klägerin Recht und legte dabei maßgeblich die persönliche Rechtsauffassung des Sachverständigen zu Grunde. Der Bundesgerichtshof hob diese Entscheidung mit der Begründung auf, die geltenden Auslegungsregeln für die ATV seien nicht hinreichend berücksichtigt worden. Bei den Abrechnungsregeln der ATV handelt es sich um Allgemeine Geschäftsbedingungen, deren Inhalt nach den allgemein hierfür anerkannten Auslegungsgrundsätzen zu bestimmen sei. Insoweit sei entscheidend darauf abzustellen, wie Angehörige der typischerweise betroffenen Verkehrskreise diese Regelungen verstehen können und müssen. Der Bundesgerichtshof erkannte das Bestehen einer Verkehrssitte betreffend den praktischen Umgang mit den in Rede stehenden Abrechnungsvorschriften der ATV als maßgebliches Auslegungskriterium an, da die Anwendbarkeit der DIN 18332 auf isoliert beauftragte Wärmedämmarbeiten weder ihrem Wortlaut nach noch ihrem Sinn und Zweck sicher entnommen werden könne. Nur die Frage nach dem Bestehen einer Verkehrssitte als reiner Tatsache dahingehend, wie diese Regelung innerhalb der betroffenen Verkehrskreise tatsächlich verstanden und gehandhabt werde, bilde jedoch einen prozessual zulässigen Gegenstand der sachverständigen Begutachtung. Unzulässig ist die Heranziehung dieses Beweismittels indes zur Bestimmung der rein rechtlichen Würdigung, auf welches Aufmaß die Berechnung der Arbeiten letztlich gestützt werden darf.

30 Mit anderen Worten darf der Sachverständige im Rahmen einer klaren Arbeitsteilung also nur die maßgeblichen Tatsachen ermitteln, die das beauftragende Gericht anschließend einer selbständigen und originären rechtlichen Würdigung unterziehen muss. Insbesondere in Bauprozessen, in denen das Gericht regelmäßig nicht über die zur Entscheidung erforderliche Sachkunde verfügt und daher auf eine gutachterliche Stellungnahme angewiesen ist, droht diese an sich klare Grenzziehung an Kontur zu verlieren.

Prinzipien

Die Zielsetzung und Problematik dieser »Einführung in die VOB/C« ist letztlich die Gleiche wie bei der »Einführung in die VOB/B«:[1]

Als »Einführung« sollte sie alles Wichtige enthalten, um den Leser in die Lage zu versetzen, mit der VOB/C sicher umzugehen, andererseits ist es nicht Sinn einer Einführung, wie ein Kommentar oder ein Lehrbuch jeden Abschnitt und Paragraphen zu bearbeiten und zu erläutern. Eine »Einführung« muss kurz und präzise sein, sie muss die Dinge auf den Punkt bringen. Sie soll einerseits eine praktische Alltagshilfe sein, die tagesbrauchbaren und tagesrichtigen Rat gibt. Andererseits muss sie jedem wissenschaftlichen Anspruch standhalten und auch in Zweifelsfragen rechtlich zuverlässigen und eindeutigen Rat geben. Hierzu muss eine »Einführung« eine klare Sprache sprechen, um alle am Bau beteiligten Kreise gleichermaßen zu erreichen, die sich durch die »Einführung« in ein fachliches Spezialgebiet einführen lassen, seien es Ingenieure, Rechtsanwälte, Richter, Auftraggeber, Auftragnehmer, Sachverständige, Architekten oder Projektsteuerer. Eine »Einführung« sollte schließlich dazu beitragen, mit noch überschaubarem Zeitaufwand auf den definitiv neuesten Stand kommen zu können.

Wie bei der »Einführung in die VOB/B«[2] wollen wir auch hier mit den wichtigsten Grundsätzen für eine erfolgreiche Abwicklung von Bauvorhaben beginnen, die alle nichts mit baurechtlichen Spezialkenntnissen zu tun haben und bei denen am häufigsten Fehler gemacht werden:

Die überwiegende Mehrheit der Rechtsstreitigkeiten entsteht daraus, dass zwischen den Vertragsparteien später streitig ist, was sie eigentlich vertraglich geregelt und vereinbart haben, was beispielsweise für die vereinbarte Vergütung zu leisten und zu bauen ist und was nicht. Dies gilt umso mehr, je häufiger funktionale Leistungselemente bei der Beschreibung der Werkleistung in der Leistungsbeschreibung verwendet werden. Der absolut wichtigste Grundsatz ist daher, für eine **Eindeutigkeit** und **Klarheit** bei den vertraglichen Regelungen zu sorgen.

Hierzu gibt es mitunter einfache Regeln, die trotzdem größte Bedeutung haben:

Gehören zum Vertrag Anlagen, sind diese zu nummerieren und vollständig beizufügen. Alle Anlagen müssen wiederum daraufhin geprüft werden, ob sie auf weitere Anlagen verweisen. Ist dies der Fall, dann müssen auch diese An-

---

1 Vgl. Kapellmann/Langen, Einführung in die VOB/B – Basiswissen für die Praxis, S. 12 ff.
2 Vgl. Kapellmann/Langen, Einführung in die VOB/B – Basiswissen für die Praxis, S. 12 ff.

lagen beigefügt werden. Selbstverständlich müssen die Anlagen sorgsam daraufhin geprüft werden, ob sie nicht einander widersprechen.

37 Es sollten im Vertrag keine Begriffe verwendet werden, die nur die Vertragsbeteiligten zu verstehen glauben, die aber später niemand mehr nachvollziehen kann. Eine Unsitte ist es, ungeprüfte oder undefinierte Begriffe zu verwenden (z. B. Vorstatik). Zu beachten ist dabei auch, dass sich die Begriffs- und Erfahrungswelten von Ingenieuren und Juristen sehr unterscheiden. Was für den Ingenieur mitunter begrifflich selbstverständlich ist, ist dem Juristen häufig unbekannt.

38 Kommt es zu mehreren Verhandlungsrunden, ist es wichtig, dass die Verhandlungsprotokolle untereinander konsistent sind und sich nicht widersprechen. Am einfachsten ist es, wenn die endgültigen Ergebnisse der Verhandlungsrunden in einem letzten und übergeordneten Verhandlungsprotokoll noch einmal für alle Beteiligten klar und eindeutig zusammengefasst werden.

39 Zu bedenken ist bei der Vertragsgestaltung immer, dass in einem Rechtsstreit ein am Vertragsschluss und bei den Vertragsverhandlungen nicht Beteiligter Dritter über den Inhalt des Vertrages entscheiden muss. Und jede Entscheidung zum Vertragsinhalt beginnt beim vollständigen Lesen und Verstehen der vertraglichen Regelungen. Jede Unklarheit hier schadet immer.

40 Der zweite Grundsatz ist der, dass alle relevanten Tatbestände **beweisbar** und **ausreichend dokumentiert** sein müssen. Die wenigsten Rechtsstreitigkeiten werden durch juristische Raffinesse oder überlegene Rechtskenntnisse entschieden, sondern fast ausschließlich über den beweisbaren und dokumentierten **Sachverhalt**. Probleme kann man nur richtig beurteilen, wenn man – insbesondere als Jurist – den Sachverhalt in allen Einzelheiten erforscht, keine Behauptung als selbstverständlich nimmt und jede Dokumentation auch selber prüft. Alles, was an Tatsachen für die Durchsetzung oder Abwehr von Ansprüchen und Behauptungen eine Rolle spielt, muss dokumentiert sein. Zeitnahe Dokumentation ist natürlich zusätzliche Arbeit zur eigentlichen produktiven Arbeit der Bauwerkserrichtung. Unterlassene Dokumentation lässt sich allerdings nicht mehr »heilen« und ist daher Dummheit und mit wirtschaftlichem Verlust verbunden.

41 Der dritte Grundsatz lautet: **Immer den sichersten Weg gehen**. Im Zweifel lieber einmal zu viel geschrieben, als zu wenig. Dies gilt insbesondere für den Auftragnehmer.

42 Wichtig ist auch, immer an den richtigen Adressaten zu schreiben. Bei Zweifeln ist hier der Vertragspartner immer der Richtige. Bestehen Zweifel, ob die handelnde Person überhaupt berechtigt und befugt ist, z. B. bauinhaltsändernde Anordnungen zu treffen, schadet ein Nachfragen beim Vertragspartner nicht. Denn die praktische Erfahrung zeigt immer wieder, dass zu viel Vertrauensseligkeit auf der Seite des Auftragnehmers selten belohnt wird. Wer hofft, dass sich die Probleme schon irgendwie im Nachgang lösen werden, handelt betriebswirtschaftlich abwegig und schafft sich rechtlich Ärger ohne Ende.

Schließlich gilt es, **Halbwissen zu vermeiden**. Wer wirtschaftlich und rechtlich relevante Entscheidungen trotz Halbwissen trifft, der begeht immer einen schweren Fehler, der später nicht mehr zu korrigieren ist. Das heißt, dass alle Beteiligten einen Vertragstext ganz lesen und kennen müssen. Natürlich kann man nicht alles wissen, Wissenslücken und entscheidungserhebliche verbleibende Fragen können aber und müssen geklärt werden. Wer aufgrund »alter Erfahrung« handelt, ohne sich zu informieren, handelt fahrlässig. Wer bei einer zweifelhaften Frage zur Feststellung des Bausolls darauf verzichtet, die Regeln einer vereinbarten Norm der VOB/C zu prüfen, macht einen Fehler. 43

A. Allgemeines

I. Die Bedeutung der VOB/C für die am Bau Beteiligten

Die VOB/C umfasst die Allgemeinen Technischen Vertragsbedingungen für Bauleistungen (ATV). Insgesamt handelt es sich derzeit um 64 Regelwerke, die alle die Bezeichnung DIN und eine Ordnungsnummer zwischen 18299 (Allgemeine Regelungen für Bauleistungen jeder Art) und 18459 (Abbruch- und Rückbauarbeiten) besitzen. Die aktuelle Ausgabe der VOB/C stammt aus dem Jahr 2012, wobei alle Allgemeinen Technischen Vertragsbedingungen für Bauleistungen redaktionell überarbeitet und insgesamt 18 von ihnen materiell fortgeschrieben wurden. Für zwei Leistungsbereiche wurden komplett neue Regelwerke erarbeitet, zum einen für den Bereich Kampfmittelräumarbeiten (DIN 18323) und zum anderen für den Bereich Renovierungsarbeiten an Entwässerungskanälen (DIN 18326). 44

Während üblicherweise bei der Erarbeitung von DIN-Normen ein breites Fachpublikum beteiligt wird, deren Arbeitsergebnisse vor der endgültigen Verabschiedung als sog. Gelbdrucke vorgelegt werden, so dass jedermann Stellung nehmen kann, bevor eine DIN-Norm endgültig veröffentlicht wird, werden die Allgemeinen Technischen Vertragsbedingungen für Bauleistungen von den beiden Hauptausschüssen Hochbau (HAH) und Tiefbau (HAT) des Deutschen Vergabe- und Vertragsausschusses für Bauleistungen (DVA) aufgestellt und bearbeitet. Das Deutsche Institut für Normung (DIN), als die in Deutschland zuständige Normungsorganisation, fungiert insoweit lediglich als Herausgeber. 45

Seit der Ausgabe der VOB/C von 1988 existiert mit der DIN 18299 eine Allgemeine Technische Vertragsbedingung für Bauleistungen jeder Art, durch die für alle Leistungsbereiche geltende allgemeine Regelungen geschaffen bzw. zusammengefasst wurden, die immer anwendbar sind, wenn sich aus der speziellen ATV für den konkreten Leistungsbereich keine abweichenden Regelungen 46 ergeben oder eine spezielle ATV für einen Leistungsbereich noch nicht existiert.

47 Durch die Regelwerke der VOB/C sollen nicht ausschließlich technische Regeln objektiviert werden. Bei den Allgemeinen Technischen Vertragsbedingungen für Bauleistungen der VOB/C handelt es sich vielmehr um ergänzendes Vertragsrecht mit technischem Bezug.

48 Die **praktische Bedeutung** der Allgemeinen Technischen Vertragsbedingungen für Bauleistungen der VOB/C wird nach wie vor **unterschätzt**, insbesondere Juristen, selbst erfahrene Baujuristen, machen nur all zu gerne einen großen Bogen um die Regelwerke der VOB/C, obwohl deren genaue Kenntnis unabdingbar für eine optimale Gestaltung und Anwendung von Bauverträgen ist.

49 Nach § 1 Abs. 1 Satz 2 VOB/B gelten die Allgemeinen Technischen Vertragsbedingungen der VOB/C **automatisch** als Bestandteil des Vertrages, wenn die Bestimmungen der VOB/B einem Bauvertrag zugrunde liegen. Diejenigen Auftraggeber, die zur Anwendung der VOB/A verpflichtet sind, **müssen** nach § 8 Abs. 3 VOB/A in den Vergabeunterlagen vorschreiben, dass die Allgemeinen Vertragsbedingungen für die Ausführung von Bauleistungen (VOB/B) und die Allgemeinen Technischen Vertragsbedingungen für Bauleistungen (VOB/C) Bestandteile des Bauvertrages werden. Dabei müssen nach § 8 Abs. 5 VOB/A die Allgemeinen Technischen Vertragsbedingungen grundsätzlich unverändert bleiben. Von Auftraggebern, die ständig Bauleistungen vergeben, können sie jedoch für die bei ihnen allgemein gegebenen Verhältnisse durch Zusätzliche Vertragsbedingungen ergänzt werden. Für die Erfordernisse des Einzelfalls können Ergänzungen und Änderungen in der Leistungsbeschreibung festgelegt werden. Auftraggeber, die zur Anwendung der VOB/A verpflichtet sind, sollten daher die Regelwerke der VOB/C ebenso kennen bzw. mit ihnen sicher umgehen können, wie Auftragnehmer, die sich bei solchen Auftraggebern um Bauaufträge bewerben.

50 Besondere **praktische Bedeutung** bei der Gestaltung von Bauverträgen bzw. der Erstellung von Vergabeunterlagen für Bauaufträge haben die **0-Abschnitte** der DIN 18299 ff. für Auftraggeber, die zur Anwendung der VOB/A verpflichtet sind und all diejenigen, die mit solchen Aufträgen befasst sind. Nach § 7 Abs. 1 Nr. 1 VOB/A ist die Leistung in der Leistungsbeschreibung eindeutig und erschöpfend zu beschreiben. Nach § 7 Abs. 1 Nr. 7 VOB/A sind dabei **verpflichtend** die Hinweise für das Aufstellen der Leistungsbeschreibung in Abschnitt 0 der Allgemeinen Technischen Vertragsbedingungen für Bauleistungen, DIN 18299 ff. **zu beachten**. Um also eine ordnungsgemäße Leistungsbeschreibung zu erstellen, müssen Auftraggeber, die zur Anwendung der VOB/A verpflichtet sind, zunächst den 0-Abschnitt für das zu vergebende Gewerk bzw. den zu beauftragenden Leistungsbereich (z. B. DIN 18330 für Mauerarbeiten) beachten und abarbeiten sowie ergänzend den Abschnitt 0 der DIN 18299, soweit in der speziellen DIN keine besonderen oder abweichenden Regelungen enthalten sind.

Nach dem Vorgesagten den Schluss zu ziehen, die Regelwerke der VOB/C hätten **nur** praktische Bedeutung für Bauverträge mit Auftraggebern, die zur Anwendung der VOB/A verpflichtet sind oder denen die VOB/B zugrunde liegt (was allerdings für die überwiegende Anzahl aller Bauverträge gelten dürfte) ist allerdings unzulässig und darüber hinaus geradezu fahrlässig. Denn die Allgemeinen Technischen Vertragsbedingungen für Bauleistungen der VOB/C regeln nach allgemeiner Meinung punktuell und in Teilen den mangels abweichender Vereinbarung geschuldeten »technischen Standard« und gelten als **gewerbliche Verkehrssitte** im Bauwesen.[3] Gleichzeitig beinhalten sie für den jeweils dort geregelten Bereich mitunter **anerkannte Regeln der Technik**, zu deren Einhaltung ein Auftragnehmer auch bei einem **BGB-Bauvertrag** nach § 633 Abs. 2 BGB verpflichtet ist.[4] Wie man sieht, sind die Regelwerke der VOB/C bei der Gestaltung und Anwendung von Bauverträgen allgegenwärtig. **51**

Von außerordentlicher praktischer Wichtigkeit sind auch die jeweiligen **Abrechnungsregelungen** in Abschnitt 5 der für einen Leistungsbereich geltenden Allgemeinen Technischen Vertragsbedingungen für Bauleistungen der VOB/C, deren Beachtung und richtige Anwendung häufig Meinungsverschiedenheiten und Streitigkeiten vermeiden könnte.[5] **52**

Schließlich geben die Regelwerke der VOB/C wichtige Hinweise für die konkrete Ausführung der Bauleistung, unter welchen Voraussetzungen auf jeden Fall Bedenken nach § 4 Abs. 3 VOB/B beim Auftraggeber geltend zu machen sind sowie zum vertraglich geschuldeten Leistungsinhalt. Man sieht anhand dieses kurzen Überblicks, dass die Regelwerke der VOB/C sämtliche Bereiche bei der Gestaltung und Anwendung von Bauverträgen betreffen. **53**

Wie das BGB gehen auch die Allgemeinen Technischen Vertragsbedingungen für Bauleistungen der VOB/C vom **Vorrang der Individualabrede** aus, die Bauvertragsparteien haben daher die Dispositionsbefugnis, den Inhalt der Allgemeinen Technischen Vertragsbedingungen der VOB/C einvernehmlich zu ändern, denn in jeder DIN heißt es in Abschnitt 0.3.1: **54**

»0.3.1 Wenn andere als die in dieser ATV vorgesehenen Regelungen getroffen werden sollen, sind diese in der Leistungsbeschreibung eindeutig und im Einzelnen anzugeben.«

---

3 Vgl. Langen/Schiffers, Bauplanung und Bauausführung, 2005, Rdn. 243; Vygen, Bauvertragsrecht, Rdn. 121, Kleine-Möller u. a., Handbuch des privaten Baurechts, § 2 Rdn. 52.
4 Vgl. BGH, BauR 1978, 222; Langen, Die Gestaltung von Bauverträgen – Überlegungen und erste Erfahrungen zum neuen Recht, Jahrbuch BauR 2003, 159 ff., 181 m. w. N.; OLG Stuttgart, BauR 1977, 129.
5 So zutreffend Vygen, Bauvertragsrecht, Rdn. 124.

Allgemeines

II. Entstehung und Fortschreibung der VOB/C

55 Die Entstehung der Allgemeinen Technischen Vertragsbedingungen für Bauleistungen der VOB/C, wie wir sie heute kennen, geht zurück auf die Arbeit des **Reichsverdingungsausschusses**. Ihm gehörten neben Abgesandten der betroffenen Reichsressorts Vertreter der Länderregierungen, des Deutschen Städtetages, des Reichsverbandes der Deutschen Industrie (Fachgruppe Bauindustrie), des Reichsverbandes des Deutschen Handwerks, der Arbeitnehmergewerkschaften, des Verbandes der Deutschen Architekten- und Ingenieurvereine und des Bundes Deutscher Architekten an.

56 Die erste Vollsitzung des Reichsverdingungsausschusses tagte am 13.12.1921. Der Reichsverdingungsausschuss erarbeitete zunächst **drei Hauptbedingungen** für eine Verdingungsordnung:

– die Aufstellung einwandfreier, d. h. klarer, unzweideutiger und vollständiger Verdingungsunterlagen;
– die Ermittlung des preiswürdigsten Angebots und
– die strenge Vertragserfüllung.

57 Zur Umsetzung dieser Hauptbedingungen hielt der Reichsverdingungsausschuss auch die Bearbeitung der technischen Vorschriften für erforderlich. Es dauerte fast drei Jahre, bis Mitte 1924 letztlich ein **Referentenentwurf zur VOB** dem Reichsverdingungsausschuss vorgelegt wurde. Im Juni 1925 wurden sämtliche Entwürfe zu den technischen Vorschriften genehmigt und es wurde beschlossen, diese in Buchform herauszugeben. Die Vorentwürfe waren 1924 bereits nach und nach in der Zeitschrift »Bauwelt« veröffentlicht worden. Im Juni 1925 wurde auch erstmals der zuvor fertig gestellte Entwurf zur VOB Teile A und B vorgestellt, wobei man auch den Ausdruck »Reichsverdingungsordnung« mit Rücksicht auf die Länderinteressen durch »Allgemeine Vergebungs- und Vertragsbestimmungen für die Ausführung von Bauleistungen« ersetzt hatte.

58 Trotz ihres erheblichen Umfangs waren die technischen Vorschriften der VOB als Erstes fertig gestellt und verabschiedet worden. In der Fassung von 1925 bestanden sie aus dem getrennten **Teil C**, damals »Technische Vorschriften für Bauleistungen im Hochbau« (DIN 1962 bis DIN 1985) und einem **Teil D** »Technische Vorschriften für Bauleistungen im Tiefbau«.[6] Die vom Reichsverdingungsausschuss erarbeiteten Technischen Vorschriften für Bauleistungen umfassten 1925 insgesamt 22 Regelwerke:

I.   Erdarbeiten
II. Mauerarbeiten
II a. Putz- und Stuckarbeiten

---

6 S. zur Geschichte der VOB/C auch Müller-Sedlaczek, in: Beck'scher VOB-Kommentar, VOB/C, Syst. I, Rdn. 12 ff.

II b. Estrich- und Fliesenarbeiten
III. Asphalt-, Dichtungs- (Isolierungs-)Arbeiten
IV. Beton- und Eisenbetonarbeiten
V. Steinmetz- (Steinbauer-)Arbeiten
VI. Zimmererarbeiten
VII. Eisenbauwerke, Schmiede- und Kunstschmiedearbeiten
VIII. Dachdeckerarbeiten
IX. Klempner- (Spengler-, Flaschner-, Blechner-)Arbeiten
X. Tischler- (Schreiner-)Arbeiten
XI. Schlosser- (Beschlag-)Arbeiten
XII. Glaserarbeiten
XIII. Maler- und Anstreicherarbeiten
XIV. Klebearbeiten (Tapete, Linoleum, usw.)
XV. Ofen- und Herdarbeiten
XVI. Zentralheizungs-, Warmwasserbereitungs-, Kühl- und Lüftungsanlagen
XVII. Be- und Entwässerungsanlagen und Gasleitungen (innerhalb der Grundstücke)
XVII. Elektrische Anlagen (Stark- und Schwachstromanlagen)
XIX. Blitzschutzanlagen
XX. Brunnenarbeiten
XXI. Steinsetzer- (Pflaster-)Arbeiten
XXII. Gärtnerische Anlagen

Ab 1947 wurde die Arbeit des Reichsverdingungsausschusses vom »**Deutschen Verdingungsausschuss für Bauleistungen**« (DVA) fortgesetzt. Am 23.4.1953 wurden schließlich die VOB Teile A und B in der Fassung von 1952 veröffentlicht. Mit der Fassung von 1955 wurden die vierstelligen DIN-Normblatt-Nummern, wie sie immer noch für die VOB Teile A (DIN 1960) und B (DIN 1961) gelten, durch das heute bei der VOB/C bekannte System der fünfstelligen DIN-Normblatt-Nummern ersetzt.[7] **59**

Seit 1966 arbeitet der Deutsche Verdingungsausschuss für Bauleistungen, heute Deutscher Vergabe- und Vertragsausschuss für Bauleistungen, nach seinem selbst geschaffenen **Organisations- und Arbeitsschema**, seit dem sind für die Allgemeinen Technischen Vertragsbedingungen für Bauleistungen der VOB/C die Hauptausschüsse Hochbau und Tiefbau zuständig. Legitimationsgrundlage für die Arbeit des DVA ist § 2 seiner Satzung, wonach der DVA die Aufgabe hat, Grundsätze für die sachgerechte Vergabe und Abwicklung von Bauaufträgen zu erarbeiten und weiterzuentwickeln, was insbesondere durch die Erarbeitung und Fortschreibung der Vergabe- und Vertragsordnung für Bauleistungen (VOB) erfolge. **60**

---

7 Vgl. Müller-Sedlaczek, in: Beck'scher VOB-Kommentar, VOB/C, Syst. I, Rdn. 23 ff.

Allgemeines

61 Als wichtigste Fortentwicklung kann die Einführung der DIN 18299, »Allgemeine Regelungen für Bauarbeiten jeder Art« mit der Ausgabe September 1988 angesehen werden. Hierdurch wurden allgemein gültige Regelungen gleichsam vor die Klammer gezogen, wodurch die Klarheit und Übersichtlichkeit deutlich erhöht wurde. Zudem gibt es damit wenigstens allgemein gültige technische (Mindest-)Grundregeln für sämtliche Bauleistungen, auch für solche, für die es keine spezielle Allgemeine Technische Vertragsbedingung in der VOB/C gibt.[8]

62 Aktuell gültig ist die **Ausgabe 2012** mit derzeit **64 Regelwerken**. Die VOB/C wird nur **insgesamt** neu herausgegeben, eine Veröffentlichung einzelner neuer oder geänderter Regelwerke findet nicht statt. Die VOB/C entwickelt sich damit nicht fortlaufend, sondern gewissermaßen sprunghaft.[9] Dies hat den Vorteil, dass der Verwender nicht mühevoll recherchieren muss, welches Regelwerk aktuell für welchen Leistungsbereich gültig ist. Er erhält mit dem Erwerb eines Buches die **komplette aktuelle Fassung** aller gültigen Allgemeinen Technischen Vertragsbedingungen und kann sich sicher sein, dass diese bis zur Herausgabe einer neuen Ausgabe gültig sein werden. Erhöht wird diese Übersichtlichkeit für den Verwender auch noch dadurch, dass im Inhaltsverzeichnis jeder Ausgabe der aktuelle Bearbeitungsstand über **Kennbuchstaben** angeben wird:

– (F) = Das Dokument wurde zur Anpassung an die Entwicklung des Baugeschehens fachtechnisch überarbeitet; die Normenverweise wurden aktualisiert;
– (R) = Das Dokument wurde redaktionell überarbeitet; die Normenverweise wurden aktualisiert;
– (V) = Verweise auf die VOB/A, VOB/B und VOB/C wurden aktualisiert; keine weiteren Änderungen vorgenommen. Normenverweise wurden nicht aktualisiert;
– (N) = Das Dokument wurde neu aufgestellt und erstmalig in die VOB aufgenommen.

63 Die Zuständigkeit für die Betreuung neuer und der bereits existierenden Allgemeinen Technischen Vertragsbedingungen der VOB/C liegt seit 1966 bei den Hauptausschüssen Hochbau und Tiefbau. Der **Hauptausschuss Tiefbau** (HAT) betreut die DIN 18300 bis einschließlich DIN 18325 sowie die DIN 18336 und der **Hauptausschuss Hochbau** (HAH) betreut die DIN 18330 bis DIN 18459.

64 Bei der Herausgabe werden grundsätzlich die Regeln der Normungsarbeit des Deutschen Instituts für Normung e. V. (DIN) gemäß der DIN 820 beachtet. Für die Entstehung der ATV-DIN-Normen gilt dies allerdings nicht, denn das

---

8 S. auch Müller-Sedlaczek, in: Beck'scher VOB-Kommentar, VOB/C, Syst. I, Rdn. 25 ff.
9 Vgl. von Wietersheim, in: Beck'scher VOB-Kommentar, VOB/C, Syst. II, Rdn. 1.

Organisations- und Arbeitsschema des DVA weicht maßgeblich von den für das DIN geltenden Verfahrensregeln ab. Nach Abschnitt 5.3 der DIN 820 Teil 1 muss die Öffentlichkeit die Möglichkeit haben, sich über die Arbeit des DIN zu orientieren und zumindest durch Stellungnahmen an dieser Arbeit beteiligen zu können. Eine Öffentlichkeitsbeteiligung sieht das Organisations- und Arbeitsschema des DVA dagegen nicht vor. Grundlage für die Zusammenarbeit zwischen DVA und dem DIN ist eine Vereinbarung von 1976.

Die DIN 18299, die allgemeine Regelungen aller Art enthält, wird von allen drei Hauptausschüssen des DVA gemeinsam fortgeschrieben, also zusätzlich auch noch von dem **Hauptausschuss Allgemeines** (HAA), der im Übrigen die VOB Teile A und B betreut. Die Mitglieder der Hauptausschüsse sind fast durchweg Architekten, Ingenieure und andere Baupraktiker. Der Vorsitz wird von Baufachleuten aus dem Bundesbauministerium für Verkehr, Bau und Stadtentwicklung (HAA und HAT) bzw. von einer Landesbauverwaltung (HAH) gestellt. Die Arbeitsaufteilung im DVA und die wesentlichen Vorgaben für die Arbeitsweise der Hauptausschüsse sind in der Satzung des DVA geregelt. **65**

III. Verfahrensgang bei der Fortschreibung oder Entstehung einer ATV-DIN-Norm der VOB/C

Soweit es nicht lediglich um eine redaktionelle Überarbeitung geht, können die Hauptausschüsse bei der Entstehung und Fortschreibung von ATV-DIN-Normen nicht selbst initiativ werden, für die Entstehung und Fortschreibung gilt das **Antragsprinzip**. **Antragsberechtigt** ist dabei grundsätzlich jedermann, in der Regel stammen die Anträge aber von den jeweiligen Baufachverbänden. Wird ein Antrag gestellt, muss dieser begründet werden. Anträge auf Fortschreibung der ATV-DIN-Normen betreffen regelmäßig Änderungen des Geltungsbereiches aufgrund zwischenzeitlich erfolgter Entwicklung anderer ATV-DIN-Normen, Anpassungen der Anforderungen an Stoffe und Bauteile sowie der in den ATV-DIN-Normen vorgesehenen Regelausführung an den Stand der Technik und produkt- und ausführungsbezogene Änderungen und Folgeanpassungen bei den Neben- und Besonderen Leistungen sowie im Bereich der Hinweise für das Aufstellen der Leistungsbeschreibung.[10] **66**

Die Anträge werden zunächst in einem **Fachberater-Ausschuss** geprüft und bearbeitet. Dem Fachberater-Ausschuss steht ein vom zuständigen Hauptausschuss bestimmter **Obmann** vor. Außerdem wird ein Mitglied des jeweils zuständigen Hauptausschusses zum **Verbindungsmann** zu diesem Fachberater-Ausschuss bestimmt. Hat der Fachberater-Ausschuss seine Arbeit beendet, werden die Ergebnisse dem Hauptausschuss zur **Beratung** vorgelegt. Dabei wird jeder Abschnitt einer ATV-DIN-Norm bzw. jeder Änderungsvorschlag **67**

---

10 Vgl. von Wietersheim, in: Beck'scher VOB-Kommentar, VOB/C, Syst. II, Rdn. 12 ff.

Allgemeines

gesondert beraten. Der Fachberater-Ausschuss trägt seine Ergebnisse vor, begründet seine Vorschläge und steht dem Ausschuss für Fragen zur Verfügung. Erst nach **Beschlussfassung** zu jedem offenen Punkt ist die Beratung im Hauptausschuss abgeschlossen. Dieser gesamte Vorgang wird in Anlehnung an das Gesetzgebungsverfahren auch als **Lesung** bezeichnet, weswegen sich die Hauptausschüsse auch gerne als eine Art »**Techniker-Parlament**« verstehen.[11] Der Abschluss der Beratungen wird protokolliert und festgestellt.

68 Nach Abschluss der Beratungen (Lesung) wird das Ergebnis den Mitgliedern des DVA unter Angabe einer **Frist für Einsprüche** gegen die neue oder geänderte ATV-DIN-Norm vorgelegt. Gleichzeitig wird das Ergebnis der **Normenprüfstelle** des DIN vorgelegt, die die neue bzw. geänderte ATV-DIN-Norm auf Widersprüche zum Deutschen Normenwerk überprüft. Nach Ablauf der Einspruchsfrist wird in einer Einspruchslesung über die eingegangenen Einsprüche beraten. An dieser Beratung nehmen wiederum auch die Mitglieder des Fachberater-Ausschusses teil. Das Ergebnis der Beratung wird in einem Protokoll festgehalten und festgestellt.

69 Gemäß der Satzung des DVA entscheidet der **Vorstand** darüber, ob die Beschlüsse der Hauptausschüsse zur Aufstellung einer neuen oder Fortschreibung einer existierenden ATV-DIN-Norm **veröffentlicht** werden. Nach Abschluss der Beratungen im Hauptausschuss werden dementsprechend die Ergebnisse dem Vorstand des DVA übermittelt. Regelmäßig bestimmt der Vorstand mit einigem Vorlauf, wann eine neue VOB veröffentlicht werden soll, dass die Hauptausschüsse wissen, bis wann sie ihre Beschlüsse und die redaktionell überarbeiteten ATV-DIN-Normen dem Vorstand vorlegen müssen.[12] Die **Veröffentlichung** der Allgemeinen Technischen Vertragsbedingungen für Bauleistungen der VOB/C erfolgt sodann **im Auftrag** des DVA durch das DIN. Nur die VOB/A und die VOB/B werden auch im **Bundesanzeiger** veröffentlicht.

70 Da die ATV-DIN-Normen auf eine Vielzahl weiterer technischer Regelwerke **verweisen** muss gewährleistet sein, dass bei jeder Veröffentlichung die ATV-DIN-Normen auf die aktuell gültigen Normen, Zulassungen und Spezifikationen verweisen. Hier sind insbesondere Anpassungen an die **gemeinschaftsrechtlichen Spezifikationen** von besonderer Bedeutung. Die Prüfung und gegebenenfalls Änderung von Verweisungen findet ausschließlich im Rahmen der **redaktionellen Überarbeitung** statt, bei der sonstige Inhalt völlig unverändert bleibt. Deswegen findet bei der lediglich redaktionellen Überarbeitung kein so umfangreiches Verfahren statt, wie bei der Entstehung neuer oder Fortschreibung bestehender ATV-DIN-Normen. Hier ist auch **kein** Antrag

---

11 Vgl. von Wietersheim, in: Beck'scher VOB-Kommentar, VOB/C, Syst. II, Rdn. 7 und 22.
12 S. von Wietersheim, in: Beck'scher VOB-Kommentar, VOB/C, Syst. II, Rdn. 30 ff.

notwendig, die Hauptausschüsse werden von sich aus initiativ. Das Ergebnis der Überarbeitung wird den Mitgliedern des DVA lediglich mitgeteilt und schließlich vom DIN veröffentlicht.

B. Die Rechtsnatur der VOB/C

I. Die VOB/C als Rechtsnorm

Der Bundesgerichtshof beschäftigte sich erstmals grundlegend mit der Rechtsnatur der VOB/C in einer Entscheidung aus dem Jahr 1983. Anlass war die Frage, ob die VOB/C zu den von § 5 UrhG vom **Urheberrechtsschutz** freigestellten Werken gehört.[13] Die Vorschrift des § 5 UrhG in der seinerzeit geltenden Fassung besagte, dass Gesetze, Verordnungen, amtliche Erlasse und Bekanntmachungen sowie Entscheidungen und amtlich verfasste Leitsätze zu Entscheidungen **keinen** urheberrechtlichen Schutz genießen. Eingeschränkt galt das gleiche auch für andere amtliche Werke, die im amtlichen Interesse zur allgemeinen Kenntnisnahme veröffentlicht wurden.[14] 71

In seiner Entscheidung aus dem Jahr 1983 bestätigte der Bundesgerichtshof die Feststellung der Berufungsinstanz, dass die VOB/C **weder** ein **Gesetz** noch eine **Rechtsverordnung** ist, denn es fehlt ihr die für eine Rechtsnorm notwendige Allgemeinverbindlichkeit. Die VOB/C werde grundsätzlich nur kraft Parteivereinbarung Vertragsbestandteil.[15] Dass es sich bei DIN-Normen ganz allgemein nicht um Rechtsnormen handelt, hat der Bundesgerichtshof in späteren Entscheidungen bestätigt. Bei der vieldiskutierten Entscheidung zur Beurteilung der DIN 4109 aus dem Jahr 1989 beanstandete der Bundesgerichtshof, dass das Berufungsgericht ohne weiteres die Mangelfreiheit einer Werkleistung annahm, weil diese der DIN 4109 entsprach. Damit habe das Berufungsgericht der DIN-Norm eine ihr nicht zustehende Rechtsnormqualität beigemessen.[16] DIN-Normen sind, so der Bundesgerichtshof, nur private technische Regeln mit Empfehlungscharakter. 72

In einem nicht veröffentlichten Nichtannahmebeschluss aus dem Jahr 2000 hat der Bundesgerichtshof dies erneut bestätigt.[17] Er nahm die Revision gegen ein Urteil im Zusammenhang mit einer Bitumendickbeschichtung mit der Begründung nicht an, dass die Frage, ob eine Bitumendickbeschichtung DIN-gemäß sei, keine Rechtsfrage sei und eine Revision nur darauf gestützt werden 73

---

13 S. BGH, NJW 1984, S. 1621 ff.
14 Eingeschränkt insoweit, als die Bestimmungen über Änderungsverbot und Quellenangabe entsprechend anzuwenden waren.
15 S. BGH, NJW 1984, S. 1621 ff.; ähnlich bereits BGH, NJW 1957, S. 344 zur VOB/B.
16 S. BGH, BauR 1998, 872.
17 Zitiert nach Kuffer, in: Beck'scher VOB-Kommentar, VOB/C, Syst. VII, Rdn. 2.

könne, dass die Entscheidung der Vorinstanz auf einer Verletzung des Rechts, also eines Gesetzes oder einer Vorschrift im materiellen Sinn beruhe.

74 In seiner Entscheidung aus dem Jahr 1983 bestätigte der Bundesgerichtshof weiter, dass die VOB/C auch kein **amtlicher Erlass** oder eine **amtliche Bekanntmachung** ist, denn sie stammt nicht von einem Amt. Hierunter ist jede mit Verwaltungskompetenz und Hoheitsbefugnissen betraute Behörde oder beliehene Institution zu verstehen, wozu der DVA jedoch nicht zählt. Weder ist der DVA zur Wahrnehmung hoheitlicher Befugnisse berufen, noch handelt es sich bei ihm um einen beliehenen Verband oder ein Unternehmen einer insoweit hoheitlichen Auftragsverwaltung. Eine Übertragung von hoheitlichen Befugnissen kann der DVA auch nicht aus dem Vertrag vom 5.6.1975 zwischen der Bundesrepublik Deutschland und dem DIN herleiten, dem die urheberrechtlichen Nutzungsrechte vom DVA übertragen wurden. Denn in diesem Vertrag heißt es ausdrücklich:

»Die traditionell von privaten Gemeinschaftseinrichtungen übernommenen Normierungsarbeiten erhalten weder durch die einzelnen Regelungen des vorliegenden Vertrages den Charakter hoheitlicher Aufgaben, noch führen die Mitwirkung von Vertretern der Bundesregierung und von Behörden oder sonstige Regelungen des Vertrages zu einer Beleihung.«

75 Trotz der Beteiligung staatlicher Stellen bleibt damit die Normierungsarbeit eine private Aufgabe der Selbstverwaltung der Wirtschaft.

76 Eine ganz andere Frage ist, wie die Rechtsnatur von DIN-Normen zu beurteilen ist, wenn in anderen Rechtsnormen des Bundes- oder Landesrechts, z. B. in den **Landesbauordnungen** ihre Verbindlichkeit und Geltung zulässigerweise durch statische Verweisung angeordnet wird. Hierdurch werden sie Bestandteil der Verweisungsnorm und teilen deren Rechtsnatur als Rechtsnorm. Die (gesetzliche) Einführung von DIN-Normen als technische Baubestimmungen in den Landesbauordnungen führt daher dazu, dass jedenfalls unter bauaufsichtlichen Gesichtspunkten ein Anspruch auf Erteilung einer Baugenehmigung besteht, wenn das Bauvorhaben entsprechend den eingeführten DIN-Normen ausgeführt wird.[18]

77 Ähnlich ist die durch die **Vergabeverordnung** (VgV) bei Erreichen bestimmter Schwellenwerte eingetretene Rechtslage. Gesetzliche Ermächtigungsgrundlage für die VgV ist dabei § 97 Abs. 6 und § 127 GWB. In der VgV wird auf die VOB/A Bezug genommen, die wiederum auf die VOB/B und die VOB/C verweist. Hierdurch erhält die VOB/C eingeschränkt Rechtsnormqualität, soweit es um das **Vergabeverfahrensrecht** geht. Hiervon deutlich zu trennen ist allerdings das (Vergabe-)Vertragsrecht, also das **materielle Bauvertragsrecht**,

---

18 Vgl. BGH, NJW-RR 1990, 1452.

II. Die VOB/C als Allgemeine Geschäftsbedingung

In der Rechtsprechung der Oberlandesgerichte wird die VOB/C als Allgemeine Geschäftsbedingung angesehen, soweit dort Regeln über das **Aufmaß**, die **Abrechnung** und über **Art und Umfang** nicht gesondert zu vergütender **Nebenleistungen** aufgestellt werden, also insbesondere in Bezug auf die Abschnitte 4.1 und 5 der Allgemeinen Technischen Vertragsbedingungen der VOB/C.[20] Auch der Bundesgerichtshof hat für den **Abschnitt 5** der DIN 18299 und 18332 ausdrücklich entschieden, dass es sich insoweit bei der VOB/C um Allgemeine Geschäftsbedingungen handelt.[21] Geklärt ist also, dass die **Abrechnungsvorschriften** der VOB/C Allgemeine Geschäftsbedingungen darstellen. Für die weiteren Abschnitte der Allgemeinen Technischen Vertragsbedingungen der VOB/C, insbesondere diejenigen mit überwiegend **technischen Regelungsgehalten** ist die Frage hingegen nicht abschließend entschieden. Gleichwohl stellen auch die übrigen Abschnitte mit **Ausnahme** der Hinweise für das Aufstellen der Leistungsbeschreibung in Abschnitt 0 der jeweiligen Allgemeinen Technischen Vertragsbedingung Allgemeine Geschäftsbedingungen dar. Allgemeine Geschäftsbedingungen sind nach § 305 Abs. 1 BGB alle für eine Vielzahl von Verträgen vorformulierte **Vertragsbedingungen**. An den Begriff der Vertragsbedingung werden vom Bundesgerichtshof keine **allzu hohen** Anforderungen gestellt. Es reicht letztlich jede Erklärung aus, die den Vertragsinhalt regeln soll.[22] Hierdurch unterscheidet sich die Vertragsbedingung von der **bloßen Empfehlung** oder dem **tatsächlichen Hinweis**. Maßgebend ist, ob eine auf eine Rechtsfolge gerichtete Willenserklärung vorliegt, die jedoch dann nicht angenommen werden kann, wenn der Erklärende aus der Sicht des objektiven Empfängers keine vertragliche Regelung will. Dies wird man für den Abschnitt 0 der Allgemeinen Technischen Vertragsbedingungen für Bauleistungen der VOB/C annehmen müssen, die **ausdrücklich nicht** Vertragsbestandteil werden sollen. Soweit es jedoch um den Geltungsbereich (Abschnitt 1), die Stoffe und Bauteile (Abschnitt 2), die Ausführung (Abschnitt 3) und die Nebenleistungen/Besonderen Leistungen (Abschnitt 4) geht, kann man den Allgemeinen Technischen Vertragsbedingungen den vertraglichen **Regelungscharakter** nach der weit gefassten Begriffsbestimmung des Bundesgerichtshofs nicht absprechen, so dass es sich um Allgemeine Geschäftsbedingungen handelt. Ähnlich wie bei der VOB/B ist auch die VOB/C letztlich als Teil einer bereitliegenden **ausgewogenen Vertragsordnung** anzusehen, die anders

---
19 S. BGH, NZBau 2004, S. 229; Markus, Jahrbuch Baurecht 2004, S. 19 ff.
20 Vgl. OLG Düsseldorf, BauR 1991, S. 722; OLG Köln, BauR 1982, S. 170.
21 S. BGH, BauR 2004, S. 1438.
22 Vgl. BGHZ 133, S. 184; BGHZ 99, S. 374.

als übliche Allgemeine Geschäftsbedingungen nicht den Vorteil nur einer Vertragsseite verfolgt.[23] Von der Frage der Qualifizierung der VOB/C als Allgemeine Geschäftsbedingung strikt zu trennen ist die Frage der Überprüfbarkeit nach dem AGB-Recht, auf die wir später noch näher eingehen werden.

III. Die VOB/C als anerkannte Regel der Technik

79 Die VOB/C ist als Teil einer **Vertragsordnung** für Bauverträge konzipiert. Ohne Einbeziehung in den Bauvertrag entfaltet die VOB/C grundsätzlich als Ganzes **keinerlei** Rechtswirkungen.[24] Der Rückgriff auf die VOB/C durch die Gerichte und die Bauvertragsparteien setzt daher prinzipiell ihre Qualität als Vertragsbestandteil voraus. Wie es im Einzelnen zur Einbeziehung und Geltung der VOB/C kommt, werden wir im weiteren Verlauf noch detailliert behandeln.

80 Etwas anderes würde jedoch gelten, wenn man die Regelwerke der VOB/C als **anerkannte Regeln der Technik** begreifen könnte. Sofern die Bauvertragsparteien nichts anderes vereinbart haben, muss die Vertragsleistung den anerkannten Regeln der Technik entsprechen, denn der Auftragnehmer einer Bauleistung schuldet als **vertraglichen Mindeststandard** eine Leistung gemäß den anerkannten Regeln der Technik. Die Einhaltung dieses Standards wird vom Auftragnehmer üblicherweise stillschweigend bei Vertragsabschluss zugesichert.[25] Als Ausdruck der anerkannten Regeln der Technik ist die Geltung der VOB/C aber auch dann zu bejahen, wenn ihr die Qualität als Vertragsbestandteil fehlt. In diesen Fällen weist die VOB/C eine **Doppelnatur** auf.

81 Vornehmlicher **Zweck** der Allgemeinen Technischen Vertragsbedingungen für Bauleistungen der VOB/C ist es aber **nicht**, den Stand der anerkannten Regeln der Technik schriftlich zu **fixieren**. Würden die ATV als Normierung der anerkannten Regeln der Technik anzusehen sein, würde es des ausdrücklichen Hinweises in § 13 Abs. 1 VOB/B nicht bedürfen, dass die Leistung frei von Sachmängeln ist, wenn sie den anerkannten Regeln der Technik entspricht. Denn mit der Vereinbarung der VOB/B wird auch die VOB/C automatisch Vertragsbestandteil, so dass die Einhaltung der anerkannten Regeln der Technik eine vertraglich vereinbarte Beschaffenheit darstellen würde, wenn die ATV als deren Normierung anzusehen wären.

82 Umgekehrt ist damit nicht ausgeschlossen, dass die ATV der VOB/C in Teilen, punktuell oder insgesamt als Ausdruck der anerkannten Regeln der Technik einzustufen sind. Die Einstufung der ATV als Allgemeine Geschäftsbedingung schließt eine gleichzeitige Qualifizierung als anerkannte Regel der Technik

---

23 Vgl. für die VOB/B: BGH, NJW 1983, S. 816.
24 S. Tempel, NZBau 2003, 465 ff.; Vogel/Vogel, BauR 2000, 345 ff.
25 S. BGH, BauR 1998, S. 872.

nicht aus. Die Bauvertragsparteien sind kraft ihrer Vertragsfreiheit befugt, über Allgemeine Geschäftsbedingungen Verhaltensnormen oder Qualitätsnormen, wie die anerkannten Regeln der Technik unmittelbar zum Inhalt rechtsgeschäftlicher Pflichten zu machen, was dann hinsichtlich der anerkannten Regeln der Technik zu einer »Verdopplung« ihres Geltungsgrund führt.[26]

Anerkannte Regeln der Technik sind die Regeln für die **Ausführung baulicher Leistungen**, die sich nach Meinung der Mehrheit der maßgeblichen Fachleute in der Praxis bewährt haben oder deren Eignung von ihnen als nachgewiesen angesehen wird.[27] Der Begriff setzt sich damit aus **zwei Komponenten** zusammen, zum einen der **theoretischen Richtigkeit** und zum anderen der **überwiegenden** Beurteilung der Richtigkeit durch die maßgeblichen Fachleute. Eine bauliche Regel ist aber eigentlich erst dann theoretisch richtig, wenn sie nach wissenschaftlichen Erkenntnissen **unanfechtbar** ist und eine wissenschaftliche Unanfechtbarkeit gibt es in den seltensten Fällen. Insbesondere bei neuen Bauweisen und Baustoffen kann eine solche wissenschaftliche Unanfechtbarkeit kaum angenommen werden.[28] Bei dem zweiten Kriterium ist auf die Meinung der maßgeblichen Fachleute abzustellen, die in dem Bereich des betroffenen Baugewerbes tätig sind. Wer Fachmann in diesem Sinne ist, ist nicht verbindlich geregelt. Im Bereich der Ausführung einfacher Bauweisen wird es wohl auf die Meinung der vor Ort tätigen Meister und Poliere ankommen, für den konstruktiven Bereich ist der Kreis der Techniker und Ingenieure maßgeblich.[29]

83

Die Definition des Begriffs der anerkannten Regeln der Technik macht bereits deutlich, dass die Allgemeinen Technischen Vertragsbedingungen für Bauleistungen der VOB/C keinesfalls insgesamt, sondern von vornherein nur **punktuell und in Teilen** Ausdruck dieser Regeln sein können, denn die anerkannten Regeln der Technik beschäftigen sich mit der Ausführung baulicher Leistungen, also mit **Bauweisen** und **Baustoffen**. Dementsprechend kommen nur die Abschnitte 2 (Stoffe und Bauteile) und 3 (Ausführung) der ATV der VOB/C überhaupt als Ausdruck von anerkannten Regeln der Technik in Betracht. Inwieweit dies bei diesen Abschnitten im Einzelfall tatsächlich zutrifft ist eine Frage der **sachverständig** beratenen Entscheidung. Die Abschnitte 0 (Hinweise für das Aufstellen der Leistungsbeschreibung), 1 (Geltungsbereich), 4 (Nebenleistungen/Besondere Leistungen) und 5 (Abrechnung) befassen sich **nicht** mit der konkreten baulichen Ausführung der Leistung und können daher von vornherein nicht Ausdruck der anerkannten Regeln der Technik sein. Allerdings wird auch vertreten, dass die ATV-DIN-Normen in Gänze und

84

---

26 Vgl. Motzke, in: Beck'scher VOB-Kommentar, VOB/C, Syst. III, Rdn. 60 ff.
27 S. Merkens, in: Kapellmann/Messerschmidt, VOB/B, § 4 Rdn. 54; BGH, NJW 1980, S. 1219.
28 S. Merkens, in: Kapellmann/Messerschmidt, VOB/B, § 4 Rdn. 54.
29 S. Merkens, in: Kapellmann/Messerschmidt, VOB/B, § 4 Rdn. 54; BGH, NJW 1980, S. 1219.

grundsätzlich für den jeweils geregelten Bereich die anerkannten Regeln der Technik beinhalten.[30] Da es bislang an einer verlässlichen Rechtsprechung zu dieser Frage fehlt, können wir nur den **sichersten Weg** empfehlen, nämlich die vertragliche Einbeziehung der VOB/C.

IV. Die VOB/C als Gewohnheitsrecht

85 Für die Bildung von Gewohnheitsrecht werden eine **langandauernde tatsächliche Übung** und die **Überzeugung** der Beteiligten, der privatrechtlich Betroffenen wie auch der das Recht anwendenden staatlichen Stellen, insbesondere der Gerichte, vorausgesetzt, dass das in Übung praktizierte **Recht** ist.[31] Hieran fehlt es bei der VOB/C ganz eindeutig, denn nach der Überzeugung des DVA soll die VOB/C über die im Bauvertrag ebenfalls erst noch einzubeziehende VOB/B Vertragsbestandteil werden, um Rechtswirkungen zu entfalten. Von daher scheidet eine Einstufung der VOB/C als Gewohnheitsrecht mangels Überzeugung der beteiligten Verkehrskreise über deren Rechtsqualität aus.

V. Die VOB/C als Verkehrssitte, Handelsbrauch oder baugewerbliche Übung

86 Der § 2 Abs. 1 VOB/B bestimmt, dass mit den vereinbarten Preisen alle Leistungen abgegolten werden, die u. a. nach den Allgemeinen Technischen Vertragsbedingungen für Bauleistungen und der **gewerblichen Verkehrssitte** zur vertraglichen Leistung gehören. Die VOB/B unterscheidet damit zwischen den Allgemeinen Technischen Vertragsbedingungen der VOB/C und der gewerblichen Verkehrssitte, was allerdings nicht ausschließt, dass es insoweit Überschneidungen gibt.

87 Auch die Qualifizierung der VOB/C als Allgemeine Geschäftsbedingungen schließt nicht aus, dass eine gewerbliche Verkehrssitte oder ein Handelsbrauch in sie Eingang gefunden hat.[32] Zwar spricht die Existenz von Allgemeinen Geschäftsbedingungen wegen der einseitigen Vorgabe eher gegen einen Handelsbrauch oder eine gewerbliche Verkehrssitte, jedoch ist insoweit bei der VOB/C zu berücksichtigen, dass es sich nicht um übliche Allgemeine Geschäftsbedingungen handelt, die nur den Vorteil einer Vertragsseite verfolgen, sondern um einen Teil einer insgesamt ausgewogen, bereitliegenden Vertragsordnung.[33]

---

30 S. Langen/Schiffers, Bauplanung und Bauausführung, 2005, Rdn. 243 m. w. Nachw.
31 Vgl. BVerfG 28, S. 28 ff.; BGHZ 22, S. 317 ff. (328); BGHZ 37, S. 219 ff. (222).
32 Vgl. BGH, NJW 1994, S. 659.
33 Vgl. BGH, NJW 1983, S. 816.

Insbesondere kann nicht bestritten werden, dass die im DVA vertretenen Auftraggeber, Unternehmer, Architekten- und Ingenieurverbände die Regelungsinhalte der Allgemeinen Technischen Vertragsbedingungen der VOB/C zumindest auch mit Rücksicht darauf gebildet haben, was in der Baupraxis in etwa den Gewohnheiten entspricht.[34] **88**

Entscheidend für die Einstufung als baugewerbliche Verkehrssitte ist letztlich, **89** ob es sich um eine im Bereich des Bauens herausgebildete **Verhaltensordnung** handelt, die sich als **verbindliche Verhaltenserwartung** durchgesetzt hat. Dies setzt voraus, dass es sich um eine tatsächliche, einheitliche, gleichmäßige sowie beständige und auf Freiwilligkeit beruhende **Übung** handelt. Diese Qualität als Verkehrssitte kann bei der VOB/C nicht generell angenommen werden, sondern muss für jeden Regelungsinhalt besonders geprüft und festgestellt werden. Dabei wird durchaus festzustellen sein, dass Regelungsinhalte der VOB/C der baugewerblichen Verkehrssitte entsprechen, allerdings nicht alle.

Beispiele: 90

Die in **Abschnitt 4.1** der **DIN 18299** aufgelisteten Nebenleistungen, die auch ohne besondere Erwähnung im Vertrag zur geschuldeten Leistung gehören, entsprechen wohl überwiegend sicherlich einer baugewerblichen Verkehrssitte. Besonders deutlich dürfte dies am Beispiel von **Abschnitt 4.1.8** werden, wonach die Vorhaltung der zur Leistungserbringung erforderlichen **Kleingeräte** und **Werkzeuge** vom Auftragnehmer geschuldet ist.

Die Forderung in **Abschnitt 3.3** der **DIN 18309** zur umfangreichen **Doku-** **91** **mentation** der Einpressarbeiten dürfte dagegen nicht das Ergebnis einer durch lange Übung gewachsenen Überzeugung sein, sondern eine durch Bedürfnislage begründete vertragsrechtliche Forderung.[35]

Eine verlässliche Ausarbeitung oder Übersicht dazu, welche Regelung aus welcher ATV-DIN-Norm auch eine baugewerbliche Verkehrssitte darstellt, gibt es **92** bislang nicht. Zum Teil wird sogar vertreten, dass die VOB/C in Gänze als gewerbliche Verkehrssitte im Bauwesen gilt.[36] Will man hier unliebsame Überraschungen vermeiden, können wir nur den **sichersten Weg**, die vertragliche Einbeziehung der VOB/C, empfehlen.

VI. Die VOB/C als Auslegungshilfe

Die gewerkespezifischen Regelwerke der VOB/C können schließlich, wenn sie **93** Vertragsbestandteil sind, als **Auslegungsmittel** dienen. Das beginnt bei der Auslegung von Leistungsverzeichnissen zur Bestimmung der nachgefragten

---

34 S. auch Motzke, in: Beck'scher VOB-Kommentar, VOB/C, Syst. IV, Rdn. 37 ff.
35 S. Motzke, in: Beck'scher VOB-Kommentar, VOB/C, Syst. IV, Rdn. 43.
36 So Langen/Schiffers, Bauplanung und Bauausführung, 2005, Rdn. 243.

Bauleistung hinsichtlich Art und Umfang, setzt sich nach Vertragsschluss bei der Festlegung der geschuldeten Leistung oder des geschuldeten Erfolgs fort und hat auch Einfluss auf die Vergütung der Leistung.[37] Die VOB/C ist mit ein **Beschreibungselement** der für den Preis geschuldeten Leistung. Ein Bauvertrag ist stets als **sinnvolles Ganzes** auszulegen. Bei Unklarheiten hat sich die Auslegung zunächst an dem Vertragsteil zu orientieren, der dic Leistung konkret beschreibt. Dem Wortlaut kommt insoweit eine maßgebliche Rolle zu.[38] Dabei ist auch zu beachten, dass Leistungen grundsätzlich widerspruchsfrei nachgefragt und angeboten werden.[39] Kann eine Leistungsbeschreibung im Konfliktfall unterschiedlich interpretiert werden, weil der Nachfrager einer Bauleistung bestimmte Leistungen in die Leistungsbeschreibung aufnimmt und die Nennung anderer, wenn auch notwendiger, Leistungen unterlässt, kann die Auslegung dazu führen, dass diese nicht genannten Leistungen dann nicht gewollt sind, denn auch eine Nichtregelung kann im Gesamtkontext Regelungscharakter aufweisen.[40] Die Auslegung kann aber auch durch Betonung des Zwecks der Bauleistung sowie der Erfolgshaftung des Auftragnehmers zu dem entgegengesetzten Ergebnis gelangen.[41] In einer solchen Situation entfalten die Regelwerke der VOB/C **klärende Wirkung**, was der Nachfrager der Bauleistung und der Anbieter wegen der Einbeziehung der VOB/C in den Vertrag auch so gewollt haben.[42] Auch der Bundesgerichtshof erkennt mittlerweile diesen **Stellenwert** der VOB/C an.[43] Der Bundesgerichtshof betont, dass die Auslegung das gesamte Vertragswerk zu berücksichtigen hat, wozu auch die Allgemeinen Technischen Vertragsbedingungen für Bauleistungen der VOB/C als Vertragsbestandteil eines VOB/B-Bauvertrags gehören, so dass auch Abschnitt 4 der einschlägigen ATV der VOB/C bei der Auslegung der vertraglich geschuldeten Leistung zu berücksichtigen ist.

94 Beispiel:

Ein VOB/B-Vertrag über Gerüstbauarbeiten schweigt sich darüber aus, ob eine Gerüstbekleidung herzustellen ist. Der Bauvertrag besagt auch nichts darüber, ob der Gerüstbauer das Gerüst während der Standzeit in einem vertragsgemäßen Zustand zu erhalten hat. Diese Unklarheiten führen weder mangels hinreichender Konkretisierung der Leistung zur Unwirksamkeit des Vertrags noch dazu, dass der Auftraggeber und Besteller ein Leistungsbestimmungsrecht nach § 316 BGB hätte. Die Auslegung des VOB/B-Vertrages unter Einbeziehung der ATV-DIN 18451 für Gerüstarbeiten, Abschnitt 3.5 ergibt vielmehr,

---

37 So Motzke, in: Beck'scher VOB-Kommentar, VOB/C, Syst. III, Rdn. 66.
38 Vgl. BGH, NJW 2003, S. 743.
39 S. BGH, NJW 2003, S. 743.
40 Vgl. Motzke, in: Beck'scher VOB-Kommentar, VOB/C, Syst. III, Rdn. 66; Kapellmann, NJW 2005, S. 182 ff. (184).
41 So z. B. der BGH im sog. Konsoltraggerüsturteil, NJW 2002, S. 1954.
42 S. Motzke, in: Beck'scher VOB-Kommentar, VOB/C, Syst. III, Rdn. 66.
43 S. BGH, NJW 2006, S. 3413.

dass Gerüste ohne Gerüstbekleidung herzustellen sind und nach Abschnitt 3.7 die Gerüste in einem für den vertragsgemäßen Gebrauch geeigneten Zustand zu überlassen und während der Vertragszeit in diesem Zustand zu erhalten sind.[44]

C. Geltung und Einbeziehung der VOB/C

Arbeitsbeispiel 1: Dachdeckergerüste[45] 95

Der Auftraggeber beauftragt den Auftragnehmer mit der Sanierung eines Handelsspeichers. Eine bestimmte Vergütung wird nicht vereinbart. Die Dacharbeiten in 15 m Arbeitshöhe umfassen die Einlattung der Dachfläche und die Anbringung einer Unterspannbahn; im Leistungsverzeichnis sind jedoch die dafür notwendigen Gerüstbauarbeiten nicht enthalten. Die VOB/B ist Vertragsgrundlage.

Schuldet der Auftragnehmer dennoch die Gerüstbauarbeiten und wenn ja, kann er dafür vom Auftraggeber eine zusätzliche Vergütung verlangen?

Der Auftraggeber ist jedenfalls der Meinung, es handle sich hierbei um eine Nebenleistung, die mit dem vereinbarten Werklohn abgegolten sei. Im Übrigen seien etwaige anderslautende Vertragsklauseln unwirksam und daher unbeachtlich.

Lösung: 96

Welche Leistungen vom Bausoll umfasst sind, ist durch Auslegung des gesamten Vertragswerks zu ermitteln.

Zwar sind die Gerüstarbeiten zur Herstellung des Werkes, also zur Herbeiführung des Werkerfolges, erforderlich, so dass sie vom Auftragnehmer stets zu erbringen sind. Gemäß **VOB/C,** *DIN 18338 Abschnitt 1.1 (»Dachdeckungs- und Dachdichtungsarbeiten«[46]) bzw. DIN 18334 Abschnitt 4.1.1 (»Zimmer- und Holzarbeiten«[47]) ist allerdings nur das Auf- und Abbauen sowie das Vorhalten der Gerüste mit einer Arbeitshöhe bis zu 2 m als nicht gesondert zu vergütende Nebenleistung anzusehen. Dachdeckergerüste über 2 m Höhe stellen somit keine kostenlose Nebenleistung, sondern eine Besondere Leistung dar,[48] für die der Auftragnehmer eine zusätzliche Vergütung verlangen kann. Haben die Parteien einen* **VOB/B-Bauvertrag** *geschlossen, wird auch die VOB/C Vertragsbestandteil,[49] so dass die Parteien an die vorstehenden Bestimmungen gebunden sind. Beim*

---

44 S. auch Motzke, in: Beck'scher VOB-Kommentar, VOB/C, Syst. IV, Rdn. 55.
45 Fall (abgewandelt) nach BGH, NZBau 2006, 777, in Klarstellung zu der früheren, unzutreffenden Entscheidung BGH »Konsoltraggerüste«, BauR 2002, 935; dazu auch Kapellmann, NJW 2005, 182.
46 Ausgabe 1992.
47 Ausgabe 1992.
48 Vgl. Rdn. 339 ff. (»Nebenleistungen, Besondere Leistungen«).
49 Dazu ausführlich Rdn. 98 ff.

BGB-Bauvertrag gilt die VOB/C hingegen grundsätzlich nicht,[50] so dass das obige Auslegungsergebnis kein »Selbstläufer« wie beim VOB-Vertrag ist. Weil die VOB/B sowie die vertragsrechtlichen Abschnitte der VOB/C als Allgemeine Geschäftsbedingungen zu qualifizieren sind, muss man sich im Übrigen zwangsläufig mit dem Einwand der Unwirksamkeit der Vertragsklausel in Abschnitt 4.1.1 der DIN 18334 auseinandersetzen.[51]

I. Grundlegendes: Unterschiede bei den Bauvertragstypen

97 In der baurechtlichen Praxis werden zwei übergreifende Bauvertragstypen verwendet: »mit oder ohne VOB/B«,[52] also entweder den sog. VOB-Bauvertrag oder den BGB-Bauvertrag.[53] Die grundlegenden Unterschiede dieser beiden Vertragstypen haben Auswirkungen auf die Einbeziehung und Geltung der VOB/C:

1. Beim VOB-Bauvertrag

98 Der VOB-Bauvertrag ist ein Werkvertrag gemäß § 631 BGB **ergänzt** um die in der VOB/B enthaltenen bauspezifischen Vorschriften, d. h., die VOB/B ist Grundlage des Bauvertrages geworden. Aufgrund dieser vertraglichen Einbeziehung sind **automatisch** auch die Vorschriften der **VOB/C**, die Allgemeinen Technischen Vertragsbedingungen für Bauleistungen (ATV) in Form der einzelnen DIN-Normen 18299 bis 18459,[54] vereinbart, was sich unmissverständlich aus § 1 Abs. 1 Satz 2 VOB/B ergibt:

> »*Die auszuführende Leistung wird nach Art und Umfang durch den Vertrag bestimmt.* **Als Bestandteil des Vertrags gelten auch die Allgemeinen Technischen Vertragsbedingungen für Bauleistungen (VOB/C).**«[55]

99 Beim VOB-Bauvertrag »*gelten*«[56] also zugleich die VOB/C-Vorschriften, ohne dass die Parteien diese hätten gesondert einbeziehen müssen. Besonders **einzu-**

---

50 S. aber Rdn. 103 ff.
51 Zur AGB-Kontrolle der VOB/C s. Rdn. 118 ff.
52 Die VOB/B (= DIN 1961, derzeitige Fassung 2012) enthält die »Allgemeinen Vertragsbedingungen für die Ausführung von Bauleistungen« und regelt das private Baurecht und insoweit die **vertraglichen** Beziehungen der Parteien. Ausführlich Kapellmann/Langen, Einführung in die VOB/B.
53 Darunter gibt es dann jeweils diverse Untervertragstypen, wie bspw. den Einheitspreisvertrag, den Pauschalvertrag, den Stundenlohnvertrag, usw. Vgl. Kapellmann/Langen, Rdn. 33 ff.
54 Zu Inhalt, Aufbau und Systematik der VOB/C s. Rdn. 144 ff.
55 Näher Kapellmann, NJW 2005, 182.
56 Zum Begriff »*gelten*« s. von Rintelen, in: Kapellmann/Messerschmidt, VOB/B § 1, Rdn. 18 m. w. N.

beziehen ist damit nur, aber zumindest, die **VOB/B**. Denn die VOB/B ist kein Gesetz, das für jedermann gilt, sondern ein ausgehandeltes Vertragswerk in Form Allgemeiner Geschäftsbedingungen (AGB), so dass sie nur durch Vereinbarung der Parteien anwendbar wird.[57]

100 Für den **öffentlichen Auftraggeber** lässt sich insoweit folgende »Verknüpfungskette« aufstellen: Der dem Vergaberecht unterworfene öffentliche Auftraggeber ist gemäß den §§ 97 ff. GWB zur Anwendung der **VOB/A**[58] verpflichtet. Und gemäß § 8 Abs. 3 VOB/A »muss« die VOB/B – und damit auch die **VOB/C** – Vertragsgrundlage werden:

> »*In den Vergabeunterlagen ist vorzuschreiben, dass die Allgemeinen Vertragsbedingungen für die Ausführung von Bauleistungen (VOB/B) und die Allgemeinen Technischen Vertragsbedingungen für Bauleistungen (**VOB/C**) Bestandteile des Vertrags werden. Das gilt auch für etwaige Zusätzliche Vertragsbedingungen und etwaige Zusätzliche Technische Vertragsbedingungen, soweit sie Bestandteile des Vertrags werden sollen.*«[59]

101 Für **Nachunternehmerleistungen** gilt: Wurde die VOB/B im Bauvertrag zwischen Auftraggeber und Auftragnehmer Vertragsbestandteil, so hat der Auftragnehmer gemäß § 4 Abs. 8 Nr. 2 VOB/B »*bei der Weitergabe von Bauleistungen an Nachunternehmer die Vergabe- und Vertragsordnung für Bauleistungen Teile B und C zugrunde zu legen.*«[60]

102 Die VOB/B (und damit zugleich die VOB/C) kann entweder durch beide Vertragspartner **einvernehmlich** in den Bauvertrag einbezogen werden, indem Parteien ihre Geltung ausdrücklich »aushandeln«.[61] Oder – was in der Praxis die Regel ist – die VOB/B wird bei Vertragsschluss von einer Vertragspartei **einseitig** als AGB gestellt. In letzterem Fall unterliegt die »**wirksame**«

---

57 Vgl. Kapellmann/Langen, Rdn. 6.
58 Die VOB/A (DIN 1960) enthält die »Allgemeinen Bestimmungen für die **Vergabe** von Bauleistungen«. Sie ist aufgrund der Verweisungen in den vergaberechtlichen Bestimmungen des »Gesetzes gegen Wettbewerbsbeschränkungen« (GWB) und der Vergabeverordnung (VgV) indirekt Gesetzesrecht und regelt den Geschehensablauf bei einer Vergabe durch öffentliche Auftraggeber bis zum Abschluss des Bauvertrages. Im Einzelnen Kus/Verfürth, Einführung in die VOB/A.
59 Der ausdrückliche Verweis auch auf die VOB/C ist deklaratorisch, weil die VOB/C schon durch die VOB/B (§ 1 Abs. 1 S. 2) einbezogen wird, s. o. Rdn. 98 f.
60 Zur Kommentierung: Merkens, in: Kapellmann/Messerschmidt, VOB/B § 4, Rdn. 201 ff. Auch hier ist der ausdrückliche Verweis auf die »VOB/C« eigentlich überflüssig, vgl. schon Rdn. 98 f. und Fn. 59.
61 Zu den Anforderungen s. Langen, in: Kapellmann/Messerschmidt, VOB/B § 14, Rdn. 54 f. m. w. N.; BGH, NJW 1991, 1679.

Einbeziehung in den Bauvertrag den AGB-rechtlichen Grundsätzen (dazu Rdn. 118 ff.).[62]

2. Beim BGB-Bauvertrag

103 Einen Bauvertrag, bei dem die VOB/B nicht Vertragsgrundlage geworden ist, nennt man »BGB-Bauvertrag«.

104 Das private Baurecht ist als Unterfall des **Werkvertragsrechts** im Bürgerlichen Gesetzbuch in den §§ 631 bis 651 BGB geregelt. Weil die VOB/B die bauspezifischen Probleme besser als das (für baurechtliche Themenstellungen zu allgemein gefasste) BGB regelt, wird sie regelmäßig – bei nahezu allen größeren Bauvorhaben – zusätzlich vereinbart. Dies ist jedoch nicht selbstverständlich, oftmals werden auch nur »einfache« BGB-Bauverträge geschlossen. Bei der Beurteilung eines baurechtlichen Falls muss man also immer zuerst prüfen, ob die VOB/B überhaupt vereinbart ist! Ist sie vereinbart, gilt die VOB/C automatisch (siehe oben).

105 Haben die Vertragsparteien die VOB/B **nicht** vertraglich einbezogen, gilt jedoch nicht der Umkehrschluss: »Keine Geltung der VOB/B und damit auch keine Geltung der VOB/C.« Denn mangels abweichender Vereinbarung regeln die ATV-DIN-Bestimmungen nach herrschender Meinung den vom Auftragnehmer geschuldeten »**technischen Standard**«, im Übrigen gelten sie als gewerbliche Verkehrssitte im Bauwesen.[63] Gleichzeitig handelt es sich bei den technischen Bestimmungen der VOB/C, gewerkeweise für den jeweils dort geregelten Bereich, zum Teil um »**anerkannten Regeln der Technik**«,[64] d. h., auch bei einem BGB-Bauvertrag **gelten** jedenfalls grundsätzlich diese **technischen** Bestimmungen »**automatisch**«.[65] Der Auftragnehmer ist nämlich nicht nur bei einem VOB-Bauvertrag gemäß § 13 Abs. 1 Satz 2 bzw. § 4 Abs. 2 Nr. 1 Satz 2 VOB/B, sondern auch qua Gesetz gemäß § 633 Abs. 2 Satz 2 Nr. 2 **BGB** zur Einhaltung dieser anerkannten Regeln der Technik verpflichtet;[66] nach Auffassung der höchstrichterlichen Rechtsprechung hat sich der Auftragneh-

---

62 Zur Inhaltskontrolle, (Un-)Wirksamkeit einzelner VOB-Bestimmungen und Privilegierung der VOB/B (und VOB/C) s. Rdn. 115 ff.
63 Vgl. Kleine-Möller u. a., § 2 Rdn. 52; Vygen, Rdn. 121; Langen/Schiffers, Rdn. 243; OLG Saarbrücken, BauR 2002, 1332; **andere Ansicht:** Quack, ZfBR 2005, 731 f. sowie von Rintelen, in: Kapellmann/Messerschmidt, VOB/B § 1, Rdn. 22. S. auch Rdn. 85 ff.
64 Die VOB/C bzw. die ATV-DIN-Normen sind aber nicht immer identisch mit den anerkannten Regeln der Technik (**a. R. d. T.**), sie können hiervon abweichen und einen geringeren oder aber auch höheren technischen Standard aufweisen. Dazu näher Rdn. 79 ff. und 538 ff.
65 Dazu ausführlich und kritisch von Rintelen, in: Kapellmann/Messerschmidt, VOB/B § 1, Rdn. 19.
66 BGH, BauR 1978, 222; BGH, BauR 1981, 577; BGH, NJW 1998, 3707; Peters, in: Staudinger, BGB § 633, Rdn. 186; vgl. auch Langen, Jahrbuch Baurecht 2003,

mer quasi stillschweigend zur Beachtung der »anerkannten Regeln seines Fachs« (der Technik) als **Mindeststandard** zur Erfüllung seiner Hauptleistungspflichten (Herstellung des Werkes frei von Sach- und Rechtsmängeln, §§ 631 Abs. 1, 633 Abs. 1 BGB) verpflichtet.[67]

106 Die praktischen Unterschiede zwischen der »geregelten« Vereinbarung der VOB/C (z. B. durch Einbeziehung der VOB/B) und deren nicht ausdrücklicher Vereinbarung sind damit – jedenfalls für die **technischen Bestimmungen** im Hinblick auf die geschuldete Beschaffenheit und Mangelfreiheit des Werkes – relativ gering. Gleichwohl empfehlen wir nach dem »Grundsatz des sichersten Weges«,[68] im Übrigen aus Gründen der Klarheit und Eindeutigkeit im Bauvertrag zu regeln, ob und welche Technischen Vertragsbedingungen und Maßstäbe gelten sollen.[69]

107 Was die **vertragsrechtlichen Regelungen**[70] der VOB/C angeht, insbesondere in den Abschnitten 4 und 5 der jeweiligen DIN, so stellen diese keine anerkannten Regeln der Technik dar – das können nur die Qualitäts- und Ausführungsbestimmungen der jeweiligen DIN sein (vgl. Rdn. 545). Sofern diese vertragsrechtlichen Abschnitte nicht auch der »Üblichkeit« oder Verkehrssitte im Bauwesen entsprechen und damit von den Gerichten ohnehin (analog) angewendet werden,[71] ist es notwendig, diese VOB/C-Bestimmungen in den BGB-Bauvertrag **ausdrücklich einzubeziehen**, damit sie vertragliche Geltung erlangen und von den Parteien zu beachten sind (zur AGB-Wirksamkeit der Einbeziehung siehe Rdn. 118 ff.).

II. Zeitpunkt und Umfang

108 Die Einbeziehung der VOB/C bezieht sich auf ihre **im Zeitpunkt des Vertragsschlusses geltende Fassung**, auch wenn dies nicht ausdrücklich im Bauvertrag (z. B. »*Vertragsbestandteil wird die VOB/C in der zum Vertragsschluss gültigen*

159, 181 m. w. N. Sofern nicht ein anderer Standard oder eine andere Ausführung vom AG gewollt ist, OLG Celle BauR 2008, 2074.
67 Wie vor Fn. 66. Zur dogmatischen Streitfrage, ob sich dies aus § 633 Abs. 2 Satz 1 BGB (Auslegung der »vereinbarten Beschaffenheit«) herleiten lässt oder aus § 633 Abs. 2 Satz 2 Nr. 2 BGB folgt, s. Sprau, in: Palandt, BGB § 633, Rdn. 6 sowie von Rintelen, a. a. O.
68 S. unsere »Prinzipien« in Rdn. 31 ff.
69 Vgl. § 1 Abs. 2 VOB/B sowie Langen/Schiffers, Rdn. 244.
70 Dazu Rdn. 300 sowie Rdn. 483 (Inhalt und Aufbau der VOB/C sowie Prüf-, Hinweis und Mitwirkungspflichten).
71 Vgl. Rdn. 85 ff. **Dagegen** wohl von Rintelen, in: Kapellmann/Messerschmidt, VOB/B § 1, Rdn. 22 und dort auch Fn. 54. S. aber auch Schlosser, in: Staudinger, BGB § 305, Rdn. 187.

Fassung.«) erwähnt ist.[72] Zum maßgeblichen Zeitpunkt, wenn es sich bei den ATV zugleich um anerkannte Regeln der Technik handelt, siehe **Rdn. 560**.

109 Wurde die VOB/C wirksam in den Bauvertrag einbezogen, so gilt sie in **vollem Umfang**, d. h. die DIN 18299 bis 18459 einschließlich ihrer jeweils weiter verwiesenen Regelwerke,[73] und nicht bloß die für die konkret beauftragte Leistung einschlägige(n) ATV.[74]

110 **Nicht** automatisch gelten diejenigen ATV, die nicht (direkt oder mittelbar durch Verweis) zur VOB/C gehören, sondern von **anderen Institutionen** als dem »Deutschen Vergabe- und Vertragsausschuss für Bauleistungen« (DVA) veröffentlicht werden.[75]

III. Geltungsreihenfolge

111 § 1 Abs. 2 VOB/B bestimmt die Geltungsreihenfolge der Vertragsbedingungen und -bestandteile für den Fall, dass sich diese **widersprechen**.[76] Nach dieser Vorschrift gelten »vorrangig«, also **vor** den Allgemeinen Technischen Vertragsbedingungen der VOB/C,
– die Leistungsbeschreibung,
– die Besonderen Vertragsbedingungen und
– Zusätzlichen Vertragsbedingungen sowie
– die (etwaigen) Zusätzlichen Technischen Vertragsbedingungen (ZTV), welche ggf. spezieller sind als die ATV der VOB/C oder diese ergänzen.

112 **Nachrangig** gelten die Allgemeinen Vertragsbedingungen für die Ausführung von Bauleistungen (die VOB/B).

113 Sowohl beim BGB-Vertrag als auch beim VOB-Vertrag können die Parteien aber auch eine eigene, von § 1 Abs. 2 VOB/B abweichende Geltungsreihenfolge ihrer Vertragsbestandteile festlegen.[77]

---

72 Keldungs, in: Ingenstau/Korbion, VOB/B § 1 Abs. 1, Rdn. 7; Kuffer, in: Heiermann/ Riedl/Rusam, VOB/B § 1, Rdn. 83.
73 Sog. »Staffelverweisung«, vgl. Kuffer, in: Heiermann/Riedl/Rusam, VOB/B § 1, Rdn. 82.
74 Jagenburg, in: Beck'scher VOB-Kommentar, VOB/B § 1 Abs. 1, Rdn. 9; Leinemann/ Roquette, VOB/B § 1, Rdn. 23; Daub/Piel/Soergel/Steffani, ErlZ. 1.6; **andere Ansicht:** Keldungs, in: Ingenstau/Korbion, VOB/B § 1 Abs. 1, Rdn. 7.
75 Z. B. die »ATV-Abbrucharbeiten«, die vom »Deutschen Abbruchverband« herausgegeben wird (VOB/C-ATV ist die DIN 18459 »Abbruch- und Rückbauarbeiten«). Zu den weiteren Fach-DIN-Normen s. Rdn. 206 ff.
76 Vgl. Quack, BauR 1992, 18, 20 f.
77 Allgemein zur Rangfolgenregelung im Bauvertrag von Rinteln, in: Kapellmann/Messerschmidt, VOB/B § 1, Rdn. 26–48 m. w. N.

Zur Geltungsreihenfolge bei Widersprüchen zwischen den ATV der VOB/C und den anerkannten Regeln der Technik siehe **Rdn. 557**.

IV. Auswirkungen des AGB-Rechts auf die Geltung

1. Allgemeine Geschäftsbedingungen, § 305 Abs. 1 BGB

In den vorstehenden Abschnitten haben wir Grundlegendes zur Einbeziehung der VOB/C für den BGB- und den VOB-Bauvertrag behandelt. Weil es sich bei den Vorschriften der **VOB/B** um »*für eine Vielzahl von Verträgen vorformulierte Vertragsbedingungen*« handelt, »*die eine Vertragspartei (Verwender) der anderen Vertragspartei bei Abschluss eines Vertrags stellt*«,[78] also gemäß § 305 Abs. 1 BGB **Allgemeine Geschäftsbedingungen** sind,[79] unterliegen sie dem »AGB-Recht«, d. h. den »Einbeziehungsvoraussetzungen« der §§ 305 Abs. 2 und 305a–c BGB sowie grundsätzlich der Wirksamkeitskontrolle der §§ 307 ff. BGB. Erst nach erfolgreichem Abschluss dieser Prüfung sind die VOB/B-Vorschriften wirksam in den Bauvertrag einbezogen und damit für die Parteien verbindlich, anderenfalls sind sie unbeachtlich, weil entweder unwirksam oder gar nicht erst Vertragsbestandteil geworden.

Entsprechendes gilt für die **VOB/C**, denn auch sie enthält innerhalb der jeweiligen DIN-Abschnitte **Vertragsrecht** bzw. Rechtsbestimmungen, die gemäß § 305 Abs. 1 BGB Allgemeine Geschäftsbedingungen darstellen. Dies hat der BGH bereits mit Urteil vom 17.06.2004 für die Abrechnungsregelungen der Abschnitte 5 der ATV entschieden.[80] Gleiches wird mit Sicherheit auch für die Bestimmungen zu den »Nebenleistungen« und »Besonderen Leistungen«[81] (Abschnitte 4 der jeweiligen ATV) von der höchstrichterlichen Rechtsprechung bestätigt werden, und wohl auch für bestimmte Ausführungsregelungen der Abschnitte 3 und andere Abschnitte.[82] Denn diese **vertragsrechtlichen** Regelungen dienen insbesondere auch der Standardisierung und Vereinfachung

---

78 Nach Nicklisch/Weick (VOB/B § 1, Rdn. 12a) würden die ATV regelmäßig nicht von einer Partei gestellt werden, sondern einvernehmlich in den Vertrag einbezogen. **Dagegen** zu Recht von Rintelen, in: Kapellmann/Messerschmidt, VOB/B § 1, Rdn. 22.
79 Dies ergibt sich bereits aus der offiziellen Bezeichnung »Allgemeine Vertragsbedingungen für die Ausführung von Bauleistungen« und ist heute unstreitig, vgl. nur von Rintelen, in: Kapellmann/Messerschmidt, Einleitung VOB/B, Rdn. 38 ff.
80 BauR 2004, 1438 = NZBau 2004, 500.
81 Bzw. deren Abgrenzung. S. Rdn. 339 ff.
82 **Herrschende Meinung:** OLG Köln, BauR 1982, 170; OLG Düsseldorf, BauR 1991, 659; von Rintelen, in: Kapellmann/Messerschmidt, VOB/B § 1, Rdn. 19, 19a; Nicklisch/Weick, VOB/B § 1, Rdn. 12a; Kapellmann/Schiffers Bd. 1, Rdn. 133, 146; Korbion/Locher, Rdn. 40; Vogel/Vogel, BauR 2000, 345 f. m. w. N.; Jagenburg, in: Beck'scher VOB-Kommentar, VOB/B § 1 Abs. 1, Rdn. 27.

bei Auftragsvergaben und entlasten den Auftraggeber von der Notwendigkeit bestimmter Festlegungen, sie setzen ihrerseits vertraglich vorformulierte Ziele und Vorgaben und enthalten unter anderem:

- Aufmaßregeln,
- Benachrichtigungs-, Hinweis- und Mitwirkungspflichten,[83]
- ergänzende Regelungen zur Bausolldefinition,
- Festlegungen von Standardbauumständen,[84]
- Abrechnungsregeln,
- Regeln zu Art und Umfang nicht gesondert zu vergütender Nebenleistungen,
- oder auch Gewährleistungsbestimmungen.[85]
- Selbst technische ATV-Regelungen können AGB-Vertragsklauseln sein.[86]

117 Für weitere Einzelheiten verweisen wir auf unsere Ausführungen in **Rdn. 78** (»Die VOB/C als Allgemeine Geschäftsbedingung«).

2. AGB-rechtlich wirksame Einbeziehung, §§ 305 Abs. 2, 305a–305c BGB

118 Beim **VOB-Bauvertrag** reicht grundsätzlich die Einbeziehung der VOB/B aus,[87] um zugleich die **VOB/C** zum Vertragsbestandteil zu machen (siehe oben Rdn. 98). Für die **wirksame** Einbeziehung ist es indes notwendig, dass der Verwender der AGB (VOB/B) seinem Vertragspartner die Möglichkeit verschafft, in zumutbarer Weise vom Inhalt der VOB/B und der VOB/C Kenntnis zu nehmen. Insoweit ist zu unterscheiden:

a) »Bauprofi« als Vertragspartner

119 Gegenüber einem »baufachmännischen Vertragspartner« (z. B. Bauunternehmer) reicht es zur wirksamen Einbeziehung der VOB/B und VOB/C aus, wenn auf die Geltung der VOB/B hingewiesen wird. Beispiel: »*Die VOB/B ist vereinbart.*« Denn bei einem »Baufachmann« kann davon ausgegangen werden, dass er Kenntnis vom Inhalt der VOB/B hat und ihm ein VOB/B-Text bereits zur Verfügung steht. Gemäß § 310 BGB findet § 305 Abs. 2 BGB auf Unternehmer

---

83 Dazu Rdn. 641 ff.
84 Bspw. auch die Konkretisierung des Leistungsinhalts bei fehlender Festlegung durch den Bauherrn, s. dazu das Beispiel von Motzke, in: Beck'scher VOB-Kommentar, VOB/C Syst. IV., Rdn. 9, 51 ff.
85 Vgl. Rdn. 528 (»Qualitätssicherung und VOB/C«).
86 Kuffer, in: Beck'scher VOB-Kommentar, VOB/C Syst. VII., Rdn. 17; Moufang/Klein, Jahrbuch Baurecht 2004, 71, 77 f.
87 Weil die VOB/B AGB ist (s. o. Fn. 79), wird sie für die Bauvertragsparteien nur verbindlich, wenn ihre Geltung vertraglich vereinbart wird. BGH, Schäfer/Finnern, Z 2.51, Bl. 1.

keine Anwendung; für die **VOB/C** genügt eine bestimmbare Bezugnahme, die aber schon (automatisch) durch § 1 Abs. 1 Satz 2 VOB/B erfolgt.[88] Eine Übergabe der VOB/B- und VOB/C-Texte ist also nicht erforderlich.[89]

b) »Baulaie« als Vertragspartner

Anders ist es jedoch gegenüber einem im Baugewerbe unerfahrenen Vertragspartner (z. B. insoweit »ahnungslosen« Verbraucher): **120**

Die VOB/B und die **vertragsrechtlichen VOB/C-Vorschriften** können gemäß § 305 Abs. 2 BGB – sowohl beim VOB- als auch beim BGB-Bauvertrag – nur wirksam einbezogen werden, wenn ihm der Verwender **tatsächlich und unmittelbar** die Gelegenheit gibt, vom vollständigen Text der VOB/B **und** VOB/C (!) zu erfahren. Erforderlich ist daher, dass vor Vertragsschluss die VOB/B und zumindest die vertragsrechtlichen ATV der VOB/C entweder im Vertragstext abgedruckt sind oder die VOB/B-Ausgabe und die vertragsrechtlichen VOB/C-Bestimmungen dem Vertragspartner übergeben werden.[90] Nicht ausreichend ist es, wenn der Verwender den Vertragspartner nur darauf hinweist, dass ihm der VOB-Text auf Wunsch kostenlos zur Verfügung gestellt werde.[91] **121**

Eine **Ausnahme** hiervon besteht dann, wenn der baurechtlich-technisch nicht bewanderte Vertragspartner bei Vertragsschluss durch einen »Baufachmann«, z. B. seinen Architekten, vertreten ist – denn dessen (Fach-)Kenntnis muss sich der Vertragspartner zurechnen lassen.[92] **122**

Wurde die VOB/C nicht wirksam in den Bauvertrag einbezogen – weil die Einbeziehung bereits an den §§ 305–305c BGB scheitert –, findet eine Wirksamkeitskontrolle (Rdn. 124) nicht mehr statt; die §§ 307 ff. BGB sind dann nicht anwendbar.[93] **123**

---

88 Von Rintelen, a. a. O., Rdn. 19a; Moufang/Kleine, Jahrbuch Baurecht 2004, 71, 82 ff. Kritisch: Schwenker, EWiR 2002, 501 f.; Turner, ZfBR 2003, 511 f.; vgl. auch Vogel, ZfBR 2004, 670 und BauR 2000, 345.
89 BGH, NZBau 2002, 28; Leinemann/Roquette, VOB/B § 1, Rdn. 22.
90 Zur **Problematik bei der praktischen Umsetzung** ausführlich von Rintelen, in: Kapellmann/Messerschmidt, VOB/B § 1, Rdn. 20–22 m. w. N.; so auch Cuypers, in: Beck'scher VOB-Kommentar, VOB/B § 14 Abs. 2, Rdn. 38; Ulmer/Brandner/Hensen, Anh. §§ 9–11, Rdn. 901; Leinemann/Roquette, VOB/B § 1, Rdn. 22; Vogel, BauR 2000, 345, 347. S. aber auch Rdn. 86 und 545 bzgl. der ohnehin – auch ohne besondere Einbeziehung – stets geltenden ATV-DIN, wenn diese der Verkehrssitte entsprechen oder a. R. d. T. darstellen.
91 BGH und OLG Koblenz, IBR 2014, 2452; BGH, BauR 1999, 1186; BauR 1990, 205; BauR 1994, 617; BauR 1983, 161; BauR 1991, 328. Vgl. auch Quack, ZfBR 2005, 731 f.
92 Von Rintelen, a. a. O., Rdn. 22.
93 Vgl. Grüneberg, in: Palandt, BGB § 307, Rdn. 2.

Geltung und Einbeziehung der VOB/C

3. Inhaltskontrolle und Wirksamkeit (»Geltung«), §§ 306–310 BGB

a) Einleitung

124 Sind zum Beispiel in »Zusätzlichen Vertragsbedingungen« (**ZVB**) des Auftraggebers,[94] welche die VOB/C-Vertragsbedingungen ergänzen, bestimmte »Besondere Leistungen«[95] konkret genannt, die mit dem vereinbarten Werklohn abgegolten sein sollen, kann der Auftragnehmer hierfür eigentlich keine zusätzliche Vergütung verlangen – es sei denn, diese Vertragsbedingung ist möglicherweise unwirksam, weil ggf. der Aufwand der »Besonderen Leistung« ohne Mengenangabe oder Pläne unkalkulierbar ist. **Beispiel:** Die ZVB-Klausel *»Die Herstellung und das Schließen von Durchbrüchen und Schlitzen nach Angabe des Bauleiters sind einzukalkulieren.«* ist **unwirksam**.[96]

125 Gleiches könnte beispielsweise für die **Vertragsklausel** *»Arbeits- und Schutzgerüste auch über 2 m Arbeitshöhe werden nicht besonders vergütet und sind mit den Einheitspreisen abgegolten.«* gelten, weil sie von der zusatzvergütungsfähigen »Besonderen Leistung«[97] des Abschnitts 4.2.4 der DIN 18363 (»Maler- und Lackierarbeiten«) eklatant abweicht.[98]

126 Ebenso gibt es eine Vielzahl von **VOB/B**-Vorschriften, die sowohl von der Rechtsprechung als auch von der Literatur für unwirksam erklärt wurden.[99]

127 Fraglich ist, ob genauso auch **VOB/C-DIN-Vorschriften**, soweit sie Allgemeine Geschäftsbedingungen sind, AGB-rechtlich **unwirksam** sein können:

128 Das »AGB-Recht« war früher (seit 1977) durch ein eigenes Gesetz, das AGB-Gesetz geregelt. Durch die Schuldrechtsmodernisierung[100] sind dessen Regelungen seit dem 01.01.2002 ins Bürgerliche Gesetzbuch in den §§ 305 bis 310 BGB übernommen worden. Verstoßen Allgemeine Geschäftsbedingungen, hier: die vertragsrechtlichen VOB/C-Klauseln, gegen die §§ 307 ff. BGB, sind sie **unwirksam** und müssen somit vom Vertragspartner des Verwenders, also

---

94 Vgl. § 1 Abs. 2 Nr. 3 VOB/B und § 8 Abs. 4 Nr. 1 VOB/A.
95 Dazu Rdn. 353 ff.
96 OLG München, BauR 1987, 554; Markus, in: Markus/Kaiser/Kapellmann, AGB-Handbuch Bauvertragsklauseln, Rdn. 238; Kapellmann/Schiffers, Bd. 1, Rdn. 134.
97 Zur Abgrenzung von »Nebenleistungen« und »Besonderen Leistungen« s. Rdn. 339 ff.
98 Ein Musterbeispiel zu dem »missglückten Zusammenspiel« von DIN-Vorschriften (bzw. ATV) und Besonderen Technischen Vertragsbedingungen gibt das OLG Düsseldorf, BauR 1999, 412. Weitere Beispiele im Zusammenhang mit der AGB-Kontrolle von ATV sind bei Rdn. 134 zu finden.
99 S. ausführlich Markus/Kaiser/Kapellmann, AGB-Handbuch Bauvertragsklauseln.
100 Gesetz zur Modernisierung des Schuldrechts (SMG) vom 26.11.2001, BGBl. I Seite 3138.

vom »Vertragsgegner«, grundsätzlich nicht beachtet werden.[101] Hingegen kann sich der AGB-Verwender auf die §§ 306 ff. BGB zum Schutz gegen seine eigenen unwirksamen (und für ihn ungünstigen) AGB selbstverständlich nicht berufen.[102]

b) »Umgehung« der Klauselkontrolle – Privilegierung der VOB/B und VOB/C?

Die **VOB/B** unterliegt einer Inhaltskontrolle nach den §§ 307 ff. BGB ausnahmsweise dann nicht, wenn sie im unternehmerischen Rechtsverkehr »als Ganzes« einbezogen wurde; die VOB/B ist dann »**privilegiert**«. Das bedeutet, dass selbst an und für sich unwirksame VOB/B-Klauseln beachtlich bleiben, wenn die VOB/B in ihrer Gesamtheit sowie ohne jegliche vertragliche Abweichung Vertragsbestandteil geworden ist. Dies hatte der Bundesgerichtshof früher schon entschieden[103] und ist nunmehr durch § 310 Abs. 1 Satz 3 BGB gesetzlich geregelt.[104] Wurden jedoch nur einzelne VOB/B-Vorschriften vereinbart oder von diesen abgewichen, oder wurde die VOB/B zwar »als Ganzes«, jedoch gegenüber einem Verbraucher vereinbart,[105] so ist jede einzelne Klausel der AGB-Kontrolle unterzogen.[106] **129**

Für die **VOB/C** gilt allerdings, dass ihre ATV **stets** der AGB-rechtlichen Klauselkontrolle unterliegen, d. h. auch dann, wenn sie gegenüber einem Unternehmer »als Ganzes« vereinbart wurden. Die Privilegierungsgrundsätze der VOB/B lassen sich nicht auf die VOB/C übertragen, auch wenn die VOB/B in § 1 Abs. 1 Satz 2 auf die VOB/C verweist und sie dadurch automatisch in den Bauvertrag einbezogen wird. Denn die ATV-DIN-Bestimmungen verfolgen im Gegensatz zu den VOB/B-Vorschriften nicht den Zweck eines Interessenausgleichs der Vertragsparteien, sondern dienen der Vereinheitlichung materieller und immaterieller Gegenstände zum Nutzen der Allgemeinheit.[107] **130**

---

101 Zur Ausnahme (»Beachtung trotz Unwirksamkeit«) s. nachfolgend Rdn. 129 f.
102 Bestätigt durch BGH, BauR 1987, 205.
103 BGH, BauR 2004, 668.
104 Die bisherige gesetzlichen »Privilegierungsnormen« der §§ 308 Nr. 5 und 309 Nr. 8b ff. BGB a. F. wurden gestrichen.
105 BGH, BauR 2008, 1603. Zu »Unternehmer« und »Verbraucher« vgl. §§ 13 und 14 BGB.
106 Ausführlich von Rintelen, in: Kapellmann/Messerschmidt, Einleitung VOB/B, Rdn. 47 ff.
107 Vogel/Vogel, in: Beck'scher VOB-Kommentar, VOB/C Syst. V., Rdn. 26 f. m. w. N.; **andere Ansicht:** Pauly, MDR 2005, 190, 192.

Geltung und Einbeziehung der VOB/C

131 Auch wenn die VOB/C nicht vollständig privilegiert sein kann, gilt jedenfalls gemäß **§ 310 BGB** bei Vertragsschlüssen mit einem Unternehmer[108] oder öffentlichen Auftraggeber als Vertragsgegner, dass insbesondere die Inhaltskontrollen nach den §§ 308 und 309 BGB nicht durchgeführt werden; es verbleibt bei § 307 BGB.[109]

c) Maßstab für die Beurteilung der Unwirksamkeit
aa) Grundlegendes

132 Den Maßstab für die Beurteilung, ob eine AGB bzw. ein bestimmter Abschnitt aus den DIN 18299 ff. unwirksam ist, findet man in den §§ 307 bis 309 BGB (»Inhaltskontrolle«), wobei § 307 BGB in Absatz 3 indirekt die **Prüfungsreihenfolge** festlegt:[110]

1. Danach ist zunächst die Verbotsnorm des **§ 309 BGB** heranzuziehen, welche »vertragsthemenbezogen« (z. B. zu Mängelrechten, Verjährung, Vertragsstrafe usw.) einen Katalog aus **konkreten** Klauselverboten für die jeweiligen, zu überprüfenden VOB/C-DIN-Abschnitte enthält.
2. Für den Fall, dass die Klausel nicht schon nach § 309 BGB »verboten« bzw. unwirksam ist, unterliegt die AGB der weiteren Verbotsvorschrift des **§ 308 BGB**, die wiederum eine Reihe von Klauselverboten enthält, allerdings – im Gegensatz zu § 309 BGB – mit »Wertungsmöglichkeit«. D. h., die einzelnen Klauselverbote lassen zusätzlich richterliche Wertungen zu, die Gerichte haben also bei der Beurteilung der Unwirksamkeit »mehr Spielraum«.
3. Anschließend (die Klausel hat es also auch durch die »§ 308 BGB-Kontrolle« geschafft) geht es weiter zu **§ 307 Abs. 2 BGB:** Hiernach wäre eine VOB/C-DIN-Klausel »im Zweifel« unwirksam, wenn sie (a) *»mit wesentlichen Grundgedanken der gesetzlichen Regelung, von der abgewichen wird, nicht zu vereinbaren ist«* oder (b) *»wesentliche Rechte oder Pflichten, die sich aus der Natur des Vertrags ergeben, so einschränkt, dass die Erreichung des Vertragszwecks gefährdet ist.«*
4. Die letzte »Auffang-Verbotsstation« bildet schließlich **§ 307 Abs. 1 BGB**, wonach eine AGB unwirksam ist, wenn sie den Vertragsgegner entgegen »Treu und Glauben«[111] unangemessen benachteiligt, z. B. wenn die Klausel *»nicht klar und verständlich ist«.*

---

108 Damit ist nicht der »Unternehmer« oder »Auftragnehmer« i. S. d. §§ 631 ff. BGB bzw. der VOB gemeint, sondern i. S. d. § 14 BGB, so dass der Unternehmer auch Bauherr oder Auftraggeber sein kann.
109 Für Verbraucherverträge gelten im Übrigen die »verbraucherfreundlichen Besonderheiten« des § 310 Abs. 3 BGB.
110 Wir empfehlen auch hier, die von uns zitierten Paragraphen zunächst einmal zu **lesen**.
111 § 242 BGB.

Die Reihenfolge der Klauselkontrolle ist also hinsichtlich der vorstehenden **133** »Normkette« umgekehrt (»von hinten nach vorne«: § 309, § 308, § 307 Abs. 2 und Abs. 1 BGB).[112] Für die Wirksamkeitskontrolle der VOB/C-Klauseln wird man sich wohl ausschließlich auf die beiden Prüfungen nach **§ 307 BGB** konzentrieren dürfen.

bb) Ausgewählte Beispiele für die Entwicklung des »richtigen Gespürs«

Die Vereinbarkeit einzelner DIN-Bestimmungen der VOB/C mit den §§ 307 ff. **134** BGB ist zwar zweifelhaft, jedoch in Rechtsprechung und Literatur nahezu ungeklärt. Im Übrigen lässt sich für die Beurteilung der Unwirksamkeit kein klares Muster bilden, wonach die einzelnen Abschnitte der jeweiligen DIN-Norm in bestimmte Kategorien (»eher unwirksam« oder »eher wirksam«) einsortiert werden könnten.[113] Vielmehr gibt es für die Beurteilung der Unwirksamkeit bei **keinem** der sechs DIN-Abschnitte – genauso wenig wie schon bei der Beurteilung, ob einzelne Abschnitte überhaupt AGB sind[114] – wirkliche Grundsätze; oder es gibt diverse, »unsystematische« Ausnahmen. Die Kontrollfähigkeit (§ 307 Abs. 3 BGB) und Unwirksamkeit (§§ 309, 308, 307 BGB) von VOB/C-Klauseln lässt sich folglich nur **anhand der konkreten Abschnitte** der DIN 18299 ff. beantworten.[115] Aus diesem Grund zeigen wir nachfolgend **acht ausgewählte Beispiele**[116] auf, damit der Leser ein Gefühl (»Gespür«) für die etwaige Unwirksamkeit einer (VOB/C-)Klausel bekommt, bis die Gerichte hierüber entscheiden oder ein »AGB-Handbuch« speziell zu den VOB/C-Bauvertragsklauseln erscheint:[117]

1. Verpflichtet der Auftraggeber den Auftragnehmer in AGB-Klauseln zur kostenneutralen Erstellung von Mustern,[118] so handelt es sich regelmäßig um **unwirksame** Nebenleistungsklauseln, die den Auftragnehmer ohne gesonderte Vergütung nicht zur Erstellung der entsprechenden Muster verpflichten.[119]
2. Vom Auftragnehmer gestellte AGB, welche die ihm eigentlich nach der Verkehrsauffassung üblicherweise obliegenden Sorgfalts- und Leistungspflichten erheblich einschränken, sind **möglicherweise unwirksam**. Eine

---

112 Grüneberg, a. a. O. Ausführlich zur Wirksamkeitskontrolle und den einzelnen Prüfungsschritten: Wurmnest, in: MüKo, BGB § 307, Rdn. 21 ff.
113 Obwohl der Aufbau ja immer der gleiche ist, s. Rdn. 144 ff.
114 Rdn. 115.
115 Vgl. Christensen, in: Ulmer/Brandner/Hensen, Anh. § 310 BGB, Rdn. 991.
116 S. aber auch schon die Beispiele bei Rdn. 124 ff.
117 Vgl. solange die Zusammenfassungen von Vogel/Vogel, in: Beck'scher VOB-Kommentar, VOB/C Syst. V., Rdn. 28 ff.
118 Zur Bemusterung als »qualitätssichernde Mitwirkungshandlung« s. Rdn. 645.
119 Vgl. Kapellmann, in: Kapellmann/Messerschmidt, VOB/B § 2, Rdn. 86.

(oftmals »versteckte«) Risikoverlagerung entgegen den sonstigen vertraglichen oder gesetzlichen Regelungen ist im Allgemeinen **nicht unbedenklich**.[120]

3. Die »Übermessungsvorschriften« im Rahmen der Abrechnung aus den Abschnitten 5 der jeweiligen ATV, bspw. die DIN 18363 (»Maler- und Lackierarbeiten-Beschichtungen«), dort: Abschnitt 5.2.1.1, wo vorgesehen ist, dass bei dem Abrechnungsaufmaß nur Aussparungen (z. B. Öffnungen über 2,5 m^2 Einzelgröße, in Böden über 0,5 m^2 Einzelgröße) abgezogen werden, sind nach unserer Meinung im Hinblick auf die AGB-rechtliche Wirksamkeit **sehr bedenklich**.

4. Die Änderung oder Ergänzung des üblichen (gesetzlichen) Abrechnungsverfahrens zur Vergütungsberechnung nach Abschnitt 5 der DIN 18300 (»Erdarbeiten«) dürfte **nicht unbedenklich** sein: »*Wird die ihrem Inhalt nach unklare DIN Norm 18300 Nr. 5 104 auf Grund eines Formularvertrages einem Auftrag über Erdarbeiten zugrunde gelegt, so geht die Unklarheit jener DIN Norm zu Lasten des Unternehmers, der sie in seinen formularmäßigen Vertragsbedingungen verwendet, mit der Folge, dass die dem Kunden günstigste Auslegung zur Anwendung kommt.*«[121]

5. AGB-rechtlich ebenfalls **nicht unbedenklich** ist generell, wenn sich technische Vorschriften und Vertragsbedingungen nicht auf rein technische Vorgänge beschränken, sondern auch Regelungen über Aufmaß, Abrechnung und die nicht zu vergütenden »Nebenleistungen« enthalten.[122]

6. Die VOB/C enthält Hinweispflichten des Auftragnehmers sowie Verhandlungspflichten beider Parteien.[123] Mit den dazugehörigen Regelungen kann grds. **keine unangemessene Benachteiligung** einhergehen. Denn die Bauvertragsparteien sind ohnehin zur »Kooperation« verpflichtet, und diese Kooperationspflicht[124] bezieht sich vor allem auch auf die Vermeidung von Konflikten hinsichtlich der Vergütung. Es dürfte also insoweit weder eine Unvereinbarkeit mit wesentlichen Grundgedanken der gesetzlichen Regelung noch eine vertragszweckgefährdende Einschränkung von Rechten und Pflichten anzunehmen sein.[125]

7. Soweit in den ATV, z. B. in Abschnitt 3.1.7 der DIN 18304 (»Rammarbeiten«), für das sog. »Baugrundrisiko«[126] Risiken auf den Auftraggeber verlagert werden (siehe dazu auch das obige 1. Beispiel), ist die Übereinstim-

---

120 Vogel, ZfIR 2005, 670, 673.
121 Vgl. OLG Köln, BauR 1982, 170–171.
122 Vgl. OLG Düsseldorf, BauR 1991, 772 (2. Leitsatz). S. auch OLG Celle, BauR 2003, 1040.
123 Dazu Rdn. 483 ff.
124 BGH, NJW 2000, 807; BGH, NJW 1996, 2158.
125 So Vogel/Vogel, in: Beck'scher VOB-Kommentar, VOB/C Syst. V., Rdn. 40.
126 Zum »Baugrundrisiko« ausführlich und kritisch der Aufsatz von Holzapfel/Dahmen, BauR 2012, 1015.

mung solcher Klauseln mit § 307 Abs. 2 Nr. 2 BGB jedenfalls **fragwürdig**, weil sie die Erfolgshaftung des Auftragnehmers einschränken und damit unter Umständen einem wesentlichen Grundgedanken des Werkvertragsrechts widersprechen.[127]

8. Auch die Vereinbarkeit der Aufmaß- und Abrechnungsvorschriften mit § 307 BGB ist **sehr zweifelhaft**: Diese Regelungen können zwar die Ermittlung der tatsächlich erbrachten Leistungen vereinfachen. Sie können aber im Einzelfall auch erheblichen Einfluss auf die geschuldete Vergütung haben, weil nämlich die ermittelte und die tatsächlich erbrachte Leistung erheblich voneinander abweichen können. Letztlich kommt es auf die Person des AGB-Verwenders (Auftraggeber oder Auftragnehmer), die einschlägige ATV-DIN und wohl auch auf die vereinbarte Abrechnungsart an. Dies betrifft bspw. die Abschnitte 5.1.1–5.1.7 der DIN 18351 (»Vorgehängte hinterlüftete Fassaden«) oder z. B. den Abschnitt 5.3 der DIN 18301 (»Bohrarbeiten«), wenn der Auftragnehmer ihr Verwender ist; dann dürfte diese Regelung, die dem Auftragnehmer bei unverschuldet erfolgloser Ausführung ausnahmslos die volle Vergütung zuerkennt, der Erfolgsbezogenheit des Werkvertragsrechts und den §§ 644, 645 BGB erheblich widersprechen und wäre damit **unwirksam**.[128]

135 Praktische Bedeutung hat für die rein technischen AGB-Vorschriften der VOB/C[129] wohl nur die Kontrolle nach § 305c Abs. 2 BGB (sog. »**Unklarheitenregelung**«), weil diese Normen den Vertragspartner kaum entgegen den Geboten von Treu und Glauben unangemessen benachteiligen dürften.[130]

136 Im Übrigen unterliegen die Klauseln dem **Transparenzgebot** des § 307 Abs. 3 Satz 2 BGB,[131] so dass sie insbesondere auch im Leistungsbereich **klar und verständlich** gefasst sein müssen.[132] Der **Maßstab** für eine solche Beurteilung ist hier das Verständnis eines »durchschnittlichen Vertragspartners« des Verwenders bei sog. kundenfeindlichster Auslegung.[133] Aufgrund der unüberschaubaren Vielfalt von Verweisungen auch auf DIN-Vorschriften außerhalb der VOB/C[134] ist jedenfalls nicht per se ausgeschlossen, dass eine Verletzung des Transparenzgebots vorliegen kann.[135]

---

127 Vogel/Vogel, a. a. O., Rdn. 41 m. w. N.
128 Näher Vogel/Vogel, a. a. O., Rdn. 42 m. w. N. auch zur **Gegenmeinung** (»Diskussion«).
129 Teilweise als anerkannte Regeln der Technik, Rdn. 79 und 538.
130 Kaiser, in: Markus/Kaiser/Kapellmann, AGB-Handbuch Bauvertragsklauseln, Rdn. 33; vgl. auch BGH, BauR 1987, 205.
131 Vgl. Grüneberg, in: Palandt, BGB § 307, Rdn. 20–27.
132 Vgl. BGH, NJW-RR 2005, 902; BGH, BGHZ 106, 42, 46.
133 Grüneberg, a. a. O., Rdn. 23 f.
134 Dazu Rdn. 180 ff.
135 Vogel/Vogel, in: Beck'scher VOB-Kommentar, VOB/C Syst. V, Rdn. 42.

Geltung und Einbeziehung der VOB/C

»Wichtig ist: Der Baupraktiker kann i. d. R. nicht beurteilen, ob eine bestimmte Klausel nach den §§ 305 ff. BGB oder der dazu ergangenen Rechtsprechung unwirksam ist. Es geht folglich für ihn darum, ein Gespür für Klauseln zu entwickeln, die möglicherweise unwirksam sind und auf die der Verwender sich deshalb zu Unrecht beruft, und sie dann im Zweifelsfall rechtlich prüfen zu lassen. Anhaltspunkt ist immer, ob der Verwender seinem Vertragspartner ein unfaires Risiko auferlegen will.«[136]

d) Rechtsfolge der Unwirksamkeit, § 306 BGB

137 Verstößt eine Allgemeine Geschäftsbedingung gegen die vorstehenden Maßstäbe bzw. gegen die §§ 307, 308 oder 309 BGB, so ist sie **in vollem Umfang unwirksam**, es sei denn, sie ist inhaltlich in Teilen sinnvoll abgrenzbar und hat dann noch einen verbleibenden, völlig selbständigen Inhalt (Teilunwirksamkeit der Klausel).[137]

138 Gemäß § 306 BGB gilt anstelle der unwirksamen (oder schon nicht wirksam einbezogenen) Klausel die gesetzliche Regelung. Der Vertrag bleibt im Übrigen grundsätzlich wirksam.[138] Der Vertragspartner des AGB-Verwenders kann sich somit auf die Unwirksamkeit der Klausel berufen und ihren Regelungsgehalt ignorieren.[139]

V. Geltungsbereiche der verschiedenen ATV

139 Die **Abschnitte 1** der VOB/C-DIN-Normen beschreiben den »Geltungsbereich« der jeweiligen, für die konkrete Bauleistung einschlägigen ATV.[140] Beispielsweise gibt die DIN 18299 als allgemeine »Basis-Norm«[141] in Abschnitt 1 hierzu an:

»Die ATV DIN 18299 [...] **gilt für alle Bauarbeiten***, auch für solche, für die keine ATV in Teil C – ATV DIN 18300 bis ATV DIN 18459 – bestehen.«* Und:

»Abweichende Regelungen in den ATV DIN 18300 bis ATV DIN 18459 haben Vorrang.«

---

136 Kapellmann/Langen, Rdn. 11 mit Beispielen zur Unwirksamkeit einzelner VOB/B-Klauseln in Rdn. 12. Vgl. im Übrigen Markus/Kaiser/Kapellmann, AGB-Handbuch Bauvertragsklauseln, auch ausführlich zur Inhaltskontrolle in Rdn. 33–41.
137 Grüneberg, a. a. O., § 306, Rdn. 2 ff.
138 Zum »gelegentlichen Problem« **kollidierender AGB** s. Kapellmann/Langen, Rdn. 9.
139 Im Übrigen sei in diesem Kapitel darauf hingewiesen, dass die AGB der VOB/C auch Einfluss auf die **Vertragsauslegung** haben können (dazu Rdn. 93 und 300).
140 Zum Aufbau und den einzelnen Abschnitten der ATV s. Rdn. 144 ff.
141 Dazu Rdn. 173.

Geltungsbereiche der verschiedenen ATV

Demgegenüber heißt es zum Beispiel in der speziellen, für Bodenbelagsarbeiten geltenden DIN 18365, Abschnitte 1.1 bis 1.3: **140**

»Die ATV DIN 18365 »Bodenbelagsarbeiten« gilt für das Verlegen von Bodenbelägen und Platten aus Linoleum, Kunststoff, Natur- und Synthesekautschuk, Textilien und Kork sowie für das Verlegen von Schichtstoff-Elementen.«

»Die ATV DIN 18365 gilt nicht für
- *Estriche (siehe ATV DIN 18353 »Estricharbeiten«),*
- *Asphaltbeläge (siehe ATV DIN 18354 »Gussasphaltarbeiten«),*
- *Parkettfußböden (siehe ATV DIN 18356 »Parkettarbeiten«) sowie*
- *Holzpflasterarbeiten (siehe ATV DIN 18367 »Holzpflasterarbeiten«).«*

»Ergänzend gilt die ATV DIN 18299 »Allgemeine Regelungen für Bauarbeiten jeder Art«, Abschnitte 1 bis 5. Bei Widersprüchen gehen die Regelungen der ATV DIN 18365 vor.«

Der Geltungsbereich der jeweiligen ATV-DIN legt also fest, für welche **konkreten Bauleistungen**[142] und Gewerke, mit denen der Auftragnehmer beauftragt wurde, die jeweilige DIN gilt und anzuwenden ist. An den beiden oben beispielhaft aufgezeigten DIN-Normen sieht man zudem, auf welche Bauarbeiten die DIN gegebenenfalls **keine** Anwendung findet. Dabei gelten die Abschnitte der DIN 18299 immer auch ergänzend zu den DIN 18300 ff., wenn und soweit diese nicht spezieller sind oder voneinander abweichen (sich widersprechen). **141**

In diesem Zusammenhang sei noch einmal auf die in § 1 Abs. 2 VOB/B festgelegte vertragliche **Geltungsreihenfolge** hingewiesen.[143] Denn in der Praxis wird oftmals übersehen, dass bei Widersprüchen im Vertrag zwischen den Vertragsbestandteilen die Regelungen der Abschnitte 1 bis 5 der einschlägigen VOB/C-DIN den Regelungen der VOB/B vorgehen![144] **142**

---

142 Der Begriff »Bauarbeiten« in Abschnitt 1 der DIN 18299 ist i. S. v. »Bauleistungen aller Art mit und ohne Lieferung von Baustoffen« zu verstehen, Englert/Grauvogl/Katzenbach, in: Beck'scher VOB-Kommentar, VOB/C Syst. IV., Rdn. 95. Vgl. auch die Legaldefinition in § 1 VOB/A.
143 S. Rdn. 111.
144 Die Abschnitte 0 werden nicht Vertragsbestandteil, dazu Rdn. 149.

Geltung und Einbeziehung der VOB/C

VI. Abbildungen

143

Geltung und Einbeziehung der VOB/C

VOB-Bauvertrag	BGB-Bauvertrag	
VOB/C gilt **automatisch** in vollem Umfang (über § 1 Abs. 1 S. 2 VOB/B)	*technische* Bestimmungen der VOB/C	*vertragliche* Bestimmungen der VOB/C
öffentlicher AG zu VOB-Vertrag verpflichtet = VOB/C gilt automatisch (vgl. § 8 Abs. 3 VOB/A)	gelten »**automatisch**« (über technischen Standard u.a.)	grds. ausdrückliche Einbeziehung in Vertrag notwendig
Nachunternehmervertrag muss VOB/B und VOB/C beinhalten (vgl. § 4 Abs. 8 Nr. 2 VOB/B)		

Zeitpunkt und Umfang
VOB/C in der im Ztpkt. des Vertragsschlusses geltenden Fassung und in vollem Umfang = DIN 18299 bis 18459 inkl. »Verweisungsnormen«

Geltungsbereich der ATV
DIN 18299 gilt allgemein für alle Bauleistungen + DIN 18230 ff. jeweils gewerkespezifisch
(vgl. Abschnitte 1 der DIN)

Geltungsreihenfolge
(§ 1 Abs. 2 VOB/B)
1. Leistungsbeschreibung
2. BVB
3. ZVB
4. ZTV
5. VOB/C (ATV)
6. VOB/B

AGB-Wirksamkeitsprüfung der VOB/C-Normen

A. § 305 Abs. 1 BGB: Vorliegen einer AGB?
vertragsrechtliche Regelungen der VOB/C = AGB

B. §§ 305 Abs. 2, 305a–c BGB: wirksame Einbeziehung?
VOB-Bauvertrag: grds. automatisch; ggü. »Baulaien«: Übergabe des VOB/C-Textes
BGB-Vertrag: grds. ausdrücklicher Hinweis, dass Einbeziehung der VOB/C + ggü. »Baulaien«: zusätzlich Übergabe des VOB/C-Textes

C. §§ 306–310 BGB: Inhaltskontrolle (»Geltung«)?
I. Keine Privilegierung der VOB/C, aber § 310 BGB
II. § 309 BGB: »Katalog« aus konkreten Klauselverboten
III. § 308 BGB: Klauselverbote mit »Wertungsmöglichkeit«
IV. § 307 Abs. 2 BGB: »Unvereinbarkeit mit wesentl. gesetzlichen/rechtlichen Grundgedanken«
V. § 307 Abs. 1 BGB: Unangemessene Benachteiligung entgegen »Treu und Glauben«

D. § 306 BGB: Rechtsfolge?
Wirksamkeit, Unwirksamkeit oder Teilunwirksamkeit

D. Inhalt und Aufbau der VOB/C

Die VOB/C enthält die »**Allgemeinen Technischen Vertragsbedingungen** für Bauleistungen« (ATV) in Form der DIN-Normen 18299 bis 18459 für die Durchführung nahezu aller Bauleistungen, vom Tiefbau angefangen über den Roh- und Ausbau, die Gebäudeautomation, den Gerüstbau und so weiter, bis hin zu den Abbruch- und Rückbauarbeiten;[145] die DIN 18299 dient unter anderem als »Auffangnorm« für »Bauarbeiten jeder Art« (ausführlich Rdn. 173).[146] **144**

Die einzelnen ATV enthalten sowohl eine Vielzahl von technischen Bestimmungen (z. B. als Teil der anerkannten Regeln der Technik) als auch Vertragsrecht.[147] Beispielsweise werden dort Hinweise für das Aufstellen einer Leistungsbeschreibung, Ausführungsbestimmungen, Vorgaben für Baustoffe und -teile, Aufmaßregeln, Benachrichtigungs-, Hinweis- und Mitwirkungspflichten, ergänzende Regelungen zur Bausolldefinition, Festlegungen von Standardbauumständen, Vergütungs- und Abrechnungsregelungen, Regeln über Art und Umfang nicht gesondert zu vergütender Nebenleistungen, Auslegungshilfen, Gewohnheitsrecht, gewerbliche Verkehrssitte und Handelsbrauch oder auch Gewährleistungsbestimmungen usw.,[148] ausdrücklich oder indirekt genannt. **145**

I. Systematik

1. Allgemeines

Die erste ATV im »DIN-Katalog« der VOB/C ist die **DIN 18299**. Sie bildet sozusagen die Grundlage für alle weiteren DIN-Normen der VOB/C und gilt für **alle Bauarbeiten** (siehe oben), für die sie allgemeine Bestimmungen enthält. In den folgenden DIN 18300 bis 18459 werden für die einzelnen Gewerke (gewerkeweise geordnet) jeweils spezielle Regelungen aufgestellt. **146**

Alle DIN-Normen der VOB/C sind inhaltlich wie systematisch **identisch aufgebaut** und jeweils in **sechs Abschnitte**, die Abschnitte 0 bis 5, gegliedert: **147**

- **Abschnitt 0:** »Hinweise für das Aufstellen der Leistungsbeschreibung«
- **Abschnitt 1:** »Geltungsbereich«
- **Abschnitt 2:** »Stoffe, Bauteile«
- **Abschnitt 3:** »Ausführung«
- **Abschnitt 4:** »Nebenleistungen, Besondere Leistungen«
- **Abschnitt 5:** »Abrechnung«

---

145 Die DIN 18459 wurde im Jahr 2006 in die VOB/C eingeführt.
146 S. bereits zum Geltungsbereich Rdn. 139.
147 Vgl. Rdn. 71 ff.
148 Zur **Übersicht** vgl. auch unser Inhaltsverzeichnis, Seite IX.

148 Im Einzelnen (und Verweise):

2. Abschnitt 0 »Hinweise für das Aufstellen der Leistungsbeschreibung«

149 Vorab: Die Abschnitte 0 einer jeden ATV, welche Hinweise für das Aufstellen der Leistungsbeschreibung beinhalten, werden **nicht Vertragsbestandteil**. So sagt es ausdrücklich der 3. Absatz des Abschnitts 0: »*Die Hinweise werden nicht Vertragsbestandteil.*« Der jeweilige Inhalt der Abschnitte 0 ist nämlich (logischerweise) schon **vor Vertragsschluss** zu beachten; Vertragsbestandteil wird dann in der Regel vielmehr die Leistungsbeschreibung (vgl. § 7 VOB/A sowie den ersten Rang der Geltungsreihenfolge in § 1 Abs. 2 Nr. 1 VOB/B). Weil die Abschnitte damit außerhalb der Vertragseinbeziehung des § 1 Abs. 1 Satz 2 VOB/B stehen, beginnen die eigentlichen Vertragsbedingungen mit dem Abschnitt 1 der jeweiligen ATV.

150 Gemäß Abschnitt 0 sind in die Leistungsbeschreibung insbesondere detaillierte Informationen über folgende relevante Bereiche aufzunehmen, die **für alle ATV-DIN gleichermaßen kategorisiert** sind:

– Angaben zur Baustelle (Abschnitt 0.1)
– Angaben zur Ausführung (Abschnitt 0.2)
– Einzelangaben bei Abweichungen von den ATV (Abschnitt 0.3)
– Einzelangaben zu Nebenleistungen und Besonderen Leistungen (Abschnitt 0.4)
– Abrechnungseinheiten (Abschnitt 0.5)

151 Die besondere praktische Bedeutung der Abschnitte 0 besteht also darin, dass sie allgemein gültige Hinweise für das Aufstellen einer Leistungsbeschreibung vorgibt und insoweit bestimmte Anforderungen an eine Leistungsbeschreibung stellt, was gemäß § 7 Abs. 1 Nr. 7 VOB/A Voraussetzung für das Vergabeverfahren ist. Ohnehin gibt die umfangreiche Vorschrift des **§ 7 VOB/A** (»Leistungsbeschreibung«) zahlreiche (weitere) Hinweise zu den Anforderungen an eine ordnungsgemäße Leistungsbeschreibung, wobei die Abschnitte 0 der VOB/C eine Konkretisierung dieser allgemeinen Grundsätze aus § 7 VOB/A darstellen.[149] Die aus fünfzehn (!) Absätzen bestehende Norm ist aufgeteilt in bzw. enthält Informationen zu:

– »Allgemeines«
– »Technische Spezifikationen«
– »Leistungsbeschreibung mit Leistungsverzeichnis«
– »Leistungsbeschreibung mit Leistungsprogramm«

---

149 Zur »Einheit der VOB« (Teile A, B und C) s. Motzke, in: Beck'scher VOB-Kommentar, VOB/C Syst. III, Rdn. 77 ff.

Vor diesem Hintergrund ist die Vorschrift auch für den Baupraktiker lesenswert![150] **152**

Um dem Bieter eine sichere Kalkulation zu ermöglichen, sollten (und müssen gemäß § 7 Abs. 3 VOB/A[151]) bspw. die für die Ausführung der Leistung wesentlichen Verhältnisse der Baustelle, z. B. Boden- und Wasserverhältnisse, so beschrieben werden, dass der potentielle Auftragnehmer ihre Auswirkungen auf die bauliche Anlage und die Bauausführung hinreichend beurteilen kann. Vorgaben dazu, welche konkreten/speziellen Baustellenangaben bei den einzelnen und allgemein bei allen Leistungsbereichen zu beachten sind, enthalten die Abschnitte 0 der DIN 18299 ff. **153**

Für weitere Einzelheiten verweisen wir auf unser Kapitel »Vorgaben der VOB/C für das Aufstellen der Leistungsbeschreibung« bzw. die **Rdn. 221**. **154**

3. Abschnitt 1 »Geltungsbereich«

Die Abschnitte 1 der DIN 18299 ff. beschreiben den sog. Geltungsbereich, bestimmen also, für welche konkret beauftragten Bauleistungen welche DIN-ATV einschlägig und damit von den Parteien zu beachten ist. **155**

Weil die VOB/C für zahlreiche Bauleistungen spezielle DIN-Normen enthält, besteht die Kunst darin, in der VOB/C die **richtige Spezialnorm** dann auch zu finden. Genau dazu dient die vorrangige Untersuchung des Geltungsbereichs (Abschnitte 1 der jeweiligen ATV). **156**

Beispiel:

Abschnitt 1.2 der DIN 18338 besagt, dass das Herstellen von Deckunterlagen aus Latten oder als Schalung und das Herstellen von Außenwandbekleidungen mit Holzschindeln nicht unter diese DIN, sondern unter die DIN 18334 (»Zimmer- und Holzarbeiten«) fällt. In diesem Zusammenhang ist aber auch selbstverständlich, dass die Holzunterkonstruktionen für Dächer jedenfalls zur DIN 18334 gehören. Folglich ist bei der Durchführung solcher Arbeiten im Rahmen umfangreicher Dachdeckerarbeiten die Leistungsbeschreibung in die für die Leistungsbereiche »Dachdeckerarbeiten« (DIN 18338) und für »Zimmer- und Holzarbeiten« (DIN 18334) aufzuspalten. **157**

Die richtige Wahl der objektiv einschlägigen DIN ist deshalb von großer Bedeutung, weil sich die einzelnen Fach-DIN-Normen beispielsweise bei der **158**

---

150 Näher Kus/Verfürth, Rdn. 126 ff. m. w. N.
151 Vom öffentlichen Auftraggeber zwingend zu beachten; für den privaten Auftraggeber empfiehlt sich die Beachtung dieser Bestimmungen, um eine transparente und faire Ausschreibung zu denselben Wettbewerbsbedingungen für alle Bieter (potentielle Vertragspartner bzw. Auftragnehmer) zu gewährleisten. Kapellmann/Schiffers, Rdn. 1198.

Leistungsbeschreibung (Abschnitte 0) von DIN zu DIN inhaltlich beachtlich unterscheiden können. Weiteres **Beispiel** dazu:

159 Vergleichen Sie bitte einmal die Vorgaben in DIN 18334 Abschnitt 0.3 für die Ausschreibung von Zimmer- und Holzarbeiten mit denen aus Abschnitt 0.3 der DIN 18338 für Dachdeckungs- und Dachabdichtungsarbeiten, die Unterschiede werden Ihnen sofort ins Auge springen!

160 Vor diesem Hintergrund raten wir dringend dazu, **vor** der Aufstellung der Leistungsbeschreibung jeweils den Abschnitt 1 der anstehenden Fach-DIN-Norm zu prüfen.

161 Zur Vermeidung von Wiederholungen sei an dieser Stelle auf die Ausführungen zu **Rdn. 139** (»Geltungsbereiche der verschiedenen ATV«) verwiesen.

4. Abschnitt 2 »Stoffe, Bauteile«

162 Die Abschnitte 2 regeln die Bauprodukte, also Stoffe und Bauteile. Die Unterabschnitte 2.1 bis 2.3 (»Allgemeines«) befassen sich insoweit mit allgemeinen Vorgaben, beispielsweise damit, dass zum Leistungsumfang des Auftragnehmers grundsätzlich auch die Lieferung (Besorgung) der für die beauftragte Werkleistung erforderlichen und geeigneten Baustoffe und Bauteile (einschließlich Abladen und Lagern) gehört, Abschnitt 2.1. Die Abschnitte 2.2 und 2.3 beschäftigen sich näher mit dem »Vorhalten« und »Liefern« der Stoffe und Bauteile.

163 Vertiefte Erläuterungen zu diesem Themenkomplex sind bei **Rdn. 360** (»Stoffe und Bauteile, Boden und Fels«) zu finden.

5. Abschnitt 3 »Ausführung«

164 Die Abschnitte 3 befassen sich mit der Ausführung der jeweiligen Bauleistung, d. h., mit der eigentlichen, konkreten Bauausführung, die der Auftragnehmer dem Auftraggeber vertraglich schuldet. Dieser Abschnitt richtet sich daher in erster Linie an den **Auftragnehmer**. Demgegenüber enthalten die **§§ 3, 4 und 5 VOB/B** (»Ausführungsunterlagen«, »Ausführung« und »Ausführungsfristen«) eine Reihe von vertraglichen Grundpflichten **beider** Bauvertragsparteien zur Ausführung der beauftragten Bauleistung.[152] Im Übrigen enthalten bereits die Hinweise zum Aufstellen einer Leistungsbeschreibung in den Abschnitten 0.2 »Angaben zur Ausführung«.

165 Näheres zur Ausführung findet der Leser bei **Rdn. 300**, »Ausführungsvorgaben aus der VOB/C«.[153]

---

152 Auch der Normtext der §§ 3–5 VOB/B ist lesenswert! Zur Kommentierung s. Kapellmann/Messerschmidt, VOB/B §§ 3, 4 und 5.
153 Zur mangelfreien Ausführung s. Rdn. 528 (»Qualitätssicherung und VOB/C«).

6. Abschnitt 4 »Nebenleistungen, Besondere Leistungen«

Die Abschnitte 4 enthalten allgemeine Regelungen über sog. »Nebenleistungen«, die durch den Auftragnehmer mit zu erbringen sind und von der jeweils vereinbarten Vergütung automatisch umfasst sind, sowie über sog. »Besondere Leistungen«, die nicht zum ursprünglichen Bausoll gehören und für die der Auftragnehmer bei Ausführung grundsätzlich eine zusätzliche Vergütung verlangen kann (vgl. § 2 Abs. 6 VOB/B). **166**

Schon in den Abschnitten 0.4.1 und 0.4.2 der DIN 18299 werden zu diesen Leistungen Vorgaben (Einzelangaben) für das Aufstellen der Leistungsbeschreibung gemacht (s. o. Rdn. 146). In den Abschnitten 4.1 und 4.2 werden die Nebenleistungen und Besonderen Leistungen **definiert** sowie konkrete **Beispiele** aufgeführt. **167**

Auch hier wird zur Vermeidung von Wiederholungen auf unsere Erläuterungen in den **Rdn. 339** (»Nebenleistungen und Besondere Leistungen«) verwiesen. **168**

7. Abschnitt 5 »Abrechnung«

Schließlich geben die Abschnitte 5 der DIN 18299 bis 18459 Vorgaben für die Abrechnung, also **Grundregeln** dazu, wie die Abrechnung im Einzelfall für die jeweilige, konkret erbrachte Bauleistung zu erfolgen hat. Beispielsweise gilt danach die Bestimmung, dass die Mengenermittlung grundsätzlich nach Zeichnungen und nur ausnahmsweise nach örtlichem Aufmaß erfolgen muss, soweit die Ausführung von den Zeichnungen abweicht. **169**

Mit dem Abschnitt 5 ist der Abschnitt 0 (»Hinweise für das Aufstellen der Leistungsbeschreibung«) fest verknüpft: Schon dort findet man in diesem Zusammenhang einen eigenen Abschnitt (0.5) zu den »Abrechnungseinheiten«, die für die spätere Abrechnung relevant sind. **170**

Die Abrechnungsregelungen der Abschnitte 5 sind von außerordentlicher praktischer Bedeutung, deren Beachtung und richtige Anwendung durch den Baupraktiker und Baujuristen Meinungsverschiedenheiten und Streitigkeiten vermeiden würde.[154] **171**

Für weitere Einzelheiten zur Abrechnung wird den Leser sicherlich das Kapitel »Vorgaben für die Abrechnung« (**Rdn. 703**) interessieren. **172**

II. Die DIN 18299 als Grundlage für alle Bauleistungen

Wesentlich ist aus der VOB/C insbesondere die am Anfang stehende DIN 18299. Seit der VOB-Ausgabe von 1988 existiert mit der ATV-DIN 18299 **173**

---

154 Langen/Schiffers, Rdn. 251; Vygen, Bauvertragsrecht, Rdn. 124.

eine Allgemeine Technische Vertragsbedingung für Bauarbeiten jeder Art, mittels derer allgemeine Regelungen gewissermaßen »vor die Klammer« gezogen werden und immer dann anwendbar sind, wenn sich entweder aus der speziellen DIN des betreffenden Gewerks (DIN 18300 ff.) keine abweichenden Regelungen ergeben oder wenn für bestimmte Bauarbeiten noch gar keine ATV-DIN-Bestimmung existiert.[155] Die besondere praktische Bedeutung der DIN 18299 besteht somit vor allem darin, dass sie sowohl als **Auffangnorm** dient als auch **ergänzend** heranzuziehen ist.

174 Insofern empfiehlt sich folgende **Prüfungsreihenfolge:**

1. Liegen überhaupt »Bauarbeiten« vor? Wenn nein: Keine Anwendbarkeit der VOB/C.
2. Wenn ja: Unter welchen Leistungsbereich fallen die Bauarbeiten?
3. Gibt es für das Gewerk spezielle ATV in den DIN 18300 bis 18459? Wenn nein: Anwendung der DIN 18299.
4. Wenn ja: Sind in dieser DIN-Norm vorrangige Regelungen zu beachten?
5. Wenn ja: Ist die DIN 18299 ergänzend heranzuziehen?

175 Beispiele:

Um festzustellen, ob bestimmte Leistungen bei Erdbauarbeiten als Nebenleistungen einzustufen sind, muss primär Abschnitt 4.1 der DIN 18300 geprüft werden. Kann die Frage hiernach nicht geklärt werden, so ist in einem zweiten Schritt der Abschnitt 4.1 der DIN 18299 zu überprüfen.

176 Zur ordnungsgemäßen Erstellung einer Leistungsbeschreibung für Mauerarbeiten ist – neben den Bestimmungen aus § 7 VOB/A – zunächst Abschnitt 0 der DIN 18330 zu überprüfen, ergänzend Abschnitt 0 der DIN 18299, soweit Abschnitt 0 der DIN 18330 keine spezielleren oder abweichenden Regelungen enthält.

III. Die verschiedenen ATV der VOB/C

1. Umfang

177 Die **zur VOB/C gehörenden** ATV sind die **DIN 18299 bis 18459**:

- DIN 18 299: Allgemeine Regelungen für Bauarbeiten jeder Art
- DIN 18 300: Erdarbeiten
- DIN 18 301: Bohrarbeiten
- DIN 18 302: Arbeiten zum Ausbau von Bohrungen
- DIN 18 303: Verbauarbeiten
- DIN 18 304: Ramm-, Rüttel- und Pressarbeiten

---

155 Kleine-Möller u. a., § 2 Rdn. 49; allgemein zur DIN 18299 Grauvogel, Jahrbuch Baurecht 1998, 315 ff.

Die verschiedenen ATV der VOB/C

- DIN 18 305: Wasserhaltungsarbeiten
- DIN 18 306: Entwässerungskanalarbeiten
- DIN 18 307: Druckrohrleitungsarbeiten außerhalb von Gebäuden
- DIN 18 308: Drän- und Versickerarbeiten
- DIN 18 309: Einpressarbeiten
- DIN 18 310: Sicherungsarbeiten an Gewässern, Deichen und Küstendünen
- DIN 18 311: Nassbaggerarbeiten
- DIN 18 312: Untertagebauarbeiten
- DIN 18 313: Schlitzwandarbeiten mit stützenden Flüssigkeiten
- DIN 18 314: Spritzbetonarbeiten
- DIN 18 315: Verkehrswegebauarbeiten – Oberbauschichten ohne Bindemittel
- DIN 18 316: Verkehrswegebauarbeiten – Oberbauschichten mit hydraulischen Bindemitteln
- DIN 18 317: Verkehrswegebauarbeiten – Oberbauschichten aus Asphalt
- DIN 18 318: Verkehrswegebauarbeiten – Pflasterdecken und Plattenbeläge in ungebundener Ausführung, Einfassungen
- DIN 18 319: Rohrvortriebsarbeiten
- DIN 18 320: Landschaftsbauarbeiten
- DIN 18 321: Düsenstrahlarbeiten
- DIN 18 322: Kabelleitungstiefbauarbeiten
- DIN 18 323: Kampfmittelräumarbeiten
- DIN 18 325: Gleisbauarbeiten
- DIN 18 326: Renovierungsarbeiten von Entwässerungskanälen
- DIN 18 330: Mauerarbeiten
- DIN 18 331: Betonarbeiten
- DIN 18 332: Naturwerksteinarbeiten
- DIN 18 333: Betonwerksteinarbeiten
- DIN 18 334: Zimmer- und Holzbauarbeiten
- DIN 18 335: Stahlbauarbeiten
- DIN 18 336: Abdichtungsarbeiten
- DIN 18 338: Dachdeckungs- und Dachabdichtungsarbeiten
- DIN 18 339: Klempnerarbeiten
- DIN 18 340: Trockenbauarbeiten
- DIN 18 345: Wärmedämmverbundsysteme
- DIN 18 349: Betonerhaltungsarbeiten
- DIN 18 350: Putz- und Stuckarbeiten
- DIN 18 351: Vorgehängte hinterlüftete Fassaden
- DIN 18 352: Fliesen- und Plattenarbeiten
- DIN 18 353: Estricharbeiten
- DIN 18 354: Gussasphaltarbeiten
- DIN 18 355: Tischlerarbeiten
- DIN 18 356: Parkettarbeiten
- DIN 18 357: Beschlagarbeiten
- DIN 18 358: Rollladenarbeiten
- DIN 18 360: Metallbauarbeiten

- DIN 18 361: Verglasungsarbeiten
- DIN 18 363: Maler- und Lackierarbeiten – Beschichtungen
- DIN 18 364: Korrosionsschutzarbeiten an Stahlbauten
- DIN 18 365: Bodenbelagsarbeiten
- DIN 18 366: Tapezierarbeiten
- DIN 18 367: Holzpflasterarbeiten
- DIN 18 379: Raumlufttechnische Anlagen
- DIN 18 380: Heizanlagen und zentrale Wassererwärmungsanlagen
- DIN 18 381: Gas-, Wasser- und Entwässerungsanlagen innerhalb von Gebäuden
- DIN 18 382: Nieder- und Mittelspannungsanlagen bis 36 kV
- DIN 18 384: Blitzschutzanlagen
- DIN 18 385: Förderanlagen, Aufzugsanlagen, Fahrtreppen und Fahrsteige
- DIN 18 386: Gebäudeautomation
- DIN 18 421: Dämm- und Brandschutzarbeiten an technischen Anlagen
- DIN 18 451: Gerüstarbeiten
- DIN 18 459: Abbruch- und Rückbauarbeiten

178 Damit sind nahezu sämtliche bei einem Bauvorhaben vorkommenden Leistungsbereiche in den vorgenannten DIN-Bestimmungen geregelt. Zwischen all diesen DIN-Normen besteht eine **Einheit**, weil die VOB/C grundsätzlich in ihrer Gesamtheit Vertragsgegenstand wird. Das ist wichtig für die Vollständigkeit der Leistung bei späteren Leistungsänderungen oder wenn vom Auftragnehmer Nebenarbeiten aus anderen Gewerken zu erbringen sind.

179 **Beispiel:**

Der Elektroinstallateur führt noch Beiputzarbeiten aus, um Schlitze oder Durchbrüche zu schließen.[156]

180 Im Wege der sog. »Staffelverweisung« gehören zur VOB/C – zumindest mittelbar – auch die **Regelwerke**, auf die die Bestimmungen der DIN 18299 bis 18459 ihrerseits ausdrücklich und konkret (d. h. unter Benennung des Regelwerkes) **verweisen**. Diese Regelwerke sind in aller Regel rein technischer Art.[157] Die »expliziten«, oben aufgeführten VOB/C-DIN-Normen regeln für den einzelnen Leistungsbereich nur das Grundsätzliche; die weiteren Fach-DIN-Normen befassen sich mit konkreten Einzelthemen aus dem jeweiligen Leistungsbereich oder den dafür notwendigen Baumaterialien, Geräten etc.

181 **Beispiele:**

- Abschnitt 3.1.3 der Fach-**DIN 18333** (»Betonwerksteinarbeiten«) regelt zunächst, dass Abweichungen von vorgeschriebenen Maßen in den durch DIN 18201 (»Toleranzen im Bauwesen – Begriffe, Grundsätze, Anwendung, Prüfung«) und DIN 18202 (»Toleranzen im Hochbau – Bauwerke«) be-

---

156 Daub/Piel/Soergel/Steffani, ErlZ. 1.6.
157 Von Rintelen, in: Kapellmann/Messerschmidt, VOB/B § 1, Rdn. 24 (23) m. w. N.

stimmten Grenzen zulässig sind. Wenn die entsprechenden Maßtoleranzen gemäß DIN 18202 eingehalten werden und der Vertrag bzw. die Leistungsbeschreibung keine von DIN 18202 abweichende Maßtoleranz (z. B. absolute Maßgenauigkeit) regelt, dann ist die entsprechende Bauleistung des Auftragnehmers dann mangelfrei, soweit sie innerhalb der Toleranzen der DIN 18202 Maßabweichungen aufweist.

– Treppen sind gemäß DIN 18065 (»Gebäudetreppen – Definitionen, Messregeln, Hauptmaße«) auszuführen. Tragbolzentreppen sind nach DIN 18069 (»Tragbolzentreppen für Wohngebäude – Bemessung und Ausführung«) herzustellen, Abschnitt 3.2.1.
– Angemörtelte Außenwandbekleidungen sind nach DIN 18515–1 und DIN 18515–2 auszuführen, Abschnitt 3.4.1.

Durch die Bezugnahme auf anderweitige DIN-Bestimmungen für Treppen und angemörtelte Außenwandbekleidungen wird der fachliche und qualitative Anwendungsbereich der ATV ausgeweitet. Auch die entsprechenden Anforderungen der in den ATV angesprochenen »Bezugs-DIN« müssen vom Auftragnehmer beachtet werden, um eine gebrauchstaugliche und den anerkannten Regeln der Technik entsprechende Leistung herstellen zu können. **182**

In Abschnitt 2 für »Stoffe, Bauteile« der **DIN 18353** (»Estricharbeiten«) wird in den Unterabschnitten 2.1 bis 2.5 auf weitergehende, für die jeweiligen Bauprodukte einschlägigen DIN-Normen verwiesen, z. B.: **183**

»Für die gebräuchlichsten genormten Stoffe und Bauteile sind die DIN-Normen nachstehend aufgeführt.

2.1 Bindemittel

DIN 1164–10:   *Zement mit besonderen Eigenschaften – Teil 10: Zusammensetzung, Anforderungen und Übereinstimmungsnachweis von Normalzement mit besonderen Eigenschaften*
DIN EN 197–1:   *Zement – Teil 1: Zusammensetzung, Anforderungen und Konformitätskriterien von Normalzement*
DIN EN 13454–1:   *Calciumsulfat-Binder, Calciumsulfat-Compositbinder und Calciumsulfat-Werkmörtel für Estriche – Teil 1: Begriffe und Anforderungen*
DIN EN 14016–1:   *Bindemittel für Magnesiaestriche – Kaustische Magnesia und Magnesiumchlorid – Teil 1: Definitionen, Anforderungen«*

Oder in Abschnitt 3, »Ausführung«, der VOB/C-DIN 18353: **184**

»3.2 Estriche

3.2.1 Calciumsulfat-, Kunstharz-, Magnesia- und Zementestriche sind herzustellen nach:

Inhalt und Aufbau der VOB/C

Normen der Reihe

DIN 18560: Estriche im Bauwesen«

185 Auch die **DIN 18350** nimmt für »Putz- und Stuckarbeiten« an zahlreichen Stellen auf andere Fach-DIN-Bestimmungen Bezug, die zur Beurteilung der ordnungsgemäßen Ausführung und der Einhaltung der anerkannten Regeln der Technik ergänzend heranzuziehen sind.[158]

- Putze aus Mörtel mit mineralischen Bindemitteln mit oder ohne Zusätze sind nach DIN 18550 2 (»Putz – Putze aus Mörteln mit mineralischen Bindemitteln – Ausführung«) herzustellen, Abschnitt 3.2.1.
- Kunstharzputze sind nach DIN 18558 (»Kunstharzputze – Begriffe, Anforderungen, Ausführung«) herzustellen, Abschnitt 3.2.2.
- Hinterlüftete Außenwandbekleidungen sind nach DIN 18516–1 (»Außenwandbekleidungen, hinfterlüftet«) herzustellen, Abschnitt 3.12.

186 **Ergänzend** zu den Allgemeinen Technischen Vertragsbedingungen (ATV) der VOB/C können die Parteien, wie sich u. a. aus § 1 Abs. 2 VOB/B ergibt, »**Zusätzliche Technische Vertragsbedingungen**« (ZTV) vereinbaren. Das sind für alle Projekte des Auftraggebers »eigene« technische und zum Teil vertragsrechtliche Ergänzungen zu den VOB/C-ATV, vgl. § 8 Abs. 5 VOB/A.[159]

187 Auf die weitergehenden Fach-**DIN-Normen** außerhalb der VOB/C gehen wir sogleich unter **Rdn. 206 ff.** ein.

2. Gemeinsamkeiten und relevante Unterschiede[160]

188 Aufgrund der »Einheit aller VOB/C-ATV« (s. o. Rdn. 188) gibt es eine ganze Reihe von **Gemeinsamkeiten**. Dabei bildet die DIN 18299 die »grundsteinlegende«, übergreifende ATV für alle Bauleistungen bzw. Leistungsbereiche (s. o. Rdn. 173). Die ATV für die einzelnen Gewerke sind in den DIN 18300 bis 18459 enthalten. Wie schon erwähnt,[161] dient die vorrangige Untersuchung des Geltungsbereichs (Abschnitte 1 der jeweiligen ATV) dazu, die richtige Spezialnorm für eines der in der VOB/C aufgelisteten Gewerke zu finden. Alle Bestimmungen der ATV-DIN 18300 ff. sind systematisch wie die DIN 18299 aufgebaut (in die sechs Abschnitte 0 bis 5, siehe Rdn. 146).

189 Innerhalb der ATV-DIN gibt es aber auch (inhaltliche) **Unterschiede**.[162] Dabei ist in der Baupraxis die Klärung, zu welchem Leistungsbereich und zu welcher Fach-DIN (innerhalb oder außerhalb der VOB/C) eine Teilleistung gehört,

---

158 Zur Einhaltung der a. R. d. T. s. Rdn. 545.
159 Lesenswert hierzu Langen/Schiffers, Rdn. 1335–1338 m. w. N.
160 S. dazu auch die »tab. ATV-Inhaltsübersichten« im Anhang.
161 Vgl. oben Rdn. 155.
162 S. bspw. schon Rdn. 144.

enorm wichtig. Beispielsweise ist für Arbeiten an und mit **Beton** klar zu unterscheiden zwischen

- Spritzbetonarbeiten (DIN 18314),
- Beton- und Stahlbetonarbeiten (DIN 18331),
- Betonwerksteinarbeiten (DIN 18333) und
- Betonerhaltungsarbeiten (DIN 18349),

so dass z. B. tragende Fertigteile aus Beton oder Stahlbeton (DIN 18331) nicht der DIN 18333 zugeordnet werden. **190**

Die Unterscheidung der Abschnitte 1 der maßgeblichen DIN-Norm (der VOB/C) kann exemplarisch anhand der vom Auftraggeber vorgegebenen Verbauarbeiten demonstriert werden: **191**

- Erdarbeiten im Rahmen der Verbauarbeiten gehören zur DIN 18300,
- Träger für Trägerbohrpfahlwände gehören unter die DIN 18301 (»Bohrarbeiten«) bzw. unter DIN 18304 (»Rammarbeiten«),
- Spundwände, auch wenn sie als Verbau dienen, gehören zur DIN 18304,
- der eigentliche Verbau gehört zur DIN 18303.

Damit gehören beispielsweise zur Leistungsbeschreibung für einen »Berliner Verbau«[163] in der Regel die Leistungsbereiche der DIN-Normen 18300, 18301 sowie 18303. **192**

Auch die **Bestimmungen zum Bausoll** sind genau zu beachten: Die Abgrenzungen zwischen »Nebenleistungen« und »Besonderen Leistungen«[164] der Abschnitte 4 der DIN-ATV sind nicht immer über alle Leistungsbereiche hinweg gleich, bspw. die Regelungen zur **Bemusterung**[165] des einzubauenden Materials, die z. B. für die Gewerke »Natursteinarbeiten« (DIN 18332, Abschnitt 4.1.8), »Estricharbeiten« (DIN 18353, Abschnitt 4.1.4), »Parkettarbeiten« (DIN 18356, Abschnitt 4.1.5) oder »Maler- und Lackierarbeiten« (DIN 18363, Abschnitt 4.1.9) eine Nebenleistung sind. In anderen Leistungsbereichen wie »Betonwerksarbeiten« (DIN 18333), »Gussasphaltarbeiten« (DIN 18354) oder »Tapezierarbeiten« (DIN 18366) ist die Bemusterung aber offensichtlich keine Nebenleistung. **193**

Für **Gerüste** ist zum Beispiel zunächst danach zu differenzieren, ob es um Arbeits- oder um Schutzgerüste geht. Schutz- und Sicherheitsmaßnahmen[166] für eigenes Personal sind gemäß DIN 18299, Abschnitt 4.1.4, für Bauarbeiten jeder Art Nebenleistung. Zwar lässt der Text nicht sofort erkennen, dass es um den Schutz derjenigen Arbeitskräfte geht, die das Bausoll des betroffenen Auftragnehmers erbringen. Der Text von Abschnitt 4.2.4 behandelt aber als Be- **194**

---

163 Der »Berliner Verbau« ist die bekannteste Ausführungsvariante der sog. »Trägerbohlwand«, die auf den Bau der Berliner U-Bahn (1930) zurückzuführen ist.
164 Ausführlich Rdn. 339 ff.
165 Dazu Rdn. 645.
166 S. umfassend Rdn. 684.

sondere Leistung Sicherungsmaßnahmen zur Unfallverhütung für Leistungen anderer Auftragnehmer. Somit ist klar, dass es sich in Abschnitt 4.1.4 nur um Schutzmaßnahmen für die eigene Leistungserstellung handeln kann.[167] Schutzgerüste, die der Auftragnehmer für Dritte stellen soll, sind gemäß DIN 18299, Abschnitte 4.2.4 und 4.2.9, für Bauarbeiten jeder Art immer gesondert auszuschreiben und zu vergüten. Sinn und Zweck dieser Regelung ist es, dass der Auftragnehmer zwar für seine eigenen Arbeitskräfte die notwendigen Sicherheitsmaßnahmen treffen muss, nicht aber für Dritte; ihnen gegenüber hat der Auftraggeber seine Verkehrssicherungspflichten zu beachten (vgl. Abschnitt 4.2.9 der DIN 18299).

195 Von den Schutzgerüsten sind die unmittelbar für die Leistungserbringung erforderlichen »Arbeitsgerüste« zu unterscheiden: für sie gelten von Leistungsbereich zu Leistungsbereich unterschiedliche Regelungen.

196 Für **Mauerarbeiten** ist beispielsweise die Gestellung von Arbeitsgerüsten gemäß DIN 18330, Abschnitt 4.1.2, für jede Höhe stets Nebenleistung, für Zimmer- und Holzarbeiten nach DIN 18334, Abschnitt 4.1.1, jedoch nur für Gerüste bis 2 m Höhe. Sollten einmal für Zimmer- und Holzarbeiten Arbeitsgerüste über 2 m Höhe hinaus erforderlich sein, handelt es sich folglich um Besondere Leistungen.[168]

197 Statische Nachweise für Gerüste werden in der VOB/C nur für wenige Leistungsbereiche zur Nebenleistung bestimmt, vgl. z. B. DIN 18331, Abschnitt 4.1.4, für »Beton- und Stahlbetonarbeiten« sowie DIN 18335, Abschnitt 4.1.7, für »Stahlbauarbeiten«. Wenn statische Nachweise für Gerüste anderer Leistungsbereiche notwendig werden, gehören sie grundsätzlich nicht zum Bausoll.

198 Das Gestellen von **Aufenthaltsräumen** für die Beschäftigten ist in der VOB/C mal unterschiedlich oder mal gar nicht (ausdrücklich) geregelt. Hierzu bestimmt die DIN 18299 in Abschnitt 4.1.5 lediglich, dass das »Beleuchten, Beheizen und Reinigen der Aufenthalts- und Sanitärräume für die Beschäftigten der Auftragnehmer« eine Nebenleistung ist; über das Gestellen von Aufenthalts- und Sanitärräumen für die eigenen Beschäftigten des Auftragnehmers ist in der DIN 18299 jedoch nichts zu finden. Dagegen ist gemäß folgenden

---

167 Dazu auch Englert/Grauvogl/Katzenbach, in: Beck'scher VOB-Kommentar, VOB/C, DIN 18299, Rdn. 150.

168 Ob die Gerüstgestellung nach VOB/C für jeden Leistungsbereich für sich geregelt wird oder Bausoll eines einzigen AN sein soll (z. B. eines Gerüstbauers, DIN 18451), ist eine Frage der »Ausschreibungsstrategie«. Zusätzlich zu der eigentlichen Planung des Bauwerks sollte vom AG auch eine Planung für die Gerüste über alle Leistungsbereiche hinweg erstellt werden, damit sich aus der Durchführung der einzelnen Leistungsbereiche keine »Schnittstellenprobleme« bei den Gerüsten ergeben. Zu den »Vorgaben der VOB/C für das Aufstellen der Leistungsbeschreibung« s. Rdn. 221 ff.

DIN-Normen das Gestellen von Aufenthaltsräumen (und Lagerräumen) eine Besondere Leistung:

- Naturwerksteinarbeiten (DIN 18332, Abschnitt 4.2.2)
- Zimmer- und Holzbauarbeiten (DIN 18334, Abschnitt 4.2.1)
- Abdichtungsarbeiten (DIN 18336, Abschnitt 4.2.1)
- Dachdeckungs- und Dachabdichtungsarbeiten (DIN 18338, Abschnitt 4.2.2)
- Klempnerarbeiten (DIN 18339, Abschnitt 4.2.2)
- Betonerhaltungsarbeiten (DIN 18349, Abschnitt 4.2.4)
- Putz- und Stuckarbeiten (DIN 18350, Abschnitt 4.2.1)
- Fassadenarbeiten (DIN 18351, Abschnitt 4.2.3)
- Fliesen- und Plattenarbeiten (DIN 18352, Abschnitt 4.2.1)

199 Enthalten die DIN-Normen für die anderen Leistungsbereiche überhaupt keine Regelungen zu Aufenthalts- und Lagerräumen, so handelt es sich hierbei um »weitere Besondere Leistungen« im Sinne des jeweiligen Abschnitts 4.2 der einschlägigen DIN.

200 Vor diesem Hintergrund raten wir, pro Leistungsbereich genau zu prüfen, ob z. B. eine Bemusterung erforderlich ist, ob sie durch den **Abschnitt 4.1** der einschlägigen DIN-Norm Nebenleistung oder Besondere Leistung ist und so weiter.

201 Entsprechendes gilt für die **Abrechnung**, dort: für die Vorgaben zur Mengenermittlung – auch hier gibt es relevante Unterschiede.[169]

202 Für Bodenbelagsarbeiten (Linoleum-, Textil- und Korkböden, Abschnitt 1 der DIN 18364) wird nach Abschnitt 5.2.1 bei der Abrechnung nach Flächenmaß nur bis 0,1 m^2 Einzelgröße der Aussparung übermessen. Dagegen werden gemäß Abschnitt 5.2.2 bei der Abrechnung nach Längenmaß bis zu 1 m Einzellängen noch übermessen. Für Maler- und Lackierarbeiten regelt Abschnitt 5.2.2 der DIN 18363 für die Abrechnung nach Längenmaß ebenfalls die Übermessung bis 1 m Einzellänge. Dagegen werden nach Abschnitt 5.2.1 bei Abrechnung nach Flächenmaß nunmehr Öffnungen usw. bis 2,5 m^2 übermessen, für Böden jedoch nur bis 0,5 m^2 Einzelgröße. Bei Verglasungsarbeiten mit Profilbauglas und Leichtplatte aus Kunststoff werden nach Abschnitt 5.1.1 der DIN 18301 Aussparungen aus Sprossen und bewegliche Flügel übermessen. Ähnliche Regelungen gelten für Dachoberlichter und sonstige Glasaussparungen.

203 Die Übermessregeln der einzelnen VOB/C-DIN sind also teilweise sehr unterschiedlich. Wir raten daher dazu, die **Abschnitte 5** der jeweils einschlägigen ATV immer bei der Mengenermittlung zu überprüfen. In jedem Fall ist bei der Abrechnung zu beachten, dass die Übermessregeln für ähnliche Gewerke, die sich beispielsweise auf Beläge und Bekleidungen (z. B. Malerarbeiten, Estricharbeiten) beziehen, unterschiedlich sein können, sich z. B. danach unterscheiden können, ob nach m^2 oder m abgerechnet wird.

---

169 Näher Rdn. 703 (»Vorgaben für die Abrechnung«).

204 Zur **Standardisierung** gibt es LV-Muster, LV-Kataloge, das Standardleistungsbuch und sonstige Standardtexte, die teilweise von Institutionen eigens herausgegeben und auch angewendet werden.[170]

205 Allerdings kommt es insbesondere bei dem Standardleistungsbuch (STLB) zu Problemen, weil es zum Teil bei Einteilung der Leistungsbereiche/Gewerke von der VOB/C abweicht. Beispielsweise enthält dort der Leistungsbereich 039 (»Trockenbauarbeiten, Decken-, Wand-, Fassadenbekleidungen«) des STLB Texte für die Leistungsbereiche der VOB/C »Putzarbeiten« (DIN 18350), »Fassadenarbeiten« (DIN 18351), »Tischlerarbeiten« (DIN 18355) und »Metallbauarbeiten« (DIN 18360), was zur Folge hat, dass in der Ausschreibung nach dem STLB die vorgenannten Leistungsbereiche zusammengefasst werden, obwohl für diese nach der VOB/C unterschiedliche Regelungen für die Abrechnung, für Nebenleistungen und Besondere Leistungen usw. gelten. Zum Beispiel ist gemäß DIN 18351, Abschnitt 4.1.2, das Liefern von Probestücken eine Nebenleistung, jedoch gemäß DIN 18355, Abschnitt 4.2.7 und DIN 18350, Abschnitt 4.2.13 eine Besondere Leistung. Bei einer Zusammenfassung im STLB ist dann fraglich und durch Auslegung zu klären, was denn nun Bausoll bzw. vom Auftragnehmer (vergütungsneutral) geschuldet ist.

IV. Die weitergehenden Fach-DIN-Normen (außerhalb der VOB/C)

1. Allgemeines

206 Neben den Fach-DIN-Normen 18299 bis 18459 der VOB/C gibt es einerseits weitergehende Fach-DIN-Normen, auf die die Bestimmungen der VOB/C – abhängig vom jeweiligen Leistungsbereich – Bezug nehmen und verweisen sowie anderseits sonstige DIN-Normen, die sich direkt oder indirekt mit der Erstellung von Bauleistungen befassen.

207 Es gibt auch Allgemeine Technische Vertragsbedingungen (ATV) für Bauleistungen, die nicht zur VOB/C gehören und von **anderen Institutionen** als dem Deutschen Vergabe- und Vertragsausschuss für Bauleistungen (DAV),[171] eventuell sogar unter ähnlichem Namen wie eine »vergleichbare« VOB/C-ATV, **veröffentlicht** werden. Hierzu gehören beispielsweise die »ATV Abbrucharbeiten«, die vom Deutschen Abbruchverband herausgegeben wird. Das bedeutet, es gibt mehrere DIN-Normen zu ein und derselben Bauleistung, aber nur eine davon ist offiziell »gültig«. Insgesamt existiert eine schier unüberschaubare Vielfalt von Normen und bautechnischen Regelungen, die von verschiedenen Institutionen herausgegeben werden.

208 Im Hinblick auf die Erteilung von allgemeinen bauaufsichtlichen Zulassungen von **Bauprodukten** und **Bauarten** (Bauverfahren) gibt es die sog. **Bauregellis-**

---

170 Ausführlich Langen/Schiffers, Rdn. 1227–1232 m. w. N.
171 Zur Satzung des DAV: www.bmvbw.de.

ten A, B und C, die vom Deutschen Institut für Bautechnik (DIBt) herausgegeben werden. Teil A enthält Bauprodukte, die nationale technische Regel sind sowie Produkte, für die es keine anerkannten Regeln der Technik gibt, und Bauverfahren. Teil B beinhaltet Bauprodukte mit entsprechenden europäischen Nachweisen und Teil C Produkte ohne technische Regeln oder Baubestimmungen, für die keinerlei Verwendbarkeitsnachweis erforderlich ist. Die Erteilung einer allgemeinen bauaufsichtlichen Zulassung muss beim DBIt beantragt werden; erst nach einer Genehmigung darf das Bauprodukt oder -verfahren im Sinne der jeweiligen Landesbauordnung (z. B. BauO NW) angewendet werden.[172]

209 Das **DIN-Institut** ist ein eingetragener Verein (§ 21 BGB) und entwickelt und verabschiedet die DIN-Normen:[173]

– »**DIN**«, wie z. B. die DIN 18299 bis 18459, sind deutsche Normen, die gültig sind und deswegen in die **VOB/C** aufgenommen worden sind.
– Mit »**E DIN**«[174] werden die Normen bezeichnet, von denen bislang nur ein Entwurf vorliegt, der noch Einsprüchen unterliegt und sich daher noch ändern kann.
– »**DIN V**« stellen Vornormen dar, die noch Vorbehalten unterliegen.
– Europäische Normen sind die »**DIN EN**«.
– Internationale Normen werden mit »**DIN EN ISO**« oder
– (auch europäische) mit »**DIN ISO**« gekennzeichnet.
– »**EC**« entspricht den Grundanforderungen an Bauwerke.

210 Weil einige DIN-Normen unterschiedliche Regelungsinhalte haben, empfehlen wir im Zweifel zu vereinbaren, nach **welchen** Normen auszuführen ist bzw. welche Vertragsbestandteil werden sollen. Ein ähnliches Problem besteht dann, wenn sich während der Bauzeit die Normen ändern, neue Normen gültig und die vorherigen überholt werden usw. In der Praxis ist oftmals nicht geregelt, ob die bei Abschluss des Bauvertrags oder die bei der Abnahme gültigen Normen anwendbar sein sollen.

2. »DIN-Normen-Ketten« (Konkrete Beispiele)

211 Für die Aufstellung von **Plänen** (wichtig für den Architekten bzw. Bauherrn und Auftraggeber) gibt es spezielle DIN-Vorschriften: Beispielsweise enthält die DIN 201 Schraffuren und die Darstellung von Stoffen, die DIN 406 regelt die Begriffe für technische Zeichnungen, die DIN 1356 Arten, Inhalte und Grundregeln der Darstellung in Bauzeichnungen oder die DIN 6771 die Schriftfelder. Insoweit gibt es wiederum ergänzende, spezielle Normen, z. B. die DIN 1986 für Entwässerungsanlagen oder die DIN 40900 für Elektroinstal-

---

172 Nachweis durch »Ü-Zeichen«; das »CE-Zeichen« entspricht europäischen Nachweisen.
173 Näher Rdn. 55.
174 Auch »Gelbdrucke« genannt.

lationen usw. Wichtigste Norm für die **Statik** ist die DIN 1055 für die »Lasten auf Bauteile und Bauwerke«, konkretisiert und ergänzt z. B. um die DIN 1072 für »Lastannahmen von Straßen- und Wegbrücken« sowie DIN 1080 »Begriffe, Formelzeichen im Bauingenieurwesen«, welche beispielsweise die Grundbegriffe »Masse«, »Gewicht«, »Kraft« oder »Last« definiert und erläutert.

212 Für den **Betonbau** ist insgesamt die DIN 1045 »Tragwerke aus Beton, Stahlbeton und Spannbeton« die zentrale Norm. Sie enthält in Teil 1 Ausführungen zur Bemessung und Konstruktion von Betonbauteilen. Dort findet man Begriffsdefinitionen, Anleitungen zur Berechnung der Schnittgrößen usw. Der Baustoff Beton, der Bewehrungsstahl und dessen Eigenschaften werden näher erläutert und allgemeine Regeln zur Verlegung der Bewehrung und Konstruktion der Bauteile festgelegt. In Teil 2 der DIN 1045 wird der Werkstoff Beton behandelt (Informationen über die Expositionsklassen, Zement, Zuschlag und die anderen Bestandteile von Beton). Teil 3 hat Hinweise zur Ausführung von Betonbauteilen (Schalung, Bewehrung, Einbau von Spannstahl und das eigentliche Betonieren). In Teil 4 gibt es weitere Regelungen für die Herstellung von Betonfertigteilen. Aber auch zu Beton bzw. der DIN 1045 gibt es wiederum ergänzend Normen, z. B. die DIN EN 206; die DIN EN 1992 Eurocode 2 »Bemessung und Konstruktion von Stahlbeton- und Spannbetontragwerken« gilt alternativ zu den DIN-Normen. Für **Schalungen** gelten die DIN 18215 »Schalungsplatten aus Holz«, DIN 18216 »Schalungsanker für Betonschalung«, DIN 18217 »Betonflächen und Schalungshaut«, DIN 18218 »Frischbetondruck auf lotrechte Schalungen« und die DIN 4235 »Verdichten von Beton durch Rütteln«. Die Prüfung von Frischbeton ist in der DIN EN 12350 geregelt, wodurch die DIN 1048 ersetzt wird. Für den Festbeton macht die DIN EN 12390 Vorgaben, ergänzend finden sich in der DIN 52170 Ausführungen zur Bestimmung der Zusammensetzung von erhärtetem Beton. Für Einbauteile usw. gelten wiederum eigene Normen, z. B. für Fugenbänder.

213 Für das Bauverfahren für **Baugruben und Erdbauwerke** (Tiefbau, z. B. Schlitz- und Bohrpfahlwände) gilt:

214 Die DIN 4124 »Baugruben und Gräben« gilt für geböschte und für verbaute Baugruben und Gräben. Sie gibt an, wie zu bemessen und auszuführen ist. Die DIN 4126 »Ortbetonschlitzwände – Konstruktion und Ausführung« dient dem Standsicherheitsnachweis für vertikale flüssigkeitsgestützte Schlitzwände. Die DIN EN 1538 »Ausführung von besonderen geotechnischen Arbeiten (Spezialtiefbau) – Schlitzwände« beschäftigt sich mit den bautechnischen Unterlagen für die Ausführung von Schlitzwänden, der notwendigen Baugrunderkundung und den benötigten Baustoffen. Sie gibt Erläuterungen zu den Entwurfskriterien, der Ausführung und Überwachung der Ausführung. Die DIN 18313 »Schlitzwandarbeiten mit stützenden Flüssigkeiten« ist übrigens **Bestanteil der VOB/C**. Die DIN EN 1536 »Ausführung von besonderen geotechnischen Arbeiten (Spezialtiefbau) – Bohrpfähle« enthält allgemeine Grundlagen für die Herstellung von Bohrpfählen (Anforderungen an Baugrunduntersuchung und Baustoffe wie etwa Beton oder Stahl, Ausführung, Bemessung, Überwachung etc.). Die DIN EN 1537, »Ausführung von besonderen geotechnischen Arbeiten (Spezialtiefbau) – Verpressanker«, gilt für Einbau, Prüfung und Überwachung von Dauer- und Kurzzeitankern, deren Tragfähigkeit geprüft wird. Die DIN EN 12063 »Ausführung von besonderen geotechnischen Arbeiten (Spezialtiefbau) – Spundwandkonstruktionen« gibt Anforderungen und Hinweise über die Ausführung von Spundwandkonstruktionen einschließlich der Handhabung von Geräten und Materialien. Daneben gibt es weitere Normen zu den jeweiligen Baustoffen und zum Baugrund (als Baustoff).[175] Für Arbeiten im Baugrund existieren sehr viele Normen, wobei die wichtigste Norm die DIN 1054 »Baugrund – Sicherheitsnachweise im Erd- und Grundbau« ist. In der DIN 18300 »Erdarbeiten«, als **Teil der VOB/C**, werden die Bodenklassen nach ihrer mechanischen Lösbarkeit beim Ausschachten unterteilt.

3. Auffinden aller für die jeweilige Bauleistung einschlägigen DIN-Normen

Vor allem bei komplexen Großbauvorhaben mit »Schnittstellenproblemen« aufgrund zahlreicher, an verschiedene Auftragnehmer (Nachunternehmer) beauftragter und ineinandergreifender Einzelgewerke ist die Kenntnis und Beachtung aller einschlägigen DIN-Normen insbesondere im Hinblick auf eine mangelfreie Ausführung[176] von großer Bedeutung. Gleichwohl stellt die Vielfalt der (Fach-)Normen nicht nur für den »bautechnischen Laien«, sondern auch für den Bautechniker und Baujuristen ein großes Problem dar, oftmals sind die Normen oder deren Inhalte selbst dem Fachmann nicht (vollständig) bekannt. Denn mit Ausnahme (z. B.) der VOB/C-DIN-Normen[177] sind in vielen Fällen die einschlägigen Normen weder einheitlich aufgebaut noch nach einem bestimmten Schema aufzufinden, weil beispielsweise keine nummerische Gliederung existiert, was durch die zahlreichen Empfehlungen der Vereine, Verbände usw. noch weiter erschwert wird. Hierdurch bedingt lässt sich ggf. nicht erkennen, ob die Einhaltung bestimmter Normen für die Bauvertragsparteien verbindlich ist oder eben nur unverbindliche Empfehlungen darstellen.

215

Das Auffinden der richtigen, für die Bauleistung und das konkrete Gewerk einschlägigen und gültigen Norm kann über den **Baunormen-Katalog** erfolgen. Einerseits enthält dieser Katalog zwar nur die bibliographischen Angaben. Anderseits enthält er aber auch DIN-Taschenbücher, Standard-Leistungsbücher[178] sowie Rechts- und Verwaltungsvorschriften.[179]

216

---

175 Dazu ausführlich Rdn. 360 ff.
176 Näher Rdn. 545.
177 Gleiche(r) Aufbau und Systematik, dazu Rdn. 144 ff.
178 Dazu oben Rdn. 205.
179 Der Baunormen-Katalog ist als CD-ROM beim Beuth Verlag erschienen. Zur Kommentierung der einzelnen DIN-Normen der VOB/C s. Beck'scher VOB-

Inhalt und Aufbau der VOB/C

217 Daneben existieren **Merkblätter und Richtlinien**, die das Verständnis für die Ausführungen der Normen erleichtern sollen, z. b. des deutschen Ausschusses für Stahlbeton (DAfStb), welche Hinweise für die Bemessung und Ausführung geben (DAfStb-Richtlinien bzgl. Anforderungen an WU-Beton, selbstverdichtenden Beton und Instandsetzung von Beton). Daneben hat der DAfStb eine Reihe von **Heften** herausgegeben (z. B. die Hefte 220, 425, 525 und 526), welche die Betonverarbeitung, Bemessung usw. zu den entsprechenden DIN-Normen behandeln. Oder der Bundesverband der deutschen Zementindustrie, der Merkblätter für Zement, Zuschlag, Betonzusätze, die Verarbeitung und das Nachbehandeln von Beton, die Überwachung, Expositionsklassen, Arbeitsfugen etc. veröffentlicht. Der Deutsche Beton- und Bautechnikverein hat für diese Bereiche sowie zusätzlich für Sichtbeton ebenfalls eigene Merkblätter veröffentlicht.[180]

4. Andere »technische Regelwerke«

218 Neben den VOB/C- und sonstigen Fach-DIN-Normen gibt es viele technische Regelwerke, beispielsweise die VDE-Normen des Verbandes Deutscher Elektrotechniker, das DVGW-Regelwerk des Deutschen Vereins des Gas- und Wasserfachs e. V.,[181] Merkblätter einschlägiger Berufsverbände[182] sowie zahlreiche Produktverarbeitungsrichtlinien bestimmter Hersteller oder deren Verbände (dazu im Einzelnen **Rdn. 545**, »anerkannte Regeln der Technik«).

219 Bei solchen technischen Regelwerken muss immer geprüft werden, ob sie durch die Leistungsbeschreibung oder durch die sonstigen Vertragsbestandteile auch dergestalt Vertragsinhalt geworden sind, dass sich die Ausführung durch den Auftragnehmer primär nach diesen technischen Regelwerken zu richten hat. Ist dies der Fall, hat sich die Ausführung des Auftragnehmers auch nach diesen technischen Regelwerken zu richten, weil ihre Beachtung zur »vereinbarten Beschaffenheit« gehört (§ 633 Abs. 2 Satz 1 BGB bzw. § 13 Abs. 1 VOB/B).[183] Sind derartige technische Regelwerke vertraglich nicht vereinbart, ist zu prüfen, ob es sich um anerkannte Regeln der Technik handelt und damit vom Auftragnehmer zu beachten sind.[184] Für den Umgang mit **Widersprüchen** zwischen solchen technischen Regelwerken und den anerkannten Regeln der Technik (»Geltungsvorrang«) wird auf die Ausführungen zu **Rdn. 557** verwiesen.

Kommentar, VOB/C. Im Übrigen gibt es DIN-Normen kostenlos in den Bibliotheken der Ingenieurwissenschaften.
180 Vergleich auch Lohmeyer/Ebeling/Bergmann, Stahlbetonbau.
181 Dazu Ganthen, in: Beck'scher VOB-Kommentar, VOB/B § 4 Abs. 2, Rdn. 121.
182 Z. B. das Merkblatt des Zentralverbandes des Deutschen Baugewerbes über mechanisch hoch belastbare Bodenbeläge aus keramischen Fliesen und Platten.
183 Ausführlich Rdn. 538.
184 Fn. 183 wie vor.

V. Abbildungen

Aufbau, Inhalt und Systematik der VOB/C

220

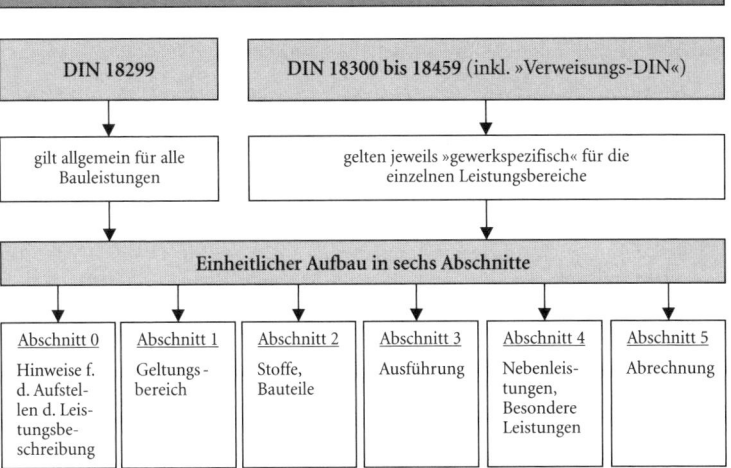

Prüfungsreihenfolge zur Geltung der ATV

1. Liegen überhaupt »Bauarbeiten« vor? Wenn nein: Keine Anwendbarkeit der VOB/C

2. Wenn ja: Unter welchen Leistungsbereich fallen die Bauarbeiten? (vgl. auch Abschnitte 1)

3. Gibt es für das Gewerk spezielle ATV in den DIN 18300 bis 18459? Wenn nein: DIN 18299

4. Wenn ja: Sind in dieser DIN-Norm vorrangige Regelungen zu beachten?

5. Wenn ja: Ist die DIN 18299 ergänzend heranzuziehen?

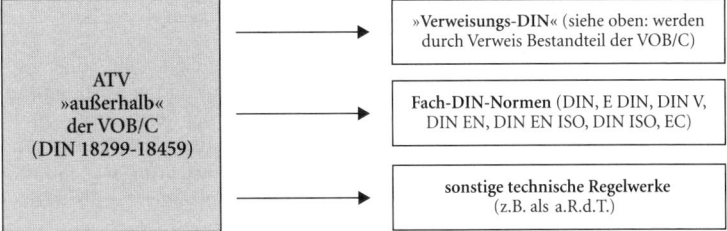

E. Vorgaben der VOB/C für das Aufstellen der Leistungsbeschreibung

I. Allgemeines

221 **Arbeitsbeispiel 2:** Straße im Landschaftsschutzgebiet

Ein öffentlicher Auftraggeber schreibt eine Straßenbaumaßnahme aus und spricht in der Leistungsbeschreibung in keiner Weise an, dass die geplante Straße durch ein Landschaftsschutzgebiet führt. Der beauftragte Unternehmer hat in seiner Kalkulation und in seinem Angebot keine Kosten für Erschwernisse berücksichtigt, die sich aus der Lage der geplanten Straße in einem Landschaftsschutzgebiet ergeben. Nach der Beauftragung stellt sich heraus, dass die auszuführende Straße tatsächlich in einem Landschaftsschutzgebiet liegt, der Auftragnehmer macht die ihm hierdurch entstehenden Mehrkosten als Nachtrag geltend. Der Auftraggeber ist der Meinung, der Nachtrag ist unbegründet, da sich der Bauentwurf nicht geändert hat und er weder eine geänderte noch eine zusätzliche Leistung angeordnet habe. Der Auftraggeber meint, er müsse in der Leistungsbeschreibung keine besonderen Angaben zu Schutzgebieten machen, der Auftragnehmer hätte sich vorher selbst schlau machen können.

222 Lösung:

Nach § 7 Abs. 1 Nr. 7 VOB/A ist der öffentliche Auftraggeber verpflichtet, die Hinweise für das Aufstellen der Leistungsbeschreibung in Abschnitt 0 der Allgemeinen Technischen Vertragsbedingungen für Bauleistungen der DIN 18299 ff. zu beachten. Gemäß Abschnitt 0 1.13 der DIN 18299 sind in der Leistungsbeschreibung nach den Erfordernissen des Einzelfalls Schutzgebiete oder Schutzzeiten im Bereich der Baustelle, z. B. wegen Forderungen des Gewässer-, Boden-, Natur-, Landschafts- oder Immissionsschutzes anzugeben. Da in unserem Beispiel in der Leistungsbeschreibung nichts Besonderes angegeben ist, existiert für das vertraglich geschuldete Bausoll kein Landschaftsschutzgebiet im Bereich der geplanten Straße und damit im Bereich der Baustelle. Der Bieter und Auftragnehmer darf sich darauf verlassen, dass es im Bereich der Baustelle kein Schutzgebiet gibt, wenn die Leistungsbeschreibung hierzu nichts aussagt. Liegt der Sachverhalt in der Realität dann doch vor, so ist er nicht Teil des Bausolls und berechtigt den Auftragnehmer bei Mehrkosten zu Nachtragsforderungen.[185]

223 Der Auftraggeber, der zur Anwendung der VOB/A verpflichtet ist, sollte also im Interesse einer **ordnungsgemäßen Ausschreibung** und zur **Vermeidung unnötiger Nachträge** die Hinweise für das Aufstellen der Leistungsbeschreibung in den Abschnitten 0 der DIN 18299 ff. sorgfältig und genau abarbeiten. Auch für den privaten Auftraggeber empfiehlt sich die Beachtung der Hinweise, um eine **transparente** und **faire** Ausschreibung zu gleichen Wettbewerbs-

---

[185] Beispiel nach Langen/Schiffers, Bauplanung und Bauausführung, 2005, Rdn. 1200.

bedingungen für alle Anbieter zu gewährleisten.[186] Zudem könnten die Hinweise von einem Gericht auch bei einem privaten Auftraggeber als **Auslegungsmittel** herangezogen werden, um die eigentlich vertraglich geschuldete Leistung zu ermitteln. Schließlich wird vertreten, dass sich aus den Hinweisen der Maßstab der nach § 241 Abs. 2 BGB zu nehmenden Rücksicht auf die Rechtsgüter, Rechte und Interessen des Bieters sowohl beim VOB- wie auch beim BGB-Bauvertrag ergibt. Diese **Rücksichtnahmepflicht** führt zu einem Schuldverhältnis durch die Aufnahme von Vergabeverhandlungen bzw. ähnliche geschäftliche Kontakte, die etwa durch eine Ausschreibung privater Auftraggeber entstehen. Dementsprechend wird vertreten, dass auch private Auftraggeber zur erschöpfenden Anwendung des 0-Abschnitts der DIN 18299 ff. verpflichtet sind.[187] Da wir immer den **sichersten Weg** empfehlen, sollte daher jeder Auftraggeber die Hinweise für das Aufstellen der Leistungsbeschreibung in den Abschnitten 0 der DIN 18299 ff. vollständig und peinlich genau abarbeiten. Hierdurch werden unliebsame Überraschungen vermieden, darüber hinaus erhöht sich die Vergleichbarkeit der Angebote, wenn gleiche Wettbewerbsbedingungen geschaffen werden und nicht ein Anbieter durch Zufälligkeiten erhöhte Kenntnisse und Informationen hat.

224 Insbesondere den Absatz: »*Die Hinweise werden nicht Vertragsbestandteil*« werten nach wie vor viele VOB-Verwender als Freibrief für ein Übersehen und Übergehen des Abschnitts 0 der DIN 18299 ff. nach dem Motto, was nicht Vertragsbestandteil ist, interessiert nicht.[188] Tatsächlich können die Hinweise aber schon deshalb nicht Vertragsbestandteil werden, weil sie zum Zeitpunkt des Vertragsabschlusses bereits längst Eingang in die Ausschreibungsunterlagen, insbesondere in die Leistungsbeschreibung gefunden haben müssten. Es handelt sich bei den Hinweisen also um eine Art **Ausschreibungshilfe** oder **Checkliste** für eine ordnungsgemäße Leistungsbeschreibung. Die Hinweise eignen sich umgekehrt für den Auftragnehmer als **Merkposten**, um im Rahmen einer Plausibilitätsprüfung Unklarheiten oder Lücken in seinem Angebot zu erkennen, so dass bestehende Zweifel durch Rücksprache mit dem Auftraggeber vor Vertragsabschluss geklärt werden.

225 Sowohl in der DIN 18299 als auch in den einzelnen Fach-ATV zu den einzelnen Leistungsbereichen (DIN 18300 ff.) ist der Abschnitt 0 immer **systematisch** gleich untergliedert:

0.1 Angaben zur Baustelle

0.2 Angaben zur Ausführung

0.3 Einzelangaben bei Abweichungen von den ATV

---

186 So Langen/Schiffers, Bauplanung und Bauausführung, 2005, Rdn. 1200.
187 So Englert/Grauvogl/Katzenbach, in: Beck'scher VOB-Kommentar, VOB/C, DIN 18299, Rdn. 15.
188 Vgl. auch Englert/Grauvogl/Katzenbach, in: Beck'scher VOB-Kommentar, VOB/C, DIN 18299, Rdn. 15.

0.4 Einzelangaben zu Nebenleistungen und Besonderen Leistungen

0.5 Abrechnungseinheiten

226 Im Einleitungssatz zu jedem Abschnitt 0 von DIN 19299 ff. heißt es, dass in der Leistungsbeschreibung »*nach den Erfordernissen des Einzelfalls insbesondere anzugeben*« sind. Klargestellt wird damit, dass nur das anzugeben ist, was aufgrund der Erforderlichkeit angeben werden muss. Dazu bedarf es stets der Prüfung aller Hinweispunkte, um über die Selektion zur Information zu gelangen. Weiter zeigt das Wort »*insbesondere*«, dass die Hinweise **nicht abschließend** aufgeführt sind, sondern daneben Raum für etwaige weiter notwendige Einzelangaben bleibt.[189] Von daher **Vorsicht**: Die Beachtung des jeweils einschlägigen 0-Abschnitts ist zwar ein wesentlicher Parameter auf dem Weg zur eindeutigen und erschöpfenden und dem Bieter keine ungewöhnlichen Wagnisse aufbürdenden Leistungsbeschreibung und die minutiöse Beachtung der Ausschreibungshinweise aus den 0-Abschnitten bietet erfahrungsgemäß insoweit eine hohe Sicherheit, allerdings gewährleistet oder **garantiert** die Beachtung allein **nicht zwingend** die Einhaltung der Kriterien für eine ordnungsgemäße Ausschreibung.[190]

227 **Beispiel:**

In der **DIN 18306** zu Entwässerungskanalarbeiten findet man in Abschnitt 0.2 nichts zu Anschlüssen und Arbeiten an vorhandenen Leitungen, obwohl solche Angaben im Einzelfall erforderlich sein können. Diese Angaben müssen dementsprechend in einer ordnungsgemäßen Ausschreibung gleichwohl enthalten sein.

228 Sodann folgen in Abschnitt 0.1 jeweils die Angaben zur Baustelle und damit zu den Bauumständen, die sicherlich zu den wichtigsten Planungs- und Kalkulationsfaktoren zählen.

229 **Beispiel:**

Kann eine Baustelle nur mit Schubkarren oder Kleintransportern erreicht werden, weil eine andere Zuwegung nicht gegeben ist, dann verteuert diese örtliche Situation das konkrete Bauvorhaben bis hin zur finanziellen oder auch tatsächlichen Unmöglichkeit.[191]

230 Der Abschnitt 0.1 widmet sich also einer Vielzahl von in der Praxis häufig unbeachtet gebliebenen Gegebenheiten rund um die »*Baustelle*«.

231 In Abschnitt 0.2 folgen dann allgemeine Angaben zur Ausführung, die für die Preisbildung und zeitliche Abschätzung der angefragten Bauleistung maßgeb-

---

189 S. Englert/Grauvogl/Katzenbach, in: Beck'scher VOB-Kommentar, VOB/C, DIN 18299, Rdn. 16.
190 S. Langen/Schiffers, Bauplanung und Bauausführung, 2005, Rdn. 1198.
191 Beispiel nach Englert/Grauvogl/Katzenbach, in: Beck'scher VOB-Kommentar, VOB/C, DIN 18299, Rdn. 17.

lich sind. Der Abschnitt 0.3 enthält Vorschläge für den Fall, dass der Ausschreibende von den ansonsten maßgebenden Regelungen der VOB/C abweichen will. Der Abschnitt 0.4 behandelt das Thema, dass in der Leistungsbeschreibung spezielle Abweichungen von den Regelungen in den Abschnitten 4 der DIN 18299 ff. vorgesehen sind. Schließlich regelt der Abschnitt 0.5 die Abrechnungseinheiten.

II. Angaben zur Baustelle

Die Angaben zur Baustelle, wie die Überschrift zu Abschnitt 0.1 sie bezeichnet, umfassen nicht alleine den Bereich der »Baustelle« im technischen Sinne, sondern darüber hinaus den gesamten Baubereich. Damit sind letztlich alle Gegebenheiten gemeint, die in irgendeiner Weise durch die geplante Baumaßnahme tangiert werden oder durch die Einfluss auf die Art und Weise der Bauleistungserbringung genommen werden kann.[192] **232**

Die **Baustelle**, zu der Abschnitt 0.1 besondere Angaben verlangt, bezeichnet die in der Flächenausdehnung unabhängig von den rechtlichen Grenzen des Baugrundstücks tatsächlich für die Bauarbeiten einschließlich der vor Ort benötigten Flächen inklusive der Lager-, Baubüro-, Besprechungs-, Labor-, Wasch- und Toilettenräume. Ebenso zählen dazu die Baustraßen, einschließlich der Zuwegung von öffentlichen Straßen und Plätzen aus sowie die Park- und Abstellflächen in unmittelbarer Nähe der Baustelleneinrichtung.[193] Unter Baustelle versteht man aber auch die Räumlichkeiten, in denen und für deren Um- oder Neugestaltung die Bauarbeiten ausgeführt werden, z. B. bei der Altbausanierung die betreffenden Geschosse oder bei der Renovierung von Räumen die von den Bauarbeiten tangierten Bereiche. Baustelle ist auch der gesamte Bereich, der zur gefahrlosen Durchführung von Abbruch- und Rückbauarbeiten gemäß ATV-DIN 18459 notwendig ist, einschließlich der Fallbereiche geschnittener, gesägter oder gesprengter Altbauteile.[194] **233**

In **Abschnitt 0.1.15** der DIN 18299 wird dagegen von dem **Baugelände** gesprochen, ebenso im Übrigen auch in Abschnitt 3.1 der DIN 18299. Dieser Begriff erfasst zum einen den Teil der Baustelle, der durch die Herstellung des Bauwerks auf Dauer in Anspruch genommen bzw. bei Abbruch- und Rückbauarbeiten von Bauwerksteilen befreit wird. Zum anderen wird damit auch der im unmittelbaren Zusammenhang mit der Bauwerkserrichtung stehende, nur temporär bearbeitete und benutzte Bereich rund herum bezeich- **234**

---

192 Vgl. Englert/Grauvogl/Katzenbach, in: Beck'scher VOB-Kommentar, VOB/C, DIN 18299, Rdn. 22.
193 Vgl. Englert/Grauvogl/Katzenbach, in: Beck'scher VOB-Kommentar, VOB/C, DIN 18299, Rdn. 20.
194 S. Englert/Grauvogl/Katzenbach, in: Beck'scher VOB-Kommentar, VOB/C, DIN 18299, Rdn. 20.

net, so etwa bei der Herstellung einer Baugrube der erforderliche Arbeitsraum oder der Baugrubensicherungsbereich. Auch der nur vorübergehende oder dauerhaft angelegte Böschungsbereich bzw. die Anschüttung zählen zum Baugelände. Im Baugelände befindet sich dann die Baugrube bzw. der Leitungsgraben mit Arbeitsraum etc.[195] Im Verhältnis zur Baustelle ist das Baugelände damit die nächst kleinere Einheit.

235 Das **Baugrundstück**, dies zur Vollständigkeit, ist der Teil der Erdoberfläche mit den darunterliegenden Schichten, der im Zeitpunkt der Auftragserteilung innerhalb von im jeweils zuständigen Liegenschaftskataster eingetragenen oder aus diesem nachvollziehbaren rechtlichen Grenzen liegt, im Grundbuch einer natürlichen oder juristischen Person zugeschrieben wurde und ganz oder teilweise zur Errichtung eines Bauwerks dient. Der Begriff des Baugrundstücks ist für die **Sicherung von Werklohnansprüchen** nach § 648 BGB von praktischem Interesse.[196]

236 Insgesamt enthält die **DIN 18299** für Bauarbeiten jeder Art **22 Hinweise** die beim Aufstellen der Leistungsbeschreibung im Zusammenhang mit der Baustelle zu beachten sind:

»0.1.1 Lage der Baustelle, Umgebungsbedingungen, Zufahrtsmöglichkeiten und Beschaffenheit der Zufahrt sowie etwaige Einschränkungen bei ihrer Benutzung.

0.1.2 Besondere Belastungen aus Immissionen, besonders klimatische oder betriebliche Bedingungen.

0.1.3 Art und Lage der baulichen Anlagen, z. B. auch Anzahl und Höhe der Geschosse.

0.1.4 Verkehrsverhältnisse auf der Baustelle, insbesondere Verkehrsbeschränkungen.

0.1.5 Für den Verkehr freizuhaltende Flächen.

0.1.6 Art, Lage, Maße und Nutzbarkeit von Transporteinrichtungen und Transportwegen, z. B. Montageöffnungen.

0.1.7 Lage, Art, Anschlusswert und Bedingungen für das Überlassen von Anschlüssen für Wasser, Energie und Abwasser.

0.1.8 Lage und Ausmaß der dem Auftragnehmer für die Ausführung seiner Leistungen zur Benutzung oder Mitbenutzung überlassenen Flächen, Räume.

0.1.9 Bodenverhältnisse, Baugrund und seine Tragfähigkeit. Ergebnisse von Bodenuntersuchungen.

---

195 S. Englert/Grauvogl/Katzenbach, in: Beck'scher VOB-Kommentar, VOB/C, DIN 18299, Rdn. 21.
196 Vgl. Englert/Grauvogl/Katzenbach, in: Beck'scher VOB-Kommentar, VOB/C, DIN 18299, Rdn. 19.

0.1.10 Hydrologische Werte von Grundwasser und Gewässern. Art, Lage, Abfluss, Abflussvermögen und Hochwasserverhältnisse von Vorflutern. Ergebnisse von Wasseranalysen.

0.1.11 Besondere umweltrechtliche Vorschriften.

0.1.12 Besondere Vorgaben für die Entsorgung, z. B. Beschränkungen für die Beseitigung von Abwasser und Abfall.

0.1.13 Schutzgebiete oder Schutzzeiten im Bereich der Baustelle, z. B. wegen Forderungen des Gewässer-, Boden-, Natur-, Landschafts- oder Immissionsschutzes; vorliegende Fachgutachten oder dergleichen.

0.1.14 Art und Umfang des Schutzes von Bäumen, Pflanzenbeständen, Vegetationsflächen, Verkehrsflächen, Bauteilen, Bauwerken, Grenzsteinen und dergleichen im Bereich der Baustelle.

0.1.15 Im Baugelände vorhandene Anlagen, insbesondere Abwasser- und Versorgungsleitungen.

0.1.16 Bekannte oder vermutete Hindernisse im Bereich der Baustelle, z. B. Leitungen, Kabel, Dräne, Kanäle, Bauwerksreste und, soweit bekannt, deren Eigentümer.

0.1.17 Vermutete Kampfmittel im Bereich der Baustelle, Ergebnisse von Erkundungs- oder Beräumungsmaßnahmen.

0.1.18 Gegebenenfalls gemäß der Baustellenverordnung getroffene Maßnahmen.

0.1.19 Besondere Anordnungen, Vorschriften und Maßnahmen der Eigentümer (oder der anderen Weisungsberechtigten) von Leitungen, Kabeln, Dränen, Kanälen, Straßen, Wegen, Gewässern, Gleisen, Zäunen und dergleichen im Bereich der Baustelle.

0.1.20 Art und Umfang von Schadstoffbelastungen, z. B. des Bodens, der Gewässer, der Luft, der Stoffe und Bauteile; vorliegende Fachgutachten oder dergleichen.

0.1.21 Art und Zeit der vom Auftraggeber veranlassten Vorarbeiten.

0.1.22 Arbeiten anderer Unternehmer auf der Baustelle.«

237 Die Überprüfung der Notwendigkeit von Angaben zur Baustelle beginnt in der DIN 18299, **Abschnitt 0.1.1** konsequenterweise mit Überlegungen zur **Lage** der Baustelle, den **Umgebungsbedingungen** sowie den **Zufahrtsmöglichkeiten**, einschließlich der Beschaffenheit der Zufahrt und etwaigen Einschränkungen ihrer Benutzung.

238 Bei der **Lage** der Baustelle kann je nach Art und Umfang der Bauleistung von Bedeutung sein, ob die Bauarbeiten in einer Region mit frühem und langem **Winter**, besonderen Wind-, Luftdruck- und **Witterungsbedingungen**, in einem **Stadtgebiet** oder »auf der grünen Wiese« zu erbringen sind, oder ob eine flache, hügelige, bewaldete oder sogar sumpfige Landschaft vorhanden ist. Bei der Prüfung der erforderlichen Angaben in der Leistungsbeschreibung zur Lage der Baustelle sind auch bereits die in Abschnitt 0.1.13 angesprochenen **Schutzgebiete** und **Schutzzeiten** ausreichend zu berücksichtigen. Ebenso von Bedeutung ist, ob die Baustelle mitten in einem Kurort oder in sturmgefährdeter Küstennähe oder einem hochwassergefährdeten Gebiet liegt.[197]

239 Die **Umgebungsbedingungen** werden trotz Abschnitt 0.1.1 der DIN 18299 in der Leistungsbeschreibung in der Praxis allzu oft nicht ausreichend gewürdigt und häufig außer Acht gelassen. Liegen Kindergärten, Schulen, Krankenhäuser, Pflege- oder Altenheime im Baubereich, können hochsensible Gerätschaften in benachbarten Gebäuden durch Lärm, Erschütterungen oder Staub in ihrer Funktion gestört werden oder liegen Fremdenverkehrseinrichtungen, Theater oder Hotels im Einflussbereich der Bauarbeiten, hat dies unmittelbaren und maßgeblichen Einfluss auf die Art und Weise der Leistungserbringung und die vom Auftragnehmer zu kalkulierenden Kosten. Fast jede Bauleistung hat in irgendeiner Form **Berührungspunkte** zu und **Auswirkungen** auf Nachbarn und sogar Drittnachbarn. Deren Rechte auf Abwehr von Störungen sind stets hinreichend durch die Art und Weise der Bauausführung im Hinblick auf Lärm, Staub und Erschütterungen zu berücksichtigen.[198]

240 Arbeitsbeispiel 3: Beschränkte Brücke

Ein öffentlicher Auftraggeber schreibt eine Neubaumaßnahme in einem Hafengebiet aus. In der Leistungsbeschreibung macht der Auftraggeber genaue Angaben zur Lage der Baustelle hinsichtlich Örtlichkeit, Topographie und Nachbarbebauung sowie den zu beachtenden Lärm- und Staubschutzmaßnahmen. Der Auftraggeber gibt in der Leistungsbeschreibung vor, dass mit erschütterungsarmen Geräten zu arbeiten ist. Die verkehrliche Erreichbarkeit der Baustelle und die Zufahrtsmöglichkeit ausschließlich über eine alte Hafenbrücke wird ebenfalls angegeben. Nach Vertragsabschluss rückt der Auftragnehmer mit seiner Baustelleneinrichtung und den erforderlichen Großgeräten an. Hierzu verwendet er einen 20-Tonnen-Sattelschlepper. Als der Auftragnehmer die alte Hafenbrücke erreicht, muss er feststellen, dass diese auf 10-Tonnen beschränkt ist. Da der Auftragnehmer nun für die durchzuführenden Bauleistungen andere Geräte und Fahrzeuge einsetzen muss, macht er die ihm hierdurch entstehenden Mehrkosten als Nachtrag geltend. Der Auftraggeber ist der Ansicht, er habe alles richtig gemacht, die Existenz der Hafenbrücke sei aus der Leistungsbeschreibung ersichtliche gewesen und der Auftragnehmer habe keinen Anspruch darauf, die Baustelle mit Schwerlastverkehr zu erreichen.

---

197 Vgl. Englert/Grauvogl/Katzenbach, in: Beck'scher VOB-Kommentar, VOB/C, DIN 18299, Rdn. 23.

198 Vgl. Englert/Grauvogl/Katzenbach, in: Beck'scher VOB-Kommentar, VOB/C, DIN 18299, Rdn. 23; zu Schadensersatz- und Ausgleichsansprüchen bei Lärm- und Staubemissionen durch eine Baustelle hinsichtlich von Hotels, Gaststätten und Friseurläden: OLG Karlsruhe, IBR 2001, S. 195; LG Konstanz, NJW-RR 1991, 916.

Lösung: 241

Der Auftragnehmer hat Recht. Soweit und solange in der Leistungsbeschreibung keine besonderen Angaben zur Zufahrt und deren Beschaffenheit einschließlich Einschränkungen bei der Benutzung enthalten sind, darf der Auftragnehmer bei seiner Kalkulation und seinem Angebot von normalen Zufahrtsmöglichkeiten ausgehen. »Normal« ist dabei das, was üblicherweise im Rahmen der Ausführung von Bauarbeiten an Maschinen- und Geräteeinsatz zu erwarten ist. Dazu zählen in der Regel bei umfangreichen Hochbaumaßnahmen Kräne, Bagger, Lader, Bohrgeräte, Betonsilofahrzeuge, Schwerlastwägen oder Brechereinrichtungen bei Abbruch- und Rückbauarbeiten. Das fehlen einer Angabe in der Leistungsbeschreibung zur Einschränkung der Nutzbarkeit der Hafenbrücke führt damit zu einem berechtigten Nachtrag des Auftragnehmers, der Auftraggeber muss die entstehenden Mehrkosten tragen.

Das kleine Arbeitsbeispiel zeigt auf, von welch **besonderer Wichtigkeit** ausreichende, richtige und vollständige Angaben in der Leistungsbeschreibung zu den Zufahrtsmöglichkeiten, der Beschaffenheit der Zufahrt sowie etwaige Einschränkungen bei der Benutzbarkeit sind. Hier liegt häufig ein großes Streit- und Nachtragspotenzial, weil der Bauunternehmer mangels Einzelfall-Angaben von einer ausreichenden Zu- und Abfahrtsmöglichkeit der für das konkrete Bauvorhaben erforderlichen Baufahrzeuge, Baumaschinen und Geräte ausgegangen war und davon grundsätzlich auch ausgehen konnte.[199] Von Bedeutung sind unter anderem Angaben zu Einschränkungen bei der Belastung und Tragfähigkeit der Zufahrtsmöglichkeit, der Breite der Zufahrt, Sperrungen oder Sperrzeiten, Steigungen, zur Beschaffenheit des Straßenbelags, Tonnage-Begrenzungen, Durchfahrtshöhen von Brücken und Unterführungen, in den Lichtraum der Zufahrten reinragende Bäume, Strom- oder sonstige Leitungen, Straßenbaustellen, im Baubereich zu überfahrende Bauteile bis hin zu den Kurvenradien, wenn diese etwa den Einsatz eines Fahrzeuges mit Überlänge verhindern, das zum Antransport von Bewehrungskörben und Stahlstützen oder Betonfertigteilen üblicherweise eingesetzt werden muss. Besondere Aufmerksamkeit hinsichtlich der Befahrbarkeit der Baustelle ist bei **Linienbaustellen** angezeigt, da hier die Zufahrtsmöglichkeit für den gesamten Baubereich zu berücksichtigen ist. Soweit hierzu die Errichtung einer Baustraße erforderlich ist, muss diese Leistung vom Auftraggeber in einer gesonderten Position in der Leistungsbeschreibung ausgeschrieben oder vom Auftraggeber selber hergestellt werden.[200] 242

Bei **Deponiebaustellen** muss in der Leistungsbeschreibung darauf hingewiesen oder in einer gesonderten Position eine Tragschicht ausgeschrieben wer- 243

---

199 Vgl. Englert/Grauvogl/Katzenbach, in: Beck'scher VOB-Kommentar, VOB/C, DIN 18299, Rdn. 24.
200 S. auch Englert/Grauvogl/Katzenbach, in: Beck'scher VOB-Kommentar, VOB/C, DIN 18299, Rdn. 25.

den, wenn der Müllkörper so schlecht verdichtet ist, dass für die Bauleistung erforderliche schwere Dumper, Gräter oder Walzen einsinken.

244 Das Erfordernis einer **Reifenwaschanlage** muss in der Leistungsbeschreibung ebenfalls angegeben werden.

245 Ergänzt werden die erforderlichen Angaben zur **Verkehrssituation** im Zusammenhang mit der Baustelle durch die nach **Abschnitt 0.1.4** und **0.1.5** erforderlichen Angaben zu den Verkehrsverhältnissen **auf** der Baustelle. Verkehrsbeschränkungen auf der Baustelle führen bei **Großbauvorhaben** und **Linienbaustellen** häufig zu Problemen.

246 **Beispiele:**
- Eine Baustraße ist nur einspurig angelegt.
- Die Baustraße ist nur im Rund-um-Verkehr nutzbar.
- Es werden innerhalb der Baustelle Umwege zum Schutz sensibler Arbeitsbereiche erforderlich.
- Es gibt Verkehrsbeschränkungen, Tonnagebegrenzungen oder Zeitfenster, zu denen eine Baustraße nicht genutzt werden darf.[201]

247 Nach **Abschnitt 0.1.5** sind die für den Verkehr **freizuhaltenden Flächen** anzugeben, die für Fahrzeuge und selbstfahrende Maschinen und Geräte von jeglicher dauerhaften Nutzung während der Bauausführung frei bleiben müssen. Hierunter fallen aber generell alle Flächen, die aus feuerpolizeilichen, unfallverhütungsbedingten oder baulogistischen Gründen vom Auftragnehmer weder durch Bauverkehr, noch Teile der Baustelleneinrichtung oder mit Material in Anspruch genommen werden dürfen.[202]

248 Auftraggeber versuchen häufig, das Risiko fehlender, unvollständiger oder nicht ausreichender Angaben zur Baustelle durch entsprechende »***Besichtigungsklauseln***« auf den Auftragnehmer abzuwälzen, wonach der Auftragnehmer vor Angebotsabgabe oder Vertragsschluss verpflichtet ist, sich durch Besichtigung der Baustelle einen vollständigen Ein- und Überblick zu verschaffen und bestätigen zu müssen, alles einkalkuliert zu haben, was durch eine Besichtigung vor Ort erkennbar ist und Nachträge insoweit ausdrücklich ausgeschlossen sind.

249 Die Angaben nach **Abschnitt 0.1.2** sollen die für den **Arbeitsschutz** relevanten Vorgaben sicherstellen. Hierzu zählen Angaben zu gegebenenfalls notwendigen **Schutzausrüstungen**, beschränkte Arbeitszeiten, Gehör- oder Wärmeschutz etc. Anzugeben sind daher insbesondere vorhandene **Umweltbelastungen** aus Luftverunreinigung, Lärm, Feinstaub oder Erschütterungen. Besondere

---

201 S. Englert/Grauvogl/Katzenbach, in: Beck'scher VOB-Kommentar, VOB/C, DIN 18299, Rdn. 30.
202 S. Englert/Grauvogl/Katzenbach, in: Beck'scher VOB-Kommentar, VOB/C, DIN 18299, Rdn. 31.

betriebliche Bedingungen, wie etwa das Arbeiten in Kühlräumen einer Lebensmittelfabrik, sind ebenfalls anzugeben, um dem Anbieter eine zuverlässige Kalkulationsgrundlage zu vermitteln.

Nach **Abschnitt 0.1.3** sind Art und Lage von **baulichen Anlagen** in der Leistungsbeschreibung anzugeben. Darunter versteht nicht nur die im Baubereich bereits vorhandenen (Nachbar-)Bauwerke aller Art, sondern auch das zu errichtende Bauwerk bzw. die bauliche Anlage, in oder an der (Aus-)Bauarbeiten zu erbringen sind. Bauliche Anlagen sind dabei nicht nur Gebäude, sondern sämtliche mit dem Erdboden verbundene, aus Baustoffen und Bauteilen hergestellte Anlagen. Hierzu zählen Tunnel, Kanäle, U-Bahnhöfe oder U-Bahnröhren, Straßen etc.[203] Die **Art** der baulichen Anlage kann häufig über die **Bezeichnung** klargestellt werden (z. B. Krankenhaus, Kino, Gaststätte, Mehrfamilienhaus etc.). Bei der Beschreibung der »*Lage*« ist die **Entfernungssituation** vorhandener baulicher Anlagen ebenso zu berücksichtigen, wie deren **Tiefenlage**. 250

Beispiele: 251

– Mehrstöckiges Wohn- und Geschäftshaus 5 m von der Baugrubenumschließung
– Kabelschächte in 4 m Tiefe im östlichen Baugrubenbereich

Wenn in Abschnitt 0.1.3 beispielhaft Angaben zur **Anzahl** und **Höhe der Geschosse** vorhandener baulicher Anlagen und des zu erstellenden bzw. zu bearbeitenden Bauwerks verlangt werden, hat dies kalkulatorische Bedeutung für den zu planenden **Kraneinsatz** hinsichtlich des Überschwenkbereiches und der Höhe. Auch ist von Bedeutung, ob die Bauleistung im 4. Obergeschoss eines Mehrfamilienhauses oder in der 20. Etage eines Büroturms erbracht werden muss. 252

Von besonderer Wichtigkeit sind die nach **Abschnitt 0.1.6** verlangten Angaben zu Art, Lage, Maße und Nutzbarkeit von **Transporteinrichtungen** und **Transportwegen**. Denn für den Auftragnehmer ist von wesentlicher kalkulatorischer, zeitlicher und finanzieller Bedeutung, wie er die Örtlichkeiten auf der Baustelle erreichen kann, an denen er seine Bauleistung erbringen muss. 253

Beispiele: 254

– Sind Aufzüge vorhanden, welche Größe und Tragfähigkeit haben diese?
– Muss eine außerhalb des Gebäudes liegende Förderanlage erstellt werden?
– Kann mit den Aufzügen die Ebene erreicht werden, auf der die Bauarbeiten auszuführen sind?
– Wie breit sind die Treppen und welche Tragfähigkeit haben sie?
– Müssen Aufzüge oder Treppen besonders geschützt werden?

---

203 Vgl. Englert/Grauvogl/Katzenbach, in: Beck'scher VOB-Kommentar, VOB/C, DIN 18299, Rdn. 27.

Vorgaben der VOB/C für das Aufstellen der Leistungsbeschreibung

– Wie groß sind Transportöffnungen am Gebäude, um Material von außen in das Gebäude verbringen zu können?

255 Nach § 4 Abs. 4 Unterziffer 3 VOB/B hat der Auftraggeber dem Auftragnehmer unentgeltlich auf der Baustelle **vorhandene** Anschlüsse für Wasser und Energie zur Benutzung oder Mitbenutzung zu überlassen. Auch wenn § 4 Abs. 4 VOB/B nicht ausdrücklich hiervon spricht, wird angenommen, dass zu den Wasseranschlüssen als notwendiges Pendant auch die **Kanalisation**, soweit vorhanden, unentgeltlich zur Verfügung zu stellen ist.[204] Ergänzt wird diese Vorschrift durch **Abschnitt 0.1.7** der DIN 18299, wonach der Auftraggeber in der Leistungsbeschreibung zunächst einmal anzugeben hat, ob überhaupt Wasser- und Energieanschlüsse im Bereich der Baustelle verfügbar sind und wenn ja, wo sich vor Ort für diese Anschlüsse befinden. Enthält eine Ausschreibung zu Wasser, Energie und Abwasser **keine** Angaben, darf der Anbieter einer Bauleistung davon ausgehen, dass die Baustelle **ausreichend erschlossen** ist. Wird hingegen in der Leistungsbeschreibung deutlich gemacht, dass es keine vorhandenen Anschlüsse für Wasser und Energie gibt, dann besteht keine Verpflichtung des Auftraggebers, diese erst herzustellen.[205] Dann muss der Auftragnehmer sich selber informieren und erforderliche Installationskosten als Nebenleistung einkalkulieren.

256 Ein weiterer Bezug zu § 4 Abs. 4 VOB/B wird durch **Abschnitt 0.1.8** hergestellt. Der Auftraggeber ist nach der VOB/B ebenfalls verpflichtet, dem Auftragnehmer unentgeltlich die notwendigen **Lager- und Arbeitsplätze** auf der Baustelle zur Benutzung oder Mitbenutzung zu überlassen. Der Bieter und spätere Auftragnehmer muss zur Planung seiner **Baustelleneinrichtung** und seines **Bauablaufes** Kenntnisse über Lage und Ausmaß dieser Flächen und Räume haben. Häufig enthalten die Ausschreibungsunterlagen hierzu einen **Lageplan**, aus dem sich Lage und Ausmaß der Flächen entnehmen lassen. Bei den Angaben zu Räumen, die der Auftragnehmer (mit-)benutzen darf, z. B. Toiletten-, Wasch-, Besprechungs- oder Aufenthaltsräume, ist ein Hinweis des Auftraggebers erforderlich, ob diese Räumlichkeiten den **arbeitsschutzrechtlichen** und **berufsgenossenschaftlichen** Anforderungen, etwa nach Anzahl, Geschlechtertrennung und Ausstattung entsprechen, damit der Bieter und spätere Auftragnehmer seine Verpflichtungen aus § 4 Abs. 2 Nr. 2 VOB/B gegenüber seinen Arbeitnehmern erfüllen kann. Bei Nassbaggerarbeiten gemäß DIN 18311 sind vom Auftraggeber Lage und Ausmaß der vom Auftragnehmer für die Ausführung seiner Leistung zur Benutzung oder Mitbenutzung überlassenen Kaianlagen, Umschlageinrichtungen, Liege- und Ankerplätze anzugeben (Abschnitt 0.1.1).

---

204 So ausdrücklich Englert/Grauvogl/Katzenbach, in: Beck'scher VOB-Kommentar, VOB/C, DIN 18299, Rdn. 32.
205 S. Merkens, in: Kapellmann/Messerschmidt, VOB/B, § 4 Rdn. 112.

Angaben zur Baustelle

257 Die **Abschnitte 0.1.9, 0.1.10** und **0.1.20** befassen sich mit den **Bodenverhältnissen**, dem **Baugrund** und dessen Tragfähigkeit sowie dem **Grundwasser** und Gewässern, einschließlich derer etwaigen Schadstoffbelastung. Danach ist der vom Auftraggeber zur Verfügung zu stellende »*Baustoff Baugrund*« so genau wie möglich zu beschreiben, auch wenn nach der **DIN 4020**, Abschnitt 4.2 jede Beschreibung nur Stichprobencharakter mit Wahrscheinlichkeitsaussagen haben kann, so dass immer ein Baugrundrisiko verbleibt.[206] Art und Umfang der hierzu erforderlichen geotechnischen, hydrogeologischen und hydrologischen Untersuchungen im Baufeld und im Labor sind in einer Vielzahl von Normen kodifiziert, grundlegende Bedeutung hat insoweit die DIN 4020 »*Geotechnische Untersuchungen für bautechnische Zwecke*«. In ihr werden die Anforderungen an die Planung, Ausführung und Auswertung von geotechnischen Untersuchungen definiert.[207] Im Zusammenhang mit der immer notwendigen ordnungsgemäßen und umfassenden Baugrunderkundung ist auch die **strafrechtliche Bestimmung** des § 319 StGB von Bedeutung, wonach – auch bereits bei Fahrlässigkeit – bestraft wird, wer die anerkannten Regeln der Technik im Zusammenhang mit der Planung, Leitung oder Ausführung eines Bauwerks nicht beachtet und dadurch bereits eine bloße Gefährdung eintreten kann. Dies kann ohne hinreichende Überprüfung der Tragfähigkeit des Baugrundes schnell Realität werden.[208] Macht der Auftraggeber in der Leistungsbeschreibung keine Angaben zu den Baugrund- und Wasserverhältnissen, kann der Anbieter von »*normalen*« Verhältnissen ausgehen, etwa leicht bis mittelschwer lösbaren Bodenarten (z. B. Sand, Kies, Schluff, Ton, Bodenarten von leichter bis mittlerer Plastizität, die nicht flüssiger bis breiiger Konsistenz sind) und einem Grundwasserstand unterhalb der Baugrubensohle.

258 Ergänzend befassen sich die **Abschnitte 0.1.15, 0.1.16** und **0.1.17** mit dem sonstigen »*Inhalt*« des Baugrunds. Nach Abschnitt 0.1.15 sind im Baugelände vorhandene Anlagen anzugeben. Der Begriff der »*Anlage*« in Abschnitt 0.1.15 ist dabei im Ergebnis **völlig offen** und geht deutlich über den Begriff der »*baulichen Anlage*« hinaus. Die in Abschnitt 0.1.15 angeführten Abwasser- und Versorgungsleitungen sind nur beispielhaft. Unter »*Anlagen*« fallen nicht nur bauliche, sondern auch gerätetechnische Anlagen wie Förderbänder, Kühltürme und Maschinen.[209] Abschnitt 0.1.16 befasst sich mit bekannten oder vermuteten »*Hindernissen*« im Bereich der Baustelle. Von einer »*Vermutung*« kann dabei immer dann gesprochen werden, wenn ein Fachmann bei objektiver Sicht der ihm mit gebotener Sorgfalt zugänglich gewordenen Erkenntnisquellen zu

---

206 S. Englert/Grauvogl/Katzenbach, in: Beck'scher VOB-Kommentar, VOB/C, DIN 18299, Rdn. 34.
207 Vgl. Englert/Grauvogl/Katzenbach, in: Beck'scher VOB-Kommentar, VOB/C, DIN 18299, Rdn. 35.
208 Vgl. Englert/Grauvogl/Katzenbach, in: Beck'scher VOB-Kommentar, VOB/C, DIN 18299, Rdn. 39.
209 Vgl. Englert/Grauvogl/Katzenbach, in: Beck'scher VOB-Kommentar, VOB/C, DIN 18299, Rdn. 40.

der Auffassung gelangen würde, dass eine gewisse Wahrscheinlichkeit des Vorhandenseins bestimmter, zu berücksichtigender Umstände gegeben ist.[210] Es hilft dem Auftraggeber also nicht, wenn er sich bewusst »*dumm*« hält. Er hat vielmehr nach den genannten Abschnitten als »Muss« alles anzugeben, was an Beeinträchtigungen im Bereich des Bauvorhabens bekannt oder objektiv zu vermuten ist oder bei den Bauarbeiten zu Schäden führen kann. Der Auftraggeber muss im Vorfeld auch etwaige Eigentümer von Anlagen oder Hindernissen ausfindig machen. Eigentümer von Ver- und Entsorgungsleitungen haben häufig eigene Schutzbestimmungen, die dann bei den Bauarbeiten zu berücksichtigen sind, da ihnen in der Rechtsprechung zum Teil »***Schutzgesetzcharakter***« im Sinne des § 823 Abs. 2 BGB zuerkannt wird.[211] Im Zusammenhang mit Abschnitt 0.1.17 sollte der Auftraggeber stets die Erstellung einer »***Bescheinigung über die Kampfmittelfreiheit***« bei der landesrechtlich zuständigen Stelle beantragen, die bei der Baugenehmigungsbehörde nachgefragt werden kann.

259 Die **Abschnitte 0.1.11** bis **0.1.14** (auch Abschnitt 0.1.20) befassen sich insgesamt mit Anliegen des **Umweltschutzes**. Für die Ausschreibungspraxis von Bedeutung ist, dass im Rahmen des Umweltschutzes der sog. mediale Umweltschutz (Boden, Wasser, Luft), der kausale Umweltschutz (gefährliche Stoffe, sonstige Gefährdungen), der vitale Umweltschutz (Tiere und Pflanzen) und der integrierte Umweltschutz (Raum- und Bauleitplanung) zu berücksichtigen sind.[212]

260 Nach **Abschnitt 0.1.18** sind in der Leistungsbeschreibung getroffene Maßnahmen entsprechend den Vorgaben der **Baustellenverordnung**, die die Arbeitssicherheit auf der Baustelle verbessern soll, anzugeben. Hierzu gehören Angaben, ob bereits ein sog. Koordinator bestellt worden ist oder ein Sicherheits- und Gesundheitsschutzplan vorliegt.

261 Die **Abschnitte 0.1.21** und **0.1.22** befassen sich schließlich mit **Leistungen Dritter** auf der Baustelle. Der Bieter und spätere Auftragnehmer muss für seine Bauablaufplanung wissen, welche Vorarbeiten in welchen Zeiträumen vom Auftraggeber veranlasst werden, ob parallel oder zeitversetzt gearbeitet werden muss bzw. mit Unterbrechungen zu rechnen ist. Dabei beschränkt sich die Angabepflicht auf die Vorarbeiten bzw. Arbeiten anderer Unternehmer, eine Verpflichtung zu deren namentlicher Benennung besteht dagegen nach den vorgenannten Abschnitten nicht. Eine Reihe von Urteilen belegt, wie ernst der Auftraggeber die besondere Pflicht zur Angabe der Vorarbeiten und dem Einsatz anderer Unternehmer nehmen sollte.[213]

---

210 Vgl. Englert/Grauvogl/Katzenbach, in: Beck'scher VOB-Kommentar, VOB/C, DIN 18299, Rdn. 41.
211 S. OLG Düsseldorf, BauR 1998, S. 808 ff.
212 Vgl. Englert/Grauvogl/Katzenbach, in: Beck'scher VOB-Kommentar, VOB/C, DIN 18299, Rdn. 46.
213 S. BGH, IBR 2000, S. 217; OLG Köln, IBR 1995, S. 155.

262 Die nachfolgenden ATV-DIN-Normen enthalten zu den Hinweisen in der DIN 18299 zur Baustelle **keine** weiteren Ergänzungen:

DIN 18332 (Naturwerksteinarbeiten)

DIN 18333 (Betonwerksteinarbeiten)

DIN 18352 (Fliesen- und Plattenarbeiten)

DIN 18353 (Estricharbeiten)

DIN 18354 (Gussasphaltarbeiten)

DIN 18356 (Parkettarbeiten)

DIN 18357 (Beschlagarbeiten)

DIN 18361 (Verglasungsarbeiten)

DIN 18365 (Bodenbelagarbeiten)

DIN 18367 (Holzpflasterarbeiten)

DIN 18384 (Blitzschutzanlagen)

263 Bei den nachfolgenden ATV-DIN-Normen ergibt sich lediglich **ein ergänzender Hinweis**. Zum einen ist dies:

»Art, Lage, Maße und konstruktive Ausbildung sowie Termine des Auf- und Abbaus von bauseitigen Gerüsten.«[214]

264 Bei der

DIN 18340 (Trockenbauarbeiten),

DIN 18345 (Wärmedämm-Verbundsysteme),

DIN 18349 (Betonerhaltungsarbeiten),

DIN 18350 (Putz- und Stuckarbeiten),

DIN 18351 (Vorgehängte hinterlüftete Fassade),

---

214 Dieser Hinweis ist auch noch in weiteren ATV-DIN-Normen enthalten, allerdings dort nicht als einzige Ergänzung, so in der DIN 18330 (Mauerarbeiten) in Abschnitt 0.1.5, DIN 18331 (Betonarbeiten) in Abschnitt 0.1.4, DIN 18334 (Zimmer- und Holzbauarbeiten) in Abschnitt 0.1.2, DIN 18336 (Abdichtungsarbeiten) in Abschnitt 0.1.7, DIN 18338 (Dachdeckungs- und Dachabdichtungsarbeiten) in Abschnitt 0.1.5, DIN 18358 (Rollladenarbeiten) in Abschnitt 0.1.2, DIN 18379 (Raumlufttechnische Anlagen), DIN 18380 (Heizanlagen und zentrale Wassererwärmungsanlagen), DIN 18381 (Gas-, Wasser- und Entwässerungsanlagen innerhalb von Gebäuden) dort jeweils in Abschnitt 0.1.7, DIN 18386 (Gebäudeautomation) in Abschnitt 0.1.3, DIN 18421 (Dämm- und Brandschutzarbeiten an technischen Anlagen) in Abschnitt 0.1.2 und DIN 18459 (Abbruch- und Rückbauarbeiten) in Abschnitt 0.1.5.

Vorgaben der VOB/C für das Aufstellen der Leistungsbeschreibung

DIN 18355 (Tischlerarbeiten),

DIN 18363 (Maler- und Lackierarbeiten – Beschichtungen),

DIN 18364 (Korrosionsschutzarbeiten an Stahlbauten),

DIN 18366 (Tapezierarbeiten),

265 zum anderen sind dies Angaben zur (Haupt-)Windrichtung oder Windzone in der DIN 18339 (Klempnerarbeiten) und der DIN 18360 (Metallbauarbeiten).

266 In einer Vielzahl von Allgemeinen Technischen Vertragsbedingungen der VOB/C für die einzelnen Leistungsbereiche ist folgende Angabe in der Leistungsbeschreibung von Bedeutung:

»*Gründungstiefen, Gründungsarten, Lasten sowie Konstruktion benachbarter Bauwerke.*«[215]

267 Die 20 am **häufigsten** sich in den Allgemeinen Technischen Vertragsbedingungen für Bauleistungen der VOB/C zu den einzelnen Leistungsbereichen wiederholenden sonstigen noch gegebenenfalls nach den Erfordernissen des Einzelfalls erforderlichen Angaben zur Baustelle in der Leistungsbeschreibung sind der nachfolgenden tabellarischen Übersicht zu entnehmen. Im Übrigen müssen wir an dieser Stelle auf die Lektüre der einzelnen Fach-ATV-DIN-Normen verweisen, da anderenfalls der Rahmen dieser Einführung gesprengt würde:

Angabe	DIN	Abschnitt
Art und Umfang des vorhandenen Aufwuchses, insbesondere Sträucher und Bäume auf den freizumachenden Flächen	18300	0.1.1
	18301	0.1.3
	18311	0.1.7
	18312	0.1.1
	18320	0.1.2
	18322	0.1.1
	18323	0.1.4
Art und Beschaffenheit der zu bearbeitenden Flächen	18300	0.1.2
	18322	0.1.2
Art und Beschaffenheit vorhandener Einfassungen, Einbauten, Verbaukonstruktionen, Art des Verbaus	18300	0.1.4
	18306	0.1.3

---

215 S. DIN 18304; DIN 18305; DIN 18306; DIN 18307; DIN 18313; DIN 18331 jeweils in Abschnitt 0.1.1; DIN 18303; DIN 18308; DIN 18312 DIN 18315; DIN 18316; DIN 18317; DIN 18318; DIN 18330; DIN 18335 jeweils in Abschnitt 0.1.2; DIN 18300; DIN 18314; DIN 18459 jeweils in Abschnitt 0.1.3; DIN 18321 in Abschnitt 0.1.4; DIN 18301; DIN 18319; DIN 18336 jeweils in Abschnitt 0.1.5; DIN 18309; DIN 18322 jeweils in Abschnitt 0.1.6; DIN 18323 in Abschnitt 0.1.7; DIN 18311 in Abschnitt 0.1.9 und DIN 18326 in Abschnitt 0.1.10.

Angaben zur Baustelle

	18313	0.1.2
	18315	0.1.3
	18316	0.1.3
	18317	0.1.3
	18318	0.1.3
	18322	0.1.4
Statistische Angaben über ober- und unterirdische Gewässer	18301	0.1.1
	18311	0.1.3
Grenzwerte, Auflagen, Bedingungen und Gebühren für das Entsorgen von Betriebswasser	18301	0.1.2
	18302	0.1.1
	18309	0.1.3
Art, Lage und Maße sowie Eigentümer natürlicher und künstlicher Hohlräume sowie von Bauteilen aus früheren Baumaßnahmen	18301	0.1.4
	18303	0.1.3
	18304	0.1.3
	18313	0.1.4
	18319	0.1.4
	18322	0.1.7
	18323	0.1.8
Maße, Zugänglichkeit und Tragfähigkeit der Arbeitsbereiche, insbesondere Einschränkungen der Arbeitshöhe	18301	0.1.6
	18302	0.1.2
Art, Lage, Maße, Zugänglichkeit, Beschaffenheit und Tragfähigkeit des Arbeitsplanums oder des Baugrundes für das Arbeitsplanum, insbesondere Einschränkungen der Arbeitshöhe	18303	0.1.1
	18304	0.1.5
	18309	0.1.7
	18313	0.1.5
Art, Umfang und Ausführungszeitpunkt von Beweissicherungsmaßnahmen	18303	0.1.4
	18304	0.1.9
	18313	0.1.11
	18322	0.1.8
	18323	0.1.9
Hydrogeologische Verhältnisse	18303	0.1.6
	18304	0.1.12
Art, Lage und Maße sowie Ausbildung vorhandener Baugruben und Gräben	18304	0.1.2
	18305	0.1.4
	18308	0.1.3
	18313	0.1.3
	18314	0.1.4
	18322	0.1.10
	18323	0.1.6
	18330	0.1.3
	18331	0.1.2
	18336	0.1.6

Vorgaben der VOB/C für das Aufstellen der Leistungsbeschreibung

	18379	0.1.2
	18380	0.1.2
	18381	0.1.2
Nachbarschaftliche Genehmigungen oder Nachweis grundbuchmäßiger Dienstbarkeiten bei Inanspruchnahme von Nachbargrundstücken	18304 18313	0.1.7 0.1.9
Art und Beschaffenheit des Untergrundes, der Unterlage, des Unterbaus, der Tragschicht etc.	18308 18315 18316 18317 18318 18325 18335 18338	0.1.1 0.1.1 0.1.1 0.1.1 0.1.1 0.1.6 0.1.1 0.1.2
Zweck der Baumaßnahme, z. B. Bauhilfsmaßnahme oder endgültiges Bauwerk und Nutzungsdauer	18309 18321	0.1.1 0.1.1
Auflagen und Bedingungen aus Genehmigungen	18309 18321	0.1.8 0.1.2
Hauptwindrichtung	18379 18380 18381	0.1.1 0.1.1 0.1.1
Art und Umfang der Schutzmaßnahmen gemäß VDE-Bestimmungen	18379 18380 18381	0.1.6 0.1.6 0.1.6
Aufbau der Fußboden- und Dachkonstruktion, Dämmung und Abdichtung	18379 18380 18381	0.1.5 0.1.5 0.1.5
Art und Lage sowie Bedingungen für das Überlassen von Anschlüssen und Einrichtungen der Telekommunikation zur Datenfernübertragung	18382 18386	0.1.1 0.1.2
Art der Abdichtung von Bauwerken und Bauwerksteilen, z. B. Wannenausbildung von Kellern	18379 18380 18381	0.1.4 0.1.4 0.1.4

III. Angaben zur Ausführung

268 Die Angaben zur Ausführung in Abschnitt 0.2 der jeweiligen ATV-DIN-Normen für die **einzelnen Leistungsbereiche**, die nach den Erfordernissen des Einzelfalls in der Leistungsbeschreibung zu berücksichtigen sind, sind so **viel-**

fältig, wie die auszuführenden Leistungen, die sie betreffen. Es sind zwischen 8 (DIN 18321) und 38 (DIN 18381) zusätzliche Angaben-Bereiche über die allgemeinen vor die Klammer gezogenen 21 Hinweise in der DIN 18299, die für alle Bauleistungen (zusätzlich) gelten. Der Ausschreibende hat also im »günstigsten« Fall bei der Vergabe von **Düsenstrahlarbeiten** 29 und im »ungünstigsten« Fall bei der Vergabe von **Gas-, Wasser- und Entwässerungsanlagen innerhalb von Gebäuden** 59 Hinweise zu prüfen und abzuarbeiten im Hinblick auf die Erforderlichkeit von Angaben hierzu in der Leistungsbeschreibung.

Die **DIN 18299** enthält **21** Hinweise für das Aufstellen der Leistungsbeschreibung, die im Zusammenhang mit der **Ausführung** stehen:

»0.2.1 Vorgesehene Arbeitsabschnitte, Arbeitsunterbrechungen und Arbeitsbeschränkungen nach Art, Ort und Zeit sowie Abhängigkeit von Leistungen anderer.

0.2.2 Besondere Erschwernisse während der Ausführung, z. B. Arbeiten in Räumen, in denen der Betrieb weiterläuft, Arbeiten im Bereich von Verkehrswegen oder bei außergewöhnlichen äußeren Einflüssen.

0.2.3 Besondere Anforderungen für Arbeiten in kontaminierten Bereichen, gegebenenfalls besondere Anordnungen für Schutz- und Sicherheitsmaßnahmen.

0.2.4 Besondere Anforderungen an die Baustelleneinrichtung und Entsorgungseinrichtungen, z. B. Behälter für die getrennte Erfassung.

0.2.5 Besonderheiten der Regelung und Sicherung des Verkehrs, gegebenenfalls auch, wieweit der Auftraggeber die Durchführung der erforderlichen Maßnahmen übernimmt.

0.2.6 Besondere Anforderungen an das Auf- und Abbauen sowie Vorhalten von Gerüsten.

0.2.7 Mitbenutzung fremder Gerüste, Hebezeuge, Aufzüge, Aufenthalts- und Lagerräume, Einrichtungen und dergleichen durch den Auftragnehmer.

0.2.8 Wie lange, für welche Arbeiten und gegebenenfalls für welche Beanspruchung der Auftragnehmer Gerüste, Hebezeuge, Aufzüge, Aufenthalts- und Lagerräume, Einrichtungen und dergleichen für andere Unternehmer vorzuhalten hat.

0.2.9 Verwendung oder Mitverwendung von wiederaufbereiteten (Recycling-)Stoffen.

0.2.10 Anforderungen an wiederaufbereitete (Recycling-)Stoffe und an nicht genormte Stoffe und Bauteile.

0.2.11 Besondere Anforderungen an Art, Güte und Umweltverträglichkeit der Stoffe und Bauteile, auch z. B. an die schnelle biologische Abbaubarkeit von Hilfsstoffen.

0.2.12 Art und Umfang der vom Auftraggeber verlangten Eignungs- und Gütenachweise.

Vorgaben der VOB/C für das Aufstellen der Leistungsbeschreibung

0.2.13 Unter welchen Bedingungen auf der Baustelle gewonnene Stoffe verwendet werden dürfen oder müssen oder einer anderen Verwertung zuzuführen sind.

0.2.14 Art, Zusammensetzung und Menge der aus dem Bereich des Auftraggebers zu entsorgenden Böden, Stoffe und Bauteile; Art der Verwendung oder bei Abfall die Entsorgungsanlage; Anforderungen an die Nachweise über Transporte, Entsorgung und die vom Auftraggeber zu tragenden Entsorgungskosten.

0.2.15 Art, Anzahl, Menge oder Masse der Stoffe und Bauteile, die vom Auftraggeber beigestellt werden, sowie Art, genaue Bezeichnung des Ortes und Zeit ihrer Übergabe.

0.2.16 In welchem Umfang der Auftraggeber Abladen, Lagern und Transport von Stoffen und Bauteilen übernimmt oder dafür dem Auftragnehmer Geräte oder Arbeitskräfte zur Verfügung stellt.

0.2.17 Leistungen für andere Unternehmer.

0.2.18 Mitwirken beim Erstellen von Anlagenteilen und bei der Inbetriebnahme von Anlagen im Zusammenwirken mit anderen Beteiligten, z. B. mit dem Auftragnehmer für die Gebäudeautomation.

0.2.19 Benutzung von Teilen der Leistung vor der Abnahme.

0.2.20 Übertragung der Wartung während der Dauer der Verjährungsfrist für die Mängelansprüche für maschinelle und elektrotechnische sowie elektronische Anlagen oder Teile davon, bei denen die Wartung Einfluss auf die Sicherheit und die Funktionsfähigkeit hat (vergleiche § 13 Absatz 4 Nummer 2 VOB/B), durch einen besonderen Wartungsvertrag.

0.2.21 Abrechnung nach bestimmten Zeichnungen oder Tabellen.«

270 In den derzeit 21 Abschnitten des Abschnitts 0.2 der DIN 18299 werden notwendige Angaben zur Ausführung der Bauleistung vor die Klammer gezogen, die überwiegend von maßgeblicher Bedeutung für die **Preisfindung** und **zeitliche Abschätzung** der angefragten Bauleistung sind.[216] Auch in Abschnitt 0.2 finden sich **nicht** abschließende, sondern **nur** beispielhafte Angaben, die zur Ausführung gemacht werden müssen, wenn sie im Einzelfall erforderlich sind. Die Kataloge des Abschnitts 0.2 geben eine Reihe von immer wiederkehrenden kosten- und zeitbeeinflussenden Problemen wieder, die von dem Ausschreibenden nach der **Verwirklichungswahrscheinlichkeit** geprüft und in der Leistungsbeschreibung entsprechend beschrieben werden müssen.[217]

271 Die in **Abschnitt 0.2.1** angesprochenen **Arbeitsabschnitte, Arbeitsunterbrechungen** und **Arbeitsbeschränkungen** sind wichtige **Bauablaufvorgaben** des

---

216 Vgl. Englert/Grauvogl/Katzenbach, in: Beck'scher VOB-Kommentar, VOB/C, DIN 18299, Rdn. 61.
217 Vgl. Englert/Grauvogl/Katzenbach, in: Beck'scher VOB-Kommentar, VOB/C, DIN 18299, Rdn. 62.

Auftraggebers. Anzugeben sind aber nur von Anfang an feststehende oder mit hoher Wahrscheinlichkeit zu erwartende Umstände. Hinsichtlich jeder Form von Unterbrechungen und Beschränkungen ist es erforderlich, die genaue Art, den Ort und die Zeit anzugeben. Nicht hierher gehören Angaben zu den nach dem Kalender bestimmbaren Unterbrechungen durch gesetzliche Feiertage. Diese muss der Anbieter der Bauleistung von sich aus berücksichtigen. Schließlich enthält Abschnitt 0.2.1 die gegebenenfalls erforderliche Angabe der Abhängigkeit der auszuschreibenden Bauleistung von Leistungen »anderer«. Der Begriff »anderer« beschränkt sich nicht nur auf vor- oder nachlaufende Gewerke, sondern auch auf parallel erforderliche Leistungen, einschließlich Planungsleistungen.[218]

Nach **Abschnitt 0.2.2** sind **besondere Erschwernisse** und **außergewöhnliche Einflüsse** anzugeben. Außergewöhnlich ist dabei alles, was nach dem gewöhnlichen Verlauf der Dinge nicht zu erwarten ist, jedoch in der Praxis vorkommen kann. In diesem Kontext ist auch **Abschnitt 0.2.3** zu sehen, wonach Angaben zu Arbeiten in **kontaminierten Bereichen** vom Auftraggeber in der Leistungsbeschreibung zu machen sind. Besondere Anforderungen sind hier neben einer hermetischen Schutzkleidung sog. »Schwarz-Weißräume« mit Schleusen, Duschen und Sterilkammern. Näheres regeln insbesondere die Vorschriften der **Berufsgenossenschaft Bau** (UVV). Von Bedeutung sind hier auch sog. Zeitfenster für eine beschränkte Verweildauer in Kontaminationsbereichen, Vorgaben zur Dokumentation, Deponievorgaben und Beprobungen sowie Überwachungspflichten.[219] **272**

Nach **Abschnitt 0.2.4** sind **besondere** Anforderungen an die Baustelleneinrichtung und die Entsorgung von Bauabfällen in der Leistungsbeschreibung anzugeben. Die Betonung liegt dabei auf dem Begriff »besondere«, zu normalen und üblichen Anforderungen sind keine Angaben erforderlich, denn nach **Abschnitt 4.1.1** und **4.1.2** der **DIN 18299** ist das Einrichten und Räumen der Baustelle einschließlich der Geräte und Maschinen sowie die Vorhaltung der Baustelleneinrichtung eine Nebenleistung und von dem Auftragnehmer in die Preise mit einzukalkulieren. Besondere Anforderungen sind über das normale Maß hinausgehende Leistungen des Auftragnehmers im Zusammenhang mit der Baustelleneinrichtung. **273**

Beispiele: **274**

– Klimatisierte Bürocontainer, die auch dem Bauherrn zur Verfügung zu stellen sind
– Komplett eingehauste Betonmischer

---

218 Vgl. Englert/Grauvogl/Katzenbach, in: Beck'scher VOB-Kommentar, VOB/C, DIN 18299, Rdn. 65.
219 Vgl. Englert/Grauvogl/Katzenbach, in: Beck'scher VOB-Kommentar, VOB/C, DIN 18299, Rdn. 69.

– Extrem vibrationsgedämpfte Geräte und Maschinen
– Nur mit Strom betriebene Baustellenfahrzeuge[220]

275 Die Vorgaben des **Abschnitts 0.2.5** sind im Zusammenhang mit den **Abschnitten 0.1.4** sowie **4.2.9** und **4.2.10** zu sehen. Will der Auftraggeber aus logistischen Gründen oder wegen Auflagen der Straßenverkehrsbehörde **besondere Verkehrsregelungen**, z. B. Ampeleinrichtungen, Leiteinrichtungen, Umleitungen etc. durchführen, muss er in der Leistungsbeschreibung angeben, welche Formen der Regelung und Sicherung des Verkehrs von ihm gefordert werden. Darüber hinaus muss der Auftraggeber angeben, ob und inwieweit er die erforderlichen oder von ihm verlangten Maßnahmen selbst vornehmen wird. Da nach den Abschnitten 4.2.9 und 4.2.10 der DIN 18299 das Aufstellen, Vorhalten, Betreiben und Beseitigen von Einrichtungen zur Sicherung und Aufrechterhaltung des Verkehrs auf der Baustelle sowie zur Regelung, Umleitung und Sicherung des öffentlichen Anliegerverkehrs außerhalb der Baustelle einschließlich dem Einholen der hierfür erforderlichen verkehrsrechtlichen Genehmigungen eine besondere, vergütungspflichtige Leistung darstellt, liegt es häufig durchaus im Interesse des Auftraggebers, selbst die Maßnahmen vorzunehmen.

276 Die **Abschnitte 0.2.6** bis **0.2.8** befassen sich mit dem Auf- und Abbauen sowie Vorhalten von Baustelleneinrichtungsgegenständen aller Art, insbesondere mit **Gerüsten aller Art**, hinsichtlich derer auch die einschlägige DIN 18451 zu beachten ist, wonach insbesondere eine kostenneutrale Grundstandzeit von 4 Wochen vorgegeben ist. Insbesondere bei den Gerüsten sind genaue Angaben auch im Hinblick auf die verschiedenen Regelungen in den ATV-DIN-Normen bei den einzelnen Gewerken zur Verpflichtung der Stellung und Vorhaltung von Gerüsten als Nebenleistung erforderlich. Nach **Abschnitt 4.1.14** der **DIN 18312** ist bei der Ausführung von **Untertagebauarbeiten** das Vorhalten der für die Leistungserbringung notwendigen Gerüste einschließlich etwaiger Traggerüste eine Nebenleistung. Nach **Abschnitt 4.1.3** der **DIN 18314** ist dagegen beispielsweise bei **Spritzbetonarbeiten** nur das Auf- und Abbauen sowie Vorhalten der Gerüste, deren Arbeitsbühnen nicht höher als 2 m über Gelände oder Fußboden liegen eine Nebenleistung. Zu stellen sind danach in eingeschränktem Umfang nur Arbeitsgerüste, jedoch keine Traggerüste oder Schutzgerüste.

277 Wiederaufbereitete Stoffe gelten im Zuge eines geänderten Umweltbewusstseins zur Schonung der Ressourcen nach **Abschnitt 2.3.1** der **DIN 18299** als »*ungebraucht*«, wenn sie für den jeweiligen Verwendungszweck geeignet und aufeinander abgestimmt sind. Die nach **Abschnitt 0.2.9** notwendigen Angaben zur Verwendung von wiederaufbereiteten Stoffen sind hinsichtlich des Aufwands, aber auch des Mängelrisikos im Rahmen der Kalkulation von Be-

---

220 Vgl. Englert/Grauvogl/Katzenbach, in: Beck'scher VOB-Kommentar, VOB/C, DIN 18299, Rdn. 71.

deutung. Darüber hinaus muss der Auftragnehmer frühzeitig überlegen, ob und inwieweit er Bedenken gegen die Verwendung solcher Baustoffe nach § 4 Abs. 3 VOB/B anmelden muss.[221] Ergänzt und abgerundet wird der Abschnitt 0.2.9 durch die **Abschnitte 0.2.10** und **0.2.11** zu Anforderungen an Recycling-Stoffe, Umweltverträglichkeit bis hin zur schnellen biologischen Abbaubarkeit. Das Stichwort heißt hier »*Grüne Bauweise*«.

Soweit der Auftragnehmer nicht bereits durch Gesetz oder Verordnung zur Vorlage von Eignungs- und Gütenachweisen verpflichtet ist, muss der Auftraggeber nach **Abschnitt 0.2.12** in der Leistungsbeschreibung vorgeben, welche Nachweise er verlangt. Anderenfalls ist der Auftragnehmer zur Vorlage von weiteren, über die gesetzlichen Anforderungen hinausgehenden **Eignungs-** und **Gütenachweisen** nicht verpflichtet, denn es handelt sich dann um »*Unterlagen*« im Sinne von § 2 Abs. 9 VOB/B, die der Aufragnehmer nach den Allgemeinen Technischen Vertragsbedingungen nicht zu beschaffen hat. Verlangt der Auftraggeber sie gleichwohl, so hat er sie jedenfalls **zusätzlich** zu vergüten, wobei der Auftragnehmer dann stets, insbesondere bei erheblichen Kosten auslösenden Unterlagen wie z. B. Sachverständigengutachten, Materialprüfnachweise etc. prüfen sollte, ob er nach § 1 Abs. 4 VOB/B überhaupt durch einseitige Anordnung des Auftraggebers zur Vorlage verpflichtet werden kann. Gerade bei der geplanten Verwendung von **Recycling-Stoffen** oder **nicht genormten** Stoffen und Bauteilen tut der Auftraggeber also gut daran, sich bereits bei der Abfassung der Leistungsbeschreibung Gedanken darüber zu machen, ob und wenn ja, welche Eignungs- und Gütenachweise er vom Auftragnehmer benötigt.

Die **Abschnitte 0.2.13** und **0.2.14** befassen sich mit auf der Baustelle gewonnen (Bau-)Stoffen. Hierzu zählen im Wesentlichen die beim Erd- und Tiefbau auf der Baustelle abgetragenen **Böden** unterschiedlichster Art (Sand, Kies, Torf, Fels oder Lehm), aber auch durchaus die in Abschnitt 0.2.9 bis 0.2.11 angesprochenen **wiederaufbereiteten** Stoffe, wenn sie auf der Baustelle gewonnen werden (z. B. beim Rückbau gewonnene, gesäuberte und geputzte Ziegel, geborgene Holzbalken aus einem Fachwerkhaus oder gebrochene Materialien). Stoff im Sinne von Abschnitt 0.2.13 ist daher als vermögenswerter Gegenstand und gerade nicht als Abfall zu verstehen. Gerade im Hinblick auf die Eigentumszuordnung in den ATV-DIN-Normen zu abgetragenem bzw. »*gelöstem*« Boden und Fels muss sich der Auftraggeber bereits frühzeitig bei der Erstellung der Leistungsbeschreibung Gedanken dazu machen, wie mit den auf der Baustelle gewonnen (Bau-)Stoffen umzugehen ist. In den ATV-DIN-Normen für die hiervon betroffenen Leistungsbereiche wird regelmäßig festgelegt, dass bei den Bauarbeiten gewonnene und anfallende Stoffe nicht in das Eigentum des Auftragnehmers übergehen, sondern Eigentum des Auftraggebers bleiben. Er muss sich also stets mit deren Verwendung oder Verwertung befassen.

---

221 Vgl. Englert/Grauvogl/Katzenbach, in: Beck'scher VOB-Kommentar, VOB/C, DIN 18299, Rdn. 76.

280 **Beispiele:**

DIN 18459, Abschnitt 2.1: *Bei den Abbruch- und Rückbauarbeiten anfallende Stoffe und Bauteile gehen nicht in das Eigentum des Auftragnehmers über.*

DIN 18300, Abschnitt 2.1.1: *Gelöster Boden und Fels gehen nicht in das Eigentum des Auftragnehmers über.*[222]

DIN 18301, Abschnitt 2.1: *Das Bohrgut geht nicht in das Eigentum des Auftragnehmers über.*

DIN 18313, Abschnitt 2.1: *Leitwand- und Schlitzwandaushub sowie dessen Vermischungen mit stützenden Flüssigkeiten gehen nicht in das Eigentum des Auftragnehmers über.*

281 Der Auftraggeber muss also in der Leistungsbeschreibung bereits entscheiden, wie mit den auf der Baustelle gewonnenen (Bau-)Stoffen umzugehen ist, sollen sie wiederverwendet oder einer anderen Verwertung zugeführt, insbesondere entsorgt werden. Im Falle der Wiederverwendung muss der Auftraggeber ferner angeben, ob eine **Aufbereitung** oder **Veredelung** vor der Verwendung erforderlich ist. Will der Auftraggeber die Problematik dahingehend lösen, dass das Eigentum an den Stoffen und Bauteilen auf den Auftragnehmer übergehen sollen, muss er dies in der Leistungsbeschreibung ebenfalls vorgeben. Sollen die Stoffe und Bauteile dagegen entsorgt werden, muss der Auftraggeber die nach Abschnitt 0.2.14 erforderlichen Angaben in die Leistungsbeschreibung aufnehmen.

282 Der **Abschnitt 0.2.15** regelt im Grunde eine Selbstverständlichkeit, die gleichwohl bei der Ausarbeitung von Leistungsverzeichnissen häufig nicht ausreichend gewürdigt wird. Plant der Auftraggeber von vornherein, **Stoffe** und **Bauteile** für die Bauausführung beizustellen, dann muss er diesen Willen in der Leistungsbeschreibung kundtun und hinsichtlich Art, Anzahl, Menge oder Masse der beizustellenden Stoffe und Bauteile konkretisieren. Entscheidet sich der Auftraggeber erst **nach** Vertragsabschluss zur Beistellung von Stoffen und Bauteilen, dann liegt ein Fall des § 2 Abs. 4 VOB/B vor. Er muss dann dem Auftragnehmer die für die eigentlich geplante Lieferung der Stoffe und Bauteile die vereinbarte Vergütung abzüglich ersparter Aufwendungen bezahlen. Zum anderen muss der Auftraggeber in der Leistungsbeschreibung Art und Ort sowie Zeit der Übergabe mitteilen.

283 Die **Abschnitte 0.2.16 bis 0.2.19** helfen bei der sorgfältigen Planung des koordinierten »*Miteinander*« und »*Nacheinander*« auf der Baustelle bei einer arbeitsteiligen Herstellung des Bauvorhabens durch verschiedene Unternehmer. Die praktische Relevanz von Abschnitt 0.2.16 ist dabei zunächst überschaubar, denn es wird regelmäßig nicht vorkommen, dass der Auftraggeber das Abladen, Lagern und den Transport von Stoffen oder Bauteilen übernimmt oder

---

222 So auch in DIN 18312, Abschnitt 2.1.

sogar dem Auftragnehmer Geräte oder Arbeitskräfte zur Verfügung stellt. Insbesondere dann, wenn der Auftraggeber bereits ausreichende Angaben zu den Abschnitten 0.2.7 und 0.2.8 gemacht hat, dürften weitergehend erforderliche Angaben zu 0.2.16 nur im Ausnahmefall nötig sein. Unbedingt zu beachten ist dagegen der Abschnitt 0.2.17, wonach in der Leistungsbeschreibung anzugeben ist, wenn der Auftragnehmer Leistungen für andere Unternehmer erbringen soll.

Beispiele: 284

– Der Erdbauunternehmer soll für den Spezialtiefbauer das Bohrgut abfahren.
– Der Elektriker soll für den Rohbauer einen Anschluss herstellen.

Wichtig sind auch Angaben in der Leistungsbeschreibung, wenn der Auftrag- 285
nehmer bei der Einstellung und Inbetriebnahme von Anlagen oder Anlagenteile mitwirken soll, die nicht von ihm hergestellt wurden oder Teile seiner Leistung vor der Abnahme benutzt werden sollen. Die Benutzung von Teilen einer baulichen Anlage zur Weiterführung der Arbeiten kommt bei der arbeitsteiligen Erstellung von Bauvorhaben häufig vor, sie stellt nach § 12 Abs. 5 Nr. 2 Satz 2 VOB/B keine Abnahme dar. So muss zwangsläufig der Estrich vom Parkett- oder Teppichleger bearbeitet oder der Putz vom Maler überstrichen werden. Diese in einem normalen Bauablauf liegenden selbstverständlichen Abfolgen sind jedoch mit Abschnitt 0.2.19 nicht gemeint.[223] Soll aber z. B. die Heizungsanlage bereits vor der Abnahme zur Winterbaubeheizung des Bauvorhabens genutzt werden, um den anderen Unternehmern eine Weiterarbeit im Winter zu ermöglichen, dann muss der Auftraggeber dies nach Abschnitt 0.2.19 in der Leistungsbeschreibung kundtun. Erst recht muss er die geplante Benutzung von Teilen der Leistung vor der Abnahme angeben, wenn diese gerade für die Weiterführung der Arbeiten eigentlich nicht notwendig ist, anderenfalls kommt die Abnahmefiktion des § 12 Abs. 5 Nr. 2 Satz 1 VOB/B in Betracht, wonach die Benutzung der Leistung oder Teile davon als Abnahme gilt, wenn im Bauvertrag nichts anderes geregelt ist. Für eine »andere Regelung« sorgen Angaben in der Leistungsbeschreibung nach Abschnitt 0.2.19.

Soweit der Auftraggeber die Verjährungsverkürzung des § 13 Abs. 4 Nr. 2 286
VOB/B von vier auf zwei Jahre vermeiden will, dann stehen ihm grundsätzlich zwei vertragsrechtliche Möglichkeiten zur Verfügung. Er kann zum einen individualvertraglich die Regelung des § 13 Abs. 4 Nr. 2 VOB/B ausschließen oder dem Auftragnehmer die Wartung übertragen. Da die in § 13 Abs. 4 Nr. 2 VOB/B angesprochenen Anlagen ohnehin der regelmäßigen Wartung unterliegen, macht es für den Auftraggeber durchaus Sinn, die Wartung in der Hand desjenigen zu belassen, der die Anlage erstellt hat. Dieser kennt zum einen die Anlage am besten und zum anderen wird dem Auftragnehmer beim Auf-

---

223 Vgl. Englert/Grauvogl/Katzenbach, in: Beck'scher VOB-Kommentar, VOB/C, DIN 18299, Rdn. 84.

treten eines Mangels der Einwand fehlerhafter und nicht ausreichender Wartung abgeschnitten, wenn er für diesen Bereich selber zuständig ist. Will der Auftraggeber dem Auftragnehmer die Wartung übertragen, dann muss er dies nach **Abschnitt 0.2.20** der DIN 18299 bereits in der Leistungsbeschreibung mitteilen. Eine rechtlich interessante und bislang nicht entschiedene Frage ist dabei, ob der Auftragnehmer das Angebot eines Wartungsvertrages unterlassen kann, wenn in der Leistungsbeschreibung eine Angabe nach Abschnitt 0.2.20 fehlt, so dass bereits mit Erstellung der Ausschreibungsunterlagen bei einem VOB/B-Bauvertrag im Grunde feststeht, dass die Verkürzung der Verjährungsfrist greift.

287 In Bezug auf die zusätzlichen Hinweise in Abschnitt 0.2 der ATV-DIN-Normen zu den einzelnen Leistungsbereichen müssen wir den Leser auf die Lektüre der ATV-DIN-Normen verweisen, anderenfalls würde der Umfang einer Einführung gesprengt. Zusammengefasst lässt sich aber der Grundsatz aufstellen, dass ein Bieter beim Fehlen von irgendwelchen Hinweisen nach Abschnitt 0 davon ausgehen kann und darf, dass

- die Bauarbeiten ungehindert und in einem Zuge,
- ohne Unterbrechungen und Beschränkungen,
- unverändert,
- in der vorgesehenen Zeitschiene bzw. einer üblichen Bauzeit

288 ausgeführt werden können.[224] Von daher können wir jedem Auftraggeber nur anraten, die Hinweise ernst zu nehmen, sorgsam auf deren Erforderlichkeit und Eintrittswahrscheinlichkeit zu überprüfen und die notwendigen Angaben zu machen.

289 Will schließlich der Auftraggeber abweichend von Abschnitt 5 der DIN 18299 bzw. der ATV-DIN-Normen zu den einzelnen Leistungsbereichen nach ganz bestimmten Plänen oder Tabellen abrechnen, die möglicherweise auch von der tatsächlich vor Ort erbrachten Bauleistung abweichen, muss er dies nach **Abschnitt 0.2.21** in der Leistungsbeschreibung kenntlich machen und die Zeichnungen oder Tabellen bereits zur Angebotserarbeitung vorlegen. Diese werden dann Bestandteil der Preisermittlungsgrundlagen und gehen auch in eine etwaige Nachtragsberechnung ein.

---

224 Vgl. Englert/Grauvogl/Katzenbach, in: Beck'scher VOB-Kommentar, VOB/C, DIN 18299, Rdn. 61.

IV. Einzelangaben

1. Einzelangaben bei Abweichungen von den ATV

Abschnitt 0.3.1 der DIN 18299 bestimmt: **290**

»Wenn andere als die in den ATV DIN 18299 bis ATV DIN 18459 vorgesehenen Regelungen getroffen werden sollen, sind diese in der Leistungsbeschreibung eindeutig und im Einzelnen anzugeben«

Dieser Hinweis wird in jeder ATV-DIN-Norm in Abschnitt 0.3.1 noch einmal wiederholt, obwohl dies überflüssig ist. Mit dieser Regelung öffnen sich die Regelwerke der VOB/C jedweder abweichender, individualvertraglicher und damit vorrangiger vertraglichen Bestimmung. Die Bauvertragsparteien haben also die Dispositionsbefugnis von den Regelungen der VOB/C abzuweichen, allerdings muss dies **unmissverständlich** geschehen und nicht zwischen den Zeilen oder in unwesentlichen Vorbemerkungen versteckt. **291**

In den Abschnitten 0.3.2 werden sodann in den Regelwerken der VOB/C Vorschläge zu möglichen Abweichungen unterbreitet. Es handelt sich dabei um unverbindliche Kataloge, deren Lektüre sich aber bei der Erstellung von Ausschreibungsunterlagen stets empfiehlt. In der DIN 18299 werden dabei drei Vorschläge unterbreitet: **292**

– wenn die Lieferung von Stoffen und Bauteilen nicht zur Leistung gehören soll;
– wenn nur ungebrauchte Stoffe und Bauteile vorgehalten werden dürfen;
– wenn auch gebrauchte Stoffe und Bauteile geliefert werden dürfen.

Die nachfolgenden ATV-DIN-Normen enthalten keine weiteren, ergänzenden Vorschläge: **293**

DIN 18302 (Arbeiten zum Ausbau von Bohrungen)

DIN 18361 (Verglasungsarbeiten)

DIN 18364 (Korrosionsschutzarbeiten an Stahlbauten)

DIN 18385 (Förderanlagen, Aufzugsanlagen, Fahrtreppen und Fahrsteige)

DIN 18386 (Gebäudeautomation)

Im Übrigen sind die Vorschläge vielfältig, ein häufig vorkommender Vorschlag bezieht sich auf den **Bauablauf**. Wenn der Bauablauf, das Bauverfahren, der Arbeitsablauf oder die Geräte und Maschinen dem Auftragnehmer vorgegeben werden sollen, dann muss dies in der Leistungsbeschreibung unmissverständlich und klar geregelt werden. Ebenfalls findet man öfter in den ATV-DIN-Normen den Vorschlag, eindeutig in der Leistungsbeschreibung zu regeln, wenn **Toleranzen** einzuhalten sind, die von den Vorgaben der VOB/C abweichen. **294**

Vorgaben der VOB/C für das Aufstellen der Leistungsbeschreibung

2. Einzelangaben zu Nebenleistungen und Besonderen Leistungen

295 Nach **Abschnitt 0.4.1** der **DIN 18299** sind **Nebenleistungen** in der Leistungsbeschreibung nur dann zu erwähnen, wenn sie ausnahmsweise selbständig vergütet werden sollen. Eine ausdrückliche Erwähnung ist geboten, wenn die Kosten der Nebenleistung von erheblicher Bedeutung für die Preisbildung sind. In diesen Fällen sind für die Nebenleistung besondere Ordnungszahlen (Positionen) in der Leistungsbeschreibung vorzusehen. Insbesondere kommt dies in Betracht für das **Einrichten** und **Räumen** der **Baustelle**. Weiterhin kommt dies in Betracht für das:

- Umsetzen der Bohreinrichtung von Bohransatzpunkt zu Bohransatzpunkt, z. B. bei Bohrungen zur Untersuchung des Baugrunds (DIN 18301)
- Herstellen von Rohrverbindungen (DIN 18306 und DIN 18307)
- Umsetzen aller Einrichtungen zum Aufbereiten des Einpressstoffes und Einpressen (DIN 18309)
- Vorhalten der Vortriebseinrichtung (DIN 18312)
- Aufstellen, Vorhalten, Betreiben und Beseitigen von Einrichtungen zum Belüften und Entstauben (DIN 18312 und DIN 18314)
- Aufstellen, Vorhalten, Betreiben und Beseitigen von Notstromanlagen (DIN 18312)
- Schützen des jungen Betons durch Nachbehandlung gegen Witterungseinflüsse und gegen Austrocknung, so dass die geforderten Eigenschaften erreicht werden (DIN 18314 und DIN 18331)
- Umsetzen aller Einrichtungen zum Aufbereiten und Einbringen der Düsenstrahlsuspension (DIN 18321)
- Herstellen von behelfsmäßigen Zugängen, Zufahrten und dergleichen (DIN 18323)
- Liefern von statischen Verformungsberechnungen und Zeichnungen für Hilfskonstruktionen (DIN 18330 und DIN 18331)
- Auf-, Um- und Abbauen sowie Vorhalten der Arbeits- und Schutzgerüste sowie Traggerüste der Bemessungsklasse A nach DIN EN 12812 (DIN 18330, DIN 18331 und DIN 18335)
- Herstellen und Belassen von Abdeckungen und Umwehrungen (DIN 18330 und DIN 18331)
- Erstellen und Vorhalten von Baubehelfen (DIN 18335)
- Dichtheitsprüfungen (DIN 18355)
- Liefern und Einbauen von Verankerungselementen, insbesondere bei mehrschaligen Untergründen (DIN 18351)
- Einbauen erforderlicher Unterlegkeile und Herstellung von Auffütterungen (DIN 18355)

296 In allen übrigen ATV-DIN-Normen gibt es zur DIN 18299 keinerlei Ergänzungen, weder zu Abschnitt 0.4.1 noch zu dem nachfolgend behandelten Abschnitt 0.4.2.

In **Abschnitt 0.4.2** der **DIN 18299** ist sodann vorgesehen, dass Besondere Leistungen der Abschnitte 4.2 in der Leistungsbeschreibung anzugeben sind, wenn der Auftraggeber sie verlangt. Gegebenenfalls sind auch hierfür gesonderte Ordnungszahlen (Positionen) in der Leistungsbeschreibung vorzusehen. Der konkreten Ausschreibungspflicht von Besonderen Leistungen kann der Auftraggeber nicht durch **Klauseln** folgender Art entgehen:

»Mit den vertraglichen Preisen sind auch alle Besonderen Leistungen gemäß VOB/C abgegolten.«

Beim typischen Einheitspreis- und beim Detail-Pauschalvertrag mit auftraggeberseitiger Ausführungsplanung benachteiligt eine solche Klausel den Auftragnehmer unangemessen und ist in Allgemeinen Geschäftsbedingungen unwirksam. Denn für den Auftragnehmer ist bei auftraggeberseitiger Ausführungsplanung der Umfang etwa erforderlicher Besonderer Leistungen unvorhersehbar und insbesondere unkalkulierbar.[225]

V. Angaben zur Abrechnung

Der in jeder ATV-DIN-Norm enthaltene Abschnitt 0.5 korrespondiert jeweils mit dem Abschnitt 5 zur tatsächlichen Abrechnung bzw. Leistungsermittlung der erbrachten Bauleistung. In Abschnitt 0.5 der jeweiligen ATV-DIN-Norm wird vorgegeben, mit welchen Abrechnungseinheiten (Stück, Länge, Gewicht, Raummaß, Fläche, Zeitabschnitte) bei den einzelnen Leistungsbereichen die zu vergebenden Bauleistungen in der Leistungsbeschreibung grundsätzlich auszuschreiben sind. Eine Änderung der Abrechnungseinheiten führt aber nicht zwingend zu einer Risikoverlagerung.

F. Vertragliches Bau-Soll und Leistungsumfang – Auslegung anhand der VOB/C

I. Hauptleistung

1. Ausführungsvorgaben aus der VOB/C

Hauptleistungen, die in den Allgemeinen Technischen Vertragsbedingungen für Bauleistungen der VOB/C in den jeweiligen Abschnitten 3 behandelt werden, müssen zunächst einmal **grundsätzlich** in das Leistungsverzeichnis aufgenommen werden, damit sie nach § 1 Abs. 1 Satz 1 VOB/B zur vertraglichen und mit dem Preis nach § 2 Abs. 1 VOB/B abgegoltenen Leistung des Auftragnehmers gehören. Die VOB/C führt nicht dazu, ein ergänzungsbedürftiges oder lückenhaftes Leistungsverzeichnis um fehlende Positionen zu Lasten

---

225 Vgl. Markus/Kaiser/Kapellmann, AGB-Handbuch Bauvertragsklauseln, Rdn. 226.

und zum Nachteil des Auftragnehmers **entgeltlos** zu ergänzen. Die Anforderungen an die Leistung in den Abschnitten 3 der Regelwerke der VOB/C können immer nur eine Konkretisierung des schon vertraglich Geschuldeten sein. Dem entspricht es nicht, wenn eine dort behandelte Leistungseinheit in der Leistungsbeschreibung überhaupt nicht als nachgefragte und damit beauftragte Position angeführt wird.

301 **Beispiel:**

In **Abschnitt 3.4.3** der **DIN 18349** zu Betonerhaltungsmaßnahmen heißt es zu Oberflächenschutzsystemen: *Beschichtungen als Oberflächenschutz nicht begeh- und befahrbarer Betonflächen müssen eine geringe Rissüberbrückungsfähigkeit gemäß Instandsetzungs-Richtlinie Oberflächensystem OS 5a (OS D II) aufweisen. Beschichtungen als Oberflächenschutz begeh- und befahrbarer Betonflächen müssen erhöhte dynamische Rissüberbrückungsfähigkeit gemäß Instandsetzungs-Richtlinie Oberflächensystem OS 11 (OS F) aufweisen.* Darüber hinaus wird in **Abschnitt 3.4.4** festgelegt, dass die Endbeschichtung in hellem Grauton auszuführen ist.

302 Taucht eine Oberflächenbeschichtung im Leistungsverzeichnis als Position nicht auf, wird diese Leistung nicht dadurch Teil der für die vereinbarte Vergütung zu erbringenden Bauleistung, weil sie in Abschnitt 3.4.3 und 3.4.4 hinsichtlich ihrer Ausführungsweise näher beschrieben wird. Die fehlende Erwähnung im Leistungsverzeichnis enthält die negative Regelung, dass eine solche Leistung von diesem Auftragnehmer jedenfalls nicht gewollt wird, weil sie nicht nachgefragt wurde. Was der Auftraggeber also an Bauleistung vom Auftragnehmer nicht will, kann auch nicht über die Regelwerke der VOB/C zum Vertragsinhalt erklärt werden. Die VOB/C enthält **kein Pflichtenheft**, das unabhängig von der Einbeziehung in den Bauvertrag und der Textierung des Leistungsverzeichnisses anzuwenden ist.[226] Etwas anderes gilt nur bei den im Abschnitt 4.1 aufgeführten **Nebenleistungen**, hierzu kommen wir sogleich näher.

303 Nebenleistungen gehören nach der DIN 18299, Abschnitt 4.1 auch ohne besondere Benennung im Bauvertrag zum Bausoll, das der Auftragnehmer zu erbringen hat. Der von dem Auftragnehmer angebotene Preis für die abgefragte Bauleistung deckt auch die im Abschnitt 4.1 genannten Leistungen mit ab. Da eine mit Abschnitt 4.1 vergleichbare Feststellung bezüglich Abschnitt 3 fehlt, gehören diese Leistungen grundsätzlich nur dann zu den nach dem Bauvertrag geschuldeten Leistungen, wenn sie im Leistungsverzeichnis genannt werden.[227]

---

226 Vgl. Motzke, in: Beck'scher VOB-Kommentar, VOB/C, Syst. IV, Rdn. 84.
227 S. auch Motzke, in: Beck'scher VOB-Kommentar, VOB/C. Syst. III, Rdn. 90.

Anders ist der Oberflächenschutz dagegen in der DIN 18360 im Zusammenhang mit Metallbauarbeiten geregelt. Dort heißt es in Abschnitt 3.1.5.1 ausdrücklich: **304**

»Die Metallbauleistungen umfassen auch die Oberflächenvorbereitung und das Aufbringen einer Grundbeschichtung nach ATV DIN 18363.«

Danach ist die Grundbeschichtung vertraglich geschuldete Leistung, auch wenn es hierfür keine Position in der Leistungsbeschreibung gibt. Eine Zwischen- oder Schlussbeschichtung ist dagegen ohne gesonderte Position in der Leistungsbeschreibung nicht geschuldet. Ähnlich ist dies auch in der **DIN 18335, Abschnitt 3.4.1** für Stahlbauarbeiten geregelt. **305**

Weiteres **Beispiel**: **306**

In **Abschnitt 3.4.2** der **DIN 18349** ist weiter vorgesehen, dass Poren und Lunker mit Mörtel auf der Basis von PCC (Polymer Cement Concrete) durch Kratzspachteln zu schließen sind.

Enthält die Leistungsbeschreibung jedoch keine entsprechende Position, wonach von dem Auftragnehmer überhaupt die Bearbeitung nach der Untergrundvorbehandlung auftretender Poren und Lunker gefordert wird, gehört die Leistung nicht wegen DIN 18349 zur vertraglich geschuldeten Leistung. **307**

Enthält allerdings die Leistungsbeschreibung eine Position zur Behandlung von Poren und Lunkern, schweigt sich aber zur näheren Art der Ausführung aus, dann ist die Ausführung nach Maßgabe der einschlägigen ATV-DIN-Norm vorzunehmen. **308**

Die VOB/C kann also bei der Hauptleistung über die Abschnitte 3 der einschlägigen ATV-DIN-Norm die Auslegung der vertraglichen Leistungspflichten bei der Konkretisierung der **Art und Weise** der Bauleistungserbringung beeinflussen, wenn der Text des Leistungsverzeichnisses unklar ist oder sonstiger Ergänzungsbedarf besteht. Das betrifft vor allem die Qualität sowie die Art und Weise der vom Auftragnehmer auszuführenden Bauleistung. Die VOB/C formuliert punktuell qualitative Anforderungen an das vom Auftragnehmer auszuführende Werk als Endprodukt, wobei sich dann die Einhaltung dieser Anforderungen auch messen lässt. Der vom Auftragnehmer erbrachte Leistungszustand wird damit kontrollfähig und kann hinsichtlich seiner Mangelfreiheit überprüft werden. Dieses Merkmal weisen jedoch bei weitem nicht alle ATV-DIN-Normen auf. Bei den ATV-DIN-Normen von DIN 18300 bis DIN 18313 sucht man nach solchen Vorgaben eher vergeblich. Sie werden häufiger ab der DIN 18314, allerdings mit unterschiedlicher Dichte und Intensität. **309**

So fordert die DIN 18314 bei Spritzbetonarbeiten in Abschnitt 3.3, dass die Oberfläche spritzrau zu belassen ist und geschalte Flächen schalungsrau bleiben. Die DIN 18314 formuliert jedoch in keiner Weise einen abschließenden und geschlossenen Güte- und Qualitätskatalog. Zu Lunkern, Poren, Wolkenbildung, Nestern, Rissen und dergleichen fehlen in der DIN 18314 Aussagen, **310** obwohl diese Ereignisse bei Betonarbeiten oft vorkommen und vom Auftraggeber beanstandet werden.

311 Ein Vergleich mit der DIN 18315 zeigt, dass dort die Detailangaben für die Ausführung entschieden intensiver werden. Die einzelnen Abschnitte befassen sich hinsichtlich der Tragschichten mit der Oberfläche, der profilgerechten Lage (Abschnitt 3.3.1.4), mit der Ebenheit (Abschnitt 3.3.1.5), der Dicke (Abschnitt 3.3.1.6), einschließlich Zentimeterangaben, und geben ähnlich genaue Parameter für die Ausbildung der Deckschichten vor.[228]

312 Solche und damit vergleichbare Vorgaben in anderen ATV-DIN-Normen (z. B. DIN 18316, 18317) sind entweder vertraglich vereinbarte Beschaffenheit oder geben die vertraglich vorausgesetzte bzw. gewöhnliche Verwendungseignung vor. Sie bilden den Maßstab für die Ordnungsgemäßheit der vertraglichen Leistung. Damit wird ein bestimmtes **Leistungsniveau** sichergestellt, das bei Werken gleicher Art üblich ist.

313 **Beispiele:**

Bestandteil einer Leistungsbeschreibung ist die »*Erstellung eines Verblend- oder Sichtmauerwerks.*« Schweigt die Leistungsbeschreibung zur Ausführung der Fugen, gilt nach **DIN 18330, Abschnitt 3.2.5:** »*Verblend- und Sichtmauerwerk sind im Fugenglattstrich auszuführen.*«

Beschreibt eine LV-Position: »*Verlegen von Bodenbelägen auf Unterlagen*«, dann gilt nach **DIN 18365, Abschnitt 3.4.3** auch ohne besondere Erwähnung in der Leistungsbeschreibung: »*Unterlagen und Bodenbeläge sind vollflächig zu kleben. Klebstoffrückstände auf dem Bodenbelag sind sofort zu entfernen.*«

2. Werkerfolg und Tätigkeit

314 Der Bauvertrag ist als Werkvertrag grundsätzlich **erfolgsbezogen** orientiert. **Art** und **Umfang** der Tätigkeit des Werkunternehmers zur Erreichung des vertraglich versprochenen Werkerfolgs treten dagegen gewöhnlich als subsidiär hinter diesen zurück. Dementsprechend ist der Unternehmer grundsätzlich in der **Wahl der Arbeitsmethode** frei, wenn der im Bauvertrag versprochene Werkerfolg auf verschiedene Weise erreicht werden kann. Durch die Vereinbarung der VOB/C ändert sich dies nicht unmaßgeblich, denn die Allgemeinen Technischen Vertragsbedingungen für Bauleistungen der VOB/C geben, soweit sie dem Auftragnehmer nicht die Entscheidungsfreiheit belassen in unterschiedlichem Detaillierungsgrad in **Abschnitt 3** vor, auf welche Weise der angestrebte Erfolg herbeizuführen ist und nehmen damit maßgeblich auf das **Arbeits- und Handlungsprogramm** des Auftragnehmers Einfluss. Die VOB/C ergänzt den Bauvertrag damit um eine **Tätigkeitsorientierung**, der mitunter entscheidende Bedeutung beikommen kann, denn der Bundesgerichtshof hat

---

228 Vgl. Motzke, in: Beck'scher VOB-Kommentar, VOB/C, Syst. III, Rdn. 74 ff.

im Zusammenhang mit der Einhaltung von **Herstellerangaben** und **Verarbeitungsrichtlinien** festgestellt, dass bereits durch den Verstoß hiergegen eine **Risikolage** geschaffen werden kann, die im Einzelfall bereits Mängelqualität erreicht.[229]

3. Kooperationspflichten in der VOB/C

Bei der Abwicklung von Bauverträgen gibt es immer unvorhergesehene und auch unvorhersehbare Ereignisse, die häufig Gegenstand von Meinungsverschiedenheiten oder sogar Streitigkeiten werden. Wenn die Vertragspartner darauf vertrauen, dass einer von beiden irgendwann Recht bekommt, ist das der falsche Weg. Richtiger ist es bereits im Vertrag selbst für Meinungsverschiedenheiten und möglichst auch für nicht vorhergesehene bzw. vorhersehbare Probleme sinnvolle, ablauforientiert »*Spielregeln*« aufzustellen, um zu einer effizienten Bauabwicklung und Problembehandlung beizutragen.[230] **315**

Der rechtliche Hintergrund dieser allgemein einleuchtenden Erkenntnis wird u. a. gebildet durch die **Kooperationsverpflichtungen**, denen beide Parteien eines Bauvertrages im Sinne von **Informations**-, **Mitwirkungs**- und **Rügepflichten** bzw. -obliegenheiten nach Auffassung des Bundesgerichtshofs unterliegen.[231] Der Bundesgerichtshof hat die nach seiner Auffassung bestehenden Kooperationspflichten der Bauvertragsparteien mittlerweile in mehreren Entscheidungen präzisiert.[232] Auch in der oberlandesgerichtlichen Rechtsprechung sind Kooperationspflichten der Bauvertragsparteien bereits Entscheidungsgrundlage geworden.[233] Von daher erscheint es vertragsstrategisch angebracht, im Bauvertrag zumindest die Hauptanwendungsfälle von Kooperationspflichten zu regeln, wem also welche Informations-, Verhandlungs- und Mitwirkungspflichten obliegen und diese Fragen nicht einer retrospektiven Beurteilung durch einen Dritten zu überlassen.[234] **316**

Auch die VOB/C enthält unterschiedlich intensiv ausgeprägte Kooperationsstrukturen. Einzelne Abwicklungsstörungen werden gewerkespezifisch festge- **317**

---

229 Vgl. BGH, NZBau 2000, 74; s. auch BGH, BauR 1991, 79; OLG Brandenburg, BauR 2001, 283.
230 Vgl. Langen/Schiffers, Bauplanung und Bauausführung, 2005, Rdn. 1358.
231 Vgl. BGH, BauR 1996, S. 542; Fuchs, Kooperationspflichten der Bauvertragsparteien.
232 Vgl. BGH, BauR 2000, S. 409; BGH, BauR 2000, S. 1762; BGH, NZBau 2001, S. 129; BGH, NZBau 2001, S. 390; BGH, NZBau 2003, S. 497; BGH, NZBau 2003, S. 665.
233 Vgl. OLG Oldenburg, OLGR 1998, S. 241; OLG Nürnberg, BauR 1999, S. 1316; OLG Düsseldorf, NZBau 2000, S. 427; OLG Thüringen, BauR 2000, S. 1611; OLG Düsseldorf, BauR 2001, S. 290 und S. 435; OLG Koblenz, IBR 2003, S. 297.
234 So auch Langen/Schiffers, Bauplanung und Bauausführung, 2005, Rdn. 1359.

macht und Verantwortungsbereiche sowie Risikostrukturen zugeordnet. Das Spannungsverhältnis zwischen Bauplanung und Baurealität wird besonders deutlich im Bereich Grund und Boden, weshalb gerade in den ATV-DIN 18300 bis DIN 18318 der Kooperationsgedanke deutlich intensiver behandelt wird, als bei den nachfolgenden ATV-DIN-Normen. Hier ist das Überraschungsmoment am häufigsten. Die Regelungen weisen dabei hauptsächlich vertragsrechtliche Strukturen, Handlungsgebote und Empfehlungen auf, die technischen Sachverhalte sind dabei lediglich der Anlass für die den Vertragsparteien an die Hand gegebenen Verhaltensweisen bzw. Verhaltenspflichten. Die VOB/C weist darüber hinaus verschiedenen Störungsumständen Risikosphären zu und sagt damit auch Näheres zu Behinderungstatbeständen sowie trifft Aussagen darüber, was dem Auftragnehmer billigerweise zugemutet werden kann.

318 Die in der VOB/C je unterschiedlich geregelten Obliegenheiten oder Pflichten sind gerade in Störungslagen nicht unbedeutend, weil sie zumindest den Gläubigerverzug des Auftraggebers begründen und in der Folge dazu führen können, dass der Auftragnehmer nach § 9 Abs. 1 VOB/B zur Kündigung berechtigt ist. Insgesamt füllt die VOB/C mit ihren vertragsrechtlichen Regeln zu Risikosphären und Verantwortungsbereichen den besonders störungsempfindlichen Bauvertrag mit Leben.[235]

319 Für Bauarbeiten aller Art gilt nach der **DIN 18299**, Abschnitt 3.3 die **Informationspflicht** des Auftragnehmers, dem Auftraggeber unverzüglich mitzuteilen, wenn Schadstoffe vorgefunden werden. Ferner bestimmt die DIN 18299 in Abschnitt 3.3 an, dass notwendige Sicherungsmaßnahmen vom Auftragnehmer bei Gefahr in Verzug auch ohne Anordnung des Auftraggebers unverzüglich durchzuführen sind. Die weiteren Maßnahmen sind sodann gemeinsam festzulegen, insoweit trifft den Auftragnehmer eine **Mitwirkungspflicht**. Der Abschnitt 3.3 regelt aber auch die Risikozuteilung beim Vorfinden von Schadstoffen. Indem dort festgelegt wird, dass die bei Gefahr in Verzug vom Auftragnehmer erbrachten und die weiteren Maßnahmen Besondere Leistungen sind, wird dieses Risiko dem Auftraggeber zugeordnet.

320 Weitere Beispiele für **Informationspflichten**:

321 **DIN 18300 (Erdarbeiten)**

Abschnitt 3.1.5: *Werden unvermutet Hohlräume oder Hindernisse angetroffen, ist dies dem Auftraggeber unverzüglich* **mitzuteilen**. *Ist zu vermuten, dass es sich bei den Hindernissen um Kampfmittel handelt, müssen die zuständige Behörde sowie der Auftraggeber* **benachrichtigt** *werden.*

Abschnitt 3.4.4: *Unvorhergesehene Ereignisse, z. B. Wasserandrang, Bodenauftrieb, Ausfließen von Schichten, Schäden an baulichen Anlagen sind dem Auftraggeber unverzüglich* **mitzuteilen**.

---

235 Vgl. Motzke, in: Beck'scher VOB-Kommentar, VOB/C, Syst. III, Rdn. 48.

Abschnitt 3.6.2: *Ungeeignete Bodenarten sowie Hindernisse sind dem Auftraggeber* **mitzuteilen.**

Abschnitt 3.7.4: *Ergibt sich während der Ausführung von Böschungen die Gefahr von Rutschungen, hat der Auftragnehmer dies dem Auftraggeber unverzüglich* **mitzuteilen.**

DIN 18301 (Bohrarbeiten)

Abschnitt 3.3.2: *Außergewöhnliche Feststellungen im Baugrund sind dem Auftraggeber unverzüglich* **anzuzeigen.**

Abschnitt 3.4: *Werden unvermutet Hohlräume oder Hindernisse angetroffen oder können aus nicht vom Auftragnehmer zu vertretenden Gründen Bohrrohre, Bohrgestänge oder Bohrwerkzeuge nicht mehr bewegt werden oder kann kein Bohrfortschritt erzielt werden oder weicht die Bohrachse von der vereinbarten Richtung ab, ist dies dem Auftraggeber unverzüglich* **mitzuteilen.**

Abschnitt 3.5: *Lassen sich Bohrrohre, Bohrgestänge und Bohrwerkzeuge nicht ziehen, so hat der Auftragnehmer dies dem Auftraggeber unverzüglich* **anzuzeigen.**

DIN 18303 (Verbauarbeiten)

Abschnitt 3.4.3: *Kann der Verbau nicht entsprechend den Vorgaben rückgebaut werden, ist dies dem Auftraggeber unverzüglich* **mitzuteilen.**

Abschnitt 3.2.1: *Stellt sich während der Ausführung heraus, dass die vorgegebenen Längen der Bauelemente zu kurz oder zu lang sind, ist dies dem Auftraggeber unverzüglich* **mitzuteilen.**

DIN 18305 (Wasserhaltungsarbeiten)

Abschnitt 3.1.3: *Wasser- und Bodenverhältnisse, die von den Angaben in der Leistungsbeschreibung abweichen, sind dem Auftraggeber unverzüglich* **mitzuteilen.**

Abschnitt 3.1.4: *Ergibt sich die Gefahr des schädlichen Ansteigens des Grundwassers oder des hydraulischen Grundbruchs, hat der Auftragnehmer unverzüglich den Auftraggeber zu* **verständigen.**

DIN 18320 (Landschaftsbauarbeiten)

Abschnitt 3.1.5: *Über Gefährdung der Vegetation und der ausgeführten Leistungen durch Trockenheit oder Nässe, Hitze oder Frost, Krankheiten, Schädlinge, unerwünschten Aufwuchs, Wild- oder Weidevieh ist der Auftraggeber unverzüglich zu* **unterrichten.**

326 Beispiele für **Mitwirkungspflichten**:

DIN 18300 (Erdarbeiten)

*Abschnitt 3.1.4: Wenn die Lage vorhandener Leitungen, Vermarkungen, Hindernisse und baulicher Anlagen vor Ausführung der Arbeiten nicht angegeben werden kann, ist diese **zu erkunden**.*

*Abschnitt 3.1.5: Ist zu vermuten, dass es sich bei den Hindernissen um Kampfmittel handelt, müssen die **Arbeiten** sofort **eingestellt** werden. Die notwendigen **Sicherungsmaßnahmen** hat der Auftragnehmer unverzüglich durchzuführen.*

*Abschnitt 3.2.5: Reichen vereinbarte Leistungen für das Beseitigen von Grund-, Schichten-, Quell-, Sicker- und Oberflächenwasser nicht aus, sind die erforderlichen zusätzlichen Leistungen **gemeinsam festzulegen**.* (Die Mitwirkungspflicht des Auftragnehmers bei der Festlegung von Maßnahmen wird auch noch in den Abschnitten 3.4.2, 3.6.4, 3.6.6 und 3.7.2 betont.)

*Abschnitt 3.7.4: Ergibt sich während der Ausführung von Böschungen die Gefahr von Rutschungen, hat der Auftragnehmer unverzüglich die **notwendigen Maßnahmen** zur **Verhütung von Schäden** zu treffen.*

327 DIN 18304 (Ramm-, Rüttel- und Pressarbeiten)

*Abschnitt 3.1.7: Gefährdete bauliche Anlagen sind zu **sichern**.*

328 DIN 18301 (Bohrarbeiten)

*Abschnitt 3.3.2: Außergewöhnliche Feststellungen im Baugrund, Wasser- oder Bodenauftrieb, Gasvorkommen etc. sind zu **beobachten** und zu **dokumentieren**. **Sicherungsmaßnahmen** hat der Auftragnehmer unverzüglich durchzuführen. Die weiteren Maßnahmen sind **gemeinsam festzulegen**.*

329 DIN 18302 (Arbeiten zum Ausbau von Bohrungen)

*Abschnitt 3.2.1: In Abhängigkeit von der Beschaffenheit und Mächtigkeit der wasserführenden Schichten hat der Auftragnehmer **in Abstimmung** mit dem Auftraggeber festzulegen.*

330 DIN 18320 (Landschaftsbauarbeiten)

*Abschnitt 3.1.5: Während der Ausführung von Pflegearbeitsgängen sind die Vegetation und die ausgeführten Leistungen auf Gefährdung durch Trockenheit oder Nässe, Hitze oder Frost, Krankheiten, Schädlinge, unerwünschten Auswuchs, Wild- oder Weidevieh zu **überwachen**.*

331 DIN 18380 (Gas-, Wasser- und Entwässerungsanlagen innerhalb von Gebäuden)

*Abschnitt 3.4: Das Bedienungs- und Wartungspersonal für die Anlagen ist durch den Auftragnehmer **einmal einzuweisen**.*

Beispiele für **Dokumentationspflichten:** 332

DIN 18301 (Bohrarbeiten)

Abschnitt 3.1.1: *Die Lage des Bohransatzpunktes ist in den vorgegebenen **Lageplan einzutragen** und seine **Höhe zu dokumentieren.***

Abschnitt 3.3.1: *Es sind **Schichtenverzeichnisse** zu führen, bei Bohrungen für Pfähle, Anker und Düsenstrahlarbeiten stattdessen **Bohrprotokolle.***

DIN 18302 (Arbeiten zum Ausbau von Bohrungen) 333

Abschnitt 3.1.8: *Der Ausbau von Bohrungen ist nach DIN 4943 »Zeichnerische Darstellung und Dokumentation von Brunnen und Grundwassermessstellen« zu **dokumentieren.***

DIN 18303 (Verbauarbeiten) 334

Abschnitt 3.2.2.3: *Wählt der Auftragnehmer eine Suspensionsstützung, hat er die anfallende Stützflüssigkeit zu entsorgen und einen **Nachweis** darüber dem Auftraggeber vorzulegen.*

DIN 18304 (Ramm-, Rüttel- und Pressarbeiten) 335

Abschnitt 3.4.3: *Beim Pressen von Bauelementen ist der Einpressdruck in Abhängigkeit von Tiefe und Zeit **aufzuzeichnen.***

Abschnitt 3.6.5: *Die Lage der Bauelemente, die nicht oder nur teilweise ausgebaut werden können, ist zu **dokumentieren.***

DIN 18309 (Einpressarbeiten) 336

Abschnitt 3.3: *Zur Qualitätssicherung ist zu **protokollieren** und dem Auftraggeber zu übergeben.*

Die in den Beispielen abgebildeten Informations-, Mitwirkungs- und Dokumentationspflichten kommen in abgewandelter Form bei vergleichbaren Störungslagen auch in anderen ATV-DIN-Normen vor und bilden das Spektrum der in der VOB/C enthaltenen Kooperationsstruktur sehr gut exemplarisch ab. 337

Sehr unterschiedlich wird in den ATV-DIN-Normen geregelt, wie Festlegungen zur Lösung und Klärung von Störungslagen getroffen werden. Bei einer Vielzahl von Störungslagen ist in den ATV-DIN-Normen vom Prinzip **der gemeinsamen Festlegung** die Rede, in andern bleibt die Entscheidungskompetenz ungeregelt. Nicht geregelt wird in den ATV-DIN-Normen, wer die Entscheidungsbefugnis hat, wenn es die Bauvertragsparteien nicht schaffen, eine gemeinsame Festlegung zu treffen. Dann dürfte aber das Anordnungsrecht des Auftraggebers nach § 1 Abs. 3 und 4 VOB/B entscheidend sein. Ungeklärt ist auch die Rechtsfrage, ob der Auftragnehmer die Ausführung einer nach § 1 Abs. 4 VOB/B angeordneten Leistung zur Behebung einer aufgetretenen Störungslage verweigern darf, weil in der VOB/C geregelt ist, dass die zu treffenden Maßnahmen gemeinsam festzulegen sind. Von der Systematik des aus den 338

§§ 1 Abs. 3 und Abs. 4 VOB/B ableitbaren »*Anordnungsmodells*« zu Gunsten des Auftraggebers dürfte dieser wohl stets »*das letzte Wort*« haben. Er hat es also in der Hand, auch gegen den Willen des Auftragnehmers bestimmte Einzelheiten notfalls einseitig anzuordnen.[236] Nur wenn dem Auftragnehmer die Ausführung der Leistung nicht zumutbar oder z. B. nach gesetzlichen, behördlichen oder sonst verbindlich zu beachtenden Vorschriften untersagt ist, kann der Auftragnehmer ein Leistungsverweigerungsrecht geltend machen. In den übrigen Fällen, in denen der Auftragnehmer die Anordnung für unzweckmäßig hält, muss er Bedenken anmelden und auf Verlangen die Leistung ausführen. Ebenso muss der Auftragnehmer schriftlich dem Auftraggeber seine (technischen) Bedenken gegen die Art der Ausführung mitteilen (§ 4 Abs. 3 VOB/B).

II. Nebenleistungen und Besondere Leistungen

1. Nebenleistungen

339 Nach **Abschnitt 4.1** der **DIN 18299** sind Nebenleistungen solche, die auch ohne Erwähnung im Bauvertrag zur vertraglich geschuldeten Leistung gehören. Was danach Nebenleistungen sind, lässt sich gewerkespezifisch und für jeden, auch den **Nichtfachmann**, nachlesbar und eindeutig dem jeweiligen Abschnitt 4.1 der DIN 18299 bis DIN 18459 zu entnehmen.

340 Dabei lässt sich im Einzelfall natürlich darüber diskutieren, warum bis zu einer bestimmten in der VOB/C definierten Grenze eine Leistung noch eine Nebenleistung ist und ab dieser Grenze dann eine Besondere Leistung wird. Wichtig im Sinne des **Konfliktmanagements** ist aber, dass es zu dieser möglichen Streitfrage eine klare und nachlesbare Regelung gibt. Darüber hinaus ist eine allgemeingültige Regelung weniger anfechtbar als eine subjektiv von einer Vertragspartei festgelegte Definition.[237]

341 Beispiele:

Die **DIN 18300, Abschnitt 4.1.2** regelt, dass das *Roden, Aufnehmen und seitliches Lagern einzelner Sträucher bis **2 m Höhe** und einzelner Bäume bis **10 cm Stammdurchmesser, gemessen 1 m** über dem Erdboden, sowie der dazugehörigen Baumstümpfe und Wurzeln* eine Nebenleistung ist, wobei *bei mehrstämmigen Bäumen als Durchmesser die **Summe** der Durchmesser der einzelnen Stämme gilt*. Das darüber hinausgehende Roden, Laden und Entsorgen von Aufwuchs ist nach **Abschnitt 4.2.3** eine Besondere Leistung.

---

[236] So auch Englert/Grauvogl/Katzenbach, in: Beck'scher VOB-Kommentar, VOB/C, DIN 18299, Rdn. 120.
[237] S. Volker Wirth, in: Beck'scher VOB-Kommentar, VOB/C, Syst. VIII, Rdn. 21.

Nebenleistungen und Besondere Leistungen

Nach **Abschnitt 4.1.12** der **DIN 18299** ist das *Entsorgen von Abfall aus dem Bereich des Auftraggebers bis zu einer Menge von 1 m³* eine Nebenleistung, *soweit der Abfall nicht schadstoffbelastet ist.* Das Entsorgen von Abfall, das darüber hinausgeht ist dagegen nach **Abschnitt 4.2.13** eine Besondere Leistung. **342**

Nach der **DIN 18330** ist gemäß **Abschnitt 4.1.2** *das Auf-, Um- und Abbauen sowie Vorhalten der Arbeits- und Schutzgerüste sowie der Traggerüste der **Bemessungsklasse A**, soweit diese Gerüste für die eigene Leistung notwendig sind* eine Nebenleistung. Lediglich das Erstellen von Traggerüsten der Bemessungsklasse B (**Abschnitt 4.2.3**), das Vorhalten der Gerüste über die eigene Benutzungsdauer hinaus für andere Unternehmer (**Abschnitt 4.2.4**) sowie der Umbau der Gerüste für Zwecke anderer Unternehmer (**Abschnitt 4.2.5**) ist eine Besondere Leistung. **343**

Gerade im Zusammenhang mit **Gerüsten** gibt es in den Regelwerken der VOB/C sehr unterschiedliche Regelungsansätze: **344**

DIN 18336 bestimmt in **Abschnitt 4.2.2** für **Abdichtungsarbeiten**, dass das *Auf- und Abbauen sowie Vorhalten von Gerüsten* grundsätzlich eine Besondere Leistung darstellt und lediglich der *Umbau von Gerüsten, deren **Arbeitsbühnen** nicht höher als **2 m** über Gelände oder Fußboden liegen,* eine Nebenleistung darstellt (**Abschnitt 4.1.1**), wohingegen der Umbau von Gerüsten, deren Arbeitsbühnen höher als 2 m über Gelände oder Fußboden liegen, wiederum nach Abschnitt 4.2.3 eine Besondere Leistung ist. **345**

Nach der **DIN 18338** hingegen ist für Dachdeckungs- und Dachdichtungsarbeiten gemäß **Abschnitt 4.1.1** (so auch in vielen anderen ATV-DIN-Normen) das **Auf- und Abbauen sowie Vorhalten** der Gerüste, deren Arbeitsbühnen nicht höher als **2 m** über Gelände oder Fußboden liegen, **insgesamt** eine Nebenleistung. In der Höhe darüber hinausgehende Gerüste stellen nach **Abschnitt 4.2.3** dagegen eine Besondere Leistung dar, ebenso das Auf- und Abbauen sowie Vorhalten von **Schutznetzen** gemäß **Abschnitt 4.2.4**. Der **Umbau** wird erstaunlicherweise **nicht** in der DIN 18338 angesprochen, so dass insoweit angesichts des Umstands, dass die VOB/C, wie DIN 18336 zeigt, systematisch durchaus zwischen Auf-, Ab- und Umbauen zu unterscheiden weiß, diesbezüglich Streit entstehen könnte. Ob bei Dachdeckungs- und Dachabdichtungsarbeiten die Festlegung der Höhe auf 2 m über Gelände oder Fußboden das richtige oder sinnvolle Maß ist, spielt dabei keine Rolle. Wichtig ist nur, dass klare, möglichst nachmessbare und damit kontrollfähige und für beide Bauvertragsparteien einfach zu handhabende Regelungen bestehen. **346**

Eine Regelung in Allgemeinen Geschäftsbedingungen jedenfalls, wonach der Auftragnehmer die Kosten für **Gerüste aller Art** und **jeder Höhe** zu tragen hat, ist unwirksam.[238] **347**

---

238 S. OLG Brandenburg, IBR 2007, S. 1209.

Vertragliches Bau-Soll und Leistungsumfang – Auslegung anhand der VOB/C

348 Nach § 3 Abs. 4 VOB/B ist vor Beginn der Arbeiten, soweit notwendig, der **Zustand** der Straßen- und Geländeoberfläche, der Vorfluter und Vorflutleitungen, ferner der baulichen Anlagen im Baubereich in einer **Niederschrift** festzuhalten, die vom Auftraggeber und Auftragnehmer **anzuerkennen** ist. Die VOB/C ergänzt diese Regelung dahingehend, dass diese Zustandsfeststellung für den Auftragnehmer vom Aufwand her eine Nebenleistung darstellt (s. z. B. DIN 18300, Abschnitt 4.1.1). Darüber hinausgehende Leistungen zum Feststellen des Zustandes von baulichen Anlagen einschließlich der Straßen sowie der Versorgungs- und Entsorgungsanlagen vor Beginn der Arbeiten stellen dagegen eine Besondere Leistung dar, wie z. B. Beweisgutachten, (gerichtliche) Beweissicherung, Kamerabefahrungen, Tragfähigkeitsuntersuchungen (s. z. B. DIN 18300, Abschnitt 4.2.2, DIN 18304, Abschnitt 4.2.2 oder DIN 18312, Abschnitt 4.2.2).

349 Das **Reinigen des Untergrundes** ist von der Systematik her bei den jeweils einschlägigen Regelwerken der VOB/C zunächst grundsätzlich eine Nebenleistung (vgl. DIN 18350, Abschnitt 4.1.2), allerdings ist das Reinigen des Untergrundes von **groben Verschmutzungen**, soweit diese nicht vom Auftragnehmer verursacht wurden, **stets** eine Besondere Leistung (vgl. DIN 18350, Abschnitt 4.2.9). Eine trennscharfe Abgrenzung ist hier in der VOB/C ausnahmsweise nicht zwingend gegeben, es werden nur Beispiele für die **Art** der Verschmutzung aufgeführt, bei denen die Reinigung des Untergrundes jedenfalls eine Besondere Leistung darstellt, z. B. bei Putz- und Stuckarbeiten oder Maler- und Lackierarbeiten sind dies Gipsreste, Mörtelreste, Farbreste und Öl. Eine trennscharfe Abgrenzung nach dem Umfang einer Verschmutzung fehlt dagegen.

350 Das **Sichern** der Arbeiten gegen **Niederschlagswasser**, mit dem normalerweise gerechnet werden muss, und seine **erforderliche Beseitigung** ist bei Bauleistung jeder Art nach **Abschnitt 4.1.10** der **DIN 18299** eine Nebenleistung. Leistungen für **besondere Schutzmaßnahmen** gegen Witterungsschäden, Hochwasser und Grundwasser sind dagegen nach **Abschnitt 4.2.6** der DIN 18299 Besondere Leistungen.

351 Die DIN 18299 kennt insgesamt 12 Nebenleistungen:

»*4.1.1 Einrichten und Räumen der Baustelle einschließlich der Geräte und dergleichen.*

4.1.2 Vorhalten der Baustelleneinrichtung einschließlich der Geräte und dergleichen.

4.1.3 Messungen für das Ausführen und Abrechnen der Arbeiten einschließlich des Vorhaltens der Messgeräte, Lehren, Absteckzeichen und dergleichen, des Erhaltens der Lehren und Absteckzeichen während der Bauausführung und des Stellens der Arbeitskräfte, jedoch nicht Leistungen nach § 3 Absatz 2 VOB/B.

4.1.4 Schutz- und Sicherheitsmaßnahmen nach den staatlichen und berufsgenossenschaftlichen Regelwerken zum Arbeitsschutz, ausgenommen Leistungen nach den Abschnitten 4.2.4 und 4.2.5.

4.1.5 Beleuchten, Beheizen und Reinigen der Aufenthalts- und Sanitärräume für die Beschäftigten des Auftragnehmers.

4.1.6 Heranbringen von Wasser und Energie von den vom Auftraggeber auf der Baustelle zur Verfügung gestellten Anschlussstellen zu den Verwendungsstellen.

4.1.7 Liefern der Betriebsstoffe.

4.1.8 Vorhalten der Kleingeräte und Werkzeuge.

4.1.9 Befördern aller Stoffe und Bauteile, auch wenn sie vom Auftraggeber beigestellt sind, von den Lagerstellen auf der Baustelle oder von den in der Leistungsbeschreibung angegebenen Übergabestellen zu den Verwendungsstellen und etwaiges Rückbefördern.

4.1.10 Sichern der Arbeiten gegen Niederschlagswasser, mit dem normalerweise gerechnet werden muss, und seine etwa erforderliche Beseitigung.

4.1.11 Entsorgen von Abfall aus dem Bereich des Auftragnehmers sowie Beseitigung der Verunreinigungen, die von den Arbeiten des Auftragnehmers herrühren.

4.1.12 Entsorgen von Abfall aus dem Bereich des Auftraggebers bis zu einer Menge von 1 m³, soweit der Abfall nicht schadstoffbelastet ist.

Die meisten der in der DIN 18299 geregelten Nebenleistungen erscheinen dabei derart selbstverständlich, dass eine ausdrückliche Regelung fast schon verwundert. Die sonst in den Regelwerken der VOB/C enthaltenen Nebenleistungen können im **Anhang** nachgelesen werden. **352**

2. Besondere Leistungen

Besondere Leistungen sind nach **Abschnitt 4.2** der **DIN 18299** solche Leistungen, die nur dann zur vertraglich geschuldeten Leistung gehören, wenn sie in der Leistungsbeschreibung **besonders** erwähnt sind. Damit nimmt die VOB/C Einfluss auf den Regelungsbereich des § 1 Abs. 1 Satz 1 VOB/B und § 2 Abs. 1 VOB/B.[239] **353**

Auch beim **BGB-Bauvertrag** haben die in Abschnitt 4.2 geregelten Besonderen Leistungen Einfluss auf die Vergütung, denn sie bestimmen den Rechtsfolgeninhalt des § 632 Abs. 2 BGB. Aus den Bestimmungen der Regelwerke der VOB/C zu den Besonderen Leistungen folgt als in AGB-Form gegossene **Rechtsfolge**, die sich aus der **baugewerblichen Verkehrssitte** ableiten lässt, dass eine gesonderte Vergütung für diese Leistungen üblich ist, wenn sie in der Leistungsbe- **354**

---

[239] S. BGH, NJW 2006, S. 3413.

schreibung nicht erwähnt und vom Auftraggeber nach Vertragsabschluss verlangt werden.[240]

355 Dabei listet der Abschnitt 4.2 der einzelnen ATV-DIN-Normen zu den jeweiligen Leistungsbereichen die Besonderen Leistungen nur beispielhaft und **keineswegs** abschließend auf.

356 In einigen Leistungsbereichen treffen die in Abschnitt 4.2 geregelten Besonderen Leistungen auch eine Aussage darüber, wem gerade überraschend und unvorhergesehen auftretende Umstände, insbesondere im Zusammenhang mit den **Baugrund-** und **Grundwasserverhältnissen** als **Risiko** hinsichtlich des technischen und wirtschaftlichen Mehraufwandes zuzuordnen sind. Diese Risiken werden nach dem Leitbild der gesetzlichen Regelungen auch von der VOB/C stets dem Verantwortungsbereich des Auftraggebers zugeordnet.

357 Beispiele:
– Unvermutete Hindernisse (z. B. DIN 18300, Abschnitt 3.1.5)
– Unvermutete Hohlräume (z. B. DIN 18301, Abschnitt 3.4)
– Möglichkeit des Bodenauftriebs (z. B. DIN 18303, Abschnitt 3.1.3)
– Außergewöhnliche Feststellungen (z. B. DIN 18301, Abschnitt 3.3.2)
– Gefahr eines Grundbruchs (z. B. DIN 18305, Abschnitt 3.1.4)
– Gefahr von Rutschungen (z. B. DIN 18311, Abschnitt 3.1.5)
– Abweichende Bodenverhältnisse (z. B. DIN 18395, Abschnitt 3.1.3)
– Abweichende Wasserverhältnisse (z. B. DIN 18305, Abschnitt 3.1.3)
– Abweichende Gebirgsverhältnisse (z. B. DIN 18312, Abschnitt 3.3.5)

358 In der **DIN 18299** sind in **Abschnitt 4.2** beispielsweise **18** Besondere Leistungen erwähnt:

»4.2.1 Das Erkunden von Verkehrs-, Versorgungs- und Entsorgungsanlagen im Bereich der Baustelle sowie Sicherungsmaßnahmen und weitere Maßnahmen beim Vorfinden von Schadstoffen.

4.2.2 Beaufsichtigen der Leistungen anderer Unternehmer.

4.2.3 Erfüllen von Aufgaben des Auftraggebers (Bauherrn) hinsichtlich der Planung der Ausführung des Bauvorhabens oder der Koordination gemäß Baustellenverordnung.

4.2.4 Leistungen zur Unfallverhütung und zum Gesundheitsschutz für Mitarbeiter anderer Unternehmen.

4.2.5 Besondere Schutz- und Sicherheitsmaßnahmen bei Arbeiten in kontaminierten Bereichen, z. B. messtechnische Überwachung, spezifische Zusatzgeräte für Baumaschinen und Anlagen, abgeschottete Arbeitsbereiche.

---

240 S. Motzke, in: Beck'scher VOB-Kommentar, VOB/C, Syst. IV, Rdn. 92 ff.; BGH, BauR 1984, S. 510; VOB-Stelle Niedersachsen, IBR 1987, 274; VOB-Stelle Sachsen-Anhalt, IBR 1997, 487.

Nebenleistungen und Besondere Leistungen

4.2.6 Leistungen für besondere Schutzmaßnahmen gegen Witterungsschäden, Hochwasser und Grundwasser, ausgenommen Leistungen nach Abschnitt 4.1.10.

4.2.7 Versicherung der Leistung bis zur Abnahme zugunsten des Auftraggebers oder Versicherung eines außergewöhnlichen Haftpflichtwagnisses.

4.2.8 Besondere Prüfung von Stoffen und Bauteilen, die der Auftraggeber liefert.

4.2.9 Aufstellen, Vorhalten, Betreiben und Beseitigen von Einrichtungen zur Sicherung und Aufrechterhaltung des Verkehrs auf der Baustelle, z. B. Bauzäune, Schutzgerüste, Hilfsbauwerke, Beleuchtungen, Leiteinrichtungen.

4.2.10 Aufstellen, Vorhalten, Betreiben und Beseitigen von Einrichtungen außerhalb der Baustelle zur Umleitung, Regelung und Sicherung des öffentlichen und Anliegerverkehrs sowie das Einholen der hierfür erforderlichen verkehrsrechtlichen Genehmigungen und Anordnungen nach der StVO.

4.2.11 Bereitstellen von Teilen der Baustelleneinrichtung für andere Unternehmer oder den Auftraggeber.

4.2.12 Leistungen für besondere Maßnahmen aus Gründen des Umweltschutzes sowie der Landes- und Denkmalpflege.

4.2.13 Entsorgen von Abfall über die Leistungen nach den Abschnitten 4.1.11 und 4.1.12 hinaus.

4.2.14 Schutz der Leistung, wenn der Auftraggeber eine vorzeitige Benutzung verlangt.

4.2.15 Beseitigen von Hindernissen.

4.2.16 Zusätzliche Leistungen für die Weiterarbeit bei Frost und Schnee, soweit sie dem Auftragnehmer nicht ohnehin obliegen.

4.2.17 Leistungen für besondere Maßnahmen zum Schutz und zur Sicherung gefährdeter baulicher Anlagen und benachbarter Grundstücke.

4.2.18 Sichern von Leitungen, Kabeln, Dränen, Kanälen, Grenzsteinen, Bäumen, Pflanzen und dergleichen.«

359 Auch bei der Lektüre dieser Besonderen Leistungen fragt man sich als Leser häufig unwillkürlich, warum derartige Selbstverständlichkeiten einer ausdrücklichen Erwähnung und Regelung bedürfen. So dürfte doch z. B. auch ohne ausdrückliche Erwähnung jedem auch Nichtfachmann klar sein, dass ein Auftragnehmer nicht ohne weiteres für die vertraglich vereinbarte Vergütung auch noch Leistungen Dritter zu überwachen oder Leistungen zur Unfallverhütung und zum Gesundheitsschutz für Mitarbeiter anderer Unternehmen zu erbringen hat. Die in den sonstigen ATV-DIN-Normen sonst noch vorkommenden Beispiele für Besondere Leistungen können im **Anhang** nachgelesen werden.

III. Stoffe und Bauteile, Boden und Fels

1. Stoffe und Bauteile

360 Für die bei den Bauarbeiten zu verwendenden **Stoffe** und **Bauteile** enthält zunächst der **Abschnitt 2** der **DIN 18299** fundamentale Vorgaben für sämtliche Bauleistungen, insbesondere werden hier geregelt, inwieweit **gebrauchte** und **ungebrauchte** Stoffe und Bauteile Verwendung finden können und welche **Güte- und Maßbestimmungen** bestehen.

361 Vorab legt **Abschnitt 2.1.1** der DIN 18299 fest, dass die Leistungen des Auftragnehmers auch die **Lieferung** der dazugehörigen Stoffe und Bauteile einschließlich dem **Abladen** und **Lagern** auf der Baustelle umfassen. Ergänzt und abgerundet wird diese Regelung durch **Abschnitt 4.1.9** der DIN 18299, wonach das weitere Befördern aller Stoffe und Bauteile, auch wenn sie vom Auftraggeber beigestellt sind, von den Lagerstellen auf der Baustelle oder von den in der Leistungsbeschreibung angegebenen Übergabestellen zu den Verwendungsstellen und etwaiges Rückbefördern eine Nebenleistung darstellt. Damit ist der Grundsatz der **Universalleistung** durch den Auftragnehmer in Abschnitt 2.1.1 enthalten, entsprechend der Grundregelung des Werkvertragsrechts in § 631 Abs. 1 BGB.[241]

362 Die Begriffe Stoffe und Bauteile bezeichnen im weitesten Sinne »*Material*«, dass zur Errichtung eines Bauwerks erforderlich ist und in das fertige Bauwerk untrennbar eingeht. In Abgrenzung dazu spricht man von Bauhilfsstoffen, Baubehelfen und Baubetriebsstoffen. Der Unterschied zwischen (Bau-)Stoffen und Bauteilen ist im Grunde rechtlich nicht relevant. Die unterschiedliche Bezeichnung dient nur zur Verdeutlichung des Aggregatszustands des Baumaterials.

363 (Bau-)**Stoffe** haben vor ihrer Vermischung oder Verbindung bzw. Verarbeitung keinen eigenständigen Bauwerkswert. Sie sind grundsätzlich beliebig austauschbar und bis zum Einbau bzw. der Be- oder Verarbeitung zu einem weiteren, höherwertigen Baustoff als bewegliche Sachen nach § 90 BGB **freies Handelsgut**.[242]

364 Beispiele:

Kies, Sand, Zement, Kalk, Farbe, Glas, Holz oder Stahl. Beton, Asphalt, Fliesen, Ziegelsteine, Kalksandsteine, Mörtel oder Verputzmaterial.

365 **Bauteile** sind hingegen, isoliert betrachtet, schon das **Ergebnis einer Werkleistung** gemäß den §§ 631 ff. BGB, die jedoch nach § 651 BGB dem **Kaufrecht**

---

[241] Vgl. Englert/Grauvogl/Katzenbach, in: Beck'scher VOB-Kommentar, VOB/C, DIN 18299, Rdn. 97 ff.
[242] Vgl. Englert/Grauvogl/Katzenbach, in: Beck'scher VOB-Kommentar, VOB/C, DIN 18299, Rdn. 100.

unterliegen, solange sie nicht fester Bestandteil eines Bauwerks werden. Fenster werden beispielsweise mit Holzrahmen, Schallschutzverglasung und Schließmechanismen beim Fensterhersteller gefertigt und dann zur Baustelle verbracht. Sobald diese Bauteile in die Maueröffnungen eingebaut und mit Hilfe von Zargen befestigt sind, werden aus den Bauteilen »*Fenster*« Grundstücksbestandteile nach § 94 BGB. Gleiches gilt für Türen, Badewannen, Lüftungsanlagen oder Aufzügen.[243]

Dagegen handelt es sich bei einer frisch aufgezogenen Mauer oder einem Estrich **nicht** um ein Bauteil. In beiden Fällen wird aus Baustoffen ein unmittelbar in das Bauwerk eingehender Grundstücksbestandteil geschaffen.[244] **366**

Arbeitsbeispiel 4: Gebrauchte Schalung **367**

Der Auftragnehmer von Ortbetonarbeiten kommt nach der Auftragserteilung zur Baustelle und möchte seine Schalungsbretter für die Bauarbeiten abladen. Da es sich um gebrauchtes Material handelt, verlangt der Auftraggeber, dass der Auftragnehmer seine Schalungselemente von der Baustelle entfernt und neues bzw. ungebrauchtes Schalungsmaterial verwendet. Der Auftraggeber ist der Ansicht, für sein neues Bürogebäude dürften keine gebrauchten Materialien verwendet werden. Der Auftragnehmer verlangt für die Verwendung neuer und ungebrauchter Schalungsbretter eine zusätzliche Vergütung.

Lösung: **368**

Nach Abschnitt 2.2 der DIN 18299 dürfen Stoffe und Bauteile, die der Auftragnehmer nur vorzuhalten hat, die also nicht in das Bauwerk eingehen, nach Wahl des Auftragnehmers gebraucht oder ungebraucht sein. Letztlich geht es hier um die unverbrauchbaren Bauhilfsstoffe sowie um die Baubehelfe. Unabhängig vom Alter und optischen Zustand ist allein die Funktionalität wesentlich. Will der Auftraggeber, dass auch insoweit nur ungebrauchte Stoffe und Bauteile verwendet werden, muss er dies in der Leistungsbeschreibung entsprechend ausschreiben.

Klassische Vorhaltung wird betrieben bei der Wasserhaltung (vgl. DIN 18305) oder beim Gerüstbau (vgl. DIN 18451), zum Teil auch bei der Baugrubensicherung.[245] **369**

Stoffe und Bauteile dagegen, die der Auftragnehmer zu liefern und einzubauen hat, die also in das Bauwerk eingehen, müssen hingegen nach **Abschnitt 2.3.1** der **DIN 18299** grundsätzlich **ungebraucht** sein. Einen »Kunstgriff« macht die DIN 18299 allerdings im Zusammenhang mit **wiederaufbereiteten** (Recycling-)Stoffen, die nach Abschnitt 2.3.1 als ungebraucht **gelten**, wenn sie ent- **370**

---

243 S. Englert/Grauvogl/Katzenbach, in: Beck'scher VOB-Kommentar, VOB/C, DIN 18299, Rdn. 101.
244 Vgl. Englert/Grauvogl/Katzenbach, in: Beck'scher VOB-Kommentar, VOB/C, DIN 18299, Rdn. 101.
245 Vgl. Englert/Grauvogl/Katzenbach, in: Beck'scher VOB-Kommentar, VOB/C, DIN 18299, Rdn. 109.

sprechend dem allgemeinen Grundsatz für Stoffe und Bauteile in **Abschnitt 2.1.3** der DIN 18299 für den jeweiligen Verwendungszweck geeignet und aufeinander abgestimmt sind.

371 Für Stoffe und Bauteile, für die DIN-Normen bestehen, müssen den **DIN-Güte und DIN-Maßbestimmungen** nach Abschnitt 2.3.2 der DIN 18299 entsprechen. Ebenso müssen Stoffe und Bauteile, die nach den deutschen behördlichen Vorschriften einer Zulassung bedürfen, auch amtlich zugelassen sein und den Bestimmungen ihrer Zulassung entsprechen (Abschnitt 2.3.3).

372 Im Hinblick auf den **Europäischen Binnenmarkt** enthält die DIN 18299 in **Abschnitt 2.3.4** eine Öffnungsklausel für (Bau-)Produkte anderer Staaten, sofern das geforderte Schutzniveau in Bezug auf Sicherheit, Gesundheit und Gebrauchstauglichkeit gleichermaßen dauerhaft erreicht wird.

373 Bei Stoffen und Bauteilen, die der Auftraggeber beistellt, besteht nach **Abschnitt 2.1.2** der DIN 18299 einerseits einer **Lieferpflicht** des Auftraggebers und andererseits eine rechtzeitige **Anforderungspflicht** des Auftragnehmers.

374 In der **DIN 18304** werden die Begriffe Stoffe und Bauteile durch **Bauelemente** ersetzt. Dies sind Bohlen, Pfähle, Träger, Rohre, Lanzen und dergleichen (s. Abschnitt 2.1.1).

375 In den ATV-DIN-Normen der VOB/C für die einzelnen Leistungsbereiche werden ergänzend zur DIN 18299 die für die gebräuchlichsten Stoffe und Bauteile geltenden **Fach-DIN-Normen** aufgelistet. Darüber hinaus ist bei den entsprechenden Leistungsbereichen insofern von besonderer Bedeutung, dass bei den Arbeiten anfallende Stoffe und Bauteile (z. B. Boden, Bohr- oder Baggergut, Abbruch- und Rückbaumaterial) **nicht** in das Eigentum des Auftragnehmers übergehen. Ferner werden bei entsprechenden Leistungsbereichen gewerkespezifische **spezielle Materialanforderungen** normiert, z. B. in der **DIN 18332** zu Plattendicken (Abschnitt 2.1.1), Grenzabmaßen (Abschnitt 2.1.2), Ebenheitstoleranzen (Abschnitt 2.1.3), erlaubten Farb-, Struktur- und Texturschwankungen (Abschnitt 2.1.4) sowie die Frage, inwieweit beschädigte neue Werkstücke ausgebessert und eingebaut werden dürfen (Abschnitt 2.1.5).

2. Boden und Fels

376 Soweit es in Abschnitt 2 der ATV-DIN-Normen bei den Leistungsbereichen, bei denen wo dies eine (wesentliche) Rolle spielt, um die **Beschreibung** und **Einstufung** von **Boden** und **Fels** geht, wird damit **nicht** in erster Linie die **Lieferung** von Boden oder Fels als Baustoff durch den Auftragnehmer, sondern der vom Auftraggeber »*beizustellende*« bzw. zu »*liefernde*« **Baugrund** angesprochen. Die zutreffende Beschreibung und Einstufung des Baugrundes ist bei einigen Gewerken einer der maßgeblichsten **Kalkulationsfaktoren**, denn danach richtet sich die Wahl des Bauverfahrens und des Bauablaufes sowie der Geräte.

Stoffe und Bauteile, Boden und Fels

In den verschiedenen ATV-DIN-Normen folgen dabei die Beschreibung und Einstufung von Boden und Fels durchaus unterschiedlichen Regeln. Von der Systematik und vom Aufbau einheitlich werden in den jeweiligen ATV-DIN-Normen dabei zunächst die für das Untersuchen, Benennen und Beschreiben von Boden und Fels geltenden technischen Vorschriften benannt. Am Beispiel der **DIN 18300** für Erdarbeiten sind dies nach **Abschnitt 2.2**: **377**

DIN 4020, *Geotechnische Untersuchungen für bautechnische Zwecke – Ergänzende Regelungen zu DIN EN 1997–2*

DIN 4023, *Geotechnische Erkundung und Untersuchung – Zeichnerische Darstellung der Ergebnisse von Bohrungen und sonstigen direkten Aufschlüssen*

DIN 18196, *Erd- und Grundbau – Bodenklassifikation für bautechnische Zwecke*

DIN EN 1997–2, *Eurocode 7: Entwurf, Berechnung und Bemessung in der Geotechnik – Teil 2: Erkundung und Untersuchung des Baugrunds*

DIN EN 1997–2/NA, *Nationaler Anhang – National festgelegte Parameter – Eurocode 7: Entwurf, Berechnung und Bemessung in der Geotechnik – Teil 2: Erkundung und Untersuchung des Baugrunds*

DIN EN ISO 14688–1, *Geotechnische Erkundung und Untersuchung – Benennung, Beschreibung und Klassifizierung von Boden – Teil 1: Benennung und Beschreibung*

DIN EN ISO 14689–1, *Geotechnische Erkundung und Untersuchung – Benennung, Beschreibung und Klassifizierung von Fels – Teil 1: Benennung und Beschreibung*

DIN EN ISO 22475–1, *Geotechnische Erkundung und Untersuchung – Probeentnahmeverfahren und Grundwassermessungen – Teil 1: Technische Grundlagen der Ausführung*

In der **DIN 18301** werden in **Abschnitt 2.2** zusätzlich für das Untersuchen, Benennen und Beschreiben des Baugrunds auch noch folgende technische Vorschriften angegeben: **378**

DIN 1054, *Baugrund – Sicherheitsnachweise im Erd- und Grundbau – Ergänzende Regelungen zu DIN EN 1997–1*

DIN 4030–1, *Beurteilung betonangreifender Wässer, Böden und Gase – Teil 1: Grundlagen und Grenzwerte*

Normen der Reihe **DIN 4094**, *Baugrund – Felduntersuchungen*

DIN 18137–1, *Baugrund, Untersuchung von Bodenproben – Bestimmung der Scherfestigkeit – Teil 1: Begriffe und grundsätzliche Versuchsbedingungen*

DIN EN 1536, *Ausführung von besonderen geotechnischen Arbeiten (Spezialtiefbau) – Bohrpfähle*

DIN EN 1926, *Prüfverfahren von Naturstein – Bestimmung der einachsigen Druckfestigkeit*

DIN EN 1997–1, *Eurocode 7: Entwurf, Berechnung und Bemessung in der Geotechnik – Teil 1: Allgemeine Regeln*

DIN EN 1997–1/NA, *Nationaler Anhang – National festgelegte Parameter – Eurocode 7: Entwurf, Berechnung und Bemessung in der Geotechnik – Teil 1: Allgemeine Regeln*

FGSV 543, *Merkblatt zur Felsbeschreibung für den Straßenbau, Forschungsgesellschaft für Straßen- und Verkehrswesen, Ausgabe 1992*

379 In der **DIN 18304** werden beispielsweise in **Abschnitt 2.2** noch weitergehende technische Vorschriften benannt, nach denen sich das Untersuchen, Benennen und Beschreiben des Baugrunds zu richten hat.

380 Nach der **DIN 18300** wird Boden und Fels entsprechend seinem **Zustand beim Lösen** in **Klassen** eingestuft, wobei Oberboden unabhängig von seinem Zustand beim Lösen im Hinblick auf seine besondere Behandlung als eigene Klasse geführt wird. Auch Auffüllungen und sonstige Stoffe, wie z. B. Bauteile, Recyclingstoffe, industrielle Nebenprodukte oder Abfall werden danach diesen Klassen zugeordnet, soweit dies möglich ist. Anderenfalls müssen sie im Hinblick auf ihre Eigenschaften bei erdbautechnischen Arbeiten spezifisch beschrieben werden. Die DIN 18300 unterscheidet folgende Klassen für die Einstufung von Boden und Fels:

381 – Klasse 1: **Oberboden**

Oberste Schicht des Bodens, die neben anorganischen Stoffen, z. B. Kies-, Sand-, Schluff- und Tongemischen, auch Humus und Bodenlebewesen enthält.

382 – Klasse 2: **Fließende Bodenarten**

Bodenarten, die von flüssiger bis breiiger Konsistenz sind und die das Wasser schwer abgeben.

383 – Klasse 3: **Leicht lösbare Bodenarten**

Sande, Kiese und Sand-Kies-Gemische mit höchstens 15 % Masseanteil an Schluff und Ton mit Korngrößen kleiner 0,063 mm und mit höchstens 30 % Masseanteil an Steinen mit Korngrößen über 63 mm bis 200mm. Organische Bodenarten, die nicht von flüssiger bis breiiger Konsistenz sind, und Torfe.

384 – Klasse 4: **Mittelschwer lösbare Bodenarten**

Gemische von Sand, Kies, Schluff und Ton mit über 15 % Masseanteil der Korngröße kleiner 0,063mm. Bodenarten von leichter bis mittlerer Plastizität, die je nach Wassergehalt weich bis halbfest sind und höchstens 30 % Masseanteil an Steinen enthalten.

Stoffe und Bauteile, Boden und Fels

– Klasse 5: **Schwer lösbare Bodenarten**   **385**

Bodenarten nach den Klassen 3 und 4, jedoch mit über 30 % Masseanteil an Steinen. Bodenarten mit höchstens 30 % Masseanteil an Blöcken der Korngröße über 200 mm bis 630mm. Ausgeprägt plastische Tone, die je nach Wassergehalt weich bis halbfest sind.

– Klasse 6: **Leicht lösbarer Fels und vergleichbare Bodenarten**   **386**

Felsarten, die einen mineralisch gebundenen Zusammenhalt haben, jedoch stark klüftig, brüchig, bröckelig, schiefrig oder verwittert sind, sowie vergleichbare feste oder verfestigte Bodenarten, z. B. durch Austrocknung, Gefrieren, chemische Bindungen. Bodenarten mit über 30 % Masseanteil an Blöcken.

– Klasse 7: **Schwer lösbarer Fels**   **387**

Felsarten, die einen mineralisch gebundenen Zusammenhalt und eine hohe Festigkeit haben und die nur wenig klüftig oder verwittert sind, auch unverwitterter Tonschiefer, Nagelfluhschichten, verfestigte Schlacken und dergleichen. Haufwerke aus großen Blöcken mit Korngrößen über 630mm.

Die **DIN 18303** verweist für die Einstufung von Boden und Fels auf die DIN 18300.   **388**

Anders dagegen wird die Einstufung von Boden und Fels in der **DIN 18301**, **Abschnitt 2.3**, nach der Eigenschaft für die Bohrarbeiten vorgenommen in: **389**

- nichtbindige Böden nach Feinkornanteil (Klasse BN),
- bindige Böden nach ihrer undränierten Scherfestigkeit oder ihrer Konsistenz (Klasse BB),
- organische Böden (Klasse BO),
- Böden mit Korngrößen größer 63 mm (Zusatzklasse BS),
- Fels nach seinem Verwitterungsgrad, Trennflächenabstand und nach seiner einaxialen Druckfestigkeit (Klasse FV und FD).

Von der Systematik vergleichbar wird die Einstufung von Boden und Fels auch nach der **DIN 18311** für **Nassbaggerarbeiten** und nach der **DIN 18319** für **Rohrvortriebsarbeiten** vorgenommen.   **390**

Wiederum anders erfolgt bei **Ramm-, Rüttel- und Pressarbeiten** nach DIN 18304, **Abschnitt 2.3** die Beschreibung und Einteilung von Boden und Fels in **Homogenbereiche**. Ein Homogenbereich ist dabei ein räumlich begrenzter Bereich aus einer oder mehreren Boden- und Felsschichten, dessen bautechnische Eigenschaften eine definierte Streuung aufweisen und der sich von den Eigenschaften der abgegrenzten Bereiche abhebt. Für die Homogenbereiche sind sodann Eigenschaften und Kennwerte anzugeben. Ähnlich erfolgt die Beschreibung und Einteilung von Boden und Fels in der DIN 18313.   **391**

Entsprechend der **DIN 18309** sind Boden und Fels sowie die zu injizierenden Hohlräume im Hinblick auf ihre Eigenschaften für Einpressarbeiten spezifisch   **392** nach den Vorgaben der Normen DIN EN 1536, DIN EN 1538, DIN EN 1537, DIN EN 12699; DIN EN 12715, DIN EN 14199 sowie DIN EN 14490 zu beschreiben.

393 Bei **Untertagebauarbeiten** werden Boden und Fels aufgrund ihrer Eigenschaften nach den davon abhängigen Maßnahmen für den Ausbruch und die Sicherung des Hohlraums im Hinblick auf Form und Größe des Hohlraumquerschnitts sowie auf das vereinbarte Bauverfahren in **Vortriebsklassen** eingeteilt (**DIN 18312**, Abschnitt 2.3).

394 In der **DIN 18321** werden für die Beschreibung von Boden und Fels nur die technischen Vorschriften benannt, nach denen zu verfahren ist.

G. Planungsaufgaben des Auftragnehmers gemäß der VOB/C

395 Nach § 3 Abs. 1 VOB/B hat grundsätzlich der Auftraggeber die für die Ausführung nötigen Unterlagen dem Auftragnehmer unentgeltlich und rechtzeitig zu übergeben. Durch diese Vorschrift bringt die VOB/B das generelle **Prinzip der Trennung** zwischen auftraggeberseitiger Planung und auftragnehmerseitiger Bauwerkserstellung zum Ausdruck.[246] Bei den für die Ausführung nötigen Unterlagen handelt es sich in aller Regel um die Ergebnisse der Ausführungsplanung im Sinne der Leistungsphase 5 des jeweils einschlägigen Leistungsbildes der HOAI (Objektplanung, Tragwerksplanung oder Planung der Technischen Ausrüstung). Durch das von § 3 Abs. 1 VOB/B vorgegebene Prinzip wird sehr gut die Struktur der **konventionellen Baudurchführung** beschrieben. Danach soll das vom Auftragnehmer zu erbringende Bausoll bereits detailliert zur Angebotsabgabe, spätestens bei Vertragsabschluss vorliegen.[247] Dies geschieht dadurch, dass seitens des Auftraggebers durch eine **Leistungsbeschreibung** mit Leistungsverzeichnis im Sinne von § 7 VOB/A das Bausoll abschließend vorgegeben wird. Das die Details festlegende Leistungsverzeichnis kann dabei auf zweierlei Weise erstellt werden: Der Idealfall der HOAI sieht vor, dass das in Leistungsphase 6 zu erstellende Leistungsverzeichnis das Ergebnis der zuvor in der Leistungsphase 5 zu erstellenden vollständigen und abschließend koordinierten Ausführungsplanung ist, in die alle Festlegungen für die Ausführung der Objektplanung, der Tragwerksplanung und der Planung der Technischen Ausrüstung für die einzelnen Leistungsbereiche eingeflossen sind.[248] In der Praxis ist dieser Idealfall jedoch selten zu finden. Überwiegend wird das Leistungsverzeichnis bereits auf Basis des Entwurfs oder der dem Bauantrag zugrunde liegenden Genehmigungsunterlagen bzw. einer schon erteilten Baugenehmigung erstellt. Damit ist aber das Leistungsverzeichnis in der Regel bestenfalls nur eine Prognose der auszuführenden Leistungen, da die endgültigen Ausführungsfestlegungen zu dem,

---

246 Vgl. Langen/Schiffers, Bauplanung und Bauausführung, 2005, Rdn. 696.
247 S. Langen/Schiffers, Bauplanung und Bauausführung, 2005, Rdn. 136.
248 S. Langen/Schiffers, Bauplanung und Bauausführung, 2005, Rdn. 136.

was tatsächlich gebaut werden soll, erst noch im Nachgang durch die Ausführungsplanung im Sinne der Leistungsphase 5 der HOAI bestimmt werden.[249]

Der in § 3 Abs. 1 VOB/B umschriebene Grundsatz gilt im Übrigen auch inhaltsgleich bei BGB-Bauverträgen.[250]

396

Soll der Auftragnehmer seinerseits ganz oder teilweise selbst planen, so ist dies bei der konventionellen Bauweise im Bauvertrag ausdrücklich zu regeln. Eine derartige, durchaus zulässige Vereinbarung ist nach den maßgebenden rechtlichen Bestimmungen die Ausnahme von der Regel, wie sich auch aus § 3 Abs. 5 VOB/B ergibt. Danach kann der Auftragnehmer **nur**
– durch konkrete vertragliche Vereinbarung,
– durch Technische Vertragsbedingungen,
– nach der gewerblichen Verkehrssitte oder
– auf besonderes Verlangen des Auftraggebers nach § 2 Abs. 9 VOB/B

397

verpflichtet werden, Zeichnungen, Berechnungen, Nachprüfungen von Berechnungen oder andere Unterlagen zu erstellen oder zu beschaffen. Nach § 3 Abs. 5 VOB/B hat er diese dann dem Auftraggeber nach entsprechender Aufforderung »rechtzeitig« vorzulegen. Soll der Auftragnehmer **auf besonderes Verlangen** des Auftraggebers nach § 2 Abs. 9 VOB/B Zeichnungen, Berechnungen oder andere Unterlagen beschaffen oder lässt der Auftraggeber vom Auftragnehmer nicht aufgestellte Berechnungen durch den Auftragnehmer nachprüfen, so hat der Auftraggeber eine entsprechende **zusätzliche Vergütung** zu entrichten bzw. die Kosten zu tragen, da sich insoweit die Verpflichtung des Auftragnehmers nicht aus dem Bauvertrag und seinen Bestandteilen ergibt, sondern erst aufgrund besonderer Anordnung des Auftraggebers nach Vertragsabschluss. In diesem Zusammenhang stellt sich dann auch die Frage, wo nach § 2 Abs. 9 VOB/B die Grenze des Verlangbaren liegt.[251]

398

Die vom Auftragnehmer nach den Bestimmungen der die VOB/C bildenden Allgemeinen Technischen Vertragsbedingungen für Bauleistungen zu erstellenden Unterlagen sind gerade solche, die gemäß § 3 Abs. 5 VOB/B vom Auftragnehmer zu beschaffen sind.

399

Da in der VOB/C in den einzelnen Leistungsbereichen und zu den einzelnen Gewerken die Planungsaufgaben sehr unterschiedlich geregelt sind, werden wir die nachfolgenden Ausführungen danach gliedern, ob überhaupt und wenn ja, welche auftragnehmerseitigen Planungsaufgaben nach der VOB/C vorgegeben sind.

400

---

249 S. Langen/Schiffers, Bauplanung und Bauausführung, 2005, Rdn. 136.
250 S. Havers, in: Kapellmann/Messerschmidt, § 3 VOB/B Rdn. 1; Kleine-Möller/Merl/Oelmeier, Handbuch des privaten Baurechts, § 2 Rdn. 296.
251 S. hierzu Langen/Schiffers, Bauplanung und Bauausführung, 2005, Rdn. 696; Kapellmann, in: Kapellmann/Messerschmidt, § 2 VOB/B Rdn. 314.

I. Die leistungsübergreifende DIN 18299

401 In der DIN 18299 gibt es **keine** explizite Regelung über Planungsleistungen des Auftragnehmers. Die DIN 18299 stellt in Abschnitt 4.2.3 vielmehr noch einmal ausdrücklich klar, dass das Erfüllen von Aufgaben des Auftraggebers (Bauherrn) hinsichtlich der Planung der Ausführung des Bauvorhabens eine **Besondere Leistung** ist, die nur dann zur vertraglichen Leistung zählt, wenn sie in der Leistungsbeschreibung besonders erwähnt wird.

402 Ansonsten wird lediglich in Abschnitt 5 der DIN 18299 ausgesprochen, dass für die Abrechnung die Leistung aus Zeichnungen zu ermitteln ist, soweit die ausgeführte Leistung diesen Zeichnungen entspricht. Damit spricht die DIN 18299 sog. **Abrechnungszeichnungen** an. Nach § 14 Abs. 1 VOB/B hat der Auftragnehmer seine Leistungen prüfbar abzurechnen. Dabei hat er die zum Nachweis von Art und Umfang der Leistung erforderlichen Mengenberechnungen, Zeichnungen und andere Belege beizufügen. Die Abrechnungszeichnungen gehören damit zum Pflichtenkreis des Auftragnehmers. Hierbei handelt es sich aber **nicht** um Planungsaufgaben, sondern um eine **Dokumentationspflicht** des Auftragnehmers über die erstellten und abgerechneten Leistungen.[252] Zur Erstellung von Abrechnungszeichnungen werden in der Regel **fortgeschriebene Ausführungspläne** herangezogen, die den Ist-Zustand des Bauwerks wiedergeben. Wenn es für das abzurechnende »Vorgefundene« (bislang) keine zeichnerische Dokumentation gibt, ist es auch möglich, eine unmaßstäbliche skizzenhafte Darstellung der vor Ort vorgefundenen Gegebenheiten als **Aufmaß** im Sinne von Abschnitt 5 der DIN 18299 zu verwenden.[253]

II. Die 0-Abschnitte der Fach-DIN

403 In den 0-Abschnitten der Allgemeinen Technischen Vertragsbedingungen für Bauleistungen der einzelnen Leistungsbereiche finden sich häufig Hinweise dazu, welche Planungsunterlagen ausnahmsweise vom Verantwortungsbereich des Auftraggebers in denjenigen des Auftragnehmers verlagert werden sollen. Hierdurch werden aber keine vertraglichen Planungspflichten des Auftragnehmers unmittelbar begründet, denn die in den 0-Abschnitten enthaltenen Hinweise für das Aufstellen einer Leistungsbeschreibung werden ausdrücklich **nicht** Vertragsbestandteil.

404 Beispiele:

Gemäß Abschnitt 0.2.19 der **DIN 18304** für die Ausführung von **Ramm-, Rüttel- und Pressarbeiten** sind in der Leistungsbeschreibung Art und Umfang der

---

252 S. Langen/Schiffers, Bauplanung und Bauausführung, 2005, Rdn. 697.
253 Vgl. hierzu Langen/Schiffers, Bauplanung und Bauausführung, 2005, Rdn. 15 und 29.

vom Auftragnehmer zu liefernden **Standsicherheitsnachweise** und **Ausführungszeichnungen** anzugeben,

Nach Abschnitt 0.2.4 der **DIN 18332** für die Ausführung von **Natursteinarbeiten** soll in der Leistungsbeschreibung vorgegeben werden, ob **Verlegepläne** und/oder **Versetzpläne** vom Auftragnehmer vorzulegen sind und wenn ja, in welcher Art und mit welchem Umfang. 405

Nach Abschnitt 0.2.20 der **DIN 18325** zu **Gleisbauarbeiten** ist in der Leistungsbeschreibung anzugeben, wenn der Auftragnehmer **Bauablaufpläne** erstellen soll. Ferner ist der Zeitpunkt der Vorlage anzugeben. 406

Nach Abschnitt 0.2.28 der **DIN 18333** für die Ausführung von **Betonwerksteinarbeiten** soll ebenfalls in der Leistungsbeschreibung vorgegeben werden, wenn der Auftragnehmer **Verlegepläne** zu liefern hat. 407

Nach Abschnitt 0.2.5 der **DIN 18334** über die Ausführung von **Zimmer- und Holzbauarbeiten** ist in der Leistungsbeschreibung anzugeben, wenn der Auftragnehmer **Standsicherheitsnachweise**, **Konstruktionspläne** oder **Werkstattzeichnungen** zu liefern hat. 408

Nach Abschnitt 0.3.2 der **DIN 18335** zur Ausführung von **Stahlbauarbeiten** muss vom Auftraggeber dagegen in der Leistungsbeschreibung ausdrücklich angegeben werden, wenn der Auftragnehmer die für die Baugenehmigung erforderlichen Zeichnungen und Festigkeitsberechnungen **nicht** liefern soll. 409

Nach Abschnitt 0.2.11 der **DIN 18360** für die Ausführung von **Metallbauarbeiten** ist in der Leistungsbeschreibung anzugeben, wenn der Auftragnehmer **Konstruktionszeichnungen**, **Beschreibungen** oder **statische Berechnungen** liefern soll. 410

Nach Abschnitt 0.2.17 der **DIN 18379** zur Herstellung **Raumlufttechnischer Anlagen** sind in der Leistungsbeschreibung die vom Auftragnehmer zu liefernden Unterlagen hinsichtlich **Art** und **Umfang** zu beschreiben, z. B. Strangschemata zu den Anlagenschemata, Bestandspläne, Stücklisten einschließlich aller Mess-, Steuerungs- und Regelgeräte, Stromlaufpläne, Funktionspläne der Steuerung, Funktionsbeschreibungen, Regelschemata, Einregulierungsprotokolle, Ersatzteillisten, Energiebedarfsberechnungen, Kennlinienfelder-Diagramme oder Informationslisten nach VDI 3814. Darüber hinaus ist in Abschnitt 0.2.21 der DIN 18379 geregelt, dass der Auftraggeber in der Leistungsbeschreibung Art und Umfang der dem Auftragnehmer für die Beurteilung und Ausführung der Anlage zu liefernden Planungsunterlagen und Berechnungen mitteilen muss. Ähnlich ist die Regelung in der **DIN 18380** für die Ausführung von **Heizanlagen** und zentralen Wassererwärmungsanlagen (dort Abschnitte 0.2.22 und 0.2.25). 411

III. Genehmigungsunterlagen und Standsicherheitsnachweise

1. Allgemeine Grundsätze

412 Nach § 3 Abs. 1 VOB/B zählt es grundsätzlich zu den Aufgaben des Auftraggebers, auch die Genehmigungsunterlagen und Standsicherheitsnachweise in eigener Verantwortung zu beschaffen und dem Auftragnehmer rechtzeitig vorzulegen. Sie sind Bestandteil der für die Ausführung nötigen Unterlagen. Zudem bestimmt § 4 Abs. 1 Nr. 1 VOB/B, dass der Auftraggeber die erforderlichen öffentlich-rechtlichen Genehmigungen und Erlaubnisse nach dem Baurecht herbeizuführen hat. Dementsprechend regeln die Allgemeinen Technischen Vertragsbedingungen für Bauleistungen der VOB/C bei vielen Leistungsbereichen im jeweiligen Abschnitt 4.2, dass die Anfertigung eines Standsicherheitsnachweises eine Besondere Leistung darstellt, die gemäß Abschnitt 4.2 der DIN 18299 nur dann zu der vertraglichen Leistung des Auftragnehmers gehört und damit für die vertraglich vereinbarte Vergütung zu erbringen ist, wenn sie in der Leistungsbeschreibung besonders erwähnt ist.

413 Beispiele:

Nach Abschnitt 4.2.15 der **DIN 18300** zur Ausführung von **Erdarbeiten** ist der Nachweis der Standsicherheit von Böschungen, Baugruben und Gräben eine Besondere Leistung, soweit die Notwendigkeit für den Nachweis nicht vom Auftragnehmer verursacht wurde.

414 Gemäß Abschnitt 4.2.6 der **DIN 18331** zu **Betonarbeiten** ist das Liefern bauphysikalischer Nachweise sowie statischer Berechnungen und der für diese Nachweise erforderlichen Zeichnungen eine Besondere Leistung.

415 Das Liefern rechnerischer Nachweise für die Standsicherheit und von Ausführungszeichnungen ist auch nach Abschnitt 4.2.23 der **DIN 18304** zur Ausführung von **Ramm-, Rüttel- und Pressarbeiten** eine Besondere Leistung.

416 Der Auftragnehmer hat daher im Ergebnis **nur dann** die Verpflichtung, einen Standsicherheitsnachweis zu führen und Genehmigungsunterlagen zu beschaffen, wenn dies im konkreten Vertrag ausdrücklich bestimmt und vereinbart ist. Ohne entsprechende vertragliche Vereinbarung nach Vertragsabschluss vom Auftraggeber verlangte Zeichnungen, Berechnungen oder Unterlagen sind gemäß § 2 Abs. 9 VOB/B vom Auftraggeber **zusätzlich** zu vergüten. Zur Höhe der Vergütung schweigt sich die Vorschrift des § 2 Abs. 9 VOB/B aus, es ist in Nr. 1 nur die Rede von einer Vergütungspflicht und in Nr. 2 davon, dass der Auftraggeber die Kosten zu tragen hat. Gibt es im Bauvertrag keine Regelung, richtet sich die Höhe der Vergütung nicht ohne weiteres nach bestimmten Gebührenordnungen, wie etwa der HOAI. Eher kommt eine entsprechende Anwendung der §§ 2 Abs. 5 und 6 VOB/B in Frage.[254]

---

254 Vgl. Ingenstau/Korbion, VOB Teile A und B, § 2 Nr. 9 VOB/B Rdn. 10.

Anders verhält es sich jedoch bei Bauleistungen, bei denen (häufig) **Baube-** 417
helfe eingesetzt werden. Hier werden Planungsleistungen mitunter erforderlich, die nicht im Rahmen des eigentlich zu erstellenden Bauvorhabens zu genehmigen sind und daher nicht Bestandteil der Baugenehmigung werden. Die Notwendigkeit einer Genehmigung ergibt sich erst aus der Wahl eines bestimmten Bauverfahrens, die grundsätzlich dem Auftragnehmer obliegt (vgl. Abschnitt 3.1.1 der DIN 18300). Die Wahl des Bauverfahrens, des Bauablaufs sowie der einzusetzenden Geräte betrifft den eigentlichen Bauinhalt des zu erstellenden Bauvorhabens nicht. Es geht bei Baubehelfen nicht um die Planung eines Gebäudes oder der hierfür zu erbringenden Bauleistung selbst, sondern um die Planung einer Hilfskonstruktion, die mit dem Gebäude lediglich in einem mittelbaren, die Erstellung fördernden Zusammenhang steht. Konstruktiv handelt es sich um selbständige und temporäre Ingenieurbauwerke.[255] Dementsprechend werden Baubehelfe vom Planer des Auftraggebers nicht vorgegeben oder geplant.[256] Der den Baubehelf ausführende Auftragnehmer hat zudem in der Regel über seine ausführungstechnische Kompetenz hinaus auch eine spezielle Kompetenz im zugehörigen Planungsbereich, die häufig über das hinausgeht, was bei den auftraggeberseitig eingesetzten Planern und Fachingenieuren insoweit anzutreffen ist.

Leistungsbereiche, die Baubehelfe einsetzen, haben gewissermaßen »system- 418
immanent« und nach der **gewerblichen Verkehrssitte** dafür Sorge zu tragen, dass die von ihnen eingesetzten Baubehelfe standsicher sind.[257] Dementsprechend hat hier der Auftragnehmer vom Grundsatz her auch die Genehmigungsunterlagen (Genehmigungsplanung und Standsicherheitsnachweise) für Baubehelfe und Baubehelfsleistungen als Nebenleistung auch ohne besondere Erwähnung im Bauvertrag selbst zu beschaffen. Derartige Nebenleistungen gehören zur vertraglich geschuldeten Leistung und werden über die vertraglich vereinbarte Vergütung mitbezahlt.

In verschiedenen Allgemeinen Technischen Vertragsbedingungen für Bauleis- 419
tungen der VOB/C ist dies dementsprechend auch ausdrücklich geregelt.

Beispiele: 420

DIN 18312, Abschnitt 4.1.17 (Untertagebauarbeiten): Erstellen prüffähiger Standsicherheitsnachweise und Ausführungszeichnungen, soweit sie für Baubehelfe nötig sind.

DIN 18319, Abschnitt 4.1.4 (Rohrvortriebsarbeiten): Liefern von Standsicherheitsnachweisen und Zeichnungen für Pressenwiderlager und Vortriebsrohre, soweit diese Unterlagen für die Leistung erforderlich sind.

---

255 S. hierzu Langen/Schiffers, Bauplanung und Bauausführung, 2005, Rdn. 702.
256 Vgl. Langen/Schiffers, Bauplanung und Bauausführung, 2005, Rdn. 702.
257 S. Langen/Schiffers, Bauplanung und Bauausführung, 2005, Rdn. 707.

DIN 18330, Abschnitt 4.1.1 (Mauerarbeiten): Liefern von statischen Verformungsberechnungen und Zeichnungen für Hilfskonstruktionen, soweit diese für die eigene Leistung notwendig sind.

DIN 18331, Abschnitt 4.1.5 (Betonarbeiten): Liefern von statischen Verformungsberechnungen und Zeichnungen für Hilfskonstruktionen, soweit diese für die eigene Leistung notwendig sind.

DIN 18335, Abschnitt 4.1.7 (Stahlbauarbeiten): Erstellen und Vorhalten von Baubehelfen (z. B. Hilfskonstruktionen und Traggerüste) einschließlich Liefern der dafür erforderlichen statischen und zeichnerischen Unterlagen.

421 Es gibt daneben allerdings auch Leistungsbereiche, die sich in der Erbringung von Baubehelfen und Baubehelfsleistungen erschöpfen, für die dann naturgemäß eine methodische Ausnahme gelten muss. Bei **Verbauarbeiten** gemäß **DIN 18303** besteht von vornherein die beauftragte Leistung in der Erbringung einer Hilfskonstruktion, um z. B. Kanalgräben oder eine Baugrube herzustellen. Verbauarbeiten dienen der vorübergehenden oder dauerhaften Sicherung von Geländesprüngen und Ufern sowie von Baugruben, Gräben und dergleichen. Hier gilt nach Abschnitt 4.2.13, dass das Liefern rechnerischer Nachweise für die Standsicherheit und von Ausführungszeichnungen eine Besondere Leistung darstellt.

422 Ferner gilt eine weitere Ausnahme bei **Gerüstarbeiten** gemäß **DIN 18451**, bei denen es sich ebenfalls im Grunde von vornherein um reine Baubehelfsleistungen handelt. Der Auftragnehmer muss daher nach Abschnitt 4.1.2 nur Typengenehmigungen oder (allgemein bauaufsichtliche) Zulassungen unentgeltlich als Nebenleistung vorlegen. Nach den einschlägigen **Arbeitsschutzvorschriften** (Normen der Reihe DIN 4420) sind für einige Arbeits-, Schutz- und Traggerüste sowie fahrbare Arbeitsbühnen Typengenehmigungen der Hersteller der Gerüstteile bzw. Gerüstsysteme erforderlich und auf der Baustelle zur Kontrolle vorzuhalten.[258] Für den Auftragnehmer ist dies keine besondere Belastung, da er diese Unterlagen nicht baustellenbezogen mit Kostenaufwand beschaffen muss, sondern ohnehin für die von ihm eingesetzten Gerüstteile und Gerüstsysteme von den Herstellern mit geliefert bekommt. Darüber hinaus stellt aber Abschnitt 4.2.6 der DIN 18451 als Regel klar, dass das Liefern statischer Berechnungen und der für Nachweise erforderlichen Zeichnungen eine Besondere Leistung darstellt. Soweit das Liefern in den Vertragsunterlagen nicht besonders erwähnt ist und beauftragt wurde, ist das nachträgliche Verlangen des Auftraggebers nach statischen Berechnungen und Zeichnungen gemäß § 2 Abs. 9 VOB/B gesondert zu vergüten. Dies gilt auch für **Traggerüste bei Ingenieurbauwerken** im Sinne der DIN EN 12812, wie etwa Brücken oder Temporäre Konstruktionen für Bauwerke im Sinne der DIN EN 12811 und DIN EN 12813. Bei der statischen Berechnung für derar-

---

258 Vgl. Gessner/Stüben, in: Beck'scher VOB-Kommentar, VOB/C, DIN 18451, Rdn. 72.

tige Gerüstkonstruktionen handelt es sich um eine Fachingenieurleistung, die nach der HOAI vom Tragwerksplaner zu erbringen ist.

Ergänzend bestimmen darüber hinaus Abschnitt 4.2.4 und 4.2.5 der DIN 18451, dass das Herbeiführen der erforderlichen öffentlich-rechtlichen Genehmigungen und Erlaubnisse nach dem Baurecht sowie die Übernahme von Gebühren und Kosten für solche Genehmigungen und Erlaubnisse sowie der bauaufsichtlichen Genehmigungen und für die Abnahme der Gerüste Sache des Auftraggebers sind und für den Auftragnehmer Besondere Leistungen darstellen. **423**

2. Leistungsbereiche der Technischen Ausrüstung

Die **Leistungsbilder** der **HOAI** sehen vor, dass die Vorlagen für die nach den öffentlich-rechtlichen Vorschriften notwendigen Genehmigungen oder Zustimmungen einschließlich der Anträge auf Ausnahmen und Befreiungen vom Fachingenieur für Technische Ausrüstung zu erarbeiten sind.[259] Damit korrespondieren die Regelungen in Abschnitt 4.2.1 der **DIN 18379** (Raumlufttechnische Anlagen), der **DIN 18380** (Heizanlagen und zentrale Wassererwärmungsanlagen), der **DIN 18386** (Gebäudeautomation) und der **DIN 18381** (Gas-, Wasser- und Entwässerungsanlagen innerhalb von Gebäuden), wonach Planungsleistungen wie Entwurfs-, Ausführungs- und Genehmigungsplanung sowie die Planung von Schlitzen und Durchbrüchen als eine Besondere Leistung anzusehen sind. **424**

Allerdings wird beispielsweise in **Abschnitt 3.3** der DIN 18380 (Heizanlagen und zentrale Wassererwärmungsanlagen) und der DIN 18379 (Raumlufttechnischer Anlagen) andererseits geregelt: **425**

»3.3 Anzeige, Erlaubnis, Genehmigung und Prüfung

Die für die behördlich vorgeschriebenen Anzeigen oder Anträge notwendigen zeichnerischen und sonstigen Unterlagen sowie Bescheinigungen sind entsprechend der für die Anzeige-, Erlaubnis- oder Genehmigungspflicht vorgeschriebenen Anzahl vom Auftragnehmer dem Auftraggeber zur Verfügung zu stellen. Dies gilt nicht, wenn die Prüfvorschriften für Anlagenteile eine dauerhafte Kennzeichnung statt einer Bescheinigung zulassen.«

Eine vergleichbare Regelung gibt es auch in Abschnitt 3.2 der DIN 18386 (Gebäudeautomation). **426**

Hier scheint ein deutlicher **Widerspruch** zu bestehen. **427**

In der oben dargestellten Regelung geht es allerdings nur noch um das jeweilige Fachgewerk betreffende **spezielle Einzelpflichten** zu Unterlagen, die der Auftraggeber für eine Anzeige, eine **Betriebserlaubnis** oder eine **Betriebsgeneh- 428**

---

[259] S. Langen/Schiffers, Bauplanung und Bauausführung, 2005, Rdn. 710.

migung der jeweiligen technischen Anlage benötigt. Bei Heizanlagen und zentralen Wassererwärmungsanlagen ist beispielweise für bestimmte Anlagen abhängig von der Betriebstemperatur, dem Betriebsdruck und dem Verwendungszweck eine Anzeige, Erlaubnis oder Genehmigung, einschließlich Sachverständigenprüfung, erforderlich. Bei Raumlufttechnischen Anlagen sind beispielsweise Absperreinrichtungen in Lüftungsanlagen gegen Feuer und Rauch Anlagenteile, für die eine Prüfung und Zulassung gefordert werden können. Ferner können für Raumlufttechnische Anlagen in Garagen, Geschäftshäusern und Verkaufsstätten sowie in Versammlungsstätten mit Gefährdung vieler Personen eine Anzeige, Erlaubnis, Genehmigung oder Prüfung vorgeschrieben sein. Die hierfür notwendigen **anlagenbezogenen Unterlagen**, wie z. B. Zeichnungen, Typenzulassung, allgemein bauaufsichtliche Zulassungen, Material- und Bauartbescheinigungen sind vom Auftragnehmer in der erforderlichen Anzahl als Nebenleistung vorzulegen. Aus der Leistungsbeschreibung **muss** dabei jeweils hervorgehen, welche Unterlagen vom Auftragnehmer gefordert werden (vgl. Abschnitt 0.2.5 und 0.2.17 der DIN 18379). Aus der Regelung kann man dagegen **keinen** rechtlichen Anspruch des Auftraggebers herleiten, dass der Auftragnehmer als Nebenleistung quasi durch die Hintertür doch die Unterlagen und Zeichnungen für die Baugenehmigung erstellen und beschaffen muss. Der Auftraggeber bleibt für die zur Erlangung der Baugenehmigung erforderliche Fachplanung allein zuständig.

3. Blitzschutzanlagen

429 Anders als bei den Fach-DIN-Normen der VOB/C, die wir unter 3.2 behandelt haben, enthält die DIN 18384 für die Ausführung von Blitzschutzanlagen keine Regelung in Abschnitt 4.2, wonach Planungsleistungen des Auftragnehmers für die Genehmigungsplanung eine Besondere Leistung darstellen. In Abschnitt 3.2 der DIN 18384 heißt es sogar:

»3.2 Der Auftragnehmer hat aufzustellen und zu liefern:

- *die für die Ausführung nötigen Entwurfszeichnungen, aus denen die geforderten Angaben nach DIN EN 62305–1 (VDE 0185–305-1) und DIN EN 62305–2 (VDE 0185–305-2) ersichtlich sind,*
- *die sonstigen Unterlagen für die vorgeschriebenen Genehmigungsanträge,*
- *die Zeichnungen über die ausgeführten Leistungen (Bestandspläne).«*

430 Nach **Abschnitt 4.1.2** der DIN 18384 ist das Anfertigen und Liefern dieser Unterlagen eine Nebenleistung.

431 Nach der Systematik der HOAI zählt die Planung des Blitzschutzes zu dem Aufgabenbereich der Elektrotechnikplanung. Die Schnittstelle zwischen dem Leistungsbereich Elektroarbeiten und Blitzschutzarbeiten auf der Baustelle liegt beim Fundamenterder, der bei jedem Gebäude im Fundamentbereich erforderlich ist und als Blitzschutzerder ausbaubar sein muss. Der Fundamenterder zählt zum Leistungsbereich des Gewerks Elektroarbeiten, häufig wird er von der Bauunternehmung miterledigt. Der Blitzschutzerder gehört zum Gewerk Blitzschutzanlagen.[260]

Eine Blitzschutzanlage ist nach den einschlägigen **Landes-Bauordnungen** überwiegend und grundsätzlich genehmigungsfrei. Nur bei baulichen Anlagen, bei denen nach Lage, Bauart und Nutzung Blitzschlag leicht eintreten und zu schweren Folgen führen kann, ist eine Genehmigung nach den Landes-Bauordnungen erforderlich. Hierzu zählen nach allgemeiner Meinung Hochhäuser, Waren- und Geschäftshäuser, größere Versammlungsstätten, Holzbearbeitungsbetriebe, Mühlen, Lack- und Farbenfabriken, brand- und explosionsgefährdete Bauanlagen sowie Lager für Gefahrenstoffe. Zum Teil werden auch größere landwirtschaftliche Gehöfte und Gebäude mit weichem Belag hierzu gezählt.[261] 432

Die Leistungspflicht des Auftragnehmers aus Abschnitt 3.2 der DIN 18384 richtet sich damit zunächst einmal danach, ob eine Genehmigung für die Blitzschutzanlage überhaupt erforderlich ist. Im Übrigen liegt es in der Hand des Auftraggebers, wie weit die Planungspflicht des Auftragnehmers nach Abschnitt 3.2 reicht. Zum einen wird die Baugenehmigung meist vor Auftragsvergabe der Blitzschutzarbeiten schon vorliegen, so dass die für die Genehmigungsfähigkeit der Blitzschutzanlage notwendigen Unterlagen bereits existieren müssen. Zum anderen muss für eine detaillierte Ausschreibung der Blitzschutzanlage und die Festlegung des Auftragsinhalts eine Planungsgrundlage existieren, denn der Auftragnehmer kann nur schwerlich mit einer Leistung beauftragt werden, deren Qualität und Quantität mangels Planungsgrundlage noch nicht feststeht. Anders könnte dies nur bei einer globalen und funktionalen Leistungsbeschreibung sein, z. B. ein Stück Blitzschutzanlage nach Erfordernis. 433

Im Ergebnis ist nach Abschnitt 3.2 der DIN 18384 vom Auftragnehmer im Zusammenhang mit der Genehmigungsplanung all das zu planen, was noch nicht geplant wurde und für die vorgeschriebenen Genehmigungsanträge (noch) erforderlich ist, notfalls geht dies so weit, dass der Auftragnehmer auch die komplette Planung seiner eigenen Leistung zu übernehmen hat.[262] 434

Es ist jedenfalls nicht so, dass sich die genehmigungsrelevanten Aktivitäten des Auftragnehmers für Blitzschutzanlagen darauf beschränken, dass er nach Auftragserteilung lediglich ein auf die Ausführung abgestimmtes Prüfungsbuch zu erstellen hat und der Auftragnehmer die Prüfungen nach DIN VDE 1085–305–1, Abschnitt 7 durchführt.[263] Ob ein Prüfungsbuch anzulegen ist, 435

---

260 S. Langen/Schiffers, Bauplanung und Bauausführung, 2005, Rdn. 715.
261 Vgl. Gädtke u. a., BauO NW, § 17 Rdn. 58, Boeddinghaus u. a., BauO NW, § 17 Rdn. 55 f.
262 Vgl. Schalk/Schüngel, in: Beck'scher VOB-Kommentar, VOB/C, DIN 18384, a. A. Langen/Schiffers, Bauplanung und Bauausführung, 2005, Rdn. 714 ff.
263 So Langen/Schiffers, Bauplanung und Bauausführung, 2005, Rdn. 717.

ist nach Abschnitt 0.2.12 der DIN 18384 in der Leistungsbeschreibung besonders zu erwähnen. Wird es in der Leistungsbeschreibung besonders erwähnt, dann ist es deswegen Teil der Leistung des Auftragnehmers. Wird es in der Leistungsbeschreibung dagegen nicht besonders erwähnt, dann schuldet der Auftragnehmer ein Prüfungsbuch nicht, auch nicht über Abschnitt 3.2 der DIN 18384.

4. Förderanlagen, Aufzugsanlagen, Fahrtreppen und Fahrsteige

436 Auch in der DIN **18385** zur Ausführung von Förderanlagen, Aufzugsanlagen, Fahrtreppen und Fahrsteige gibt es in Abschnitt 4.2 keine klarstellende Regelung, dass Planungsleistungen wie Entwurfs-, Ausführungs- und Genehmigungsplanung sowie die Planung von Schlitzen und Durchbrüchen als eine Besondere Leistung anzusehen sind. Nach den Leistungsbildern der HOAI gehört die Planung von Förderanlagen usw. zum Leistungsbereich des Fachplaners für die Technische Ausrüstung. Stattdessen ist in Abschnitt **3.1.3 der DIN 18385** geregelt:

»*3.1.3 Der Auftragnehmer hat die für die behördlichen Genehmigungen und Abnahmen erforderlichen Unterlagen zur Verfügung zu stellen und bei der behördlichen Abnahme mitzuwirken.*«

437 Während bei Abschnitt 3.2 der DIN 18384 zur Ausführung von Blitzschutzanlagen die Rede davon ist, dass der Auftragnehmer die für die Ausführung nötigen Entwurfszeichnungen und sonstigen Unterlagen für die vorgeschriebenen Genehmigungsanträge **aufzustellen** und **zu liefern** hat, heißt es in Abschnitt 3.1.3 der DIN 18385 lediglich, dass der Auftragnehmer Unterlagen **zur Verfügung** stellen muss, was darauf hindeutet, dass es sich um bei dem Auftragnehmer ohnehin vorhandene Unterlagen handeln muss.

438 Die von dem Auftragnehmer zur Verfügung zu stellenden Unterlagen und die in Abschnitt 3.1.1 angesprochenen Genehmigungsbelange beziehen sich dabei **nicht** auf die Erlangung der **Baugenehmigung** selbst, sondern auf die Phase der **Baudurchführung** und der **Inbetriebnahme**.[264]

439 Aufzugsanlagen zählen nach § 2 Abs. 7 des Geräte- und Produktsicherheitsgesetzes (GPSG) zu den überwachungsbedürftigen Anlagen. Diese müssen betriebssicher sein, sie müssen daher besonderen Anforderungen in Bezug auf Herstellung, Bauart, Werkstoffe und Betriebsweise genügen und unterliegen während des Betriebs regelmäßig wiederkehrenden Prüfungen. Durch das GPSG werden u. a. besondere Vorschriften für die Errichtung, Anzeigepflichten gegenüber Behörden, behördliche Genehmigungsauflagen, die Inbetriebnahme und den Betrieb einschließlich Wartung und Prüfung vorgesehen. Soweit für (bereits bestehende) behördliche Genehmigungen (zum Nachweis für

---

[264] So auch Langen/Schiffers, Bauplanung und Bauausführung, 2005, Rdn. 720; Böggering, in: Beck'scher VOB-Kommentar u. a., VOB/C DIN 18385, Rdn. 41.

Genehmigungsunterlagen und Standsicherheitsnachweise

den Betrieb) in der Regel dort definierte Unterlagen zu den Aufzugsanlagen erforderlich sind, hat der Auftragnehmer diese zur Verfügung zu stellen. Sie werden dann bei den jeweiligen Stellen eingereicht und dort auf Einhaltung der technischen Vorschriften geprüft. Darüber hinaus hat der Auftragnehmer nach Auftragserteilung ein **Aufzugsuntersuchungsbuch** mit allen Ausführungsangaben zu erstellen (vgl. Abschnitt 3.4), das Voraussetzung für die Montage und die Abnahme sowie eine dauerhafte **Betriebserlaubnis** ist.

5. Stahlbau- und Metallbauarbeiten

In Abschnitt 3.2.1 der DIN 18335 zu **Stahlbauarbeiten** ist geregelt: 440

»3.2.1 Der Auftragnehmer hat die für die Baugenehmigung erforderlichen Zeichnungen und Festigkeitsberechnungen, bei Verbundbauteilen auch für die Verbundwirkung stehenden Beton- und Stahlbetonbauteile, in drei von ihm unterschriebenen Ausfertigungen dem Auftraggeber zu liefern.«

Hier ist also nicht nur allgemein die Rede von Genehmigungen, sondern ausdrücklich von der **Baugenehmigung**. Allerdings führt dies nicht dazu, dass der Auftragnehmer den Tragwerksplaner ersetzt und die Genehmigungsplanung zu erstellen hat. An der grundsätzlichen Systematik und Aufteilung, dass die Planung (einschließlich der Genehmigungsplanung) vom Auftraggeber zu fertigen und rechtzeitig dem Auftragnehmer beizustellen ist, wie sie sich aus § 3 Abs. 1 VOB/B ergibt, ändert auch Abschnitt 3.2.1 der DIN 18335 nichts. Aus dem Verweis in Abschnitt 3.1 auf die allein den Herstellungsprozess beim Stahlbau betreffende DIN 18800–7 ergibt sich, dass die vom Auftragnehmer nach Abschnitt 3.2.1 zu liefernden Zeichnungen und Festigkeitsberechnungen nur ergänzend zu der vom Auftraggeber zu erstellenden Genehmigungsstatik und Ausführungsplanung zu sehen sind. Ferner ist der Abschnitt 3.2 überschrieben mit »*Ausführungsunterlagen*«. 441

Praxisbeispiele: 442

Es liegt eine vollständige Genehmigungsplanung vor, der Stahlbauunternehmer »optimiert« beim Material im Rahmen seiner Werkstattplanung die Konstruktion. Dann muss der Stahlbauunternehmer für diese modifizierenden Detaillösungen auch den statischen Nachweis erbringen, einschließlich der erforderlichen Zeichnungen.

Es liegt eine Baugenehmigung einschließlich Statik vor, in der aber einzelne Knoten der Stahlbaukonstruktion nicht nachgewiesen sind. Dann muss der Stahlbauunternehmer im Rahmen seiner Werkstattplanung die Knoten statisch nachweisen und insoweit eine Unterlage für die Baugenehmigung liefern. 443

Wurde zur Erlangung der Baugenehmigung nur eine überschlägige Statik erstellt, die zu den Knoten der Stahlbaukonstruktion keine Aussage macht, dann muss der Stahlbauunternehmer noch eine detaillierte Statik mit Zeich- 444

Planungsaufgaben des Auftragnehmers gemäß der VOB/C

nungen erstellen und auch insoweit eine Unterlage für die Baugenehmigung und auch den Prüfstatiker liefern.

445 Für **Metallbauarbeiten** heißt es in **Abschnitt 3.1.1.3**:

»3.1.1.3 Für Bauteile nach den Abschnitten 3.2 bis 3.6 hat der Auftragnehmer vor Fertigungsbeginn Zeichnungen und/oder Beschreibungen zu liefern. Sie bedürfen der Freigabe durch den Auftraggeber.

Aus den Darstellungen müssen Konstruktion, Maße, Einbau, Befestigung und Bauanschlüsse der Bauteile sowie die Einbaufolge erkennbar sein.«

446 In den Abschnitten 3.2 bis 3.6 werden dabei folgende Bauteile behandelt:
- Fenster (3.2)
- Türen (3.3)
- Metallfassaden, Fensterwände, Schaufenster und Vitrinen (3.4)
- Bekleidungen und abgehängte Metalldecken (3.5)
- Überdachungen, Vordächer und feststehende Sonnenschutzkonstruktionen (3.6)

447 Für Konstruktionszeichnungen, die über Abschnitt 3.1.1.3 hinausgehen, regelt **Abschnitt 4.2.6**, dass deren Lieferung eine **Besondere Leistung** darstellen. Ferner schreibt **Abschnitt 0.2.11** vor, dass das Liefern von Konstruktionszeichnungen, Beschreibungen und statischen Berechnungen durch den Auftragnehmer in der **Leistungsbeschreibung** nach den Erfordernissen des Einzelfalls **besonders** anzugeben ist.

448 Nach dem Wortlaut in Abschnitt 3.1.1.3 steht es dem Auftragnehmer **frei**, ob er Zeichnungen und/oder Beschreibungen liefert. Wenn die Fertigung allerdings eine Zeichnung erfordert, dann wird auch eine solche vom Auftragnehmer vorzulegen sein. Bei einfachen und standardisierten Bauteilen dagegen sowie bei einfachen Konstruktionen ohne gestalterische Anforderungen wird eine Beschreibung ausreichen. Die Wahl des Auftragnehmers wird im Ergebnis auch davon abhängen, welcher Weg für ihn den geringeren Aufwand bereitet.

449 Da es um Unterlagen für die Fertigung geht, die nicht von der Baubehörde genehmigt werden müssen oder Bestandteil der Baugenehmigung werden, ergibt sich aus Abschnitt 3.1.1.3 der DIN 18360 **keine** vertragliche Verpflichtung des Auftragnehmers, die Genehmigungsplanung oder Teile hiervon zu erbringen. Daran ändert sich auch nichts dadurch, dass in **Abschnitt 3.1.1.4** auf DIN-Normen verwiesen wird, die für die Berechnung und Bemessung von Metallbau-Konstruktionen maßgeblich sind. Denn in diesen Normen wird nicht geregelt, wer die Berechnungen und Bemessungen durchzuführen hat, sondern nur technische Parameter für deren Durchführung. Wenn etwa gemäß Abschnitt 0.2.11 in der Leistungsbeschreibung besonders angegeben wurde, dass statische Berechnungen durch den Auftragnehmer zu erstellen und zu liefern sind, dann muss der Auftragnehmer nach Abschnitt 3.1.1.4 für das Bemessen von tragenden Konstruktionen die dort aufgeführten DIN-Normen natürlich beachten. Ferner muss der Auftragnehmer diese Normen auch bei der Ausführung beachten und insoweit Bedenken anmelden, wenn sich aus den ihm vom Auftraggeber zur Verfügung gestellten Unterlagen ergibt, dass die DIN-Normen nicht eingehalten wurden, weil z. B. unzulässige Spannungen vorliegen oder Sicherheitszahlen nicht beachtet wurden.

Was inhaltlich aus den Zeichnungen und/oder Beschreibungen **zwingend** hervorgehen muss, die der Auftragnehmer zu liefern hat, ergibt sich **abschließend** aus dem zweiten Absatz in Abschnitt 3.1.1.3. Alles was darüber hinausgeht, steht dem Auftragnehmer frei. Da es sich um Darstellungen für die (eigene) Fertigung handelt, wird der Auftragnehmer ergänzend noch all die Angaben und Inhalte aufnehmen, die er für die Fertigung benötigt. In der Aufzählung ist jedenfalls **nicht erwähnt**, dass statische Berechnungen vom Auftragnehmer zu erbringen sind. Dementsprechend muss er solche Berechnungen auch nur dann erbringen, wenn diese entsprechend Abschnitt 0.2.11 in der Leistungsbeschreibung besonders erwähnt sind. Werden sie im Übrigen nach Vertragsabschluss gleichwohl vom Auftraggeber verlangt, handelt es sich gemäß Abschnitt 4.2.6 um einen Fall des § 2 Abs. 9 VOB/B. 450

Im Zusammenhang mit Fassaden, Fenstern und Bekleidungen wird vertreten, dass sich im Zusammenhang mit Metallbauarbeiten eine gewerbliche Verkehrssitte herausgebildet habe, wonach Genehmigungsunterlagen vom Auftragnehmer für Metallbauleistungen erbracht und dem Auftraggeber zur Verfügung gestellt werden, wenn noch keine Unterlagen bei Beauftragung vorlagen.[265] Wir halten dies allerdings für zweifelhaft, keinesfalls sollte ein Auftraggeber hierauf vertrauen. 451

IV. Ausführungsunterlagen

1. Allgemeine Grundsätze

Sog. **Werkpläne** sind Bestandteil der Ausführungszeichnungen im Bereich der **Objektplanung**. Sie werden auch Werkzeichnungen genannt und in der Regel im Maßstab 1:50, gegebenenfalls auch im Maßstab 1:20 vom Architekten gezeichnet. Sie dürfen nicht verwechselt werden mit den **Werkstattplänen** des Auftragnehmers als Teil der **Arbeitsvorbereitung**, die auf Basis der koordinierten Ausführungsplanung erstellt werden. 452

Auch für die Erstellung von Ausführungsunterlagen gilt nach **§ 3 Abs. 1 VOB/B**, dass diese grundsätzlich als für die Ausführung der Bauleistung benötigte Unterlagen vom Auftraggeber zu beschaffen und dem Auftragnehmer unentgeltlich und rechtzeitig zu übergeben sind. Soll der Auftragnehmer ausnahmsweise Ausführungszeichnungen erstellen oder beschaffen, ist nach § 3 Abs. 5 VOB/B erforderlich, dass dies entweder im Bauvertrag ausdrücklich ver- 453

---

265 So Langen/Schiffers, Bauplanung und Bauausführung, 2005, Rdn. 728.

einbart wird, sich aus vereinbarten Technischen Vertragsbedingungen ergibt, zu denen auch die Allgemeinen Technischen Vertragsbedingungen für Bauleistungen der VOB/C zählen oder sich eine gewerbliche Verkehrssitte herausgebildet hat, wonach üblicherweise von einem Auftragnehmer für bestimmte Leistungsbereiche solche Leistungen für die vertraglich vereinbarte Vergütung zu erwarten sind. Ordnet der Auftraggeber nach Vertragsabschluss an, dass der Auftragnehmer Ausführungsunterlagen erstellen, beschaffen und liefern soll, liegt ein Fall des § 2 Abs. 9 VOB/B vor, der Auftraggeber hat dann die Kosten zu tragen.

454 Allerdings sollte der Auftragnehmer immer prüfen, ob er nach **§ 1 Abs. 4 VOB/B** überhaupt durch Anordnung verpflichtet werden kann, Planungsunterlagen aufzustellen. Nach § 1 Abs. 4 VOB/B ist das **Anordnungsrecht** des Auftraggebers für nicht vereinbarte Leistungen nicht grenzenlos. Sind solche Leistungen für die Ausführung der vertraglichen Leistung erforderlich, wovon man bei der Erstellung von Ausführungsunterlagen, soweit sie das Gewerk des Auftragnehmers betreffen, ausgehen kann, muss dieser die Leistung auf Verlangen **nur** erbringen, wenn sein **Betrieb** auch auf die Erbringung solcher Leistungen **eingerichtet** ist. Abzustellen ist dabei auf die personelle und sachliche Ausstattung des konkreten Betriebes des Auftragnehmers. Zu prüfen ist, ob der Betrieb über die notwendige Anzahl von Arbeitskräften mit der erforderlichen Fachkompetenz und über die erforderliche maschinelle Ausstattung verfügt.[266] Der Auftragnehmer muss in der Regel, allein schon wegen möglicher Gewährleistungsrisiken, weder gewerkefremde Arbeiten durchführen noch Spezialverfahren oder Leistungen erbringen, hinsichtlich derer er nicht über die notwendigen Erfahrungen verfügt. Der Auftragnehmer ist auch grundsätzlich nicht verpflichtet, für Zusatzarbeiten auf Fachplaner als Nachunternehmer zurückzugreifen. Daher dürfte in den meisten Fällen, in denen es um vom Auftraggeber nachträglich verlangte Planungsleistungen geht, der Betrieb des Auftragnehmers hierauf nicht eingerichtet sein, insbesondere bei handwerklich ausgerichteten Kleinbetrieben. Ein Generalunternehmer, eine Bauunternehmung oder Stahlbauer unterhalten dagegen häufig auch eine eigene Planungsabteilung, so dass sie dem Verlangen des Auftraggebers nachkommen müssen. Ohnehin gilt für den Generalunternehmer, der zulässigerweise die vertragliche Leistung von Nachunternehmern durchführen lässt, dass ihm die betrieblichen Einrichtungen der Nachunternehmer zugerechnet werden. Auch unter diesem Gesichtspunkt dürfte es der Generalunternehmer häufig schwerer haben, eine erforderliche Zusatzleistung zu verweigern. Soweit der Auftraggeber vom Auftragnehmer Planungsleistungen verlangt, die für die Ausführung der vertraglichen Leistung des Auftragnehmers nicht erforderlich sind, er also z. B. andere Gewerke oder Leistungsbereiche mitplanen soll, dann handelt es sich um eine »*andere Leistung*« im Sinne von § 1 Abs. 4 VOB/B, die dem Auftragnehmer nur mit dessen Zustimmung übertragen werden kann.

---

266 S. von Rintelen, in: Kapellmann/Messerschmidt, § 1 VOB/B, Rdn. 109.

Die grundsätzliche Trennung zwischen auftraggeberseitiger Planung und auftragnehmerseitiger Bauausführung haben wir auch schon oben herausgestellt und betont. **455**

Diesem Grundverständnis entspricht es, dass die meisten Allgemeinen Technischen Vertragsbedingungen für Bauleistungen der VOB/C für die jeweiligen Leistungsbereiche und Gewerke im Abschnitt 4.2 regeln, dass die Erstellung von Ausführungsplänen durch den Auftragnehmer eine Besondere Leistung darstellen. **456**

Beispiele: **457**

DIN 18312 (Untertagebauarbeiten), Abschnitt 4.2.3

DIN 18313 (Schlitzwandarbeiten mit stützenden Flüssigkeiten), Abschnitt 4.2.12

DIN 18379 (Raumlufttechnische Anlagen), Abschnitt 4.2.1

DIN 18380 (Heizanlagen und zentrale Wassererwärmungsanlagen), Abschnitt 4.2.1

DIN 18381 (Gas-, Wasser- und Entwässerungsanlagen innerhalb von Gebäuden), Abschnitt 4.2.1

DIN 18382 (Nieder- und Mittelspannungsanlagen bis 36 kV), Abschnitt 4.2.5

DIN 18386 (Gebäudeautomation), Abschnitt 4.2.1

In einigen DIN-Normen der VOB/C wird sogar detailliert vorgegeben, welche Planungsleistungen vom Auftraggeber auf jeden Fall zu liefern sind. In der DIN 18379 (Raumlufttechnische Anlagen) heißt es hierzu in Abschnitt 3.1.2:

»Zu den für die Ausführung nötigen, vom Auftraggeber zu übergebenden Unterlagen (siehe § 3 Abs. 1 VOB/B) gehören z. B.:

- *Ausführungspläne als Grundrisse, Strangschemata und Schnitte mit Dimensionsangaben,*
- *Anlagenkonzeption mit Regelschemata,*
- *Schlitz- und Durchbruchpläne,*
- *Berechnungen für Wärmebedarf und Kühllast mit jeweils zugehörigen Luftleitungs- und Ventilatorauslegungen, der Energiebedarfsausweis und die wesentlichen energiebezogenen Merkmale, die der Anlagenaufwandszahl zugrunde liegen,*
- *Leistungsdaten der Wärmeüberträger,*
- *Angaben zum Schall-, Wärme- und Brandschutz.«*

2. Ausführungsplanung durch den Auftragnehmer

In der **DIN 18302** wird für **Brunnenbauarbeiten** in Abschnitt 4.1.1 festgelegt, dass das Liefern der für Brunnenbauarbeiten und Ausbauarbeiten **notwendigen Werkzeichnungen** und Protokolle eine **Nebenleistung** darstellt. **458**

Während in anderen Allgemeinen Technischen Vertragsbedingungen für Bauleistungen der VOB/C von Werkstattzeichnungen die Rede ist, wird in der DIN 18302 der Begriff Werkzeichnungen verwendet, womit nur die **Ausführungsplanung** gemeint sein kann.

459 Nach **Abschnitt 0.2.2 ff.** der DIN 18302 muss der Auftraggeber vorher ziemlich genau die **Bauart** und **Bauweise** des Brunnens in der Leistungsbeschreibung festlegen und gibt damit den **Rahmen** für die Ausführung vor. Soweit im Zusammenhang mit den individuellen Ausführungsmöglichkeiten eines Brunnens diese Angaben in der Leistungsbeschreibung nicht ausreichen, muss der Auftragnehmer die darüber hinaus erforderlichen Werkzeichnungen, die notwendige Ausführungsplanung also, selbst erbringen und als Nebenleistung liefern. Die Entscheidung, was notwendig ist, obliegt dabei dem Auftragnehmer, der den Brunnen nach den Vorgaben der Leistungsbeschreibung mangelfrei herzustellen hat. Denn das Liefern der notwendigen Werkzeichnungen ist nicht in Abschnitt 3 geregelt. Dort heißt es in Abschnitt 3.1.8 lediglich:

»3.1.8 Der Ausbau von Bohrungen ist nach DIN 4943 »Zeichnerische Darstellung und Dokumentation von Brunnen und Grundwassermessstellen« zu dokumentieren.«

460 In der **DIN 18335** (Stahlbauarbeiten) heißt es in **Abschnitt 3.2.4**:

»3.2.4 Der Auftraggeber hat die vom Auftragnehmer gelieferten Ausführungsunterlagen, soweit sie der Genehmigung des Auftraggebers bedürfen und nicht zu beanstanden sind, in einer Ausfertigung mit seinem Genehmigungsvermerk spätestens 3 Wochen nach der Vorlage zurückzugeben. Beanstandungen sind dem Auftragnehmer unverzüglich mitzuteilen.«

461 Bei den in Abschnitt 3.2.4 angesprochenen Ausführungsunterlagen handelt es sich **nicht** um die **Ausführungsplanung** entsprechend den Leistungsbildern der HOAI im Bereich der Tragwerksplanung, sondern um die in Abschnitt 3.2.1 erwähnten **Zeichnungen** für die **Baugenehmigung** und **Festigkeitsberechnungen** sowie um die in Abschnitt 3.2.2 aufgeführten **Konstruktionsunterlagen** zum Zwecke der **Bestandsaufnahme**, wie z. B. Skizzen, Tabellen oder maßstabs- und/oder mikrofilmgerechten Zeichnungen (die dann Angaben zu Maßen, Werkstoffen, Verbindungen und Verbindungsmittel sowie Sonderbearbeitungen enthalten müssen). Dies wird deutlich durch die **Überschrift** in Abschnitt 3.2, wonach die in den vorgenannten Abschnitten erwähnten Unterlagen, Zeichnungen und Berechnungen insgesamt als Ausführungsunterlagen bezeichnet werden.

462 Zu den Konstruktionsunterlagen zum Zwecke der Bestandsaufnahme muss der Auftraggeber aber nach **Abschnitt 0.2.8** in der Leistungsbeschreibung den Lieferumfang festlegen. Der Auftraggeber muss nach **Abschnitt 0.2.10** in der Leistungsbeschreibung auch festlegen, welche Ausführungsunterlagen ihm zur Genehmigung vorzulegen sind. Dies gilt auch für das Erfordernis von **Schweißplänen** (vgl. Abschnitt 0.2.9).

3. Arbeitsvorbereitende Ausführungsunterlagen

In einer Vielzahl der Allgemeinen Technischen Vertragsbedingungen für Bauleistungen der VOB/C ist geregelt, dass der Auftragnehmer **auf Basis** der vom Auftraggeber zu liefernden Ausführungsplanung weitere ausführungsrelevante Planungsleistungen vorzunehmen hat, insbesondere **Montagepläne** und **Werkstattzeichnungen** erstellen muss. In der **DIN 18379**, Abschnitt 3.1.2 heißt es beispielsweise: **463**

»3.1.2 Der Auftragnehmer hat dem Auftraggeber vor Beginn der Montagearbeiten alle Angaben zu machen, die für den ungehinderten Einbau und ordnungsgemäßen Betrieb der Anlage notwendig sind. Der Auftragnehmer hat nach den Planungsunterlagen und Berechnungen des Auftraggebers die für die Ausführung erforderliche Montage- und Werkstattplanung zu erbringen und, soweit erforderlich, mit dem Auftraggeber abzustimmen.

Dazu gehören insbesondere:

- *Montagepläne,*
- *Werkstattzeichnungen,*
- *Stromlaufpläne,*
- *Fundamentpläne.«*

Eine wortlautidentische Regelung findet man auch in Abschnitt 3.1.2 der **DIN 18380** (Heizanlagen und zentrale Wassererwärmungsanlagen) und der **DIN 18381** (Gas-, Wasser- und Entwässerungsanlagen innerhalb von Gebäuden). In der **DIN 18382** (Nieder- und Mittelspannungsanlagen bis 36kV) gibt es eine vergleichbare Regelung mit dem Unterschied, dass dort in Abschnitt 3.1.3 als vom Auftragnehmer insbesondere zu liefernde Unterlagen Stromlauf- und Adressierungspläne, Aufbauzeichnungen von Verteilungen, Stücklisten, Klemmenpläne und Belegung sowie Funktionsbeschreibungen ausdrücklich erwähnt werden. In der **DIN 18385** (Förderanlagen, Aufzugsanlagen, Fahrtreppen und Fahrsteige) gibt es in Abschnitt 3.1.1 ebenfalls eine vergleichbare Regelung. Dort werden Anlagezeichnungen und Angaben für statische und dynamische Lasten ausdrücklich vom Auftragnehmer zu liefernde Unterlagen und Informationen genannt. Schließlich gibt es eine ähnliche Regelung in der **DIN 18386** (Gebäudeautomation), Abschnitt 3.1.3, wonach insbesondere folgende Unterlagen vom Auftragnehmer zu liefern sind: **464**

»Dazu gehören insbesondere:

- *Automationsschemata mit Darstellung der wesentlichen Funktionen auf Basis der Anlagenschemata gemäß Anlagenplanung,*
- *Stromlaufpläne nach DIN EN 61082–1 (VDE 0040–1) »Dokumente der Elektrotechnik – Teil 1: Regeln«,*
- *Automationsstations-Belegungspläne einschließlich Adressierung,*
- *Übersichtsplan mit Eintragung der Standorte der Bedieneinrichtungen und Informationsschwerpunkte,*

- *Funktionsbeschreibungen,*
- *Montagepläne mit Einbauorten der Feldgeräte,*
- *Kabellisten mit Funktionszuordnung und Leitungsangaben,*
- *Stücklisten.«*

465 Für Gas-, Wasser- und Entwässerungsanlagen innerhalb von Gebäuden bestimmt die **DIN 18381** in Abschnitt 3.1.6 ergänzend, dass der Auftragnehmer rechtzeitig einen **Ausführungsplan** zu erstellen und mit dem Auftraggeber abzustimmen hat, wenn dem Auftragnehmer die Leitungsführung überlassen bleibt. Die Ausführungsplanung des Auftragnehmers dient dann der Erstellung der erforderlichen Fundament-, Schlitz-, Durchbruch- und Montageplänen. Kann der Auftragnehmer also die Leitungswege selber festlegen und bestimmen, dann muss er konsequenterweise auch diesbezüglich die Ausführungsplanung übernehmen und dem Auftraggeber vorlegen, damit dieser die weitere Ausführungsplanung vornehmen kann.

466 Wir haben bereits für **Metallbauarbeiten** im Zusammenhang mit den Genehmigungsunterlagen und Standsicherheitsnachweisen auf **Abschnitt 3.1.1.3** hingewiesen, in dem es heißt:

»3.1.1.3 Für Bauteile nach den Abschnitten 3.2 bis 3.6 hat der Auftragnehmer vor Fertigungsbeginn Zeichnungen und/oder Beschreibungen zu liefern. Sie bedürfen der Freigabe durch den Auftraggeber.

Aus den Darstellungen müssen Konstruktion, Maße, Einbau, Befestigung und Bauanschlüsse der Bauteile sowie die Einbaufolge erkennbar sein.«

467 Auch bei diesen Konstruktionszeichnungen für die Fertigung handelt es sich im Ergebnis um so etwas wie die Werkstatt- und Montageplanung, die detailliert die Ausführung auf Basis der auftraggeberseitigen Vorgaben in der Objektplanung umsetzt.

468 In der **DIN 18357** (Beschlagarbeiten) wird in Abschnitt 4.1.3 festgestellt, dass das Liefern von Werkstattzeichnungen eine **Nebenleistung** ist, wenn solche Zeichnungen für die Beschlagarbeiten erforderlich sind. Ob solche Werkstattzeichnungen notwendig sind, muss der Auftragnehmer beurteilen, denn schließlich dienen diese Unterlagen seiner eigenen Arbeitsvorbereitung. Allerdings **muss** der Auftragnehmer von Beschlagarbeiten bei Schließanlagen **nach Abschnitt 3.1.7** einen **Schließplan** liefern, aus dem die Zuordnung der einzelnen Zylinder und Schlüssel zu den Türen sowie die Schließfunktion der Einzelschlüssel und der übergeordneten Schlüssel ersichtlich ist. Hierbei handelt es sich aber nicht um einen Ausführungs-, sondern einen »*Dokumentationsplan*«.

469 Bei einigen Gewerken sind vom Auftragnehmer ergänzende und detaillierte Angaben zur Ausführung zu machen, insbesondere dazu, mit welchen Systemen, Bauteilen und Produkten die Leistung ausgeführt wird. Hierbei handelt es aber nicht um echte Planungsaufgaben, sondern Informationspflichten.

Werkstatt- und Konstruktionszeichnungen sind im Gegensatz zu **Werkzeichnungen** Pläne, die der **Arbeitsvorbereitung** und der **Vorfertigung** von Bauteilen dienen. Durch diese Pläne wird nicht beschrieben, was zu bauen ist, sie legen nur fest, wie das Geplante herzustellen und vorzumontieren ist. 470

Beispiel: Bei Raumlufttechnischen Anlagen werden für die Fertigung der erforderlichen Blechkanäle für die Lüftung Werkstattzeichnungen angefertigt. 471

Auch **Montagepläne** sind Unterlagen für die Arbeitsvorbereitung. Sie beinhalten Angaben für den Zusammenbau und den **Einbau** der vorgefertigten Bauteile vor Ort auf der Baustelle, zur Befestigung von Stoffen und Bauteilen, zu den Anschlüssen und zur Einbaufolge oder allgemein zum Einbau. 472

4. Aussparungspläne, Schlitz- und Durchbruchspläne

Bei **Rollladenarbeiten** bestimmt Abschnitt 4.1.7 der **DIN 18358**, dass folgende Leistung eine Nebenleistung darstellt, die auch ohne besondere Erwähnung in der Leistungsbeschreibung zum vertraglich geschuldeten Bausoll gehört: 473

»4.1.7 Vorlage von Plänen für Aussparungen, Eintragen notwendiger Aussparungen in bauseits gestellte Baupläne oder Anzeichnen der erforderlichen Aussparungen, die zur Anbringung von Rollläden, Roll- und Sektionaltoren, Rollgittern, mechanisch betriebenen Sonnenschutz- und Verdunklungsanlagen sowie Insektenschutzgittern nötig sind.«

Der Auftragnehmer hat hier also die Wahl, wie er die erforderlichen Aussparungen, die vom Auftraggeber herzustellen sind, kenntlich machen will. 474

In der **DIN 18360** (Metallbauarbeiten) wird in Abschnitt 4.1.2 festgelegt, dass die Vorlage von Plänen für auszusparende **Ankerlöcher** zur Befestigung von Türen, Toren, Fenstern und dergleichen oder die Markierung der Ankerlöcher für deren nachträgliches Herstellen ebenfalls eine Nebenleistung darstellt. Auch hier überlässt die DIN dem Auftragnehmer die Wahl. 475

Im Übrigen wird in den Allgemeinen Technischen Vertragsbedingungen für Bauleistungen der VOB/C bei den Leistungsbereichen, in denen dies vorkommt, sogar zum Teil ausdrücklich geregelt, dass die **Planung** der Schlitze und Durchbrüche Sache des Auftraggebers ist und für den Fall, dass der Auftragnehmer sie erbringen soll, eine Besondere Leistung darstellt. 476

Beispiele: 477

DIN 18379 (Raumlufttechnische Anlagen), Abschnitt 4.2.1

DIN 18380 (Heizanlagen und zentrale Wassererwärmungsanlagen), Abschnitt 4.2.1

DIN 18381 (Gas-, Wasser- und Entwässerungsanlagen innerhalb von Gebäuden), Abschnitt 4.2.1

DIN 18386 (Gebäudeautomation), Abschnitt 4.2.1

478 Das Anzeichnen der gewerkbezogenen Aussparungen, Schlitze und Durchbrüche ist dagegen eine Nebenleistung des Auftragnehmers, auch wenn diese von einem anderen Unternehmer ausgeführt werden.

479 Beispiele:

DIN 18381 (Gas-, Wasser- und Entwässerungsanlagen innerhalb von Gebäuden), Abschnitt 4.1.1

DIN 18380 (Heizanlagen und zentrale Wassererwärmungsanlagen), Abschnitt 4.1.1

DIN 18339 (Klempnerarbeiten), Abschnitt 4.1.5

DIN 18382 (Nieder- und Mittelspannungsanlagen bis 36 kV), Abschnitt 4.1.3

DIN 18386 (Gebäudeautomation), Abschnitt 4.1.1

480 Praktisch alle der vorgenannten DIN-Bestimmungen regeln darüber hinaus in Abschnitt 3, dass der Auftragnehmer bei Fehlen, offensichtlich mangelhafter Ausführung oder nicht rechtzeitiger Fertigstellung von Aussparungen, Schlitzen und Durchbrüchen Bedenken nach § 4 Abs. 3 VOB/B gegenüber dem Auftraggeber geltend machen muss.

5. Ausführungsunterlagen für andere Leistungsbereiche

481 Bei einigen Leistungsbereichen sehen die Allgemeinen Technischen Vertragsbedingungen der VOB/C vor, dass der Auftragnehmer Unterlagen zu liefern oder Angaben zu machen hat, die für vorangehende oder auf die Leistung des Auftragnehmers aufbauende Leistungsbereiche erforderlich sind. In der **DIN 18358**, Abschnitt 3.7 heißt es zu **Rollladenarbeiten**:

»3.7 Der Auftragnehmer hat für die von ihm einzubauenden elektrotechnischen Bauteile dem Auftraggeber zur Verlegung der elektrischen Leitungen einen verbindlichen Geräteplan, ein Schaltbild oder einen Stromlaufplan mit Klemmenplan zu liefern und den Anlaufstrom anzugeben.«

482 Nach der **DIN 18380** für die Ausführung von **Heizanlagen und zentralen Wassererwärmungsanlagen** muss der Auftragnehmer dem Auftraggeber nach Abschnitt 3.1.2 Angaben über die Massen der Einbauteile, die Stromaufnahme und gegebenenfalls den Anlaufstrom der elektrischen Bauteile und die sonstigen Erfordernisse für den Einbau machen. Das gleiche gilt im Wesentlichen auch bei den anderen Leistungsbereichen der **Technischen Ausrüstung** (z. B. nach Abschnitt 3.1.2 der DIN 18379 oder DIN 18381). Überhaupt wird in den vorgenannten DIN-Bestimmungen für die Technische Ausrüstung vom Auftragnehmer verlangt, dass er dem Auftraggeber vor Beginn der Montagearbeiten alle Angaben machen muss, die für den ungehinderten Einbau notwendig sind, damit

H. Prüfungs- und Bedenkenhinweispflichten des Auftragnehmers aus der VOB/C

I. Verschiedene Formen und Rechtsgrundlagen

Gemäß § 3 Abs. 3 VOB/B und § 4 Abs. 3 VOB/B sowie § 242 BGB treffen den Auftragnehmer – neben seinen Hauptleistungspflichten, die beauftragte Werkleistung (in einer bestimmten Bauzeit) mangelfrei herzustellen – eine Reihe von Prüf- und Hinweispflichten als »Nebenleistungspflichten« bezogen auf die gesamte mangelfreie Ausführung des Bauvorhabens. Dazu gehören insbesondere **drei Arten** von Prüf- und Hinweispflichten, die folgende Bereiche betreffen: **483**

– vom Auftraggeber beigestellte oder vorgeschriebene **Stoffe und Bauteile**
– **Vorleistungen** anderer Unternehmer
– Vorgesehene **Art der Ausführung**

In § 4 Abs. 3 VOB/B ist dies folgendermaßen zusammengefasst: **484**

»Hat der Auftragnehmer Bedenken gegen die vorgesehene Art der Ausführung (auch wegen der Sicherung gegen Unfallgefahren), gegen die Güte der vom Auftraggeber gelieferten Stoffe oder Bauteile oder gegen die Leistungen anderer Unternehmer, so hat er sie dem Auftraggeber unverzüglich – möglichst schon vor Beginn der Arbeiten – schriftlich mitzuteilen; der Auftraggeber bleibt jedoch für seine Angaben, Anordnungen oder Lieferungen verantwortlich.«

§ 3 Abs. 3 VOB/B bezieht sich konkret auf die Ausführungsunterlagen: **485**

»Die vom Auftraggeber zur Verfügung gestellten Geländeaufnahmen und Absteckungen und die übrigen für die Ausführung übergebenen Unterlagen sind für den Auftragnehmer maßgebend. Jedoch hat er sie, soweit es zur ordnungsgemäßen Vertragserfüllung gehört, auf etwaige Unstimmigkeiten zu überprüfen und den Auftraggeber auf entdeckte oder vermutete Mängel hinzuweisen.«

Und § 242 BGB sagt allgemein zur »Leistung nach Treu und Glauben«: **486**

»Der Schuldner ist verpflichtet, die Leistung so zu bewirken, wie Treu und Glauben mit Rücksicht auf die Verkehrssitte es erfordern.«

Prüfungs- und Bedenkenhinweispflichten des Auftragnehmers aus der VOB/C

487 Die **VOB/C** bzw. die ATV-DIN 18299 ff. enthalten für die einzelnen technischen Gewerke – jeweils im **Abschnitt 3** (»Ausführung«) – zahlreiche spezielle Vorgaben für die Prüfungs- und Bedenkenhinweispflichten des Auftragnehmers, welche die allgemeinen Vorgaben aus § 4 Abs. 3 VOB/B **konkretisieren**.[267]

488 **Beispiele** zum Nachlesen:

DIN 18306 (»Entwässerungskanalarbeiten«), Abschnitt 3.1.1

DIN 18308 (»Drän- und Versickerarbeiten«), Abschnitt 3.1.8

DIN 18309 (»Einpressarbeiten«), Abschnitt 3.1.3

DIN 18311 (»Nassbaggerarbeiten«), Abschnitt 3.1.2; 3.1.4; 3.1.5

DIN 18314 (»Spritzbetonarbeiten«), Abschnitt 3.1.2

DIN 18320 (»Landschaftsbauarbeiten«), Abschnitt 3.1.10

DIN 18334 (»Zimmer- und Holzbauarbeiten«), Abschnitt 3.1.1

DIN 18351 (»Vorgehängte hinterlüftete Fassaden«), Abschnitt 3.2

489 Diese, in den Abschnitten 3 geregelten Pflichten, beziehen sich überwiegend auf die Verträglichkeit der vom Auftragnehmer geschuldeten Bauleistung mit den **Vorleistungen** anderer Unternehmer (dazu sogleich Rdn. 497).

490 Im Einzelnen:

1. Stoffe und Bauteile

491 Die schon vor Ausführung bestehende Prüfungspflicht des Auftragnehmers bezüglich der vom Auftraggeber für das Bauvorhaben zur Verfügung gestellten Bauprodukte (Stoffe und Bauteile) dahingehend, ob diese für den konkret vorgesehenen Einsatz geeignet sind, soll zur **Gewährleistung der Mangelfreiheit** beitragen.[268] Dabei hat der Auftragnehmer die für die jeweiligen zum Einsatz kommenden Baustoffe/-teile relevanten Fach-DIN-Normen und »technischen Regelungen«[269] zu kennen und entsprechend zu überprüfen, insbesondere auch nach deren (bauordnungsrechtlichen) Zulässigkeit.[270]

492 **Arbeitsbeispiel 5:** Generell geeignete Bauprodukte? – »Ausreißer«

Der Bauherr, vertreten durch seinen Architekten, schreibt im Leistungsverzeichnis einen bestimmten Laminatbodenbelag eines bestimmten Herstellers alternativlos aus. Der Laminatbodenhersteller ist in der Branche für seine qualitativ hochwertigen Produkte bekannt, ein entsprechendes Produktdatenblatt für den ausge-

---
267 Zur Abgrenzung zu »Mitteilungspflichten« aus der VOB/C s. Rdn. 523.
268 Vgl. dazu BGH, BauR 2000, 262; OLG Hamm, BauR 2003, 101 und 406. Näher Rdn. 528.
269 Ausführlich Rdn. 206 ff.
270 Rdn. 624 ff.

schriebenen Bodenbelag mit den – laut Papier – uneingeschränkt geeigneten technischen Merkmalen liegt vor. Der vom Auftraggeber nach VOB/B beauftragte Laminatbodenverleger kauft das ausgeschriebene Laminat beim Hersteller ein und verlegt es in den Räumlichkeiten des Auftraggebers. Nach zwei Jahren zeigen sich an den Laminatböden Schäden in großem Ausmaß (Ablösungen der Trittschicht, Hebungen des Bodens, Blasenbildung des Belags usw.). Erst bei der gutachterlichen Untersuchung im Labor stellt sich heraus, dass die Schäden auf einen Herstellungsfehler bei der Produktion zurückzuführen sind. Der Bauherr fordert seinen Auftragnehmer zur Mangelbeseitigung auf. Dieser lehnt jegliche Gewährleistung mit der Begründung ab, der Architekt habe schließlich ein ungeeignetes Produkt verbindlich vorgegeben, was zu den Mängeln geführt habe; die Ungeeignetheit habe er nicht erkennen können, so dass auch kein Verstoß gegen seine Prüf- und Hinweispflicht vorliege. Wer hat Recht?

Lösung: 493

Für einen möglichen Haftungsausschluss zugunsten des Auftragnehmers sind zunächst innerhalb eines Leistungsverzeichnisses verbindliche Vorgaben des Auftraggebers erforderlich. Die Benennung bestimmter Bauteile im Leistungsverzeichnis soll dann nicht nur ein Einverständnis oder eine Anregung darstellen, sondern ist eine bindende Anweisung, wenn die Auslegung des Bauvertrags ergibt, dass dieses Material dem Auftragnehmer zwingend vorgeschrieben sein soll. Dies ist nur dann nicht der Fall, wenn die Bezeichnung eines bestimmten Erzeugnisses mit dem Zusatz »alternativ gleichwertig« versehen wird.[271]

Der Haftungsausschluss setzt aber auch voraus, dass der Mangel auf einer der in den Risikobereich des Auftraggebers fallenden Umstände zurückzuführen ist. Die Maßnahmen und Vorgaben des Auftraggebers müssen daher die Ursache des Mangels sein. Das bedeutet: Die Ursachen aus dem Risikobereich des Auftraggebers müssen im **Allgemeinen** *und nicht nur unter besonders eigenartigen, unwahrscheinlichen und nach dem gewöhnlichen Verlauf der Dinge außer Betracht zu lassenden Umständen geeignet sein, den Mangel herbeizuführen.*[272] *In Ausnahmefällen kann sich trotz zweifelsfreier Kausalität die Frage der Zurechnung im Zusammenhang mit dem* **Systemrisiko** *stellen.*[273] *Dementsprechend hat der BGH in seinem »Ausreißer-Urteil« entschieden, dass mit § 13 Abs. 3 VOB/B die Haftung des Auftragnehmers nur in dem Maße eingeschränkt werden soll, in dem es bei wertender Betrachtung gerechtfertigt ist. Der Auftraggeber soll lediglich für das, was er anordnet, einstehen; die* **Gefahr eines Ausreißers** *ist jedoch*

---

271 OLG Zweibrücken, BauR 1992, 717; Bayr. OLG, IBR 2002, 505; OLG Hamm, BauR 1988, 481; OLG Hamm, IBR 1991, 530; OLG Jena, BauR 2001, 1173; Ganten, in: Beck'scher VOB-Kommentar, VOB/B § 13 Abs. 3, Rdn. 21u. 23. Dabei kann die Anordnung des AG z. B. auch in dem LV liegen, vgl. Weyer, in: Kapellmann/Messerschmidt, VOB/B § 13, Rdn. 71 Fn. 331 sowie Rdn. 73.
272 OLG München, NJW-RR 1987, 854; Ganten, in: Beck'scher VOB-Kommentar, VOB/B § 13 Abs. 3 Rdn. 39; Weyer, a. a. O., Rdn. 77.
273 Zum Systemrisiko s. Rdn. 595 ff.

*unabhängig davon, ob die Entscheidung für das **an sich geeignete Material** vom Auftragnehmer oder vom Auftraggeber getroffen worden ist.*[274]

494 Fraglich ist jedoch, was – im Sinne der höchstrichterlichen Rechtsprechung – unter einer »generellen Eignung des Stoffes« im Verhältnis zu »Ausreißern« und »systematischen Produktionsfehlern« zu verstehen ist. Dem »Ausreißer-Urteil« lag der Fall zugrunde, dass der Auftraggeber bestimmte Sichtbetonsteine vorgegeben hatte, die nur bei den tatsächlich **gelieferten** und verwendeten Steinen Mängel (Herstellungsfehler) aufwiesen, die Produktion im Übrigen aber uneingeschränkt tauglich und vielfach bewährt war und auch gegen den Hersteller keine Bedenken bestanden, so dass der BGH eine generelle Eignung des vorgegebenen Materials angenommen hat; die Gewährleistung des Auftragnehmers für diesen auf die konkrete Einzellieferung beschränkten Mangel werde damit durch § 13 Abs. 3 VOB/B nicht eingeschränkt. Der BGH legt die Vorschrift nach ihrem Sinn und Zweck zutreffend dahin aus, dass der Auftragnehmer nur dann von seiner verschuldensunabhängig bestehenden Mängelhaftung frei wird, wenn der Auftraggeber ein **für den konkret vorgesehenen Verwendungszweck generell ungeeignetes Material** vorgegeben hat. Ist jedoch das vom Auftraggeber gewünschte Material gemäß der Vorgabe **generell geeignet**, hat er keinen Einfluss darauf, dass dieses Material von dem Vertragspartner des Auftragnehmers (Hersteller/Lieferanten) mangelfrei produziert wird, weshalb das Risiko der mangelhaften Herstellung beim Auftragnehmer verbleibt, der wiederum unmittelbar Gewährleistungsansprüche gegenüber seinem Lieferanten/Hersteller geltend machen kann. Nur wenn das vorgegebene Produkt für den konkreten Verwendungszweck schon »per se« ungeeignet ist (und der Auftragnehmer seiner Prüf- und Hinweispflicht nachgekommen ist sowie Bedenken angemeldet hat – sofern denn die Ungeeignetheit erkennbar war!), bspw. Parkettbodenverlegung im Badezimmer, also selbst bei mangelfreier Materialherstellung nach dem Einbau im konkreten Objekt Mängel auftreten würden, wäre der Anwendungsbereich des § 13 Abs. 3 VOB/B eröffnet. In allen anderen Fällen haftet der Auftragnehmer im Rahmen seiner Gewährleistung auch für Mängel, die er selbst nicht zu vertreten hat. *»Diese Einstandspflicht gehört zu den für den Werkvertrag typischen Risiken des Auftragnehmers. Die generelle, an sich geeignete Anordnung des Auftraggebers ist kein hinreichender Grund für die Verlagerung auch dieses Risikos. Die Gefahr des ausnahmsweise fehlerhaften Baustoffes ist unabhängig davon, ob die Entscheidung für das an sich geeignete Material vom Auftragnehmer oder vom Auftraggeber getroffen worden ist.«*[275]

495 Im Arbeitsbeispielsfall ist sogar unstreitig, dass der Bauherr in der Leistungsbeschreibung ein (von einem renommierten Laminatbodenhersteller vielfach bewährtes) **uneingeschränkt taugliches Produkt** vorgegeben hatte, welches sich gemäß den LV-Vorgaben, auch aus Sicht des Auftragnehmers, für den konkreten

---

274 BGH, NJW 1996, 2372.
275 BGH, a. a. O.; vgl. auch Nicklisch, in: Nicklisch/ Weick, VOB/B § 13, Rdn. 48 ff. m. w. N.

Einsatz **eignet**, was sich aus dem technischen Datenblatt des Herstellers zum Produkt ergab. In der vertraglichen Leistungskette hat also hier der Bauherr/Auftraggeber Gewährleistungsansprüche gegen den Auftragnehmer und dieser wiederum Schadensersatzansprüche gegen den Hersteller/Lieferanten.[276]

Vor allem beim Einsatz **neuer** Baumaterialien (und Bauverfahren) ist eine erhöhte Aufmerksamkeit aller Baubeteiligten, insbesondere des prüfungspflichtigen Auftragnehmers und des fachkundigen Auftraggebers, erforderlich.[277] **496**

2. Vorleistungen anderer Unternehmer

Darüber hinaus trifft den Auftragnehmer bei Bauvorhaben, an denen mehrere Auftragnehmer (»Nach- und Nebenunternehmer«) gewerkeweise Leistungen erbringen, eine Prüfungspflicht bezogen auf deren Vorleistung, weil die von ihm zu erbringenden Leistungen auf diesen Vorleistungen unmittelbar aufbauen. Hierzu gibt es in der **VOB/C** diverse **Anhaltspunkte**, häufig in den **Abschnitten 3** (»Ausführung«) der jeweiligen ATV, beispielsweise in DIN 18363 (»Maler- und Lackierarbeiten – Beschichtungen«), Abschnitt 3.1.1: **497**

»3.1 Allgemeines

3.1.1 Der Auftragnehmer hat bei seiner Prüfung Bedenken (siehe § 4 Nr. 3 VOB/B) insbesondere geltend zu machen bei

- *ungeeigneter Beschaffenheit des Untergrundes, z. B. absandendem und kreidendem Putz, nicht genügend festem, gerissenem und feuchtem Untergrund, Sinterschichten, Ausblühungen, korrodierten Metallbauteilen,*
- *Holz, das erkennbar von Bläue, Fäulnis oder Insekten befallen ist,*
- *nicht tragfähigen Grund- oder Altbeschichtungen,*
- *ungeeigneten klimatischen Bedingungen,*
- *Unebenheiten, die die technischen und optischen Anforderungen an die Beschichtung beeinträchtigen.«*

Dabei ist die Aufzählung der Hinwespflichten in den Abschnitten 3 der Fach-DIN-Normen aufgrund der Formulierung »*insbesondere*« exemplarisch und somit **nicht abschließend**.[278] Das bedeutet: Auch soweit der konkrete Sachverhalt einmal nicht von der maßgeblichen DIN-Norm in Abschnitt 3 erfasst ist, kann sich gleichwohl für den Auftragnehmer eine Prüfungs- und Hinweispflicht nach der allgemeinen Vorschrift des **§ 4 Abs. 3 VOB/B** ergeben (auf die Abschnitt 3 der DIN verweist!), ggf. ergänzt durch die Auslegung mithilfe **498**

---

276 Vgl. zu Leistungsketten auch den berühmten »Parkettstäbefall« BGH, NJW 2008, 2837 und BGH, NJW 2013, 220 (im Anschluss an EuGH, NJW 2011, 2269).
277 BGH, BauR 1984, 401; OLG Hamm, NJW-RR 1990, 523. Zu den möglichen Ansprüchen gegen Baustoffhersteller und Lieferanten bei Ungeeignetheit des Baustoffes s. OLG Düsseldorf, OLG Report NRW 1/2014.
278 BGH, BauR 2001, 1414.

vergleichbarer, explizit aufgezählter Hinweispflichten aus **Abschnitt 3** der für den Leistungsbereich maßgeblichen DIN-Norm.[279]

499 **Beispiele:**

– Der Auftragnehmer wurde mit der Verfüllung eines Arbeitsraumes beauftragt und weist nicht (schriftlich) darauf hin, dass sich im Arbeitsraum bereits Bauschutt befindet, der die Kelleraußenisolierung beschädigen kann.[280]
– Der Auftragnehmer wurde mit der Verlegung von Terrassenplatten beauftragt, prüft jedoch nicht, ob der Untergrund ausreichend verdichtet ist.[281]
– In Abschnitt 3.1.3 der DIN 18331 (»Betonarbeiten«) werden »insbesondere« als Prüfungsanlässe die unzureichende Gründungsfläche genannt, z. B. aufgelockerte Sohle, ungenügender Arbeitsraum, abweichende Beschaffenheit des Baugrundes von den vom Auftraggeber zur Verfügung gestellten Unterlagen. Wenn nun die Gründung des Stahlbetonbauwerkes nicht auf der Bodensohle, sondern auf Pfählen aufliegt, die von einem Vorunternehmer errichtet worden sind, sind sie vom Auftragnehmer für Stahlbetonarbeiten dahingehend zu prüfen, ob sie in ihrer Ausführung an der Schnittstelle zu den Stahlbetonarbeiten von den Ausführungsunterlagen abweichen. Denn insbesondere im Abweichungsfall ist tragwerksplanerisch zu prüfen, ob zusätzliche Maßnahmen zur Gewährleistung der sicheren Lasteinleitung notwendig sind.[282]
– Der Auftragnehmer hat Zimmerarbeiten für einen Dachstuhl auf einem Stahlbetonbau zu erstellen. Vor Beginn der Vorfertigung des Dachstuhls hat sich der Auftragnehmer gemäß DIN 18334 Abschnitt 3.1.1 darüber zu informieren (zu prüfen), ob die Auflager des Dachstuhls in der richtigen Lage sind. Auf etwaige Bedenken hat er den Auftraggeber hinzuweisen. Der Auftragnehmer darf sich also grundsätzlich nicht darauf verlassen, dass der Stahlbetonbau auch mangelfrei errichtet worden ist.
– Der Auftragnehmer verlegt Abwasserleitungen im Rohbetonboden ohne ausreichende Befestigung und mit Kontergefälle. Der nachfolgende Estrichleger meldet gegen diesen für ihn auch erkennbaren Mangel keine Bedenken an. Der weitere nachfolgende Parkettleger verlegt nach der Austrocknung des Estrichs den Bodenbelag. Erst danach stellt der Auftraggeber den Mangel fest, und die Böden und Leitungen müssen ausgetauscht werden.

500 Der Auftragnehmer, der die Abwasserleitungen mangelhaft verlegt hat, muss die betroffenen Kanäle austauschen und dazu das Parkett aufnehmen und den Estrich öffnen. Als Nacharbeit zu seiner Mängelbeseitigung muss er anschließend wieder den Estrich einbringen und das Parkett neu verlegen (lassen). Im Innenverhältnis[283] kann er aber den Estrichleger wegen der Entfer-

---

279 Vgl. Rdn. 164.
280 OLG Düsseldorf, BauR 1995, 244.
281 OLG Köln, IBR 1995, 159.
282 Beispiel entnommen aus Langen/Schiffers, Rdn. 1957.
283 **Gesamtschuldnerausgleich** § 426 BGB (§ 421 BGB).

nung und Erneuerung des Estrichs aus Geschäftsführung ohne Auftrag[284] in Anspruch nehmen, weil der Estrichleger seinerseits Bedenken gegen die Kanalverlegung hätte erheben müssen.[285] (Der Parkettleger haftet nicht, weil für ihn weder die mangelhafte Kanalverlegung noch die mangelhafte Estrichverlegung erkennbar waren, so dass kein Verstoß gegen § 4 Abs. 3 VOB/B vorliegt.)

501 Die Prüfungs- und Hinweispflichten beziehen sich hier nicht nur auf die Vorleistungen anderer Auftragnehmer, sondern gelten auch für die vom Auftraggeber erbrachten »Vorleistungen« bzw. **Eigenleistungen**.[286]

502 Der Auftragnehmer ist jedoch nicht verpflichtet, die **Nachfolge**unternehmer darauf hinzuweisen, die anerkannten Regeln der Technik einzuhalten;[287] auf die etwaige Untauglichkeit einer beauftragten und ausgeführten Nachfolgeleistung muss er aber ggf. den Auftraggeber hinweisen.[288]

3. Vorgesehene Art der Ausführung

503 Weiterhin gibt es konkrete Prüfungs- und Bedenkenhinweispflichten bezogen auf eine fehlerfreie (**Ausführungs-**)**Planung**. Diese Prüfungspflicht des Auftragnehmers betrifft die vorgesehene Art der Bauausführung, die der Auftraggeber (i. d. R. vertreten durch einen die Ausführungsart planenden »Fachmann«[289]) dem Auftragnehmer vorgibt, wobei der Auftragnehmer in diesem Fall Bedenken gegen die Planung der Ausführung grundsätzlich nur bei für ihn offenkundigen Fehlern anmelden muss.[290] Aus diesem Grund wird man beispielsweise die Haftung des Estrichlegers wegen eines unzulässigen Trittschallschutzmaßes dann verneinen, wenn sich dieser auf die Richtigkeit der Planung des vom Auftraggeber hinzugezogenen Bauakustikers verlassen durfte.[291]

504 Auch diese Art der Prüfungs- und Bedenkenhinweispflicht folgt aus § 4 Abs. 3 VOB/B (für den BGB-Bauvertrag über § 242 BGB, dazu Rdn. 513).

505 Einen konkreten **Unterfall** bildet insoweit die Vorschrift des **§ 3 Abs. 3 VOB/B**, wonach die Prüf- und Hinweispflicht des Auftragnehmers schon frühzeitig bei den vom Auftraggeber zur Verfügung gestellten **Ausführungsunterlagen** nebst Geländeaufnahmen und Absteckungen ansetzt. Weil diese Unterlagen für den Auftragnehmer maßgeblich sind, hat er sie im Hinblick auf eine ordnungsge-

---

284 § 677 ff. BGB.
285 Vgl. OLG Hamm, IBR 1992, 276.
286 OLG Hamm, BauR 2011, 700. Dazu kritisch Kapellmann/Langen, Fn. 449.
287 Vgl. OLG Düsseldorf, IBR 1993, 457.
288 »Fehlerhafter Aufbau der Balkonabdichtung«, OLG Köln, IBR 1994, 285. Vgl. auch OLG Hamm, IBRRS 2014, 0703.
289 Architekt oder (Fach-)Ingenieur.
290 OLG Celle, BauR 2002, 812; OLG Bamberg, BauR 2002, 1708; OLG Hamm, BauR 2003, 1052; vgl. auch Oppler, in: Ingenstau/Korbion, VOB/B § 4 Abs. 3, Rdn. 12.
291 So zutreffend OLG Düsseldorf, BauR 2000, 1339.

Prüfungs- und Bedenkenhinweispflichten des Auftragnehmers aus der VOB/C

mäße, mängelfreie Bauausführung auf etwaige Unstimmigkeiten zu prüfen und insoweit den Auftraggeber auf »entdeckte oder vermutete« Mängel hinzuweisen.[292] Der Auftragnehmer hat schon im Zeitpunkt der Vertragsanbahnung (als Bieter im Ausschreibungs-/Vergabeverfahren[293]) insbesondere die **Leistungsbeschreibung** auf Richtigkeit und Vollständigkeit zu prüfen.

506 Die Prüf- und Hinweispflicht gewinnt in der Baupraxis vor allem an Bedeutung beim Planungslauf der **Ausführungspläne**, die der Auftraggeber z. B. an den ausführenden Auftragnehmer weiterleitet, der den jeweiligen Plan auf Richtigkeit hin prüfen und etwaige Bedenken anmelden soll und den Plan dann an den Auftraggeber/Architekten zurückgibt.[294]

507 Auch im Rahmen dieser Prüfpflicht gibt es zahlreiche, die Prüfungs- und Bedenkenhinweispflicht konkretisierende Vorgaben in den **Abschnitten 3 der VOB/C**, z. B. für Estricharbeiten gemäß DIN 18353:

»3.1 Allgemeines

3.1.1 Der Auftragnehmer hat bei seiner Prüfung Bedenken (siehe § 4 Nr. 3 VOB/B) insbesondere geltend zu machen bei

- *unrichtiger Lage und Höhe sowie ungenügender Tragfähigkeit des Untergrundes*
- *ungeeigneter Beschaffenheit des Untergrundes, z. B. Ausblühungen, zu wenig festen, zu glatten oder zu rauen, zu trockenen oder zu feuchten, verölten oder gefrorenen Flächen, Rissen, ungeeigneten oder mangelhaft ausgebildeten Fugen,*
- *Unebenheiten, die mehr als 20 % Mehrverbrauch für die Herstellung der Nenndicke bei Estrichen aus fließfähigen Massen verursachen,*
- *größeren Maßabweichungen des Untergrundes als nach den im Abschnitt 3.1.3 aufgeführten Normen zulässig,*
- *fehlenden Bezugspunkten,*
- *fehlendem, ungenügendem oder von der Angabe in den Ausführungsunterlagen abweichendem Gefälle oder einem Gefälle, das keine Ausführung nach Abschnitt 3.1.4 zulässt,*
- *Rohrleitungen und dergleichen auf dem Untergrund,*
- *nicht vorhandenen oder ungeeigneten Putzanschlüssen, fehlenden Türzargen und fehlenden Anschlagschienen,*
- *ungeeigneter Temperatur des Untergrundes sowie ungeeigneten Temperatur- und Luftverhältnissen im Raum, z. B. bei Zugluft im nicht geschlossenen Bauwerk,*
- *unzugänglichen, zu schützenden Metallbauteilen, z. B. bei Magnesiaestrichen.«*

508 Gleich zu Beginn des Abschnitts 3.1 der DIN 18353 wird auf die allgemeine Vorschrift des § 4 Abs. 3 VOB/B Bezug genommen. Sodann folgen die konkreten,

---

292 Dazu ausführlich Langen/Schiffers, Rdn. 1922 ff.
293 Vgl. Kus/Verfürth, Rdn. 162 ff.
294 Zu den »unmittelbaren« Planungsaufgaben des AN s. **Rdn. 395**: »Planungsaufgaben des Auftragnehmers gemäß der VOB/C«.

für das jeweilige Gewerk (hier: »Estricharbeiten«) typischerweise zu beachtenden Prüfungen, wobei die Aufzählung nicht abschließend ist.

Arbeitsbeispiel 6: Vermeintlich »sachverständige« Ausführungsvorgaben 509

Die vom Auftragnehmer hergestellte Fassade ist mangelhaft, in das Gebäude dringt Wasser ein. Der Auftraggeber beauftragt einen Sachverständigen mit der Ursachenfeststellung und einem Sanierungsvorschlag. Anschließend fordert der Auftraggeber den Auftragnehmer zur Mängelbeseitigung gemäß dem Gutachten auf. Der Auftragnehmer saniert nach den Ausführungsvorgaben des Sachverständigen. Später stellt sich heraus, dass die vom Gutachter vorgegebene Sanierungsmethode falsch war.

Haftet der Auftragnehmer für die fehlgeschlagene, mangelhafte Sanierung?

Lösung: 510

Ja. Weil der Auftraggeber nicht verpflichtet war, dem Auftragnehmer ein Sachverständigengutachten mit Benennung der Mängelursachen und Vorgabe der Mängelbeseitigungsmaßnahmen vorzulegen, durfte der Auftragnehmer das Sachverständigengutachten auch nicht als Anordnung des Auftraggebers zu einer verbindlichen Ausführungsart verstehen, die er im Übrigen auf ihre Richtigkeit hin hätte prüfen und dementsprechend Bedenken anmelden müssen.[295]

Weitere Fallbeispiele: 511

– Das vom Auftraggeber vorgeschriebene Mauerwerk weist unterschiedliches Verformungsverhalten bei eindringender Feuchtigkeit auf. Nach Austrocknen des Mauerwerks zeigen sich Risse. Der Auftragnehmer kann sich hier dann auf die richtige Planung verlassen, wenn das unterschiedliche Verformungsverhalten bestimmter Steine physikalische Spezialkenntnisse erfordert; der Auftragnehmer haftet daher nicht für die entstandenen Risse.[296]
– Wenn der Auftragnehmer seinem Auftraggeber für die Bauausführung neben den Genehmigungsplänen nur die Ausführungspläne des Statikers, nicht aber die Ausführungspläne des Architekten erhält, dann darf er davon ausgehen, dass er nach diesen statischen Ausführungsplänen arbeiten soll; zur Überprüfung der statischen Ausführungspläne auf Übereinstimmung mit den Genehmigungsplänen ist er nicht verpflichtet.[297] Ist jedoch das Leistungsverzeichnis erkennbar fehlerhaft, so muss der Auftragnehmer dies noch vor Ausführung erkennen und gegenüber dem Auftraggeber anzeigen.[298]

---

295 Ggf. kann sich der AN beim Sachverständigen schadlos halten. Vgl. den Beispielsfall aus Kapellmann/Langen, Rdn. 237.
296 Vgl. auch OLG Düsseldorf, BauR 1994, 764: Sieht das von einem Fachingenieur im Auftrag des AG erstellte LV asbesthaltige Brandschutzklappen vor, so kann dem AN keine Verletzung der Prüfungs- und Hinweispflicht angelastet werden, wenn asbestfreie Klappen nicht auf dem Markt sind und eine mängelfreie Leistung deshalb nur nach einer teuren Umplanung möglich ist.
297 OLG Düsseldorf, BauR 2000, 1339.
298 OLG Dresden, BauR 2000, 1341 sowie schon OLG Köln, IBR 1995, 468 und OLG Stuttgart, BauR 2005, 878 bzgl. einer offenkundig fehlerhaften Planung.

II. Anforderungen und Umfang

512 Beim VOB-Vertrag muss der Auftragnehmer seine **Bedenken** dem Auftraggeber nach dem Wortlaut des § 4 Abs. 3 VOB/B grundsätzlich **schriftlich** anzeigen.[299]

513 Beim BGB-Werkvertrag, für den ebenso die Prüfungs- und Hinweispflicht des Auftragnehmers gilt,[300] genügt ein mündlicher Hinweis. Gleichwohl empfehlen wir nach dem »Grundsatz des sichersten Weges« auch hier die Schriftform zu wählen, allein schon zu Nachweiszwecken![301]

514 Der Auftragnehmer muss dem Auftraggeber durch die Bedenkenanzeige hinreichend deutlich machen, wogegen sich seine Bedenken richten, damit der Auftraggeber in der Lage ist, eine entsprechende Prüfung des beanstandeten Planungsfehlers, der mangelhaften oder untauglichen Vorleistung oder Ausführung, der ungeeigneten Baumaterialien usw. vornehmen zu können.[302] **Vorsicht** ist allerdings geboten, wenn der Auftragnehmer dabei über seine Bedenkenhinweispflicht hinausgeht und seinerseits alternative Lösungswege vorlegt (dann »plant« er!), die der Auftraggeber ggf. befolgt und die sich anschließend als mangelhaft erweisen. Dann ist der Auftragnehmer, soweit hierdurch ein Mangel oder Schaden an der Bauleistung entsteht, allein verantwortlich.[303]

515 **Wie umfangreich** die Prüfungs- und Hinweispflicht des Auftragnehmers sein muss, ist eine Frage des Einzelfalls. Zunächst kann der Grundsatz aufgestellt werden: »Je sachkundiger der Auftraggeber ist, desto geringer ist die Prüfungspflicht des Auftragnehmers.«[304] Insofern hängen die Anforderungen auch mit der **Art** der Prüf- und Hinweispflicht zusammen:

- Während bzgl. der **Stoffe und Bauteile** die Prüfpflicht regelmäßig am stärksten ist,
- ist ihr Umfang hinsichtlich der **Vorleistungen anderer Unternehmer** in der Regel geringer,
- und im Hinblick auf die **vorgesehene Ausführungsart** grundsätzlich am geringsten.[305]

---

299 Ausnahmsweise **mündlich**, vgl. OLG Düsseldorf, BauR 1999, 498 und OLG Koblenz, BauR 2003, 1728.
300 OLG Bremen, BauR 2001, 1559; OLG Karlsruhe, BauR 2003, 1593.
301 Vgl. die »Prinzipien«, Rdn. 31 ff.
302 Oppler, a. a. O., Rdn. 62 m. w. N.
303 Vgl. OLG Celle, BauR 2000, 1073.
304 Oppler, a. a. O., Rdn. 17 f. Siehe aber BGH, BauR 2001, 622 und OLG Hamm, BauR 2003, 1570; OLG Düsseldorf, BauR 2004, 99. Zur Fachkunde des AG s. Langen/Schiffers, Rdn. 1940 ff.
305 Kapellmann/Langen, Rdn. 242–244.

Im Übrigen haben insbesondere der Bundesgerichtshof sowie (sehr anschaulich) das Oberlandesgericht Jena den Umfang und die Anforderungen allgemein wie folgt zusammengefasst: **516**

> »Der Rahmen der Prüfungs- und Hinweispflicht und ihre Grenzen ergeben sich aus dem Grundsatz der Zumutbarkeit, wie sie sich nach den besonderen Umständen des Einzelfalls darstellt. Was hiernach zu fordern ist, bestimmt sich in erster Linie durch das vom Unternehmer zu erwartende Fachwissen und durch alle Umstände, die für den Unternehmer bei hinreichend sorgfältiger Überprüfung als bedeutsam erkennbar sind.«[306]

Und: **517**

> »Der Umfang der Prüfungs- und damit letztlich auch der Hinweispflicht des Auftragnehmers hängt von dem beim Auftragnehmer zu erwartenden und branchenüblichen Wissen, von der Art der Leistungspflicht und von der Person des Auftraggebers oder seiner Vertreter ab.
>
> Vom Auftragnehmer kann das auf aktuellem Stand befindliche Normalwissen eines Handwerkers der betreffenden Branche erwartet werden. Er braucht nur solche Prüfmethoden anzuwenden, die ihm als ordentlichem Handwerker oder Techniker zugänglich und vertraut sein müssen. Er ist nicht verpflichtet, technische Versuche durchzuführen oder Sachverständige zu beauftragen.«[307]

III. Rechtsfolgen bei pflichtgemäßer Beachtung oder Pflichtverstößen

1. Haftungsausschluss für Mängel

Grundsätzlich haftet der Auftragnehmer für Mängel an der von ihm geschuldeten Werkleistung **verschuldensunabhängig**, es kommt allein auf das Vorhandensein eines Mangels an.[308] Dieser Grundsatz gilt jedoch ausnahmsweise nicht, wenn der Auftraggeber (oder z. B. sein planender Architekt als Erfüllungsgehilfe[309]) für den Mangel verantwortlich ist, also **zum Beispiel**: **518**

– die von ihm vorgegebenen ungeeigneten Bauteile[310] oder

---

306 BGH, BauR 2011, 519.
307 OLG Jena, BauR 2011, 1173.
308 BGH, NZBau 2002, 611; BGH, BauR 2006, 375. Dazu näher Rdn. 528.
309 »Erfüllungsgehilfe«, § 278 BGB, vgl. dazu Grüneberg, in: Palandt, BGB § 278, Rdn. 1 ff.
310 Bei Produktionsfehlern und an sich generell geeigneten Stoffen und Bauteilen s. BGH, BauR 1996, 702 (»Ausreißer«).

- seine fehlerhafte Planung/Ausführungsvorgabe oder
- Vorleistungen seiner anderen Auftragnehmer

519 ursächlich[311] für den Mangel waren **und** (obwohl) der Auftragnehmer seiner Prüfungs- und Hinweisbedenkenpflicht nachgekommen ist![312] Dann ist der Auftragnehmer wegen Mängeln von seiner Haftung befreit; insoweit sind die Gewährleistungsansprüche des Auftraggebers ausgeschlossen. So heißt es in § 13 Abs. 3 VOB/B:

> »Ist ein Mangel zurückzuführen auf die Leistungsbeschreibung oder auf Anordnungen des Auftraggebers, auf die von diesem gelieferten oder vorgeschriebenen Stoffe oder Bauteile oder die Beschaffenheit der Vorleistung eines anderen Unternehmers, haftet der Auftragnehmer, es sei denn, er hat die ihm nach § 4 Abs. 3 obliegende Mitteilung gemacht.«

520 In erster Linie ist also die Beachtung der Prüfungs- und Bedenkenhinweispflicht für den Auftragnehmer und dessen Haftungsbefreiung nach § 13 Abs. 3 VOB/B relevant. Der Auftragnehmer muss die Ausführungsunterlagen des Auftraggebers, die auftraggeberseitigen Vorgaben bzgl. des Baumaterials und insbesondere die Vorleistungen anderer Unternehmer prüfen und (beim VOB-Bauvertrag grundsätzlich schriftlich) auf die entsprechenden Bedenken unverzüglich hinweisen (sofern möglich noch vor Ausführung), anderenfalls haftet er trotz Verantwortlichkeit des Auftraggebers allein wegen Verletzung seiner Prüfungs- und Hinweispflicht.[313]

2. Schadensersatz

521 Der Verstoß gegen die Prüfungs- und Bedenkenhinweispflicht kann aber auch zu Schadensersatzansprüchen des Auftraggebers gegen den Auftragnehmer wegen Nebenpflichtverletzung führen.[314]

522 **Beispiel:**

Der Auftragnehmer wurde mit Putz- und Trockenbauarbeiten beauftragt. Dabei hatte er es hinsichtlich der bereits eingebauten Kunststofffenster unterlas-

---

311 OLG Düsseldorf, BeckRS 2014, 00213: Einschränkungen der »thermischen Behaglichkeit« in einem wintergartenähnlich gestalteten Wohnraum und dbzgl. Aufklärungs- und Bedenkenhinweispflichten des AN.
312 BGH, IBR 2008, 77.
313 Ggf. aber anspruchskürzendes **Mitverschulden** des AG bei Planungsfehlern oder Innenregress gegen den Vorunternehmer oder Planer, soweit diese ggü AG als Gesamtschuldner haften, § 421 BGB, vgl. Grüneberg, in: Palandt, BGB § 421, Rdn. 4 ff. Zur Reaktion und **Mitverantwortung** des AG vgl. Kapellmann/Langen, Rdn. 246 ff. m. w. N.
314 BGH und OLG Schleswig, IBR 2014, 2370; vgl. auch BGH, IBR 2011, 508.

sen, den Einbau der erforderlichen Dampfdiffusionssperre zu überprüfen. Das OLG Düsseldorf urteilte,[315] zwar seien die Putz- und Trockenbauarbeiten für sich betrachtet mangelfrei. Der Auftragnehmer habe jedoch gegen seine Prüf- und Hinweispflicht hinsichtlich des Vorgewerks (Fensterarbeiten) verstoßen; er hätte den Auftraggeber auf die fehlende Dampfdiffusionssperre hinweisen müssen. Aus diesem Grund sei der Auftragnehmer dem Auftraggeber zum Schadensersatz (erneute Vergütung für die wiederholte Erbringung der Putzarbeiten nach erfolgter Abdichtung) verpflichtet.[316]

IV. Mitteilungspflichten und sonstige Mitwirkungspflichten

523 Von den vorstehenden Prüfungs- und Bedenkenhinweispflichten des Auftragnehmers sind die sog. **Mitteilungspflichten** des Auftragnehmers gemäß der **VOB/C** zu unterscheiden.

524 Die entsprechenden DIN-Abschnitte beziehen sich bei den Mitteilungspflichten auf bestimmte, abgrenzbare Sachverhalte. **Abschnitt 3.3 der DIN 18299** regelt dazu grundsätzlich, dass der Auftragnehmer zu einer unverzüglichen »Unterrichtung« des Auftraggebers verpflichtet ist, wenn er beispielsweise im Bereich des Baugrundstücks in Böden, Gewässern oder Bauteilen Schadstoffe antrifft. Weitere Mitteilungspflichten für die konkret beauftragten Bauleistungen hinsichtlich »unvermuteter Hindernisse« und/oder »außergewöhnlicher Erscheinungen« usw. enthalten **zum Beispiel:**

DIN 18300 (»Erdarbeiten«), Abschnitt 3.1.5

DIN 18301 (»Bohrarbeiten«), Abschnitt 3.3.3, 3.4.2

DIN 18303 (»Verbauarbeiten«), Abschnitt 3.22

DIN 18319 (»Rohrvortriebsarbeiten«), Abschnitt 3.2.3

525 Diese Mitteilungspflichten »können« jedoch zum Teil auch mit den Prüf- und Bedenkenhinweispflichten aus §§ 3 Abs. 3, 4 Abs. 3 VOB/B korrespondieren, wenn zum Beispiel aufgrund angetroffener Schadstoffe oder Hindernisse eine mangelfreie Leistungserbringung durch den Auftragnehmer nicht möglich wäre.[317]

---

315 OLG Düsseldorf, BauR 2008, 1005.
316 Einfacher wäre es gewesen, die Putz- und Trockenbauarbeiten nicht als für sich betrachtet mangelfrei anzusehen, sondern i. S. d. funktionalen Mangelbegriffs im Hinblick auf die fehlende Dampfsperre als mangelhaft: Kapellmann/Langen, Rdn. 238; Dazu OLG Celle, BauR 2011, 1015; zum funktionalen Mangelbegriff s. Rdn. 569.
317 Heiermann u. a., § 4 Rdn. 50. Zur **Aufklärungspflicht** s. BGH, BauR 2011, 1494.

526 »Spezielle« **Prüf- und Nachweispflichten** fallen unter die (sonstigen) **Mitwirkungspflichten** des Auftragnehmers, z. B. die Vorlage von Prüfnachweisen. Diese Pflichten behandeln wir ausführlich unter **Rdn. 641** im Kapitel »Mitwirkungs- und Schutzpflichten in der VOB/C«.[318]

V. Abbildungen

527

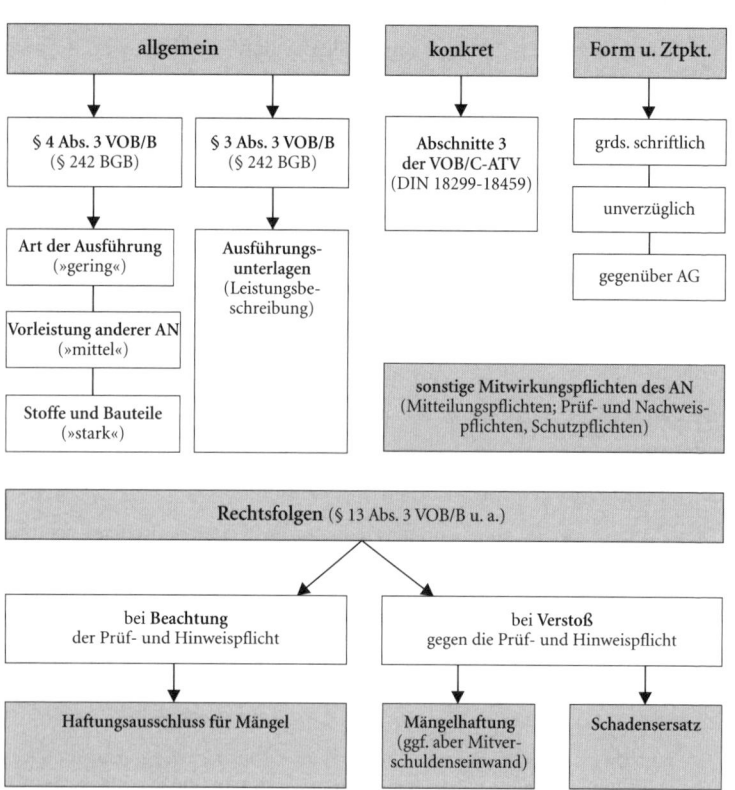

---

318 Rdn. 528 ff. (»Qualitätssicherung und VOB/C«).

I. Qualitätssicherung und VOB/C

I. Einleitung: Mängelrechte des Auftraggebers

Für ein Bauvorhaben bedeutet »Qualitätssicherung« in erster Linie, dass der Auftragnehmer den von ihm geschuldeten Werkerfolg qualitativ ordnungsgemäß und wie vereinbart, d. h. **mangelfrei**, zu erbringen hat. Diese Hauptleistungspflicht ergibt sich für den BGB-Bauvertrag aus § 633 Abs. 1 (2) BGB, wo es heißt: **528**

> *»Der Unternehmer hat dem Besteller das Werk **frei von Sach- und Rechtsmängeln** zu verschaffen.«*

§ 13 Abs. 1 Satz 1 VOB/B enthält eine ähnliche Formulierung: **529**

> *»Der Auftragnehmer hat dem Auftraggeber seine Leistung zum Zeitpunkt der Abnahme **frei von Sachmängeln** zu verschaffen.«*

Was unter einer »mangelfreien Leistungserbringung« zu verstehen ist, ergibt sich **allgemein** aus § 633 Abs. 2 BGB bzw. § 13 Abs. 1 Satz 2 VOB/B (auf den »Mangelbegriff« werden wir noch ausführlich unter Rdn. 538 eingehen). **530**

Konkrete und ergänzende Vorgaben machen die **VOB/C** bzw. für die jeweiligen Gewerke die maßgeblichen DIN-Vorschriften sowie weitere »technische Regelungen«. Daneben tragen **Mitwirkungs- und Schutzpflichten** zur Qualitätssicherung und Mangelfreiheit bei (dazu Rdn. 577 und 641). **531**

Ist die Leistung des Auftragnehmers mangelhaft, so ergeben sich für den Auftraggeber folgende **Gewährleistungsrechte**, wobei zwischen dem Zeitraum vor und nach **Abnahme** (§ 641 BGB, § 12 VOB/B)[319] zu unterscheiden ist: **532**

Vor der Abnahme, also noch im »Erfüllungsstadium« während der Bauausführung, hat der Auftragnehmer gemäß **§ 4 Abs. 7 VOB/B** mangelhafte Leistungen *»auf eigene Kosten durch mangelfreie zu ersetzen.«* Im Übrigen: Hat der Auftragnehmer den Mangel auch verschuldet, muss er dem Auftraggeber daraus entstehende Schäden (sog. »Mangelfolgeschäden«) ersetzen. Kommt der Auftragnehmer seiner Mangelbeseitigungspflicht nicht nach, kann der Auftraggeber auf Kosten des Auftragnehmers einen anderen Unternehmer mit der Mangelbeseitigung beauftragen, wenn er ihm zuvor eine angemessene Frist zur Mangelbeseitigung nebst Kündigungsandrohung gesetzt und nach fruchtlosem Fristablauf den Bauvertrag gekündigt hat.[320] **533**

---

[319] Zur **Abnahme** s. ausführlich Havers, in: Kapellmann/Messerschmidt, VOB/B § 12, Rdn. 1 ff.
[320] Ausführlich Merkens, in: Kapellmann/Messerschmidt, VOB/B § 4, Rdn. 148 ff.

534 Beim **BGB-Bauvertrag** ist die Frage der Anwendbarkeit der Mängelrechte aus § **634 BGB** (analog) vor Abnahme äußerst streitig.[321] Richtig, weil interessengerecht, dürfte es sein, die Mängelrechte auch vor Abnahme anzuwenden, allerdings mit denselben Einschränkungen wie oben dargelegt.

535 Werden Mängel **nach Abnahme** festgestellt, stehen dem Auftraggeber sowohl beim VOB- als auch beim BGB-Vertrag gemäß § **13 Abs. 5–7 VOB/B** bzw. § **634 BGB** folgende Ansprüche zu:

– Zunächst kann der Auftraggeber vom Auftragnehmer die **Mängelbeseitigung** (innerhalb einer angemessenen Frist und grds. kostenneutral[322]) verlangen. Dabei kommt es nicht darauf an, ob der Auftragnehmer den Mangel auch zu vertreten hat, er haftet vielmehr **verschuldensunabhängig**.[323]
– Kommt der Auftragnehmer der ordnungsgemäßen Mangelbeseitigungsaufforderung[324] nicht (fristgerecht, ordentlich oder gar nicht) nach, kann der Auftraggeber einen Dritten mit der Mangelbeseitigung bzw. »Ersatzvornahme« beauftragen und die hierfür entstehenden Kosten – auch im Wege des Vorschussanspruchs[325] – vom Auftragnehmer ersetzt verlangen.[326]
– Unter bestimmten Voraussetzungen kann der Auftraggeber vom Bauvertrag **zurücktreten** oder **kündigen** oder wegen des Mangels den vereinbarten Werklohn **mindern**.[327]
– Schließlich kann der Auftraggeber aufgrund des Mangels unter bestimmten Voraussetzungen vom Auftragnehmer **Schadens-** oder **Aufwendungsersatz** verlangen.[328]

536 Diese Gewährleistungsrechte stehen dem Auftraggeber in unverjährter Zeit, also innerhalb der bestehenden **Gewährleistungsfristen**, zu. Für den BGB-Bauvertrag gelten insoweit **fünf Jahre** beginnend mit der Abnahme der Bau-

---

321 Darstellung des **Meinungsstreits**: Messerschmidt/Voit, § 634 BGB, Rdn. 2–6 m. w. N.
322 **Ausnahme**: »Sowieso-Kosten«, vgl. BGH, BauR 2010, 1583; OLG Karlsruhe BauR 2006, 2066; anschaulich Kapellmann/Langen, Rdn. 268 m. w. N.
323 Sprau, in: Palandt, BGB § 634, Rdn. 2–11.
324 Zur Form und Inhalt der Mangelbeseitigungsaufforderung s. Kohler, in: Beck'scher VOB-Kommentar, VOB/B § 13 Abs. 5, Rdn. 35–40. Im Übrigen sollte das Mangelbeseitigungsverlangen stets schriftlich (vorab per E-Mail/Telefax und Einschreiben/Rückschein) erfolgen, zum »Quasi-Neubeginn« der Verjährung **muss** sie schriftlich erfolgen, vgl. § 13 Abs. 5 Nr. 1 VOB/B.
325 § 637 Abs. 3 BGB (gilt auch für den VOB/B-Bauvertrag).
326 Umgekehrt hat der AN ein **Recht** zur Nachbesserung seiner mangelhaften Leistungen, § 635 Abs. 1 BGB.
327 Vgl. Sprau, in Palandt, BGB § 634, Rdn. 4 ff.
328 Wie vor Fn. 327.

leistung (§ 634a BGB). Die VOB/B sieht ab der Abnahme grundsätzlich **vier Jahre** vor (§ 13 Abs. 4, 5 VOB/B).[329]

Eine **Haftungsbefreiung** des Auftragnehmers ist gemäß §§ 13 Abs. 3, 4 Abs. 3 VOB/B möglich, wenn der Mangel auf dem Auftraggeber zuzurechnenden Umständen beruht und der Auftragnehmer seiner Prüfungs- und Bedenkenhinweispflichten nachgekommen ist (siehe oben Rdn. 518). **537**

II. Der Mangelbegriff – »DIN-konform« vs. »den anerkannten Regeln der Technik entsprechend«

1. Definition

Die vorstehenden Mängelrechte des Auftraggebers oder spiegelbildlich die Verpflichtung des Auftragnehmers zur mangelfreien Werkherstellung und seine entsprechenden Gewährleistungspflichten sind insbesondere davon abhängig, ob überhaupt ein »**Mangel**« im Rechtssinne[330] vorliegt. Hierzu gibt es im Gesetz und in der VOB/B jeweils eine »stufenweise« Definition: **538**

§ 633 Abs. 2 S. 1 und 2 BGB: **539**

> »*Das Werk ist frei von Sachmängeln, wenn es die **vereinbarte Beschaffenheit** hat. Soweit die Beschaffenheit nicht vereinbart ist, ist das Werk frei von Sachmängeln,*
> 1. *wenn es sich für die nach dem Vertrag **vorausgesetzte**, sonst*
> 2. *für die **gewöhnliche Verwendung** eignet und eine Beschaffenheit aufweist, die bei Werken der gleichen Art und Güte **üblich** ist und die der Besteller nach der Art des Werkes **erwarten** kann.*«[331]

§ 13 Abs. 1 S. 2 und 3 VOB/B: **540**

> »*Die Leistung ist zur Zeit der Abnahme frei von Sachmängeln, wenn sie die **vereinbarte Beschaffenheit** hat und den **anerkannten Regeln der Technik** entspricht. Ist die Beschaffenheit nicht vereinbart, so ist die Leistung zur Zeit der Abnahme frei von Sachmängeln,*

---

329 Ggf. auch bis zu **sechs** oder auch nur **zwei** Jahre, vgl. § 13 Abs. 4 Nr. 2, Abs. 5 Nr. 1 VOB/B.
330 »Mangel« ist ein **Rechts**begriff, was von vielen Sachverständigen im Rahmen ihrer gerichtlichen Gutachtertätigkeit leider oftmals nicht verstanden wird.
331 Im Übrigen steht es gem. § 633 Abs. 2 S. 3 BGB einem Sachmangel gleich, wenn der Unternehmer ein **anderes** als das bestellte Werk oder das Werk in **zu geringer Menge** herstellt. Die **Rechtsmängel**, § 633 Abs. 3 BGB, sollen hier nicht vertieft werden. Zu beiden Mangelformen s. Sprau, a.a.O., § 633, Rdn. 8 f.

> 1. wenn sie sich für die nach dem Vertrag **vorausgesetzte**, sonst
> 2. für die **gewöhnliche Verwendung eignet** und eine Beschaffenheit aufweist, die bei Werken der gleichen Art **üblich** ist und die der Auftraggeber nach der Art der Leistung **erwarten** kann.«

541 Anders ausgedrückt: Die Leistung des Auftragnehmers ist **mangelfrei**, wenn

- sie die vereinbarte Beschaffenheit hat, d. h., die Leistung der Vereinbarung der Parteien entspricht (bzgl. Form, Farbe, Fabrikat, Material, Maße, usw.),
- **und** (kumulativ) den anerkannten Regeln der Technik entspricht.

542 § 13 Abs. 1 S. 2 VOB/B und § 4 Abs. 2 Nr. 1 S. 2 VOB/B verlangen ausdrücklich die Einhaltung der anerkannten Regeln der Technik. Aber auch beim BGB-Bauvertrag geht die Rechtsprechung davon aus, dass sich der Auftragnehmer – soweit nicht tatsächlich ein anderer Standard oder eine andere Ausführung vereinbart ist[332] – zumindest stillschweigend stets zur Beachtung der anerkannten Regeln der Technik als **Mindeststandard** gemäß § 633 Abs. 2 BGB verpflichtet.[333]

543 Ist keine Beschaffenheit vereinbart, ist die Leistung mangelfrei, wenn

- sie sich für die nach dem Bauvertrag vorausgesetzten, ansonsten
- für die gewöhnliche Verwendung eignet und dabei eine Beschaffenheit hat, die bei solchen Gewerken üblich ist und die der Auftraggeber erwarten kann,[334]
- **und** die den anerkannten Regeln der Technik entspricht.[335]

544 Oftmals kann erst im Wege der **Vertragsauslegung**[336] mithilfe der einzelnen Vertragsbestandteile des Bauvertrages unter Beachtung der Geltungsreihenfolge bei Widersprüchen ermittelt werden, was denn nun die für den Auftragnehmer bindende vereinbarte Beschaffenheit ist.[337]

2. Mangelfreiheit durch Einhaltung der anerkannten Regeln der Technik (und DIN-Normen)

545 Wenn die Beachtung der allgemein anerkannten Regeln der Technik als Mindeststandard vom Auftragnehmer im Rahmen seiner Leistungserbringung geschuldet ist und der Auftragnehmer sie auch einhält, ist das Werk grundsätzlich

---

332 S. Rdn. 605 ff.
333 BGH, BauR 1981, 577; Peters, in: Staudinger, BGB § 633, Rdn. 168. Sprau, in: Palandt, BGB § 633, Rdn. 6a.
334 Zum »funktionalen Mangelbegriff« und zur »Erfolgshaftung« s. Rdn. 569.
335 Wirth, in: Ingenstau/Korbion, VOB/B § 13 Abs. 1, Rdn. 81 ff.
336 §§ 133, 157, 242 BGB, dazu Ellenberger, in: Palandt, BGB § 157, Rdn. 4–17; z. T. mit Hilfe der VOB/C, dazu Rdn. 93 und 300.
337 OLG Koblenz, BauR 2006, 843 f.; näher Kapellmann/Langen, Rdn. 222 m. w. N.

mangelfrei.[338] Verstößt er aber gegen die anerkannten Regeln der Technik, liegt grundsätzlich auch ohne Schaden oder Beeinträchtigung der Funktion ein Mangel vor.[339]

Im Sinne einer **Definition** sind **anerkannte Regeln der Technik** *Regeln für die Ausführung baulicher Leistungen, die sich nach Meinung der Mehrheit der maßgeblichen Fachleute in der Praxis bewährt haben oder deren Eignung von ihnen als nachgewiesen angesehen wird.*[340] Darunter fallen sämtliche Vorschriften und Bestimmungen, die sich in der Theorie und Wissenschaft als richtig und praktisch umsetzbar erwiesen haben,[341] z. B. basierend auf Studien oder Gutachten von Sachverständigen und Wissenschaftlern.[342] **546**

DIN-Normen sind keine Rechtsnormen, sondern als *private technische Regelungen mit Empfehlungscharakter* zu qualifizieren.[343] Sie haben in der Rechtsanwendung eine wesentliche Bedeutung. Ihr Ziel ist es, der Sicherheit von Mensch und Sache sowie der Qualitätsverbesserung in vielen Lebensbereichen zu dienen. In der (bau-)technischen Praxis genießen DIN-Normen eine weitgehende Anerkennung, die **faktisch** an die Geltungswirkung von Rechtsnormen heranreicht.[344] **547**

DIN-Normen wie die ATV der **VOB/C** (18299 bis 18459) können im Einzelfall entweder den anerkannten Regeln der Technik **entsprechen**, aber auch hinter ihnen **zurückbleiben** (dann liegt i. d. R. eine mangelhafte Leistung vor, s. o.) oder auch über sie **hinausgehen**.[345] Bei jeder DIN-Norm muss damit gerech- **548**

---

338 Zur Ausnahme, wenn trotz Einhaltung der a. R. d. T. das Werk nicht funktioniert, Rdn. 569. In bestimmten Fällen/Vertragskonstellationen sind die a. R. d. T. ggf. gar nicht geschuldet, weil die Parteien ausdrücklich »weniger« oder auch »mehr« vereinbart haben (dazu sogleich Rdn. 605 ff.).
339 OLG Düsseldorf, NJW-RR 1996, 146; LG Heidelberg, Urt. v. 07.11.2013 – 3 O 342/12, in: Juris. **Umstrittene Ausnahme**, dass der Verstoß gegen die a. R. d. T. keine Risiken hat: OLG Koblenz, BeckRS 2013, 22536; OLG Düsseldorf, openJur 2012, 127669; OLG Düsseldorf, BauR 2012, 1997; OLG Nürnberg, NZBau 2002, 673. **Dagegen** u. a. Weyer, IBR 2014, 2191; Anm. NJW-Spezial 2012, 590 unter Verweis auf BGH, BeckRS 2002, 06562.
340 Merkens, in: Kapellmann/Messerschmidt, VOB/B § 4, Rdn. 54.
341 Vgl. Oppler, in: Ingenstau/Korbion, VOB/B § 4 Abs. 2; Rdn. 39 ff., 48; Werner, in: Werner/Pastor, Rdn. 1966.
342 Zur Abgrenzung von a. R. d. T. zu »**Stand der Technik**« und »**Stand von Wissenschaft und Technik**« vgl. ausführlich Merkens, a. a. O., Rdn. 55 f. sowie Seibel, BauR 2004, 266 ff.
343 BGH, NJW-RR 1991, 1445, 1447; Klein, Einführung in die DIN-Normen, S. 13; Dresenkamp, SchIHA, 1994, 165 f.
344 BGH, NZM 2005, 60, 61; Ganten, in: Ganten/Jagenburg/Motzke, VOB/B § 4, Rdn. 85 m. w. N.
345 BGH, BauR 2007, 1570; BGH, NJW 1998, 2814; OLG Nürnberg, NJW-RR 2002, 1538; s. auch Rdn. 606.

net werden, dass sie keine anerkannte Regel der Technik darstellt.[346] Allerdings ist eine Bauausführung gemäß den einschlägigen DIN-Normen die **widerlegbare Vermutung**, nach den anerkannten Regeln der Technik (und damit mangelfrei) ausgeführt zu haben. Entspricht also eine Bauleistung in ihrer technischen Ausführung den Bestimmungen der einschlägigen ATV-DIN, so wird vermutet, dass der Auftragnehmer die anerkannten Regeln der Technik beachtet hat und somit die erbrachte Leistung **mängelfrei** ist, so dass der Auftraggeber nach einer ausgesprochenen Mängelrüge diese Vermutung widerlegen müsste (zur Beweislast siehe Rdn. 595).

549 In den Normenausschüssen des DIN-Institut e. V. entwickeln Vertreter der (Bau-)Unternehmen und der Hersteller, Sachverständige und Wissenschaftler, Verbraucher und Prüfinstitute sowie andere, von den Regelungsgehalten der einzelnen Normen Betroffene die DIN-Normen. Dabei kann die Einführung einer Norm »durch jedermann« (i. d. R. Hersteller und Interessenverbände) beantragt werden. Die in den Ausschüssen gefassten Normenentwürfe werden öffentlich »bekannt gegeben«, gegen sie kann Einspruch erhoben werden; nach einer weiteren Beratung wird die Norm vom Ausschuss entweder verabschiedet oder nicht verabschiedet. Dabei soll eine bestehende DIN-Norm alle fünf Jahre danach überprüft werden, ob sie noch zeitgemäß auf dem Stand der (wissenschaftlichen) Entwicklung ist bzw. den anerkannten Regeln der Technik entspricht.

550 Die **anerkannten Regeln der Technik** werden nicht umfassend durch die DIN-Vorschriften der **VOB/C** geregelt.[347] Sie können sich bereits weiterentwickelt haben, obwohl noch keine neue DIN existiert.[348] Dabei können anerkannte Regeln der Technik nicht nur die DIN-Normen darstellen, die von Behörden bauaufsichtlich eingeführt worden sind, sondern sich auch aus **anderen technischen Regelwerken** für Bauleistungen ergeben. Beispielsweise »können« sich die anerkannten Regeln der Technik – je nach Leistungsbereich – konkret ergeben aus:

- DIN-Normen des Deutschen Instituts für Normung e. V., vor allem die **ATV der VOB/C, DIN 18299 bis 18459**[349]
- europäischen und anderen internationalen Normen wie CEN/CENELEC/EN-Normen[350]
- Einheitlichen Technische Baubestimmungen (ETB)[351]
- Regeln des Handwerks[352]
- Unfallverhütungsvorschriften der Bauberufsgenossenschaften

---

346 Busche, in: MüKo, BGB § 633, Rdn. 18 m. w. N.
347 Vgl. schon oben Rdn. 538 (»Die VOB/C als anerkannte Regel der Technik«).
348 BGH, BauR 1998, 872.
349 Brandenburgisches OLG, NJW-RR 2009, 1468; Seibel, ZfBR 2007, 310.
350 Dazu oben Rdn. 206.
351 OLG Köln, BauR 1991, 759.
352 OLG Düsseldorf, NJW-RR 1999, 1657.

- Hersteller-Richtlinien für die Verwendung einzelner Bauprodukte[353]
- Richtlinien von Fachverbänden
- Montageanleitungen/Einbauhinweisen (ggf. mit Herstellerempfehlungen)[354]
- Bestimmungen der Arbeitsstätten-VO über die Beschaffenheit von Treppenanlagen[355]
- Vorschriften, Mustern und Merkblätter, die u. a. von den Bauberufsgenossenschaften und Verbänden (bspw. dem Deutschen Verein des Gas- und Wasserfaches DVGW) herausgegeben werden[356]
- VDE-Bestimmungen (Bestimmungen des Verbandes der Elektrotechniker)
- sonstigen ähnlichen baurechtlichen und -technischen Bestimmungen[357]

551 Dass es für eine Bauleistung (noch) keine Fach-DIN gibt, bedeutet also noch lange nicht, dass ein **Verstoß** gegen die anerkannten Regeln der Technik vorliegt.

552 Gibt es z. B. für ein relativ neues Bauverfahren, bspw. eine Kellerabdichtungsmethode in Form der »Zementsuspension durch Injektionsverfahren«,[358] noch keine DIN-Norm, so kann es gleichwohl aufgrund der oben genannten anderen technischen Regelwerke den anerkannten Regeln der Technik entsprechen und damit mangelfrei sein. Im Übrigen sind allgemein anerkannte Regeln der Technik nicht ausschließlich in förmlich veröffentlichten Regelwerken niedergelegt, sondern können selbst durch **ungeschriebene** Regeln konkretisiert

---

353 Thüringisches OLG, BauR 2009, 669; OLG Brandenburg, IBR 2011, 455; BGH, BauR 2009, 1589.
354 Fraglich ist, ob sich der AN auf die Vollständigkeit und Mangelfreiheit der vom Hersteller mitgelieferten **Montageanleitung** verlassen darf, oder ob er z. B. darüber hinaus bei der Montage Fach-DIN-Normen zu beachten hat (es geht um das Verhältnis zw. AN und Hersteller/Lieferant und etwaigen Schadensersatzpflichten des letzteren). Vgl. dazu Weidenkaff, in: Palandt, BGB § 434, Rdn. 42; Schmidt/Zwätz/Bär/Schulte, Ausführung von Stahlbauten, S. 143 f.; Rodemann, ZfBR 2010, 523; OLG Frankfurt, BauR 2008, 847; OLG Oldenburg, BauR 2008, 1457; BGH, NJW 1986, 1863; Büdenbender, in: Dauner-Lieb/Langen, BGB § 434, Rdn. 63.
355 Brandenburgisches OLG, BauR 2002, 1562.
356 OLG Frankfurt, BauR 2005, 1937; vgl. auch OLG Düsseldorf, OLG Report NRW 1/2014.
357 BGH, BauR 2007, 1483; einschränkend OLG Hamm, NJW-RR 1996, 213; Kamphausen, BauR 2008, 25; Quack, BauR 2010, 863. Zu bloßen unverbindlichen (soweit nicht sicherheitsrelevant) Vorgaben und Empfehlungen eines Herstellers und deren Bedeutung s. OLG Köln, MDR 2006, 147; OLG Frankfurt, BauR 2008, 847; BGH, NJW-RR 2009, 1467; Brandenburgisches OLG, BauR 2008, 93; OLG Jena, BauR 2009, 669.
358 Mittlerweile gibt es zumindest die DIN EN 12715 (»Ausführung von besonderen geotechnischen Arbeiten (Spezialtiefbau) – Injektionen«), angelehnt an die DIN 4093 (»Bemessung von verfestigten Bodenkörpern«).

werden.³⁵⁹ Das bedeutet: Auch wenn keine normgemäßen Angaben oder kein Regelwerk zu einer bestimmten Ausführung **schriftlich** vorhanden sind, heißt das nicht, dass es nicht auch hierzu ungeschriebene anerkannte Regeln der Technik gibt.³⁶⁰ Wichtig ist allein, dass ein »**fachlicher Konsens**« besteht.³⁶¹

553 Beispiel:

Die Frage, ob bei einer Hof- und Zugangsfläche einer Wohnanlage mit Epoxydharz-Belag ein Gefälle zum leichteren Abfluss von Oberflächenwasser vorgesehen ist, kann anhand von DIN-Normen oder anderen veröffentlichten Regelwerken nicht beantwortet werden.³⁶² Gleichwohl könnte man z. B. anhand der Erfahrungen von Handwerkern (bspw. des Zimmererhandwerks), die ein Gefälle fordern, oder durch Vergleiche mit ähnlichen Gewerken die Beachtung der anerkannten Regeln der Technik beurteilen. Zwar stellt sich dann in der Praxis – auch für den Sachverständigen – häufig das Problem, dass die Feststellung von allgemein anerkannten Regeln der Technik außerhalb von schriftlichen Regelwerken schwierig und arbeitsintensiv ist, dennoch muss die Frage nach der Mangelhaftigkeit beantwortet und im Einzelfall sogar von einem Sachverständigen »entwickelt« werden.³⁶³ **Hilfestellung** geben dabei folgende Konkretisierungsmöglichkeiten:³⁶⁴

– eigen initiative Untersuchungen (Baustoffprüfungen, Labortests, Berechnungen usw.)
– Auswertung von Schadensfällen
– Literaturauswertung
– Analyse von Statistiken
– fachlicher Erfahrungsaustausch (z. B. in Sachverständigen-Foren)
– Vergleich mit ähnlichen Gewerken und deren DIN bzw. a. R. d. T.
– ggf. Durchführung einer Befragung von Fachleuten³⁶⁵

554 Gerade im Hinblick auf die **VOB/C** verdeutlichen die Verweise in den ATV auf »Bezugs-DIN«,³⁶⁶ dass neben der Beachtung der in der Fach-DIN 18299 ff. geregelten Anforderungen zahlreiche weitere DIN-Bestimmungen für die Bauprodukte und Herstellverfahren heranzuziehen sind, um die **Qualitätsvorgaben** der vertraglich geschuldeten Leistung zu erfüllen. Im Übrigen können innerhalb der VOB/C Teil der anerkannten Regeln der Technik nur die Qualitäts-

---

359 BGH, IBR 2014, 2140; vgl. auch BGH, IBR 1995, 193.
360 BGH, BauR 1998, 872; BGH, BauR 1986, 447.
361 BGH, NJW 1980, 1219; Nicklisch/Weick, VOB/B § 4, Rdn. 44.
362 BGH, IBR 2014, 74.
363 Vgl. Kniffka, in: Kniffka/Koeble, 6. Teil, Rdn. 35; Seibel, Werkstatt-Beitrag vom 07.01.2014 (ibr-online) zu BGH, IBR 2014, 74.
364 Seibel, in: Staudt/Seibel, Handbuch für den Bausachverständigen, 14. Kap. 14.3.5.
365 Dazu aber Jagenburg, Jahrbuch Baurecht 2000, 200, 209 f.
366 S. o. Rdn. 180.

und Ausführungsbestimmungen sein, die in den Abschnitten 2 und 3 der jeweiligen DIN enthalten sind.[367] Wie gesagt ist die VOB/C nicht zwangsläufig identisch mit den anerkannten Regeln der Technik.

Wurde gegen die anerkannten Regeln der Technik **verstoßen**, so liegt grundsätzlich auch dann ein **Mangel** im Rechtssinne vor, wenn und obwohl keine Gebrauchsbeeinträchtigung oder -aufhebung und auch sonst keine Schäden oder Nachteile des Werkes vorliegen.[368] 555

Beispiele: 556

– Besitzt eine vom Auftragnehmer verwendete Dachbahn (abweichend von der LV-Vorgabe) keinen Gebrauchstauglichkeitsnachweis gemäß DIN 18531, so ist die Leistung allein deshalb mangelhaft, selbst wenn sie an sich funktioniert.[369]
– Die Errichtung von zweischaligen Haustrennwänden bei Reihenhäusern gehört zu den anerkannten Regeln der Technik, auch wenn die Zweischaligkeit von der DIN 4109 nicht ausdrücklich gefordert wird. Denn das Erfordernis der Zweischaligkeit gilt auch dann, wenn die Reihenhäuser ohne Realteilung als Wohnungseigentum errichtet werden.[370]

3. Grundsätzlich bei Widersprüchen: Vorrang der anerkannten Regeln der Technik vor den DIN-Normen

Ausweislich der **Geltungsreihenfolge des § 1 Abs. 2 VOB/B**[371] stehen die ATV der VOB/C textlich **vor** der VOB/B, so dass man annehmen könnte, dass bei Widersprüchen zwischen den anerkannten Regeln der Technik (vgl. §§ 4 Abs. 2 Nr. 1 S. 2 und 13 Abs. 1 S. 2 VOB/B) und der VOB/C (ATV-DIN 18299 ff.) letztere vorgeht. 557

Die herrschende Meinung gibt jedoch richtigerweise den anerkannten Regeln der Technik grundsätzlich den Vorrang für den Fall, dass die jeweilige DIN hinter dem Mindeststandard der anerkannten Regeln der Technik zurückbleibt **und** die Parteien nichts Gegenteiliges ausdrücklich vereinbart haben.[372] 558

---

367 Kapellmann/Schiffers, Bd. 1, Rdn. 130. S. auch oben Rdn. 107 und 545.
368 BGH, NZBau 2006, 112; OLG Köln, IBR 1994, 368; OLG Schleswig, BauR 2000, 1201 und BauR 2004, 1946; LG Heidelberg, Urt. v. 07.11.2013 – 3 O 342/12, in: Juris; **andere Ansicht:** Jagenburg/Pohl, BauR 1998, 1075 ff. Vgl. auch Rdn. 569 und Fn. 393. Zum **Kündigungsgrund** wegen Verstoßes gegen die a. R. d. T. s. OLG Schleswig, BauR 2011, 690.
369 OLG Düsseldorf, IBR 1995, 467.
370 OLG München, BauR 1999, 399; vgl. auch OLG Koblenz, BauR 2006, 843.
371 S. schon Rdn. 111.
372 Vgl. Riedl/Mansfeld, in: Heiermann/Riedl/Rusam, VOB/B § 4, Rdn. 38; Kaiser, ZfBR 1985, 1, 3; Oppler, in: Ingenstau/Korbion, VOB/B § 4 Abs. 2, Rdn. 44; von Rintelen, in: Kapellmann/Messerschmidt, VOB/B § 1, Rdn. 31a, 37.

559 Bei Widersprüchen zwischen den anerkannten Regeln der Technik und den sonstigen technischen Regelwerken (z. B. Produktverarbeitungsrichtlinien eines Herstellers), gehen die anerkannten Regeln der Technik vor, ansonsten ist die Leistung mangelhaft.[373] Wir raten daher dringend dazu, im Bauvertrag klarzustellen, ob sich die Ausführung des Auftragnehmers nach den Produktverarbeitungsrichtlinien, den DIN oder den (sonstigen) anerkannten Regeln der Technik zu richten hat.[374]

4. Relevanter Zeitpunkt

560 Wie sich bereits aus § 13 Abs. 1 VOB/B ergibt – und gleichermaßen für den BGB-Vertrag gilt[375] –, muss die Mangelfreiheit des Werks zum Zeitpunkt der **Abnahme** vorliegen.[376]

561 Beispiel:

Im Zeitpunkt des Vertragsschlusses war eine 8 cm starke Wärmedämmung für Außenwände vorgeschrieben. Während der zweijährigen Bauzeit werden die Anforderung dahin verschärft, dass nun eine 12 cm starke Dämmung erforderlich ist.[377]

562 Insoweit kommt es auch für die **anerkannten Regeln der Technik** grundsätzlich auf den Stand Abnahme an.[378] Das bedeutet für den Auftragnehmer: Treten **nach Vertragsschluss** Änderungen der ATV und der anerkannten Regeln der Technik ein, »muss« er seinen Auftraggeber hierauf entsprechend hinweisen[379] und bei Verlangen die neuen DIN-Standards erfüllen.[380] Der Auftragnehmer muss grundsätzlich die anerkannten Regeln der Technik im Rahmen seines Auftrags (Gewerks) beherrschen und sich zudem über technische Neuentwicklungen informieren.[381]

563 Der Auftragnehmer hat, sofern Anlass zu Zweifeln besteht, auch die (neu) veröffentlichten technischen Bestimmungen im Hinblick auf den aktuellen (anerkannten) Stand der Technik zu überprüfen.[382]

---

373 OLG Hamm, BauR 1997, 309.
374 Vgl. dazu auch Langen/Schiffers, Rdn. 1920.
375 Weyer, in; Kapellmann/Messerschmidt, VOB/B § 13, Rdn. 43.
376 Kapellmann/Langen, Rdn. 233. Zu den **Abnahmeformen** s. Havers, in: Kapellmann/Messerschmidt, VOB/B § 12, Rdn. 29–33.
377 Beispiel aus Kapellmann/Langen, Rdn. 226.
378 Dies ergibt sich ebenso aus § 13 Abs. 1 VOB/B. BGH, BauR 1998, 872; Festge, BauR 1990, 322 f.; vgl. auch OLG Nürnberg, OLGR 2005, 646; **andere Ansicht:** Jagenburg, Festschrift Korbion, Rdn. 7.
379 = Nebenpflicht, § 4 Abs. 3 VOB/B, Kapellmann, in: Kapellmann/Messerschmidt, VOB/B § 2, Rdn. 32; zu den Prüf- und Hinweispflichten s. auch Rdn. 483.
380 OLG Nürnberg, NJW-RR 2011, 100.
381 So schon BGH, WM 1978, 1411.
382 BGH, NJW 1998, 2814; OLG Hamm, NJW-RR 1998, 668.

564 Sofern sich die anerkannten Regeln der Technik nach Vertragsschluss, aber noch vor (fertiggestellter) Bauausführung, geändert haben, sind die neuen Anforderungen nach Möglichkeit noch zu beachten,[383] wobei etwaige Mehraufwendungen **zusätzlich zu vergüten** sind (§ 2 Abs. 5/6 VOB/B).[384] Dies gilt übrigens auch für die **Mängelbeseitigung** bzgl. Mängeln, die nach Gültigkeit einer »DIN-ATV-Novelle« auftreten und nunmehr nach den neuen »Sanierungsstandards« zu beseitigen sind.[385]

565 Weigert sich der Auftraggeber, die für die geänderten anerkannten Regeln der Technik erforderlichen (geänderten oder zusätzlichen) Leistungen **anzuordnen** (§ 1 Abs. 3/4 VOB/B) ist der Auftragnehmer einerseits nicht zur Ausführung dieser Mehrleistungen verpflichtet, andererseits wird er von der Mängelhaftung frei![386]

566 Vor diesem Hintergrund ist dem Auftragnehmer gerade bei komplexen und langfristigen Bauvorhaben dringend zu raten, vor und auch während der Bauausführung die **Entwicklung** der anerkannten Regeln der Technik zu »beobachten« und im Fall der Änderung von für die Bauleistung relevanten, technischen Vorschriften den Auftraggeber unverzüglich schriftlich **hinzuweisen**.[387]

567 In diesem Zusammenhang ist die Frage interessant, ob man von einer **mangelhaften** Leistung sprechen kann, wenn sich die anerkannten Regeln der Technik nach Vertragsschluss dergestalt neu verändern, dass sie nunmehr **geringere** Anforderungen stellen als die alten anerkannten Regeln der Technik, beziehungsweise: wenn der Auftragnehmer entgegen der vertraglichen Vereinbarung einen technisch höherwertigen Standard (ggf. sogar ohne Mehrkosten) erfüllt hat.

568 Nach der gesetzlichen Mangeldefinition (s. o. Rdn. 538) weicht die vereinbarte Beschaffenheit von der tatsächlichen ab, so dass auch die Beachtung der anerkannten Regeln der Technik (im Vergleich zur geschuldeten minderwertigen Ausführung nach DIN) eigentlich einen »Mangel« darstellt.[388] Unabhängig von einer rechtsdogmatischen Diskussion meinen wir, dass jedenfalls in einem solchen Fall der Auftraggeber– wegen Unverhältnismäßigkeit oder nach § 242

---

383 OLG Zweibrücken, DNotZ 2008, 187.
384 Miernik, BauR 2012, 151; vgl. Kapellmann, in: Kapellmann/Messerschmidt, VOB/B § 2, Rdn. 30–32.
385 OLG Stuttgart, NJW-RR 2011, 1689; OLG Stuttgart, IBR 2011, 697; zu den »**Sowieso-Kosten**« vgl. Fn. 322.
386 Kapellmann/Schiffers, Bd. 2, Rdn. 571.
387 Vgl. auch Langen/Schiffers, Rdn. 1901–1905.
388 BGH, BeckRS 2002, 06562. Vgl. zum Ganzen: Sprau, in: Palandt, BGB § 633, Rdn. 6a, 6b m. w. N. sowie OLG Koblenz, BeckRS 2013, 22536; OLG Düsseldorf, openJur 2012, 127669; OLG Düsseldorf, BauR 2012, 1997; OLG Nürnberg, NZBau 2002, 673. **Dagegen** u. a. Weyer, IBR 2014, 2191; Anm. NJW-Spezial 2012, 590.

BGB – grundsätzlich gehindert ist, Gewährleistungsrechte geltend zu machen, so dass ein Streitentscheid entbehrlich ist.[389]

5. Mangelhafte Leistung trotz Einhaltung der anerkannten Regeln der Technik – Der »funktionale Mangelbegriff« und die »Erfolgshaftung«

569 Zunächst geht es um die Fälle, in denen der Auftragnehmer aufgrund von ausdrücklichen Vereinbarungen im Bauvertrag einen technisch höheren (oder auch geringeren) Standard als denjenigen der anerkannten Regeln der Technik erbringen muss, jedoch tatsächlich (nur oder sogar) die anerkannten Regeln der Technik beachtet hat. Diese Fälle behandeln wir im Abschnitt »Darlegungs- und Beweislast« unter **Rdn.** 595 ff., so dass darauf verwiesen sei.

570 Wurden die anerkannten Regeln der Technik, wie vereinbart, eingehalten, aber funktioniert das Werk – aus welchen Gründen auch immer – nicht (= »kein Werkerfolg«), ist die Leistung **mangelhaft**.[390] Denn die Leistung muss im Hinblick auf ihre Mangelfreiheit zwar stets (als Mindeststandard) den anerkannten Regeln der Technik entsprechen, jedoch immer unter Beachtung der vorausgesetzten üblichen Verwendung und Beschaffenheitsvereinbarung.[391] D. h.: Fehlt die erforderliche **Funktion** für die Verwendung (Verwendungseignung, § 633 Abs. 2 S. 2 BGB), liegt auch bei Einhaltung der anerkannten Regeln der Technik ein Mangel vor.[392] Ist sie nicht zu erreichen (auch nicht durch Einhaltung der a. R. d. T.), schuldet der Auftragnehmer wegen seiner »**Erfolgshaftung**« dennoch die vereinbarte Funktionstauglichkeit (»**funktionaler Mangelbegriff**«).[393]

571 Arbeitsbeispiel 7: Autobahnbrücke

Der Auftragnehmer errichtet eine Autobahnbrücke in Spannbetonweise nach einem bestimmten Spannverfahren. Die Herstellung der Brücke erfolgt entsprechend den anerkannten Regeln der Technik.

---

389 Vgl. auch Merl, in: Handbuch des privaten Baurechts, § 15, Rdn. 245. Weyer, a. a. O. m. w. N.
390 OLG Brandenburg, Urt. v. 26.09.2013 – 12 U 115/12, in: ibr-online.
391 BGH, NJW-RR 2002, 1533.
392 BGH, NJW 2003, 200.
393 BGH »Blockheizkraftwerk«, BauR 2008, 344 (auch zur Unmöglichkeit i. S. v. § 275 BGB); z. B. Abdichtungen (von Kellern oder Dächern), die zwar nach den a. R. d. T. ausgeführt wurden, aber nicht funktionieren (keine Dichtigkeit). Vgl. auch die Fälle von OLG Köln, IBR 1991, 440 und BauR 1997, 831; OLG Düsseldorf, NJW-RR 1991, 1495; OLG Nürnberg, IBR 1992, 100; OLG Brandenburg, BauR 2007, 1063. Algenbildung auf einem nach den a. R. d. T. hergestellten WDVS wurde jedoch nicht als (optischer) Mangel anerkannt: LG Darmstadt, BauR 2008, 695.

Der Mangelbegriff – »DIN-konform« vs. »a.R.d.T entsprechend«

Ein Jahr nach Abnahme zeigen sich an vielen Stellen der Brücke Risse. Im Rahmen einer eingeleiteten Untersuchung stellt sich heraus, dass die Regeln der Technik zwar in vollem Umfang beachtet worden sind, diese Regeln aber offensichtlich in einem Punkt falsch waren, weil es sonst nicht zu den Rissen hätte kommen dürfen. Die aufgetretenen Schäden versetzen die Fachwelt in Erstaunen. Mit solchen Schäden hatte niemand gerechnet.

Haftet der Auftragnehmer?

Lösung: 572

Eine Autobahnbrücke mit Rissen ist mangelhaft, auch wenn die Regeln der Technik eingehalten sind.[394] Selbst wenn die Regeln der Technik im Zeitpunkt der Abnahme eingehalten sind, kann ein Werk mangelhaft sein, wenn es nicht zu dem nach dem Vertrag vorausgesetzten oder dem gewöhnlichen Gebrauch geeignet ist.[395] Dann waren eben die Regeln der Technik falsch. Dieses Risiko trägt der Auftragnehmer.

Weiteres Beispiel:[396] 573

Bis Mitte der 80er Jahre fanden Betonsanierungen wegen Betonstahlkorrosion in der Weise statt, dass die offen sichtbaren Korrosionsstellen saniert und im Übrigen der Beton mit einer wasserundurchlässigen Schicht versehen wurde(n). Betontechnologisch war man der Auffassung, dass das Eindringen des Wassers zu der Korrosion führe, so dass der Mangel durch Aufbringen einer wasserdichten Schicht auf den Beton behoben werde. Seit Mitte der 80er Jahre weiß man, dass auch bei wasserdichter Abdichtung des Betons die im Betonstahl bereits vorhandenen Tausalze durch eine Chloridbildung weiterhin zur Korrosion führen, so dass die früheren Betonsanierungsverfahren nicht gebrauchstauglich waren. Entscheidend ist also immer der Eintritt des geschuldeten und durch § 633 Abs. 2 BGB bzw. § 13 Abs. 1 VOB/B kumulativ definierten Erfolges.[397]

6. Abgrenzung von Abnutzung und Verschleiß gemäß VOB/C

Abnutzung und Verschleiß der Werkleistung durch **vertragsgemäßen Gebrauch** des Werks stellen keinen Sachmangel dar. Abnutzung und Verschleiß aber, die auf einem Mangel basieren, sind nachzubessern. 574

---

394 »Blasbachtalbrückenfall«, OLG Frankfurt, NJW 1983, 456.
395 BGH, BauR 2006, 375; BGH, NZBau 2002, 611.
396 Noch mehr Beispiele aus der Rechtsprechung: BGH, NJW 1998, 2814 (Schallschutz); von Behr, NJW 209, 1385; Locher-Weiß, BauR 2010, 368. Es sind, außer bei besonderer Vereinbarung (vgl. Zimmermann, NZBau 2009, 633), nicht nur die a. R. d. T. und technischen Regeln (z. B. DIN 4109) maßgeblich, das Geschuldete ist ggf. durch Vertragsauslegung zu ermitteln: BGH, NJW 2007, 2983 (»optimaler Schutz« bei Doppelhaushälften; OLG Bremen, MDR 2008, 382; vgl. im Übrigen Sprau, in: Palandt, BGB § 633, Rdn. 10 a. E.
397 Langen/Schiffers, Rdn. 1900.

575 Weil es in der Praxis nicht selten zu Abgrenzungsschwierigkeiten kommt, insbesondere bei den **wartungsbedürftigen** Gewerken wie bspw. den maschinellen und elektrotechnischen bzw. elektronischen Anlagen (§ 13 Abs. 4 Nr. 2, 3 VOB/B), hat der Deutsche Vergabe und Vertragsausschuss (DVA) angeregt, gewerkespezifisch in den jeweiligen DIN-Normen zu regeln, wann in den einzelnen Leistungsbereichen typischerweise Abnutzung und Verschleiß vorliegen, die **keinen Mangel** darstellen. Die Entwicklung bzw. die nächste »VOB/C-Novelle« bleibt abzuwarten.

III. Einfluss der VOB/C auf die Sachmängelhaftung

576 In der VOB/C und ihren ATV-DIN 18299 bis 18459 gibt es in den Abschnitten 0 bis 5 bestimmte Regelungen, die Einfluss auf die Sachmängelhaftung haben bzw. darauf ausgerichtet sind, **Mängel und Schäden zu vermeiden**, also insgesamt zur **Qualitätssicherung** beizutragen.

577 Wie bereits zu Beginn dieses Kapitels angesprochen, lassen sich die Maßnahmen **beider** Bauvertragsparteien (und nicht nur des Auftragnehmers) zur Vermeidung von Mängeln in verschiedene **Kategorien und** »**Bauphasen**« (Planung, vor, während und nach Ausführung usw.) einteilen. Zu nennen sind exemplarisch folgende Maßnahmen, die zur Qualitätssicherung beitragen (können):[398]

– ordnungsgemäße Planung und Kontrolle, insbesondere der Ausführungspläne, Prüfung der Ausführungsunterlagen (»Mängelprophylaxe«),[399]
– richtige Aufstellung der Leistungsbeschreibung,[400]
– Beachtung der Prüfungs- und Bedenkenhinweispflichten,[401]
– Einhaltung von besonderen Mitwirkungs- und Schutzpflichten,[402]
– »gewissenhafte« Bau(-ober-)leitung und Bauüberwachung,[403]
– ggf. (externe) Projektsteuerung (inkl. »Mängelmanagement«)
– ordentliche (mangelfreie) Bauausführung durch Beachtung der anerkannten Regeln der Technik (VOB/C-DIN-ATV, Herstellerrichtlinien usw.)[404] sowie der qualitätssichernden Nebenleistungen,[405]

---

398 Eine ausführliche Zusammenfassung zum »**Qualitätsmanagement**« findet der Leser bei Langen/Schiffers, Rdn. 1981–2007, insb. Abbildung 39 bei Rdn. 1992.
399 S. Rdn. 395, 452 und 458.
400 Rdn. 221 ff.
401 Vgl. Rdn. 483.
402 S. o. Rdn. 641.
403 Rdn. 696.
404 S. o. Rdn. 545 ff.
405 Dazu sogleich hier ausführlich.

Einfluss der VOB/C auf die Sachmängelhaftung

– regelmäßige Wartung wartungsbedürftiger Anlagen, im Übrigen ordnungsgemäßer Gebrauch des Werks sowie Qualitätskontrollen durch den Architekten innerhalb der Gewährleistungszeit.[406]

Arbeitsbeispiel 8: Verhütung von Schäden **578**

Gemäß VOB-Vertrag führt der Auftragnehmer für den öffentlichen Auftraggeber bestimmte Rohrvortriebsarbeiten aus. Für das Baugrundstück ergeben sich weder aus dem Bodengutachten noch aus der Leistungsbeschreibung Altlasten. Im Rahmen der Ausschreibung hatte der Auftraggeber aber eine Anfrage beim Kampfmittelräumdienst gestellt, der das Baugelände wegen des Bombenabwurfs im 2. Weltkrieg als nicht unbedenklich einstufte und eine entsprechende Bodenbelastung mit Bombenmaterial nicht vollständig ausschließen konnte. Jedoch hatte der Auftraggeber diese Informationen nicht in den Ausschreibungsunterlagen weitergegeben. Bei den Vortriebsarbeiten wird der Bohrkopf durch einen im Baugrund befindlichen Granatsplitter beschädigt. Der Schaden wurde jedoch erst sehr spät bemerkt, die Vortriebsfahrt verlangsamte sich und es wurden zerstörbare Hindernisse im Boden gefunden. Der Vortriebskopf musste für ca. 100.000,00 € aufwendig repariert werden. Der Auftraggeber will dem Auftragnehmer die Kosten nicht erstatten.

Ist der Auftraggeber dem Auftragnehmer zum Schadensersatz verpflichtet?

Lösung: **579**

Ja, der Auftraggeber muss den Schaden ersetzen. Gemäß § 7 Abs. 1 Nr. 6 VOB/A muss der öffentliche Auftraggeber die wesentlichen Verhältnisse der Baustelle (Bodenverhältnisse etc.) dem Auftragnehmer mitteilen. Die hier unterlassene Mitteilung der Informationen des Kampfmittelräumdienstes stellte somit für den Auftragnehmer und seine Bauausführung die Gefahr einer Fehleinschätzung der im Boden befindlichen Materialien dar. Der Auftragnehmer musste daher nicht mit Granatsplittern rechnen. Allerdings hat der Auftragnehmer gemäß Abschnitte 3.1.4 und 3.1.6 der DIN 18319 (»Rohrvortriebsarbeiten«) unverzüglich die notwendigen Maßnahmen zur Verhütung von Schäden zu treffen und den Auftraggeber entsprechend zu informieren, wenn sich während der Bauausführung die Gefahr u. a. von Verbrüchen, Wassereinbrüchen, Schäden an Vortriebsrohren oder baulichen Anlagen ergibt, um sodann gemeinsam notwendige Maßnahmen festzulegen. Hat der Auftragnehmer die Ursachen der v. g. Gefahren nicht zu vertreten, sind die Schadensbeseitigungsmaßnahmen Besondere Leistungen und somit zusätzlich zu vergüten, was hier der Fall ist.[407]

Das Arbeitsbeispiel 8 zeigt, dass die VOB/C nicht nur Regelungen für den Auftragnehmer zur Vermeidung von »Standardmängeln« enthält, sondern auch Bestimmungen zur **Verhütung von Schäden**, die allerdings hier vom Auftrag- **580**

---

406 Dazu Berger/Fuchs, Einführung in die HOAI.
407 Vgl. auch BGH, NJW 2012, 518 und NZBau 2013, 428. Zur **Darlegungs- und Beweislast** s. Rdn. 595 ff.

nehmer nicht eingehalten werden konnten, weil der Auftraggeber für den Schadensverlauf allein verantwortlich war. Im Übrigen würde das Haftungsergebnis für den privaten Auftraggeber genauso ausgehen: auch für diesen gilt die Pflicht zu Hinweisen entsprechend den Abschnitten 0 der VOB/C (z. B. DIN 18299, Abschnitt 0.1.20).[408]

581 In diesem Kapitel befassen wir uns ausschließlich mit den oben genannten »direkten« Bauausführungsmaßnahmen, also **innerhalb der VOB/C** mit Bestimmungen zur **Ausführungsart** bzw. mit **qualitativen Ausführungsvorgaben**. Diese **technischen Qualitätsvorgaben** sind regelmäßig in den Abschnitten 3 und 4 der ATV (»Ausführung« sowie »Nebenleistungen, Besondere Leistungen«) für den jeweiligen Leistungsbereich gesondert enthalten.

582 Im Rahmen der Bauausführung sind zunächst die für das jeweilige Gewerk einschlägigen technischen Regelungen zu beachten, insbesondere die anerkannten Regeln der Technik, um eine mangelfreie Ausführung sicherzustellen.[409] Für die Gewährleistung der mangelfreien Leistung und den anerkannten Regeln der Technik ist es daher wichtig, die Anforderungen an das Bauverfahren und die Baustoffe oder -teile gemäß den Fach-DIN-Normen, aber auch über den Inhalt der Norm hinaus die **Vorgaben der Hersteller** usw. einzuhalten und darauf zu achten, dass nur die Baustoffe **eines** Herstellers verwendet werden (= Systemzulassungen von Bauteilen, die zusammen gehören und nur in dieser Verbindung zulässig sind, z. B. Gipsplatten, Ständerkonstruktion und Schrauben von ein und demselben Hersteller). Denn die Befolgung nur der Normen stellt nicht zwangsläufig sicher, dass die bauvertraglichen Voraussetzungen der Mangelfreiheit erfüllt werden.[410] Aber auch hier ist **Vorsicht** geboten, wenn sich der Auftragnehmer zwar an die Hersteller-Richtlinien hält, diese aber nicht den anerkannten Regeln der Technik entsprechen – trotz Einhaltung der Hersteller-Richtlinien ist die Leistung dann mangelhaft.[411]

583 Die **Abschnitte 3** der ATV machen beispielsweise folgende **Qualitätsvorgaben:**

584 Abschnitt 3.1 (»Allgemeines«) der DIN 18333 (»Betonwerksteinarbeiten«) regelt unter anderem, inwieweit der Auftragnehmer von **Betonwerksteinarbeiten** Vorleistungen qualitativ zu überprüfen hat.

585 In den Abschnitten 3.2 bis 3.6 befasst sich die DIN 18333 mit der Durchführung von Betonwerksteinarbeiten auf Treppen (Abschnitt 3.2), der Verlegung von Bodenplatten (Abschnitt 3.3), dem Versetzen von Bekleidungen (Abschnitt 3.4), sonstigen Bauteilen (Abschnitt 3.5), dem zu verwendenden Mörtel (Abschnitt 3.6) sowie Fugen und Verfugen (Abschnitt 3.7).

---

408 S. aber auch Englert/Grauvogl/Katzenbach, in: Beck'scher VOB-Kommentar, DIN 18299, Rdn. 16 m. w. N.
409 S. die **Aufstellung** der technischen Regelungen als a. R. d. T. in Rdn. 550.
410 S. o. Rdn. 545 f.
411 OLG Hamm, BauR 1997, 309.

586 In Abschnitt 3.2.2 der DIN 18333 ist z. B. geregelt, dass Treppenstufen und Belagplatten auf betonierten Treppenläufen **zwängungsfrei**, bspw. auf Mörtelquerstreifen, **zu verlegen** sind. Trittschallgedämmte Treppenstufen und Belagplatten sind bei unmittelbar darunter angeordneter Dämmschicht vollflächig zu verlegen (Abschnitt 3.2.3). Auskragende Treppenbeläge müssen **bewehrt** sein, wenn die Kraglänge mehr als die zweifache Dicke des Belages beträgt (Abschnitt 3.2.4).

587 Bodenplatten sind **flucht- und waagerecht**, d. h. mit dem vorgegebenen Gefälle unter Berücksichtigung des angegebenen Höhenbezugspunktes, zu verlegen, vgl. Abschnitt 3.3.1 der DIN 18333. Platten mit Abmessungen bis 50 cm × 75 cm sind **im Mörtelbett**, größere Platten sind **auf Mörtelstreifen** zu verlegen (Abschnitt 3.3.2).

588 Fugen sind gemäß Abschnitt 3.7.1 der DIN 18333 **gleichmäßig breit** anzulegen, Maßabweichungen der Werkstücke sind in den Fugen **auszugleichen**. Die Fugenbreiten betragen gemäß Abschnitt 3.7.2 bei Kantenlängen der Fliesen bis 60 cm 3 mm, darüber hinaus 5 mm, und so weiter.

589 Wurden in der Leistungsbeschreibung des Bauvertrages keine abweichenden Festlegungen getroffen, regelt Abschnitt 3 der DIN 18333 detailliert, wie der Auftragnehmer Naturwerksteinarbeiten auszuführen hat, um insbesondere mangelfrei herzustellen.

590 Auch z. B. die DIN 18350 (»**Putz- und Stuckarbeiten**«) regelt in Abschnitt 3.1.1 zunächst den Umfang der Prüf- und Bedenkenhinweispflichten des Auftragnehmers in Bezug auf die erbrachten Vorleistungen anderer Unternehmer.[412]

591 Die Abschnitte 3.2 bis 3.13 der DIN 18350 befassen sich u. a. mit »Putze«, »Herstellen und Ausbessern von Steinputzflächen«, »Bauteile aus Drahtputz«, »Glättetechnik«, »Ausbildung von Kanten«, »Einbau von Sonderprofilen«, »Innenwandbekleidungen«, »Außenwandbekleidungen mit Putzträgerplatten« sowie »Wärmedämmputzsystemen«.

592 Der Auftragnehmer ist auch hier verpflichtet, mangels anderweitiger Festlegungen in der Leistungsbeschreibung oder für die Ausführungsvorgaben die Bestimmungen der DIN 18350 zu einzuhalten, wenn er eine mangelfreie Leistung herstellen will.

593 Neben diesen »Hauptleistungspflichten« zur mangelfreien Leistungserbringung gibt die VOB/C zudem in den **Abschnitten 4** für bestimmte Leistungsbereiche während der Bauausführung »**Vorbeugemaßnahmen**« und »**Abhilfemaßnahmen**« als Nebenleistungen und Besondere Leistungen[413] zur Vermei-

---

412 Ausführlich schon Rdn. 497.
413 Allgemein zu den »Nebenleistungen« und »Besondere Leistungen« s. Rdn. 339 ff.

dung von Mängeln vor. Grundlegend gilt hierbei, dass das **Entfernen von Staub, das Säubern des Untergrundes und die Beseitigung von lose sitzenden Putz- oder Betonresten** Nebenleistungen sind, die **Beseitigung grober Verunreinigung und Verschmutzungen**, die der Auftragnehmer nicht zu verantworten hat, ist Besondere Leistung, das **Ausgleichen von Unebenheiten** nur bis zu den definierten Toleranzgrenzen ist wiederum eine Nebenleistung. Im Einzelnen haben insbesondere folgende konkrete Leistungen aus der VOB/C Einfluss auf die Sachmängelhaftung bzw. die Qualität:

DIN 18332 »Natursteinarbeiten«

Abschnitt 4.1.3: Ausgleich von Unebenheiten

Abschnitt 4.1.4: kleine Putzüberstände beseitigen

DIN 18333 »Betonwerksteinarbeiten«

Abschnitt 4.1.2: Ausgleich von Unebenheiten innerhalb der Toleranzen von

DIN 18302 »Arbeiten zum Ausbau von Bohrungen«

Abschnitt 4.1.3: kleine Putzüberstände beseitigen

DIN 18333 »Abdichtungsarbeiten«

Abschnitt 4.1.2: Reinigung des Abdichtungsuntergrundes

DIN 18338 »Dachdeckungs- und Dachabdichtungsarbeiten«

Abschnitt 4.1.2: Reinigung des Untergrundes

DIN 18350 »Putz- und Stuckarbeiten«

Abschnitt 4.1.2: Säubern des Putzuntergrundes von Staub und losen Teilen

DIN 18352 »Fliesen- und Plattenarbeiten«

Abschnitt 4.1.4: Reinigung des Untergrundes

Abschnitt 4.1.5: Ausgleich von Unebenheiten innerhalb angegebener Toleranzen

Abschnitt 4.1.6: Beseitigung kleiner Putzüberstände

DIN 18353 »Estricharbeiten«

Abschnitt 4.1.2: Reinigung des Untergrundes

Abschnitt 4.1.3: Ausgleich von Unebenheiten innerhalb angegebener Toleranzen

DIN 18354 »Gussasphalt«

Abschnitt 4.1.2: Reinigung des Untergrundes

DIN 18355 »Tischlerarbeiten«

Abschnitt 4.1.3: Herstellen von Löchern in Mauerwerk und Leichtbeton

Abschnitt 4.1.7: Berücksichtigung der Abweichungen der Fertigmaße vom Bausoll bis zu 5 % jedes dieser Maße, höchstens jedoch 50 mm (jedoch unter festgelegten Bedingungen)

DIN 18356 »Parkettarbeiten«

Abschnitt 4.1.: Reinigung des Untergrundes

Abschnitt 4.1.4: Auffüttern bis zu 1 cm Dicke auf Balken oder Lagerhölzern

DIN 18361 »Verglasungsarbeiten«

Abschnitt 4.1.1: das Ausglasen von Scheiben oder Glasresten und Säubern der Glasfalze nur bei Reparaturarbeiten

DIN 18363 »Maler- und Lackierarbeiten«

Abschnitt 4.1.4: Entfernen von Staub, Verschmutzung und lose sitzenden Putz- und Betonteilen auf dem zu behandelnden Untergrund

Abschnitt 4.1.5: Ausbessern einzelner kleiner Putz- und Untergrundbeschädigungen

Abschnitt 4.1.7 Verkitten einzelner Löcher und Risse

DIN 18364 »Korrosionsschutzarbeiten«

Abschnitt 4.1.4: Entfernen von Staub und losen Verschmutzungen

DIN 18365 »Bodenbelagsarbeiten«

Abschnitt 4.1.2: Säubern des Untergrundes

Abschnitt 4.1.3: Ausgleich des Untergrundes von Unebenheiten bis zu 1 mm

DIN 18366 »Tapezierarbeiten«

Abschnitt 4.1.4: Entfernen von Staub, Verschmutzungen und lose sitzenden Putz- und Betonteilen auf dem zu behandelnden Untergrund

Abschnitt 4.1.4: Ausbessern einzelner Putz- und Untergrundbeschädigungen

DIN 18367 »Holzpflasterarbeiten«

Abschnitt 4.1.4: Reinigung des Untergrundes.

594 Was die **Rechts**mängelhaftung des Auftragnehmers angeht (vgl. § 633 Abs. 1 und 3 BGB), insbesondere in Bezug auf die **Zulässigkeit von Bauprodukten und Bauverfahren**, so muss auch insoweit der Auftragnehmer nicht nur sämtliche bauordnungsrechtliche Anforderungen beachten, sondern auch die Änderung öffentlich-rechtlicher Bestimmungen während der Bauausführung verfolgen und den Auftraggeber darüber informieren.[414] Beispielsweise ist für die Anwendung von Stoffen und Bauteilen eine Vielzahl von DIN-Normen (auch

---

414 Kapellmann/Schiffers, Bd. 2, Rdn. 571. S. weiter Rdn. 637.

außerhalb der VOB/C) zu beachten. Gängige Baustoffe haben eine Zulassung und ein Prüfzeichen des Instituts für Bautechnik in Berlin. Nicht zugelassene und geprüfte Baustoffe dürfen in der Regel nicht verwendet (verbaut) werden.[415]

IV. Darlegungs- und Beweislastregeln aus der VOB/C

1. Allgemeines

595 Streiten sich die Bauvertragsparteien – in einem Gerichtsverfahren – über bestimmte Tatsachen oder Auslegungsfragen, z. B. darüber, ob eine mangelhafte Leistung vorliegt und der Mangel vom Auftragnehmer zu vertreten ist, so wird das Gericht, wenn die streitige Behauptung ausreichend **dargelegt**, also »substantiiert« vorgetragen wurde, **Beweis erheben** (z. B. durch Vernehmung von Zeugen oder Einholung eines Sachverständigengutachtens und Beauftragung eines »gerichtlichen Gutachters«[416]).

596 Dabei gilt der **Grundsatz**, dass derjenige, der eine ihm günstige Tatsache behauptet, diese im Bestreitensfall auch darlegen und beweisen muss. Der Anspruchsteller trägt daher (grundsätzlich) die **Darlegungs- und Beweislast** für die rechtsbegründenden, der Anspruchsgegner für die rechtsvernichtenden, rechtshindernden und rechtshemmenden Tatbestandsmerkmale bzgl. eines Anspruchs.[417]

597 Daneben enthält u. a. das BGB eine Reihe von **Beweislastregeln**, z. B. in § 280 Abs. 1 Satz 2 BGB, wonach das »Vertretenmüssen« für eine Pflichtverletzung vermutet wird und somit der Anspruchsgegner das Gegenteil beweisen muss.[418]

598 Die Regeln der Beweislast greifen ein, wenn das Gericht nach durchgeführter Beweisaufnahme nicht von der Wahrheit oder Unwahrheit einer streitigen Behauptung überzeugt ist, also »nichts bewiesen« werden konnte und deshalb die beweisbelastete Partei beweisfällig geblieben ist. In einem solchen Fall (sog. »non liquet«) kann die streitige Behauptung im Rechtsstreit nicht zugunsten der beweisbelasteten Partei gewertet werden.

2. Grundsätzliche Beweislastregeln für Mängel

599 Bleibt beispielsweise unklar, ob Schäden am Bauwerk (»Mangelsymptome«) auf eine mangelhafte Leistung des Auftragnehmers oder Dritteinwirkung zurückgehen, ist fraglich, wer den behaupteten Mangel bzw. die behauptete Mangelfreiheit zu beweisen hat.

---

415 Zu den »Stoffen und Bauteilen« s. auch Rdn. 360.
416 ö. b. u. v. = öffentlich bestellter und vereidigter Sachverständiger.
417 BGH, NJW 1991, 1052; Einzelheiten bei Greger, in: Zöller, ZPO Vor § 284, Rdn. 15 ff.
418 Dazu näher Grüneberg, in: Palandt, BGB § 34–46.

600 Bei angeblich mangelhafter Leistung ist die Beweislast grundsätzlich davon abhängig, wann »Mängel« erkannt und angezeigt wurden, entweder vor oder nach der **Abnahme**.[419] Der Auftragnehmer muss bis zur Abnahme darlegen und beweisen, dass er seine Leistungen mangelfrei erbracht hat. Nach der Abnahme, d. h. mit »Gefahrübergang« (§ 644 BGB), dreht sich die Beweislast – dann muss der Auftraggeber beweisen, dass ein Mangel vorliegt oder vorgelegen hat.[420]

601 Daneben gibt es weitere Beweislastregeln, insbesondere zur **Beweislastumkehr**, beispielsweise die Beweislast des Auftraggebers für Mängel vor Abnahme, wenn er eine **Beweisvereitelung** z. B. dadurch bewirkt, dass er »Mängel« vor Abnahme durch einen Dritten beseitigen lässt, ohne den Auftragnehmer hierüber zu informieren und ihm Gelegenheit zur Dokumentation der Ersatzvornahme zu geben.[421]

3. Widerlegbare Vermutung der anerkannten Regeln der Technik

602 Eine Bauausführung gemäß den einschlägigen **DIN-Normen** führt zu der widerlegbaren Vermutung, nach den anerkannten Regeln der Technik und damit grundsätzlich mangelfrei ausgeführt zu haben. Der Auftragnehmer, der sich bei der Erbringung von Bauleistungen an die einschlägigen (ATV-)DIN hält, kann also für sich die widerlegbare Vermutung beanspruchen, dass die anerkannten Regeln der Technik eingehalten wurden und damit seine Leistung mangelfrei ist (s. o. Rdn. 545). Diese Vermutung ist eine **echte Beweislastregelung** im Sinne der ZPO.

603 Folglich müsste der **Auftraggeber**, der die jeweilige DIN-Norm-konforme Ausführung nicht als anerkannte Regeln der Technik akzeptiert, dies in einem Prozess darlegen und **beweisen**,[422] indem er z. B. nachweist, dass die anerkannten Regeln der Technik inzwischen von der DIN abweichen.[423]

604 Übrigens: Entspricht die Leistung nachweislich **nicht** den anerkannten Regeln der Technik, ist die Leistung schon allein deshalb mangelhaft.[424] Dabei ist es grundsätzlich unerheblich, ob der Regelverstoß zu einer Wert- oder Gebrauchsbeeinträchtigung der Bauleistung führt.[425] Die Behauptung, dass der Verstoß

---

419 Zur Abnahme s. Fn. 376).
420 Ausführlich Kapellmann/Langen, Rdn. 215 f. Vgl. auch den Aufsatz von Brugger, NZBau 2014, 17.
421 Vgl. BGH, NJW 2009, 360; BGH, NJW 2006, 434, 436; BGH, NJW 2004, 222.
422 BGH, BGHZ 114; 273; OLG Hamm, NJW-RR 1998, 668; OLG Hamm, BauR 1994, 767; OLG Schleswig, BauR 2000, 1201; Brandenburgisches OLG, BauR 2010, 100; Oppler, in: Ingenstau/Korbion, VOB/B § 4 Abs. 2, Rdn. 59.
423 Z.Zt. der Abnahme, vgl. Rdn. 560. Vgl. OLG Stuttgart, BauR 1977, 129; allgemein Vygen, Bauvertragsrecht, Rdn. 122; näher Langen/Schiffers, Rdn. 1896 ff. Dazu auch nachfolgend Rdn. 606 ff.
424 Zur **umstrittenen Ausnahme** s. Rdn. 568 bzw. Fn. 388.
425 Merl, in: Handbuch des privaten Baurechts, § 15, Rdn. 245.

gegen die anerkannten Regeln der Technik mit keinerlei Risiken verbunden ist und weder optische noch technische Beeinträchtigungen hat, muss der **Auftragnehmer** beweisen. Gelingt ihm der Beweis, kann der Auftraggeber – trotz Vorliegens eines Mangels – ausnahmsweise an der Ausübung seiner Mängelrechte gehindert sein.[426]

4. »Mehr« oder »weniger« als die anerkannten Regeln der Technik vereinbart

605 Der Auftragnehmer schuldet im Rahmen seiner mangelfreien Werkherstellung grundsätzlich als qualitativen **Mindeststandard** die Einhaltung der anerkannten Regeln der Technik (s. o. Rdn. 542), es sei denn, die Parteien haben – z. B. in den ZTV oder in der Leistungsbeschreibung – etwas anderes ausdrücklich vereinbart:

a) »Mehr« vereinbart

606 Hat der Auftragnehmer zwar die anerkannten Regeln der Technik beachtet, behauptet aber der Auftraggeber, er habe im Bauvertrag eine Leistung gefordert, die **qualitativ über** die anerkannten Regeln der Technik hinausgeht, so muss er seine Behauptung – z. B. anhand der schriftlichen Vereinbarung – beweisen. Insoweit gelten dieselben Anforderungen wie oben bei Rdn. 599 aufgezeigt.

607 Arbeitsbeispiel 9: Verhältnismäßigkeit

Der Auftragnehmer wurde mit Trockenbauarbeiten beauftragt. Die VOB/B war vereinbart. Nach Pos. 1.19 des LV waren die WC-Trennwände aus beidseitig doppelt beplankten imprägnierten Gipskartonplatten herzustellen. Nach der Abnahme kam es zu einem Wasserschaden. Es wurde festgestellt, dass die Trennwände mit einer imprägnierten und einer unimprägnierten Gipskartonplatte je Wandseite beplankt worden waren. Der Auftraggeber forderte den Auftragnehmer erfolglos zur Mängelbeseitigung auf. Der Auftragnehmer verwies darauf, alle Platten seien entsprechend den anerkannten Regeln der Technik verlegt worden, was ein Sachverständiger bestätigte. Das Beseitigungsverlangen sei deshalb unverhältnismäßig. Trifft dies zu?

608 Lösung:

Nein. Eine Unverhältnismäßigkeit ist in aller Regel nur dann anzunehmen, wenn einem objektiv geringen Interesse des Auftraggebers an einer mangelfreien Vertragsleistung ein ganz erheblicher und deshalb vergleichsweise unangemessener Aufwand gegenübersteht. Hat der Auftraggeber objektiv ein berechtigtes Interesse an einer ordnungsgemäßen Erfüllung des Vertrages, kann ihm der Auftragnehmer regelmäßig nicht die Nachbesserung wegen hoher Kosten der Mängelbeseitigung verweigern. Der Einwand der Unverhältnismäßigkeit ist nur dann gerechtfertigt, wenn das Bestehen auf ordnungsgemäße Vertragserfüllung im Verhältnis zu dem

---

426 Merl, a. a. O.; Weyer, IBR 2014, 2191 m. w. N. S. auch oben **Rdn. 568**.

dafür erforderlichen Aufwand unter Abwägung aller Umstände gegen Treu und Glauben verstößt. Bei der gebotenen Abwägung ist auch von Bedeutung, ob und in welchem Ausmaß der Auftragnehmer den Mangel verschuldet hat.[427]
*Nach diesen Grundsätzen ist eine Unverhältnismäßigkeit hier nicht gegeben. Die vertraglich bestellten imprägnierten Platten sind **funktionell höherwertig**. So kommt es etwa bei einer senkrecht im Wasser stehenden, »normalen« Platte nach 24-stündiger Eintauchzeit zu einer kapillaren Steighöhe von 210 mm, bei einer imprägnierten Platte zu einer Steighöhe von nur 20 mm. Dieses Interesse des Auftraggebers an der teureren und sogleich risikoärmeren Art der Ausführung darf nicht deshalb als gering bewertet werden, weil die tatsächlich erbrachte Leistung den anerkannten Regeln der Technik entspricht.*[428]

b) »Weniger« vereinbart

Die Parteien können im Bauvertrag auch eine von den anerkannten Regeln der Technik abweichende, **qualitativ geringerwertige** Bauausführung vereinbaren, z. B. die Ausführung gemäß einer bestimmten Fach-DIN, die hinter den a. R. d. T. zurückbleibt. **609**

Hinsichtlich der **Beweislast** ist »stufenweise« zu differenzieren: **610**

Hat der Auftragnehmer die Leistung »DIN-konform« erbracht, und kann der **Auftraggeber** – z. B. aufgrund objektiv wissenschaftlicher Erkenntnisse – **nachweisen**, dass die DIN nicht den anerkannten Regeln der Technik entspricht, dann müsste wiederum der **Auftragnehmer beweisen**, dass ausdrücklich nur die Einhaltung dieser DIN-Norm bzw. »weniger« als die anerkannten Regeln der Technik vereinbart war. Gelingt dem Auftragnehmer dieser Nachweis, ist aber der Auftraggeber baurechtlich/-praktisch nicht bewandert, muss der Auftragnehmer ihn auf eine solche Abweichung **deutlich hinweisen**;[429] bei einem fachkundigen Auftraggeber bedarf es eines solchen Hinweises nicht,[430] schadet aber auch nicht.[431] **611**

Beispiel zum geschuldeten Schallschutz:[432] **612**

Ist nach dem Bauvertrag die Einhaltung bestimmter Schalldämmmaße festgelegt, so sind diese vom Auftragnehmer unabhängig davon einzuhalten, welche Werte die einschlägige DIN dazu regelt. Sagt der Bauvertrag hierzu nichts aus,

---

427 BGH, NZBau 2008, 575; BGH, NZBau 2006, 110.
428 BGH, NZBau 2008, 575, 576.
429 BGH, BauR 2009, 1288; OLG Karlsruhe, IBR 2014, 2381.
430 OLG Hamm, IBR 1994, 367.
431 »Grundsatz des sichersten Weges«, vgl. die »Prinzipien« in Rdn. 31 ff.
432 BGH, BauR 1998, 872 und BauR 2007, 1570 und BauR 2009, 1288. S. auch OLG Düsseldorf, BauR 2010, 2142. **Wichtig:** Die v. g. Rspr. gilt nach Ansicht des VIII. Senats (BGH, BauR 2010, 1756) nicht für die Auslegung von mietvertraglichen Vereinbarungen: Wenn nichts anderes vereinbart ist, gilt der Standard

ist der Auftragnehmer dazu verpflichtet, einen Schallschutz zu erbringen, der sich bei sorgfältiger Arbeit ergeben würde – ggf. auch über die Schallschutzwerte der DIN 4109 hinaus.[433] Ansonsten schuldet der Auftragnehmer bzgl. der Schallschutzwerte die Einhaltung der anerkannten Regeln der Technik. Dabei ist es eine Frage des Einzelfalls bzw. des konkreten Bauvorhabens und dessen Bestimmung (Wohnen oder Arbeiten usw.), ob die einschlägige DIN den anerkannten Regeln der Technik entspricht oder darüber hinausgehen, d. h. höhere Werte fordern. Jedenfalls entspricht der »Mindestschallschutz« aus DIN 4109 **nicht** den anerkannten Regeln der Technik.[434]

613 Bei anderen technischen Regelwerken als den Fach-DIN-Normen gilt zunächst einmal **nicht** die Vermutung zugunsten des Auftragnehmers, gemäß den anerkannten Regeln der Technik ausgeführt zu haben, so dass er direkt in der Beweislast ist, sollte der Auftraggeber insoweit eine mangelhafte Leistung rügen. Insbesondere muss der **Auftragnehmer** beweisen, dass seine Leistungen »vereinbarungsgemäß« hinter den anerkannten Regeln zurückbleiben sollten.

614 Neben den VOB/C- und sonstigen Fach-DIN-Normen gibt es viele technische Regelwerke wie z. B. die VDE-Normen des Verbandes Deutscher Elektrotechniker, das DVGW-Regelwerk des Deutschen Vereins des Gas- und Wasserfachs e. V.,[435] Merkblätter einschlägiger Berufsverbände[436] sowie zahlreiche Produktverarbeitungsrichtlinien bestimmter Hersteller oder deren Verbände (dazu im Einzelnen Rdn. 206 ff.). Besteht ein **Widerspruch** zwischen den anerkannten Regeln der Technik einerseits (z. B. einschlägigen DIN-Normen) und sonstigen technischen Regelwerken, (z. B. Produktverarbeitungsrichtlinien eines bestimmten Herstellers), so genießen die anerkannten Regeln der Technik grundsätzlich Vorrang. Die Leistung des Auftragnehmers kann in diesem Fall wegen Verletzung der anerkannten Regeln der Technik mangelhaft sein, obwohl er die einschlägigen Produktverarbeitungsrichtlinien usw. beachtet hat.[437] Um technische und daraus folgende rechtliche Unsicherheiten zu vermeiden, sollte durch den **Bauvertrag** klargestellt werden, ob sich die Ausführung des Auftragnehmers nach den Produktverarbeitungsrichtlinien oder nach den anerkannten Regeln der Technik richtet.[438]

615 Bei technischen Regelwerken muss immer geprüft werden, ob sie durch die Leistungsbeschreibung oder durch die sonstigen Vertragsbestandteile auch

---

nach DIN 4109. Vgl. auch BGH und OLG Karlsruhe, IBR 2014, 2381 zum Schallschutz in einem Wohn- und Geschäftshaus.
433 OLG Hamm, BauR 2001, 1262.
434 BGH, BauR 2009, 1288.
435 Dazu Ganten, in: Beck'scher VOB-Kommentar, VOB/B § 4 Abs. 2, Rdn. 121.
436 Z. B. das Merkblatt des Zentralverbandes des Deutschen Baugewerbes über mechanisch hoch belastbare Bodenbeläge aus keramischen Fliesen und Platten.
437 Dazu OLG Hamm, BauR 1997, 309.
438 Vgl. dazu auch Ganten, in: Beck'scher VOB-Kommentar, VOB/B § 4 Ans. 2, Rdn. 93 ff.

dergestalt Vertragsinhalt geworden sind, dass sich die Ausführung **primär** nach diesen technischen Regelwerken zu richten hat. Ist dies der Fall, muss sich die Ausführung des Auftragnehmers nach diesen technischen Regelwerken richten, weil ihre Beachtung zur »**vereinbarten Beschaffenheit**« gehört (§ 633 Abs. 2 Satz 1 BGB bzw. § 13 Abs. 1 VOB/B). In diesem Sinne hat die vereinbarte Beschaffenheit dann auch Vorrang vor den ansonsten geltenden anerkannten Regeln der Technik.[439] Aber auch hier bedarf es ggf. eines entsprechenden **Hinweises** durch den Auftragnehmer an den Auftraggeber (siehe oben).

Der **Auftragnehmer** muss also letztlich eine ihm günstige abweichende Vereinbarung beweisen,[440] zum Beispiel auch, dass der Auftraggeber – trotz Hinweises auf die mangelnde Erprobung – den Einsatz neuer Techniken oder Materialien (oder bei einer Sanierung in Bezug auf die vorhandene Substanz) Abweichungen akzeptiert hat.[441] **616**

5. Besondere Beweislastregeln (entwickelt) aus der VOB/C

Nach den oben dargestellten Grundsätzen der Beweislastregeln wird gemäß **§ 280 Abs. 1 Satz 2 BGB** vermutet, dass ein Mangel (= Pflichtverletzung) vom Auftragnehmer zu vertreten ist, also auf eine schuldhafte mangelhafte Leistungserbringung zurückgeht; der **Auftragnehmer** müsste sich exkulpieren, d. h., die gesetzliche Vermutung widerlegen, indem er beweist, dass der »Mangel« (bzw. Mangelsymptom oder Schaden) bspw. durch »höhere Gewalt« (z. B. Sturm, Erdbeben), auftraggeberseitige Beschädigung oder sonstige Dritteinwirkung entstanden ist. **617**

Auf der Grundlage der »**Tiefbau**-Fach-DIN-Normen« 18300 bis 18319 (Abschnitte 4.2) der VOB/C in Verbindung mit dem sog. »System- und Baugrundrisiko« hat die Rechtsprechung jedoch folgende spezielle Regeln zur Beweisführung in Form von Anscheinsbeweis und Beweislastumkehr entwickelt: **618**

Liegt ein »Mangel« oder Schaden an der Bauleistung vor, kann jedoch der Auftragnehmer – ggf. mithilfe eines Sachverständigengutachtens – darlegen und beweisen, dass seine Bauausführung durch Mensch, Maschine, Methode und Material nach den anerkannten Regeln der Technik erfolgt ist, so gilt der Anscheinsbeweis (die widerlegbare Vermutung), dass die Ursache für die fehlgeschlagene Leistung oder den Schaden in dem vom Auftraggeber gestellten Baugrund (»Stoff«) liegt.[442] In diesem Fall muss der **Auftraggeber** substantiiert darlegen und beweisen, dass der Baugrund nicht die Ursache für die fehl- **619**

---

439 OLG Hamm, IBR 1994, 367; Langen/Schiffers, Rdn. 1898.
440 OLG München, NJW-RR 1992, 1523; OLG Hamm, NJW-RR 1995, 17; Thüringer OLG, BauR 2008, 669.
441 Brandenburgisches OLG, ZfBR 2001, 112; BGH, NJW 2005, 1115; OLG München, Urt. v. 26.02.2013 – 9 U 1553/2012 Bau. Zu den Prüf- und Hinweispflichten des AN s. auch die Rdn. 483 ff.
442 S. Rdn. 491.

geschlagene (Tiefbau-)Leistung ist.[443] Insoweit hat das OLG Frankfurt zur Darlegungs- und Beweislast des Auftraggebers zutreffend entschieden:[444]

> »*Die DIN-Vorschrift enthält somit den Grundsatz, dass Bohrrohre, die nicht gezogen werden können, dem Auftragnehmer zu vergüten sind. Dem liegt erkennbar zugrunde, dass alle naturgegebenen, insbesondere geologischen Umstände, die zum Verlust eines Bohrrohres führen, in den Risikobereich des Auftraggebers fallen. Nur wenn der Auftragnehmer es zu vertreten hat, dass ein Bohrrohr nicht wieder gezogen werden kann, hat er ausnahmsweise keinen Anspruch auf Vergütung des Rohres. Aus der Fassung der Vorschrift ergibt sich für die* **Darlegungs- und Beweislast**, *dass der Auftraggeber darlegen und ggf. beweisen muss, dass der Auftragnehmer den Verlust des Rohres zu vertreten hat.*«

620 In dem Arbeitsbeispiel 8[445], welches auf dem v. g. Urteil des OLG Frankfurt basiert, trägt also der Auftraggeber die Darlegungs- und Beweislast für das Verschulden des Auftragnehmers.[446] Der Auftraggeber trägt grundsätzlich das sog. »**Baugrundrisiko**«, solange und soweit es durch den Bauvertrag – ggf. im Wege der Auslegung – nicht auf den Auftragnehmer übertragen wurde.[447]

621 Umgekehrt spricht eine widerlegbare Vermutung dafür, dass im Rahmen von Bodenaushubarbeiten damit in engem zeitlichem Zusammenhang entstandene Schäden am Nachbargrundstück **durch** die Nichtbeachtung von DIN-Normen verursacht wurden. Dann muss der **Auftragnehmer** beweisen, dass die Schäden nicht auf die Verletzung von DIN-Normen zurückgehen.[448] Das sog. Systemrisiko trägt der Auftragnehmer, wenn er seine Bauleistung nicht entsprechend den anerkannten Regeln der Technik ausgeführt hat und geht erst dann auf den Auftraggeber über, wenn der Auftragnehmer den Nachweis der Einhaltung der anerkannten Regeln der Technik führen kann.[449]

622 Allgemein wird also demjenigen das »Schadensrisiko« im Sinne des Anscheinsbeweises zugewiesen, der es durch die Einhaltung der DIN-Normen bzw. der anerkannten Regeln der Technik gerade verhindern sollte.[450]

---

443 Vgl. Englert/Brandelik, in: Beck'scher VOB-Kommentar, VOB/C Syst. IV., Rdn. 43–59.
444 BauR 1986, 352.
445 »Verhütung von Schäden«, s. o. Rdn. 578.
446 OLG Frankfurt, BauR 1986, 352.
447 BGH, NZBau 2009, 707; OLG Koblenz, BauR 2011, 1057; vgl. OLG Frankfurt, BauR 1986, 352; OLG Köln, Urteil vom 19.07.2006, Az.: 11 U 139/05, in: juris. S. kritisch Holzapfel/Dahmen, BauR 2012, 1015. Vgl. auch aktuell BGH, NJW 2012, 518 und BGH, NZBau 2013, 428.
448 BGH, BauR 1991, 514; BGH, NJW 1994, 1880; Englert, MDR 1994, 684.
449 Zu Schlitzwandarbeiten: OLG Köln, Urt. v. 22.03.2013 – 19 U 111/12, in: ibr-online; **kritisch:** Vogelheim, IBR 2013, 3653.
450 OLG Jena und BGH, IBR 2006, 388.

V. Abbildungen

Qualitätssicherung und VOB/C

623

| mangelfreie Planung und Aufstellung der Leistungsbeschreibung (Abschnitte 0 der VOB/C) | Beibringung aller ö-r Genehmigungen, Erlaubnisse und Bewilligungen | Bebaubarkeit des Grundstücks/Baugrunds (Bodengutachten u.a.) | Bau(-ober-)leitung und Bauüberwachung, ggf. (externe) Projektsteuerung (Mängelmanagement) | Bauausführung nach den a.R.d.T. und VOB/C |

Einfluss auf die Sachmängelhaftung

| Beachtung der Prüf- und Bedenkenhinweispflichten) | Beachtung von Mitwirkungs- und Schutzpflichten | Bereitstellung zulässiger und tauglicher Baumaterialien (Stoffe und Bauteile) | Wartung und Pflege der Anlagen | Beaufsichtigung anderer Unternehmer durch den AN bzgl. Vorleistungen u.a. |

Der gesetzliche Mangelbegriff und die a.R.d.T.
»Funktionalität und Erfolgshaftung«

| vereinbarte Beschaffenheit | a.R.d.T. | **oder** | a.R.d.T. | Eignung für vorausgesetzte oder gewöhnliche Verwendung |

VOB/C-ATV (DIN 18299 ff.), (Fach-)DIN-Normen, CEN/CENELEC/EN-Normen, ETB, Regeln des Handwerks, Herstellerrichtlinien, VDE-Bestimmungen, Vorschriften, Muster, Merkblätter, Unfallverhütungsvorschriften, Montageanleitungen/Einbauhinweise, sonstige technische Regelwerke, usw.

J. Die VOB/C und die Herbeiführung öffentlich-rechtlicher Genehmigungen, Erlaubnisse und Bewilligungen

I. Allgemeines

624 Nahezu alle Bauvorhaben und Baumaßnahmen benötigen für ihre Ausführung öffentlich-rechtliche Genehmigungen, Erlaubnisse und Bewilligungen und sind ggf. an Auflagen gebunden. Der Bauherr/Auftraggeber und der Auftragnehmer sind verpflichtet, die gesetzlichen und behördlichen Bestimmungen für das Bauvorhaben bzw. für die jeweilige konkrete Bauausführungsleistung zu beachten. Gemeint sind vor allem die öffentlich-rechtlichen Regeln, Gesetze und Verordnungen des Bundes und der Länder (z. B. BauO, BauGB, Satzungen, Genehmigungen, Auflagen, Sicherheitsvorschriften für Brandschutz, Wärmeschutz-VO, Wasserhaushaltsgesetz, Abwassergesetz, Bundesimmissionsschutzgesetz usw.).

625 Grundsätzlich ist der Auftragnehmer **verkehrssicherungspflichtig** für die Baustelle als **Gefahrenquelle**.[451] Insoweit treffen ihn auch **Prüf- und Hinweispflichten** in Bezug auf die Sicherung bei der Ausführung gegen Unfallgefahren (vgl. § 4 Abs. 3 VOB/B).[452] Würde die Ausführung einer bestimmten Bauleistung z. B. gegen das Bauordnungsrecht verstoßen, ist der Auftragnehmer nicht zur Ausführung verpflichtet, selbst wenn der Auftraggeber dies anordnet. Dem Auftragnehmer steht insoweit ein **Leistungsverweigerungsrecht** zu,[453] denn er unterliegt ja primär den gesetzlichen Verbots- und Gebotsnormen:[454]

626 § 4 Abs. 2 Nr. 1 VOB/B:

> *Der Auftragnehmer hat die Leistung unter eigener Verantwortung nach dem Vertrag auszuführen. Dabei hat er die anerkannten Regeln der Technik und die **gesetzlichen und behördlichen Bestimmungen zu beachten**.*

627 § 4 Abs. 1 Nr. 4 VOB/B:

> *Hält der Auftragnehmer die Anordnungen des Auftraggebers für unberechtigt oder unzweckmäßig, so hat er seine Bedenken geltend zu machen, die Anordnungen jedoch auf Verlangen auszuführen, **wenn nicht gesetzliche oder behördliche Bestimmungen entgegenstehen**.*

---

451 Vgl. auch die Sicherheitsmaßnahmen der VOB/C, Rdn. 641 ff.
452 Näher Rdn. 483.
453 BGH, BauR 1976, 128; OLG Köln, BauR 1997, 307.
454 BGH, NJW-RR 1998, 738.

Beispiel: **628**

Der Auftraggeber gibt ein bestimmtes Tiefbauverfahren zur Andichtung von Bohrpfählen an eine Schlitzwand vor und erstellt die Ausführungsplanung. Die Baugenehmigungsbehörde erteilt hierzu eine Auflage, die u. a. bestimmte Vorgaben macht und Anforderungen an die Sicherheit der Abdichtung stellt. Trotz mehrfacher Anordnung des Auftraggebers führt der Auftragnehmer die Arbeiten nicht aus, weil er meint, dass die geplante Ausführungsmethode nicht den Sicherheitsanforderungen aus der Auflage entspricht. Gleichzeitig meldet er Behinderung an. Tatsächlich war die Planung fehlerhaft und musste geändert werden, um die Auflagen zu erfüllen. Durch den Stillstand entstanden den Parteien Bauzeitverlängerungskosten und Verzugsschäden. Da der Auftragnehmer zur Verweigerung der Ausführung berechtigt (und verpflichtet) war, werden dem Auftraggeber die durch den Baustillstand verursachten Schäden zugerechnet.[455]

Fehlt eine für die Bauausführung oder einen zu verwendenden Baustoff erforderliche öffentlich-rechtliche Genehmigung oder Erlaubnis oder liegen sonstige Verstöße gegen öffentlich-rechtliche Vorschriften vor, ist der Bauvertrag nicht gemäß § 134 BGB nichtig oder unwirksam, vielmehr ist »nur« die konkrete erlaubnisbedürftige Bauausführung als solche verboten.[456] Die Erfüllung des Bauvertrags ist dann (derzeit) nicht möglich bzw. unmöglich.[457] Ausführung ohne Genehmigung ist ein **Gesetzesverstoß**, sie ist gemäß der jeweiligen Bauordnung der Länder verboten und stellt eine Ordnungswidrigkeit dar,[458] sowohl für den Bauherrn als auch für den Auftragnehmer (vgl. z. B. §§ 63 Abs. 1, 84 Abs. 1 Nr. 13 BauO NW).[459] **629**

II. Wer schuldet die Genehmigungseinholung?

Gemäß § 4 Abs. 1 Nr. 1 VOB/B hat grundsätzlich der Auftraggeber die für das Bauvorhaben erforderlichen öffentlich-rechtlichen Genehmigungen und Erlaubnisse »herbeizuführen«, d. h. zu beantragen und zu besorgen. Diese Mitwirkungspflicht des Auftraggebers[460] kann auf den Auftragnehmer vertraglich übertragen werden, bspw. ausdrücklich im Bauvertrag oder ein wenig »versteckt« aufgrund besonderer **VOB/C**-Bestimmungen. **630**

---

455 BGH, NJW 1974, 1080.
456 BGH, BauR 1976, 128 f.; OLG Köln, BauR 1997, 307; OLG München, BauR 1980, 274; OLG Hamburg, BauR 1998, 338; Merkens, in: Kapellmann/Messerschmidt, VOB/B § 4, Rdn. 13.
457 BGH, BGHZ 37, 223, 340.
458 Hoffmann, in: Ganten/Jagenburg/Motzke, VOB/B § 4 Abs. 1, Rdn. 63.
459 OLG Köln, BauR 1997, 307; OLG Düsseldorf, NJW 1992, 2105.
460 S. dazu Rdn. 696.

631 Arbeitsbeispiel 10: Der fachkundige Spezialunternehmer[461]

Ein Generalunternehmer (GU) beauftragt per VOB-Bauvertrag einen Brunnenbauer (NU) unter anderem mit Wasserhaltungs- und Ableitungsmaßnahmen. Der GU macht gegenüber dem NU Schadensersatz in Höhe von 55.000,00 € geltend, die ihm der Bauherr (AG) von der Schlussrechnung abgezogen hat, weil die Wasserbehörde in dieser Höhe ein Einleitungsentgelt sowie Bußgeld gegenüber dem AG wegen der Einleitung des abgepumpten Grundwassers in den öffentlichen Kanal ohne Erlaubnis erhoben hatte. Keiner der Baubeteiligten hatte vorher eine Genehmigung (Einleitungserlaubnis) beantragt oder eingeholt. Wäre der Antrag bei der Wasserbehörde gestellt worden, hätte sie eine Erlaubnis sogar für eine gebührenfreie Einleitung des Grundwassers in den städtischen Bach erteilt.

Hat der GU gegen den NU einen Schadensersatzanspruch in Höhe von 55.000,00 €? Wer hätte vor der Einleitung des abgepumpten Wassers in den öffentlichen Kanal die Genehmigung beantragen und einholen müssen?

632 Lösung:

*Gemäß § 4 Abs. 1 Nr. 1 Satz 2 VOB/B ist in einer vertraglichen Leistungskette (AG – GU – NU) der jeweilige **Auftraggeber** (AG und GU) dafür zuständig, die erforderlichen Genehmigungen rechtzeitig und ordnungsgemäß vor Ausführung bei der zuständigen Behörde zu beantragen, damit der Auftragnehmer (GU, NU) seine Leistungen vertragstreu und gesetzeskonform erfüllen kann. Etwas anderes gilt dann, wenn der Auftraggeber den Auftragnehmer mit der Genehmigungseinholung beauftragt hat. Hierzu sieht die **VOB/C** für den vorliegenden Beispielsfall bzw. den konkreten Leistungsbereich in DIN 18305 (»Wasserhaltungsarbeiten«) Abschnitt 3.1.1 vor, dass der Auftragnehmer zwar die zur Einholung der Genehmigung für den Betrieb der Anlage und das Abführen des geförderten Wassers erforderlichen **Unterlagen** zu liefern hat. Jedoch ist nach Abschnitt 4.2.12 der DIN 18395 das Einholen der behördlichen Genehmigungen vor Beginn der Arbeiten eine »**Besondere Leistung**« (wobei die damit verbundenen Gebühren, Kosten etc. gesondert zu vergüten sind, vgl. Abschnitt 4.2.9). Die Pflicht zur Genehmigungseinholung hätte hier also an den jeweiligen Auftragnehmer (vom AG an den GU und vom GU an den NU) ausdrücklich beauftragt werden müssen.*

633 Allerdings hat der Auftragnehmer bei **überlegener Fachkunde** ausnahmsweise eine **Aufklärungspflicht** gegenüber seinem Auftraggeber, dass überhaupt eine Genehmigung erforderlich ist, wenn er eine Spezialbaumaßnahme mit besonderen Genehmigungsanforderungen zu erbringen hat. Ansonsten macht er sich schadensersatzpflichtig.[462] Die Aufklärungspflicht entfällt (= Gegenausnahme), wenn der Auftraggeber selbst fachkundig ist oder einen Architekten oder Sonderfachmann mit der Planung beauftragt hat.

---

461 OLG Düsseldorf, Urt. v. 27.09.2011 – 23 U 137/10, in: ibr-online.
462 OLG Stuttgart, BauR 1980, 67; OLG Frankfurt, BauR 1990, 90.

634 Besitzt der Auftraggeber die notwendige Fachkunde oder hat der Auftragnehmer ihn auf das Genehmigungserfordernis hingewiesen und beginnt der Auftragnehmer mit den Arbeiten in Kenntnis des Fehlens der Genehmigung, kann ihn jedoch ein anspruchskürzendes **Mitverschulden** treffen,[463] es sei denn, er durfte annehmen, dass einer Genehmigung etwaig entgegenstehende Hindernisse nunmehr beseitigt seien.[464]

635 Nach **anderer Ansicht** in der Literatur[465] wird aus § 4 Abs. 2 Nr. 1 und 2 VOB/B gefolgert, dass »auftragnehmerspezifische« Genehmigungen und Erlaubnisse, die für spezielle Baumaßnahmen des Auftragnehmers erforderlich sind, nur vom Auftragnehmer erwirkbar seien, weil sie spezifisch die gewerbliche Tätigkeit des Auftragnehmers betreffen. Aus diesem Grund bestehe die Pflicht des Auftragnehmers zur Genehmigungsbeantragung kraft ihrer Natur der Sache. Dazu zählen z. B. behördliche Genehmigungen zur Verwendung von bestimmten Baumaterialien (bspw. Beton B 300 nach Nr. 5 der DIN 1045), Genehmigungen für den Betrieb bestimmter Baumaschinen und Anlagen, verkehrsrechtliche Ausnahmegenehmigungen (§ 45 Abs. 6 StVO) und so weiter.

636 Wir **empfehlen** dem **Auftraggeber** dringend, sich vor jeder (Spezial-)Baumaßnahme beim Auftragnehmer zu erkundigen, ob öffentlich-rechtliche Genehmigungen oder Erlaubnisse erforderlich sind und vertraglich zu regeln, wer für die Genehmigungseinholung zuständig ist. Umgekehrt sollte der fachkundige **Spezialunternehmer** in jedem Fall vor Ausführungsbeginn den Auftraggeber nach dem Vorliegen einer etwaig erforderlichen Genehmigung fragen bzw. ihn auf das Erfordernis entsprechend hinweisen.

III. Rechtsmängel

637 Gemäß § 633 Abs. 1 BGB ist der Auftragnehmer nicht nur verpflichtet, das Werk frei von Sachmängeln (gemäß den anerkannten Regeln der Technik) zu erbringen, sondern dem Auftraggeber das Werk auch frei von »Rechtsmängeln« zu verschaffen. Nach der **Definition** in § 633 Abs. 3 BGB ist das Werk frei von Rechtsmängeln, »*wenn Dritte in Bezug auf das Werk keine oder nur die im Vertrag übernommenen Rechte gegen den Besteller geltend machen können.*«

638 Zu diesen Rechtsmängeln gehören nicht nur privatrechtliche Gegenrechte Dritter,[466] sondern auch etwaige behördliche bzw. öffentlich-rechtliche Beschränkungen, die dem Bauvorhaben entgegenstehen. Dazu können unzulässige, von der Bauordnung nicht tolerierte Baustoffe oder gefahrträchtige Bauverfahren

---

463 BGH, BauR 1976, 128; OLG Hamm, BauR 2003, 1042.
464 OLG Düsseldorf, Urt. v. 27.09.2011 – 23 U 137/10, in: juris; OLG Karlsruhe, BauR 1974, 342; vgl. auch BGH, NJW 1985, 1692.
465 Hoffmann, in: Ganten/Jagenburg/Motzke, VOB/B § 4 Abs. 1, Rdn. 94–96.
466 Beispiele bei Sprau, in: Palandt, BGB § 633, Rdn. 9 f.

gehören.[467] Oder allgemein ein schon errichtetes, aber nicht genehmigungsfähiges Gebäude. Allerdings wird man regelmäßig annehmen können, dass bei einem »einfachen« Bauvertrag die Bebaubarkeit des Grundstücks oder die Genehmigungsfähigkeit des Bauvorhabens usw.[468] in die Risikosphäre des Bauherrn bzw. Auftraggebers fällt, so dass der Auftragnehmer hinsichtlich der Gewährleistung haftungsbefreit ist.[469] Hier wird es letztlich auf den Einzelfall und die bauvertraglichen Abreden ankommen. So kann der Auftragnehmer auch die Verpflichtung zum Nachweis der baurechtlichen Unbedenklichkeit übernommen haben, so dass das Bauwerk bis zur Erbringung des Nachweises als mangelhaft anzusehen ist.[470] Gerade im »Schlüsselfertigbau«[471] und Bauträgergeschäft kann der Auftragnehmer im Hinblick auf die rechtsmangelfreie Errichtung, Fertigstellung, Abnahme und Übergabe des Bauwerks zur Einhaltung der öffentlich-rechtlichen Genehmigungen, Erlaubnisse, Bewilligungen usw. verpflichtet sein.[472]

639 Auch hier müssen sich die Parteien stets fragen, wer die Erbringung der öffentlich-rechtlichen Genehmigung nach dem Bauvertrag schuldet.

---

467 Vgl. Rdn. 208.
468 S. dazu auch die Nachweise bei Weidenkaff, in: Palandt, BGB § 434, Rdn. 61.
469 OLG Düsseldorf, NJW-RR 2000, 310.
470 BGH, NJW 1981, 112.
471 Dazu ausführlich Langen/Schiffers, Rdn. 388 ff.
472 OLG Koblenz, NJW-RR 2009, 163; BGH, NJW 2001, 2167; Sprau, a. a. O., m. w. N.

IV. Abbildungen

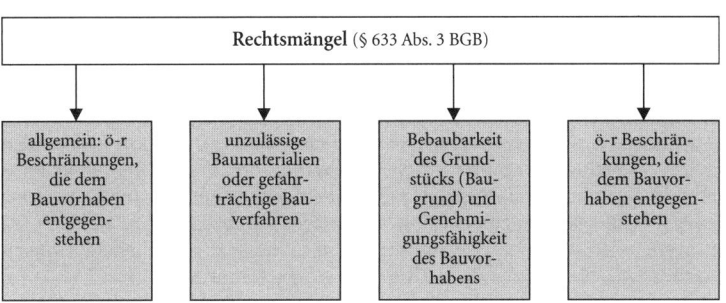

K. Mitwirkungs- und Schutzpflichten in der VOB/C

I. Einleitung

Zur »**Qualitätssicherung**« der Bauleistung tragen unterschiedliche Maßnahmen beider Parteien in unterschiedlichen Bauphasen (Planung, Ausführung, Gewährleistung) bei. Neben den »primären« qualitätssichernden Maßnahmen wie insbesondere die mangelfreie Bauausführung einschließlich Mangelbeseitigungsarbeiten und die Einhaltung öffentlich-rechtlicher Bestimmungen[473] hat der Auftragnehmer seine Prüfungs-, Aufklärungs-, Mitteilungs- und Bedenkenhinweispflichten einzuhalten; diese gehören zu den »qualitätsorientierten Mitwirkungspflichten« des Auftragnehmers und wurden bereits unter Rdn. 483 ff. behandelt. In diesem Kapitel befassen wir uns mit den weiteren, **sonstigen** qualitätsorientierten Mitwirkungs- und Schutzpflichten des **Auftragnehmers**, und zwar: 641

---

473 Vgl. die Aufstellung bei Rdn. 624.

- Erstellung von Mustern und Proben (**Rdn. 645**)
- Erbringung von Prüfnachweisen (**Rdn. 658**)
- Übergabe von Bestands- und Revisionsplänen (**Rdn. 672**)
- Wartung und Erstellung von Wartungs- und Bedienungsanleitungen nebst Einweisung (**Rdn. 680**)
- Ausführung spezieller Schutzmaßnahmen (**Rdn. 684**)

642 Verletzt der Auftragnehmer diese Pflichten (beispielsweise ist die Bedienungsanleitung mangelhaft), hat er dem Auftraggeber die daraus ggf. entstandenen Folgeschäden zu ersetzen oder Mängel zu beseitigen.

643 Im Übrigen hat der **Auftraggeber** im eigenen Interesse bestimmte Mitwirkungspflichten und Obliegenheiten zur Qualitätssicherung inne (**Rdn. 696**).[474]

644 Im Einzelnen:

II. Bemusterung (Muster und Proben)

645 Bei bestimmten Gewerken erfolgt die endgültige Festlegung der Ausführung der konkreten Leistung erst nach einer Bemusterung. In diesem Fall werden gewisse **Qualitätsvorgaben** schon in das Leistungsverzeichnis aufgenommen.[475] Diese Qualitätsvorgaben im Rahmen einer Bemusterung bzw. Probe oder Detailfestlegung zu erstellen, können dem Auftraggeber als »Nebenleistungen« oder »Besondere Leistungen«[476] nach den maßgeblichen Regelungen der **VOB/C** (bzw. nach dem Bauvertrag) vorgegeben werden.[477]

646 Gemäß § 13 Abs. 2 VOB/B sind bei Leistungen nach Probe oder Mustern[478] die Eigenschaften der Probe oder des Musters grundsätzlich als vereinbarte Beschaffenheit anzusehen:

> »*Bei Leistungen nach Probe gelten die Eigenschaften der Probe als vereinbarte Beschaffenheit, soweit nicht Abweichungen nach der Verkehrssitte als*

---

474 Auch die technische Zustandsfeststellung oder »Teilabnahme« nach § 4 Abs. 10 VOB/B sowie die Abnahme(-begehung) gem. § 12 VOB/B könnte man im weitesten Sinne zu den qualitätsorientierten Maßnahmen zählen, weil dort das Werk intensiv »unter die Lupe genommen« wird.
475 Zu den vergütungsrechtlichen Auswirkungen s. Langen/Schiffers, Rdn. 2189 ff.
476 Vgl. Rdn. 339 ff.
477 Ergänzend zur VOB/C können Umfang und Details der Bemusterung oder auch Abweichungen vertraglich vereinbart werden. Gem. Abschnitt 4.2 der generellen DIN 18299 sind Besondere Leistungen nur dann vom AN geschuldet, wenn sie im Bauvertrag, in der LB oder im LV, ausdrücklich besonders erwähnt sind (ausführlich Rdn. 339 ff.).
478 Zum Begriff Wirth, in: Ingenstau/Korbion, VOB/B § 13 Abs. 2, Rdn. 3.

> *bedeutungslos anzusehen sind. Dies gilt auch für Proben, die erst nach Vertragsabschluss als solche anerkannt sind.«*

Sind die Proben oder Muster also bereits Vertragsgegenstand geworden, handelt es sich bei den Eigenschaften dieser Proben oder Muster um die »**vereinbarte Beschaffenheit**«, was somit relevant für die mangelfreie Leistungserbringung ist.[479] »*Bedeutungslos*« (= kein Mangel) sind Abweichungen, wenn sie für den Auftraggeber zu keinerlei Wert- oder Nutzungsbeeinträchtigungen führen.[480]

647

Erstellt der Auftragnehmer Muster oder Proben erst **nach Vertragsschluss**, kommt es gemäß § 13 Abs. 2 Satz 2 VOB/B darauf an, ob sie »als solche anerkannt« sind, d. h. die Parteien übereinstimmend davon ausgehen, dass die durch den Auftragnehmer auszuführende Leistung den Eigenschaften von Muster oder Probe entsprechen soll.[481]

648

Beispiel:

649

Wenn der Auftragnehmer vor Ausführung von Fliesen- und Plattenarbeiten dem Auftraggeber entsprechende Musterplatten vorlegt (DIN 18352, Abschnitt 4.1.2), dann müssen die anschließend angelieferten und verlegten Fliesen und Platten den Eigenschaften der vom Auftraggeber ausgewählten und damit »anerkannten« Fliesen oder Platten entsprechen. Andernfalls sind sie **mangelhaft**, unabhängig davon, ob sie als solche gebrauchstauglich oder sogar höherwertig sind.

In diesem Zusammenhang ist auch die Vorschrift des **§ 4 Abs. 6 VOB/B** speziell für Baumaterialien bei der Bauausführung zu beachten:[482]

650

> *»Stoffe und Bauteile, die dem Vertrag oder den Proben nicht entsprechen, sind auf Anordnung des Auftraggebers innerhalb einer von ihm bestimmten Frist von der Baustelle zu entfernen. Geschieht dies nicht, so können sie auf Kosten des Auftragnehmers entfernt oder für seine Rechnung veräußert werden.«*

Nicht alle Leistungsbereiche bzw. ATV enthalten derartige Bestimmungen, gleichwohl sind die betroffenen **DIN der VOB/C** insoweit strukturiert:

651

---

479 Weyer, in: Kapellmann/Messerschmidt, VOB/B § 13, Rdn. 54. Vgl. auch oben Rdn. 528.
480 Weyer, a. a. O.; Kleine-Möller/Merl, § 15, Rdn. 200; Wirth, a. a. O., Rdn. 7.
481 Vgl. Wirth, a. a. O., Rdn. 6.
482 Bei **Mangelhaftigkeit** von Muster oder Probe vgl. Weyer, in: Kapellmann/Messerschmidt, VOB/B § 13, Rdn. 55; Wirth, in: Ingenstau/Korbion, VOB/B § 13 Abs. 2, Rdn. 8.

652 Beispielsweise ist allgemein bei verschiedenen **Bodenbelagsarbeiten** die Bemusterung eine Nebenleistung; der Auftragnehmer hat dem Auftraggeber erforderliche **Muster** vorzulegen:

DIN 18353 (»Estricharbeiten«), Abschnitt 4.1.4

DIN 18350 (»Parkettarbeiten«), Abschnitt 4.1.5

DIN 18365 (»Bodenbelagsarbeiten«), Abschnitt 4.1.1

653 Entsprechendes gilt teilweise für allgemeine **Bekleidungsarbeiten** oder für »**Maler- und Lackierarbeiten**« (DIN 18363), bei denen gemäß Abschnitt 4.1.8 Oberflächen und Farbmuster als Nebenleistung vorzulegen sind. Auch für »**Fliesen- und Plattenarbeiten**« (DIN 18352) ist nach Abschnitt 4.1.2 nur das Vorlegen von Mustern eine Nebenleistung, nicht jedoch das Ansetzen und Verlegen von Mustern (Abschnitt 4.2.4). Gleiches gilt für »**Naturwerksteinarbeiten**« (DIN 18332), Abschnitt 4.1.8, wonach das Liefern von Musterplatten bis zu 20 cm × 20 cm Größe Nebenleistung ist, nicht jedoch das Versetzen und Verlegen. Hingegen ist für »**Betonwerksteinarbeiten**« das Vorlegen von Musterplatten keine Nebenleistung.

654 Das Ansetzen von Musterflächen ist zum Teil für die Beschichtungsarbeiten nach DIN 18349 (»**Betonerhaltungsarbeiten**«), Abschnitt 4.1.3, sowie DIN 18366 (»**Korrosionsschutzarbeiten**«), Abschnitt 4.1.6, eine Nebenleistung.

655 Für »**Putz- und Stuckarbeiten**« (DIN 18350) ist das Vorlegen vorgefertigter Oberflächen- und Farbmuster eine Nebenleistung des Auftragnehmers, nicht jedoch das Herstellen von Proben, Mustern usw. (Abschnitt 4.2.13). Für »**Tapezierarbeiten**« (DIN 18366) existiert allerdings keine Regelung zur Gestellung von Mustern o. ä. in der VOB/C.[483]

656 Bei »**Beschlagsarbeiten**« (DIN 18357) ist die Bemusterung Nebenleistung (Abschnitt 4.1.2), die Anfertigung von Probeflächen, die nicht am Bau verwendet werden können, ist jedoch eine Besondere Leistung. Eine entsprechende Differenzierung gilt für »**Verglasungsarbeiten**« (DIN 18361): Glasproben bis 0,05 m² Einzelgröße sind gemäß Abschnitt 4.1.3 Nebenleistung, größere Glasproben sind gemäß Abschnitt 4.2.6 Besondere Leistung.

657 Für folgende Gewerke ist die Erstellung von Bemusterungen für den Auftragnehmer jeweils eine **Besondere Leistung**:

– »Zimmer- und Holzarbeiten«, DIN 18334, Abschnitt 4.2.15: Musterflächen und Konstruktionen

---

[483] Dies ist wohl eher einer »geschuldete Selbstverständlichkeit« (Vertragsauslegung, Rdn. 300). Hingegen trifft VOB/C für die Leistungsbereiche zu, die zum **Tief- und Ingenieurbau** gehören, deshalb keine Aussage über Bemusterung o. ä., weil bei ihnen Bemusterungen usw. in der Praxis nicht vorkommen und auch nicht erforderlich sind.

- »Dachdeckungs- und Dachabdichtungsarbeiten«, DIN 18338, Abschnitt 4.2.12: Musterflächen und Konstruktionen
- »Klempnerarbeiten«, DIN 18339, Abschnitt 4.2.11: Musterflächen und Konstruktionen
- »Tischlerarbeiten«, DIN 18355, Abschnitt 4.2.7: Probstücke, sofern sie am Bau verwendet werden
- »Gas-, Wasser- und Abwasserinstallationsarbeiten«, DIN 18381, Abschnitt 4.2.28: Mustereinrichtungen und Konstruktionen
- »Metallbauarbeiten«, DIN 18340: Abschnitt 4.1.3 führt nur solche Probstücke als Nebenleistung auf, die zur Ausführung verwendet werden können, ansonsten sind sie Besondere Leistung.
- »Fassadenarbeiten«, DIN 18351, Abschnitt 4.2.13: Abschnitt 4.1.2 bestimmt nur das Anfertigen von Probstücken, die bei der Ausführung verwendet werden können, als Nebenleistung; ansonsten sind Probstücke Besondere Leistung.
- »Förderanlagen, Aufzugsanlagen, Fahrtreppen und Fahrsteige«, DIN 18385: weil die Bemusterung für die Ausgestaltung dieser Leistungen in der ATV nicht erwähnt ist, ist sie Besondere Leistung.

III. Prüfnachweise

Die ATV der VOB/C enthalten für bestimmte Leistungsbereiche **Qualitätskontrollen** in Form spezieller Prüfnachweise (als »Nebenleistungen« oder »Besondere Leistungen«). Insoweit gibt es drei grundlegende **Nachweisformen:** 658

1. Nachweise vor Ausführungsbeginn,[484]
2. Nachweise über Qualität und Abmessung der verwendeten Baustoffe sowie
3. Nachweise über Prüfungen der eingebauten Stoffe und Systeme.

Diese Nachweise bilden teilweise sogar die Grundlage für die Durchführung der **Abnahme**.[485] 659

Wir raten dem Auftraggeber dringend dazu, im Bauvertrag zusätzlich schriftliche Prüf- und sonstige Nachweise vom Auftragnehmer zu fordern, beispielsweise Nachweise über die Herkunft und Qualität der eingebauten Baumaterialien durch Lieferscheine oder Technische Datenblätter des Herstellers.[486] 660

---

484 Bspw. über die Beschaffenheit des Untergrundes, vgl. hierzu die verschiedene VOB/C-DIN-Normen für Bodenbelagsarbeiten (z. B. DIN 18367, Abschnitt 3.1.2 und 4.1.4).
485 Zur Abnahme s. schon Fn. 319.
486 Z. B. kann der Dachdecker durch Vorlage des zugehörigen Lieferscheins und einer Materialprobe belegen, dass er das geforderte Material (bspw. gem. DIN 18337, Abschnitt 3.3.3.4.2) eingebaut hat.

Mitwirkungs- und Schutzpflichten in der VOB/C

661 Weiteres Beispiel:

662 Der Auftraggeber verlangt vom Auftragnehmer im Bauvertrag die Verfüllung einer Baugrube mit einem Verfüllmaterial, welches im Hinblick auf die spätere Nutzung bestimmte Eigenschaften bzgl. Belastbarkeit, Dichte, Tragfähigkeit etc. aufweisen muss; im Übrigen kann der Auftragnehmer das Material frei auswählen. Daneben sieht der Bauvertrag vor, dass der Auftragnehmer vor Ausführung zwingend für das Verfüllmaterial die vorgeschriebenen Eigenschaften **nachzuweisen** hat. Diesen Nachweis kann der Auftragnehmer erst nach mehreren Versuchen erbringen, so dass es zu einer Bauzeitverzögerung von mehreren Monaten kommt. Die Verzugsschäden hat der Auftragnehmer dem Auftraggeber zu ersetzen.

663 Insbesondere für gefahrträchtige, »riskante« Arbeiten gibt es in der **VOB/C bestimmte Prüf- und Nachweispflichten:**

- »Erdarbeiten« (DIN 18300): Prüfung der Gründungssohle auf Eignung vor dem Einbau von Boden und Fels für Erdbauwerke (Abschnitt 3.6.2), Eignungsnachweis für auftragnehmerseitig gelieferte Böden (Abschnitt 4.1.5).
- »Bohrarbeiten« (DIN 18301): Entsorgung von Bohrspülungen mit Spülungszusätzen (Abschnitt 3.2.4; 4.15), Beschaffen der Boden-, Wasser- und Gasproben (Abschnitt 4.2.10).
- »Brunnenbauarbeiten« (DIN 18302): Beschaffen der Behälter für Boden- und Wasserproben (Abschnitt 4.2.4), Messen der Wasserstände (Abschnitt 4.1.4).
- »Ramm-, Rüttel- und Pressarbeiten« (DIN 18304): Aufzeichnungen während des Einbringens (Abschnitt 3.3), Dokumentation der Lage der Bauelemente, die nicht oder nur teilweise beseitigt werden konnten (Abschnitt 3.6.3).
- »Wasserhaltungsarbeiten« (DIN 18305): Aufschreiben des Grundwasserstandes (Abschnitt 4.2.5;4.2.6), Prüfen der Beschaffenheit des geförderten Wassers (Abschnitt 3.3.1).
- »Dränarbeiten« (DIN 18308): Feststellen des Feuchtezustandes der Böden während der Bauzeit nach DIN 1185–3 (Abschnitt 4.1.4).
- »Einpressarbeiten« (DIN 18309): Protokoll über die Einpressarbeiten, in dem Datum, Tiefe, Prüfergebnisse, Einpressgut in Art und Menge aufgenommen werden (Abschnitt 3.1.6 und 3.1.7), Nachweis für die Ausgangsstoffe und das Einpressgut (Abschnitt 2.1.2), Nachweis über die Eignung des Einpressverfahrens und des Einpressgeräts (Abschnitt 3.1.2), jeweils gemäß Abschnitt 4.1.4, Eignungsprüfung nach DIN 4093 (Abschnitt 4.1.6).
- »Sicherungsarbeiten an Gewässern, Deichen und Küstendünen« (DIN 18310): Eignungs- und Gütenachweis nach DIN 19657 für auftragnehmerseitig gestellte Stoffe (Abschnitt 4.1.3).
- »Nassbaggerarbeiten« (DIN 18311): Wasserstandsmessung und Positionsbestimmung (Abschnitt 4.1.8).

Prüfnachweise

- »Untertagearbeiten«(DIN 18312): Nachweis zur Eignung und Güte von auftragnehmerseitig gelieferten Stoffen und Bauten (Abschnitt 4.1.2), Einpress- und Spannprotokolle für die Ankerung (Abschnitt 4.1.7), Messprotokolle bei Verformungs- und Spannungsmessungen (Abschnitt 4.1.8).

Bei den nachfolgenden Leistungsbereichen hat der Auftragnehmer bestimmte Nachweise über die **verwendeten Baumaterialien** (Stoffe und Bauteile[487]) als **Nebenleistung** zu erbringen: 664

- »Spritzbetonarbeiten« (DIN 18314): Nachweise für die Güte der Stoffe, der Bauteile und des Betons (Abschnitt 4.1.2)
- »Verkehrswegebau mit Oberbauschichten ohne Bindemittel« (DIN 18315): Durchführung von Eignungsprüfungen für die auftragnehmerseitig gelieferten Stoffe (Abschnitt 4.1.3), Eignungsüberwachungsprüfungen für den Einbau
- »Beton- und Stahlbetonarbeiten« (DIN 18331): Nachweise zur Güte für Stoffe, Bauteile und Beton (Abschnitt 4.1.3)
- »Verkehrswegebauarbeiten mit Oberschichten mit hydraulischen Bindemitteln« (DIN 18317): Nachweis zur Güte für Stoffe, Baustoffgemisch und Beton (Abschnitte 4.1.3 und 4.1.4)
- »Verkehrswegebauarbeiten mit Oberbauschichten aus Asphalt« (DIN 18317): Nachweis zur Güte für Stoffe und Stoffgemisch (Abschnitt 4.1.3)

Bei **feuchteempfindlichen Bodenbelagsarbeiten** wie »Parkettarbeiten« (DIN 18356, Abschnitt 4.1.7), »Holzpflasterarbeiten« (DIN 18367, Abschnitt 4.1.4) sowie allgemein bei »Bodenbelagsarbeiten« (DIN 18365, Abschnitt 4.1.5) sind vom Auftragnehmer einmalige Feuchtemessungen der Untergründe zur Feststellung der Verlegefähigkeit durchzuführen. 665

Für »**Korrosionsschutzarbeiten an Stahl- und Aluminiumbauten**« (DIN 18364) wird zur Vorbereitung der Abnahme gemäß Abschnitt 4.1.5 das Anlegen von Kontrollflächen gemäß DIN EN ISO 12944–7 als Nebenleistung gefordert.[488] 666

Für die einzelnen Leistungsbereiche der **Technischen Gebäudeausrüstung** (TGA) hat der Auftragnehmer Unterlagen für die Abnahme zu liefern: 667

- »Raumlufttechnische Anlagen« (DIN 18379): mitzuliefernde Unterlagen (Abschnitt 3.6)
- »Heizanlagen« (DIN 18380): mitzuliefernde Unterlagen (Abschnitt 3.7)
- »Gas-, Wasser- und Abwasser-Installationsanlagen« (DIN 18391): mitzuliefernde Unterlagen (Abschnitt 3.5)
- »Nieder- und Mittelspannungsanlagen« (DIN 18382): Aufzeichnungen der Prüfung der Betriebsfähigkeit nach den DIN-Normen (Abschnitt 3.1.7)

---

487 Rdn. 360 ff.
488 S. o. Rdn. 654 und Fn. 483.

- »Blitzschutzanlagen« (DIN 18384): schriftlicher Bericht über die Ergebnisse der Abnahmeprüfung (Abschnitt 3.4)
- »Förderanlagen, Aufzugsanlagen« (DIN 18385): Prüfbuch, Bedienungs- und Wartungsanleitungen (Abschnitt 3.4)
- »Gebäudeautomation« (DIN 18386): mitzuliefernde Unterlagen (Abschnitt 3.6)

668 Bei **Dämmarbeiten an technischen Anlagen** (DIN 18421) hat der Auftragnehmer nach Abschnitt 2.2 **Prüfzeugnisse** für die verwendeten Dämmstoffe zu erbringen.

669 Zweifelhaft ist, ob die **Dichtigkeitsprüfung für Heizungsanlagen** (DIN 18380) für den Auftragnehmer gemäß Abschnitte 4.1 und 4.2 Nebenleistungen oder Besondere Leistungen sind. Zwar werden in Abschnitt 4.1 keine Druckproben ausdrücklich verlangt. Allerdings werden in Abschnitt 4.2.11 zusätzliche Druckproben als Besondere Leistung aufgeführt, so dass anzunehmen ist, dass jedenfalls die erstmalige Druckprobe eine Nebenleistung ist.[489] Entsprechendes gilt für **Dichtigkeitsprüfungen bei Gas-, Wasser- und Abwasserarbeiten** (DIN 18381): Auch hier dürfte die erste Dichtigkeitsprüfung bei »Nicht-Abwasserleitungen« eine Nebenleistung sein, weil laut Abschnitt 4.2.21 zusätzliche Druckprüfungen und nach Abschnitt 4.2.22 Druck- und Dichtigkeitsprüfungen für Entwässerungsleitungen als Besondere Leistungen aufgeführt werden, so wie in Abschnitt 3.5 die Protokolle der Dichtheitsprüfung als auftragnehmerseitig zu liefernde Unterlagen aufgeführt werden. Im Übrigen ist die **Dichtigkeitsprüfung bei Entwässerungskanalarbeiten** (DIN 18306, Abschnitt 4.2.7) eine Besondere Leistung.

670 Bei **Druckrohrleitungsarbeiten im Erdreich** (DIN 18307) sind gemäß Abschnitt 4.2.1 **alle** Prüfungen **Besondere Leistungen. Funktionsmessungen der TGA** bei »Raumlufttechnischen Anlagen« (DIN 18379), Abschnitt 4.2.17, und »Heizungsanlagen« (DIN 18380), Abschnitt 4.2.18, sind ebenfalls **Besondere Leistungen.**

671 Schließlich sind **Dichtigkeitsprüfungen für Stahlbauarbeiten** (DIN 18335), soweit sie zum Nachweis der Funktionsfähigkeit notwendig sind, nach Abschnitt 4.1.8 wiederum **Nebenleistungen.**

IV. Bestands- und Revisionspläne

672 Die Pflicht des Auftragnehmers zur Erstellung und Übergabe von für das Bauvorhaben erforderlichen Bestands- und Revisionsplänen ist rechtlich sowie praktisch von wesentlicher Bedeutung. Zum einen (rechtlich) kann der Auftragnehmer im Einzelfall seine Leistung ohne Vorlage solcher Pläne nicht

---

489 Dafür spricht auch, dass in Abschnitt 3.7 die Protokolle der Dichtigkeitsprüfung als Teil der vom AN mit zu liefernden Unterlagen aufgeführt werden.

fertigstellen, so dass keine Abnahmereife gegeben ist[490] – und ohne die **Abnahme** wird insbesondere die Werklohnforderung des Auftragnehmers nicht fällig und die Gewährleistungsfrist für Mängelansprüche beginnt nicht zu laufen.[491] Zum anderen (praktisch) fördern Bestands- und Revisionszeichnungen die **Qualitätssicherung**. Sie sind fortgeschriebene Ausführungszeichnungen, die alle für die jeweiligen Zwecke notwendigen Angaben über die fertiggestellten Gewerke enthalten.[492]

673 Die Erstellung von Bestands- und Revisionsplänen ist nach der **VOB/C** bzw. den einzelnen ATV grundsätzlich keine Nebenleistung, also vielmehr **Besondere Leistung**, beispielsweise bei »Brunnenbauarbeiten« (DIN 18302, Abschnitt 4.2.13) und »Dränarbeiten« (DIN 18308, Abschnitt 4.2.13) jeweils die Lieferung von Bestandsplänen.

674 Bei »**Raumlufttechnischen Anlagen**« (DIN 18379) hat der Auftragnehmer nach Abschnitt 3.6 u. a. ein Anlagenschema, einen elektrischen Übersichtsschaltplan und Anschlussplan nach DIN EN 61082–1 und DIN EN 61082–3 (Dokumente der Elektrotechnik) aufzustellen und dem Auftraggeber spätestens bei der Abnahme zu übergeben sowie die wichtigsten technischen Daten zusammenzustellen. Diese Pflichten gehören zum geschuldeten Leistungsumfang des Auftragnehmers, sie sind also **Nebenleistung**. Denn Abschnitt 3.6 behandelt nach dem Wortlaut keine Besonderen Leistungen, die in Abschnitt 4.2 angesiedelt sind. Und Abschnitt 4.2 wiederum verweist nicht auf Abschnitt 3.6. Im Übrigen muss der Auftragnehmer gemäß Abschnitt 3.5 eine Abnahmeprüfung nach VDI 2079 als Nebenleistung vornehmen, die dabei vorgesehene Funktionsmessung jedoch nur als Besondere Leistung (so auch Abschnitt 4.2.17). Als Besondere Leistung ist gemäß Abschnitt 4.2.18 die Erstellung aller sonstigen Bestands- und Revisionspläne der Raumlufttechnischen Anlagen anzusehen.

675 Bei »**Heizanlagen und zentralen Wassererwärmungsanlagen**« (DIN 18380) sind nach Abschnitt 3.7 die Aufstellung und Übergabe eines Anlagenschemas von elektrischen Übersichtsschaltplänen und die Zusammenstellung der wichtigsten technischen Daten Nebenleistungen. Nur darüberhinausgehende Bestands- und Revisionspläne sind laut Abschnitt 4.2.19 Besondere Leistungen.

676 Bei »**Gas-, Wasser- und Abwasserinstallationsarbeiten innerhalb von Gebäuden**« (DIN 18381) gehören gemäß Abschnitt 3.5 vom Auftragnehmer ohne besondere Berechnung mitzuliefernden Unterlagen zu den Nebenleistungen; die Herstellung von Bestands- und Revisionsplänen ist nach Abschnitt 4.2.27 Besondere Leistung.

---

490 Vgl. Langen, in: Kapellmann/Messerschmidt, VOB/B § 5, Rdn. 95 m. w. N.
491 Havers, a. a. O., Rdn. 37–42.
492 Langen/Schiffers, Rdn. 1973 ff. Zur Abgrenzung von »Bauaufnahmezeichnungen« vgl. Langen/Schiffers, Rdn. 12 und 763.

677 Für »**Nieder- und Mittelspannungsanlagen mit Nennspannungen bis 36 kV**« (DIN 18382) regelt Abschnitt 3.1.6, dass der Auftragnehmer als Nebenleistungen alle für den sicheren und wirtschaftlichen Betrieb der Anlage erforderlichen Bedienungs- und Wartungsanleitungen (vgl. **Rdn. 680**) sowie die notwendigen Bestandspläne anzufertigen und dem Auftraggeber zu übergeben hat. Nach Abschnitt 4.2.5 sind lediglich darüber hinausgehende Unterlagen und Prüfungen als Besondere Leistungen anzusehen.

678 Für »**Blitzschutzanlagen**« (DIN 18384) hat der Auftragnehmer jedoch gemäß Abschnitt 3.2 u. a. Zeichnungen über die ausgeführten Leistungen (Bestandspläne) aufzustellen und zu liefern. Abschnitt 4.1.2 stellt klar, dass es sich hierbei, anders als bei den sonstigen Leistungen der Technischen Ausrüstung, um Nebenleistungen handelt.

679 Für »**Förderanlagen, Aufzugsanlagen, Fahrtreppen und Fahrsteigen**« (DIN 18385) gilt Folgendes: Abschnitt 3.4 bestimmt nur, dass der Auftragnehmer dem Auftraggeber Bedienungs- und Wartungsanleitungen, Anlagenschemata, Übersichtsschalt- und Anschlusspläne nach den Normen der Reihe DIN EN 61082 (»Dokumente der Elektrotechnik«) sowie das Prüfbuch in einfacher Ausfertigung übergeben muss. Bei den Anlagenschemata handelt es sich um Ausführungsunterlagen.[493] Bei den Übersichtsschalt- und Anschlussplänen handelt es sich um Ausführungsangaben für andere Leistungsbereiche.[494] Bestands- und Revisionspläne werden in den Abschnitten 3 und 4 nicht als Neben- oder Besondere Leistung benannt. Verlangt sie der Auftraggeber vom Auftragnehmer, handelt es sich nach unserer Meinung wegen der Analogie zu den Regelungen der anderen TAG-Leistungsbereiche (siehe oben) um Besondere Leistungen, die zusätzlich zu vergüten sind.

V. Wartung sowie Wartungs- und Bedienungsanleitungen nebst Einweisung

680 Gemäß § 13 Abs. 4 Nr. 2 VOB/B gilt für **wartungsbedürftige Anlagen** wie insbesondere maschinelle und elektrotechnische/elektronische Anlagen(-teile) eine verkürzte Gewährleistungsfrist von 2 Jahren, **wenn** der Auftraggeber dem Auftragnehmer nicht auch mit der Wartung solcher Anlagen beauftragt hat. Im Umkehrschluss heißt das also: Hat der Auftraggeber den Auftragnehmer mit den **Wartungsarbeiten** ausdrücklich beauftragt – i. d. R. durch separate Wartungsverträge –, gilt die 4-jährige Gewährleistungszeit gemäß § 13 Abs. 4 Nr. 1 VOB/B.[495]

---

493 Langen/Schiffers, Rdn. 730 ff.
494 Dazu Langen/Schiffers, Rdn. 747.
495 Ausführlich dazu Weyer, in: Kapellmann/Messerschmidt, VOB/B § 13, Rdn. 131–133; vgl. auch OLG Koblenz, IBRRS 2014, 0826.

Wartung sowie Wartungs- und Bedienungsanleitungen nebst Einweisung

Unabhängig davon, ob der Auftraggeber den Auftragnehmer mit der Wartung beauftragt hat oder nicht, benötigt der Auftraggeber vom Auftragnehmer, insbesondere für die Technische Gebäudeausrüstung (TGA), jedenfalls die Bedienungs- und Wartungs**anleitungen** und ggf. eine **Einweisung** in den Betrieb der jeweiligen Anlage, um das Gewerk bestimmungsgemäß und **schadensfrei** nutzen zu können. Aufgrund dieser hohen Relevanz für die Qualitätssicherung bestimmt die VOB/C, dass die Übergabe solcher Anleitungen zur Bedienung und Wartung nebst entsprechender Einweisung **Nebenleistungen** sind. **681**

Beispielsweise gilt für »**Raumlufttechnische Anlagen**« (DIN 18379), dass gemäß Abschnitt 3.6 die Zusammenstellung und Lieferung aller für einen sicheren und wirtschaftlichen Betrieb erforderlichen Betriebs- und Wartungsanleitungen nach DIN V 8418 (»Benutzerinformation – Hinweise für die Erstellung«) zum Leistungsumfang des Auftragnehmers gehört. Zusätzlich muss der Auftragnehmer gemäß Abschnitt 3.4.2 das Bedienungs- und Wartungspersonal des Auftraggebers in die Anlage **einweisen**; das **wiederholte** Einweisen ist allerdings nach Abschnitt 4.2.16 Besondere Leistung. Entsprechendes gilt (ähnlich) für die nachfolgenden »**TGA-Gewerke**«: **682**

- »Heizanlagen und zentrale Wassererwärmungsanlagen«: DIN 18380, Abschnitte 3.5.3, 3.7 und 4.2.17
- »Gas-, Wasser- und Abwasserinstallationsarbeiten innerhalb von Gebäuden«: DIN 18381, Abschnitte 3.4, 3.5 und 4.2.26
- »Nieder- und Mittelspannungsanlagen mit Nennspannungen bis 36 kV«: DIN 18382, Abschnitte 3.1.6 und 3.8
- »Förderanlagen, Aufzugsanlagen, Fahrtreppen und Fahrsteige«: DIN 18385, Abschnitte 3.4 und 4.1.6
- »Gebäudeautomation«: DIN 18386, Abschnitte 3.4.3, 3.6 und 4.2.11

Für **Rollladenarbeiten** (DIN 18358) gilt jedoch, dass gemäß Abschnitt 3.6 der Auftragnehmer während der Inbetriebnahme eine mit der Anlage vertraute Fachkraft bei der Prüfung der elektrischen Leitungsanlage zur Verfügung stellen muss, so dass die Inbetriebnahme selbst **nicht** Nebenleistung ist. Gleiches gilt für die Einweisung des Bedienungspersonals des Auftraggebers oder die Erstellung von Bedienungs- und Wartungsanleitungen: auch diese Leistungen sind **Besondere Leistungen**; sie müssen ausdrücklich vertraglich vereinbart oder nachträglich vom Auftraggeber angeordnet sowie dem Auftragnehmer zusätzlich vergütet werden.[496] **683**

---

[496] Zu den Gemeinsamkeiten und Unterschieden vgl. auch die »tab. ATV-Inhaltsübersichten« im Anhang.

VI. Schutzmaßnahmen

684 Für den VOB-Bauvertrag bestimmt § 4 Abs. 5 VOB/B während der Ausführung allgemein die vom Auftragnehmer zu erbringenden Schutzmaßnahmen:

> »*Der Auftragnehmer hat die von ihm ausgeführten Leistungen und die ihm für die Ausführung übergebenen Gegenstände bis zur Abnahme* **vor Beschädigung und Diebstahl zu schützen**. *Auf Verlangen des Auftraggebers hat er sie* **vor Winterschäden und Grundwasser zu schützen**, *ferner* **Schnee und Eis zu beseitigen**. *Obliegt ihm die Verpflichtung nach Satz 2 nicht schon nach dem Vertrag, so regelt sich die Vergütung nach § 2 Abs. 6.*«

685 Diese allgemeine Regelung wird durch die **VOB/C** konkretisiert bzw. durch weitere Schutzmaßnahmen »gewerkespezifisch« ergänzt:

686 Zunächst enthält die **DIN 18299**[497] übergreifend für alle Bauleistungen in den Abschnitten 4.1 und 4.2 – einschließlich der Abgrenzung zwischen Nebenleistungen und Besonderen Leistungen – einige allgemeingültige Schutzmaßnahmen:

687 *Nebenleistungen (Abschnitt 4.1):*

- Abschnitt 4.1.4: »*Schutz- und Sicherheitsmaßnahmen nach den Unfallverhütungsvorschriften und den behördlichen Bestimmungen, ausgenommen Leistungen nach Abschnitt 4.2.5.*«
- Abschnitt 4.1.10: »*Sichern der Arbeiten gegen Niederschlagswasser, mit dem üblicherweise gerechnet werden muss, und seine etwa erforderliche Beseitigung.*«
- Abschnitt 4.1.11: »*Entsorgen von Abfall aus dem Bereich des Auftragnehmers sowie Beseitigen der Verunreinigungen, die von den Arbeiten des Auftragnehmers herrühren.*«
- Abschnitt 4.1.12: »*Entsorgen von Abfall aus dem Bereich des Auftraggebers bis zu einer Menge von 1 m³, soweit der Abfall nicht schadstoffbelastet ist.*«

688 *Besondere Leistungen (Abschnitt 4.2):*

- Abschnitt 4.2.5: »*Besondere Schutz- und Sicherheitsmaßnahmen bei Arbeiten in kontaminierten Bereichen, z. B. messtechnische Überwachung, spezifische Zusatzgeräte für Baumaschinen und Anlagen, abgeschottete Arbeitsbereiche.*«
- Abschnitt 4.2.6: »*Besondere Schutzmaßnahmen gegen Witterungsschäden, Hochwasser und Grundwasser, ausgenommen Leistungen nach Abschnitt 4.1.10.*«
- Abschnitt 4.2.9: »*Aufstellen, Vorhalten, Betreiben und Beseitigen von Einrichtungen zur Sicherung und Aufrechterhaltung des Verkehrs auf der Baustelle,*

---

497 Dazu ausführlich Rdn. 173 ff.

Schutzmaßnahmen

z. B. Bauzäune, Schutzgerüste, Hilfsbauwerke, Beleuchtungen, Leiteinrichtungen.«
– Abschnitt 4.2.13: »*Entsorgen von Abfall über die Leistungen nach Abschnitt 4.1.11 und Abschnitt 4.1.12 hinaus.*«
– Abschnitt 4.2.14: »*Besonderer Schutz der Leistung, der vom Auftraggeber für eine vorzeitige Benutzung verlangt wird, seine Unterhaltung und spätere Beseitigung.*«
– Abschnitt 4.2.16: »*Zusätzliche Maßnahmen für die Weiterarbeit bei Frost und Schnee, soweit sie dem Auftragnehmer nicht ohnehin obliegen.*«
– Abschnitt 4.2.17: »*Besondere Maßnahmen zum Schutz und zur Sicherung gefährdeter baulicher Anlagen und benachbarter Grundstücke.*«
– Abschnitt 4.2.18: »*Sichern von Leitungen, Kabeln, Dränen, Kanälen, Grenzsteinen, Bäumen, Pflanzen und dergleichen.*«

689 Bei Gewerken und den dazugehörigen Bauleistungen, bei denen typischerweise **Verschmutzungen oder Beschädigungen** auftreten können, sehen die hierfür einschlägigen ATV entsprechende Schutzmaßnahmen vor, die jeweils **Nebenleistung** sind, zum Beispiel für »Maler- und Tapezierarbeiten« (DIN 18363), Abschnitt 4.1.2:

»***Maßnahmen zum Schutz von Bauteilen**, z. B. von Fußböden, Treppen, Türen, Fenstern, sowie von Einrichtungsgegenständen vor Verunreinigungen und Beschädigungen während der Arbeiten **durch loses Abdecken, Abhängen oder Umwickeln einschließlich anschließender Beseitigung der Schutzmaßnahmen**, ausgenommen Leistungen nach Abschnitt 4.2.6.*«

690 Entsprechende Schutzmaßnahmen gelten für folgende Leistungsbereiche:

– »Betonwerksteinarbeiten«: DIN 18333, Abschnitt 4.1.8
– »Putz- und Stuckarbeiten«: DIN 18350, Abschnitt 4.1.8
– »Korrosionsschutzarbeiten«: DIN 18364, Abschnitt 4.1.3
– »Tapezierarbeiten«: DIN 18366, Abschnitt 4.1.2.

691 Für Bodenbelagsarbeiten sind bis zur Begehbarkeit **Absperrmaßnahmen** vorzunehmen, beispielsweise:

– »Naturwerksteinarbeiten«: DIN 18332, Abschnitt 4.1.7
– »Betonwerksteinarbeiten«: DIN 18333, Abschnitt 4.1.7
– »Fliesen- und Plattenarbeiten«: DIN 18352, Abschnitt 4.1.3
– »Holzpflasterarbeiten«: DIN 18367, Abschnitt 4.1.3
– »Parkettarbeiten«: DIN 18356, Abschnitt 4.1.5.

692 Bei »Fliesen- und Plattenarbeiten« ist gemäß Abschnitt 4.1.3 auch noch ein **schützendes Abdecken** der Beläge mit Sägespänen durchzuführen.

693 Bei »Maler- und Lackierarbeiten« (DIN 18363, Abschnitt 4.1.8) sowie bei »Tapezierarbeiten« (DIN 18366, Abschnitt 4.1.5), deren Leistungserstellung viel Feuchtigkeit bedarf, die nach Fertigstellung wieder entweichen muss, sind vom Auftragnehmer entsprechende **Lüftungs-/Trocknungsmaßnahmen** bis zur Trocknung durchzuführen. Bei »Putz- und Stuckarbeiten« (DIN 18350) hat der Auftragnehmer hingegen die Putzfläche bis zum Abbinden **feucht zu halten** (Abschnitt 4.1.4).

694 »Beton- und Stahlbetonarbeiten« (DIN 18331, Abschnitt 4.1.2) sowie »Spritzbetonarbeiten« (DIN 18314, Abschnitt 4.1.45) sind zur genügenden Erhärtung und zur Erreichung der geforderten Eigenschaften durch Schutz- und Nachbehandlung **gegen Witterungseinflüsse zu schützen**.

695 Abschließend weisen wir darauf hin, dass die **Vergütungsgefahr** bereits vor Abnahme auf den Auftraggeber übergeht, wenn der Auftragnehmer seine Schutzpflichten gemäß § 4 Abs. 5 VOB/B erfüllt hat. Wird also z. B. das vom Auftragnehmer fertiggestellte, aber noch nicht abgenommene Werk von Dritten beschädigt, muss zwar der Auftragnehmer aufgrund seiner Leistungsgefahr (vor Abnahme) das Werk insoweit (in Bezug auf die Beschädigung) neu herstellen. Die Kosten für die »Neuherstellung« hat jedoch der Auftraggeber zu tragen, wenn der Auftragnehmer sämtliche, ihm obliegende Schutzpflichten beachtet hat.[498]

VII. Mitwirkungspflichten und Obliegenheiten des Auftraggebers

696 Der Vollständigkeit halber seien auch die **qualitätssichernden** Mitwirkungshandlungen bzw. -pflichten und Obliegenheiten des Auftraggebers kurz erwähnt:

697 Die Mitwirkungspflicht ergibt sich zunächst allgemein aus § 624 BGB. Dabei geht es um Handlungen, die der Auftraggeber dem Auftragnehmer schuldet. Hiervon abzugrenzen sind Obliegenheiten, d. h. Handlungen, die der Auftraggeber dem Auftragnehmer nicht schuldet, sondern »nur« in seinem eigenen Interesse vornehmen sollte.[499]

698 In Bezug auf die **Qualitätssicherung** gehören hierzu insbesondere
- die mangelfreie Planung (durch den Architekten oder Fachingenieur),[500]
- die ordentliche Aufstellung der Leistungsbeschreibung nach den Abschnitten 0 der ATV der VOB/C,[501]
- die Beibringung von öffentlich-rechtlichen Genehmigungen etc. (§ 4 Abs. 1 Nr. 1 Satz 2 VOB/B),[502]

---

498 Ausführlich Sprajcar/Brugger, NZBau 2014, 17; Acker/Garcia-Scholz, BauR 2003, 1457; Gross, IBR 2014, 2209.
499 Zur Abgrenzung zwischen Obliegenheit und Pflicht s. Merkens, in: Messerschmidt/Voit, I. Teil L. II. Rdn. 2–6.
500 Für die vom **AN** geschuldeten Planungsleistungen (nach VOB/C) s. Rdn. 395, 458 ff.
501 Rdn. 221 ff.
502 Rdn. 624 ff.

- die Bereitstellung eines mangelfreien Grundstücks/Baugrunds (»Bebaubarkeit«),
- die Beschaffung zulässiger, tauglicher Baumaterialien (sofern diese vom AG geschuldet ist),[503]
- die Bauüberwachung, Bauoberleitung oder Projektsteuerung (die dem AN jeweils nicht geschuldet ist),
- Wartung und Pflege der Anlagen (die dem AN übertragen werden können),[504]
- Beaufsichtigung anderer Unternehmer (gem. DIN 18299, Abschnitt 4.2, Besondere Leistung = AN ausdrücklich beauftragen).

Des Weiteren sieht § 4 Abs. 1 Nr. 1 Satz 1 VOB/B vor, dass der Auftraggeber **699** *»für die Aufrechterhaltung der allgemeinen Ordnung auf der Baustelle zu sorgen und das Zusammenwirken der verschiedenen Unternehmer zu regeln«* hat.

In Bezug auf die **Bauüberwachung** gibt § 4 Abs. 1 Nr. 2 VOB/B dem Auftraggeber hierzu ein für die Qualitätssicherung wichtiges **Recht:** **700**

»Der Auftraggeber hat das Recht, die vertragsgemäße Ausführung der Leistung zu überwachen. Hierzu hat er Zutritt zu den Arbeitsplätzen, Werkstätten und Lagerräumen, wo die vertragliche Leistung oder Teile von ihr hergestellt oder die hierfür bestimmten Stoffe und Bauteile gelagert werden. Auf Verlangen sind ihm die Werkzeichnungen oder andere Ausführungsunterlagen sowie die Ergebnisse von Güteprüfungen zur Einsicht vorzulegen und die erforderlichen Auskünfte zu erteilen, wenn hierdurch keine Geschäftsgeheimnisse preisgegeben werden. Als Geschäftsgeheimnis bezeichnete Auskünfte und Unterlagen hat er vertraulich zu behandeln.«

Schließlich ist der Auftraggeber – im eigenen Interesse (!) – gemäß § 4 Abs. 1 **701** Nr. 3 VOB/B »**befugt**«, gegenüber dem Auftragnehmer Anordnungen zu treffen, die zur vertragsgemäßen Ausführung der Leistung notwendig sind (vgl. auch § 1 Abs. 4 und § 4 Abs. 7 VOB/B).[505]

---

503 Rdn. 360 ff.
504 Rdn. 680 ff.
505 **Lesenswert** auch Englert/Grauvogl/Katzenbach, in: Beck'scher VOB-Kommentar, DIN 18299, Rdn. 114–136 (zur »Ausführung«).

VIII. Abbildungen

702

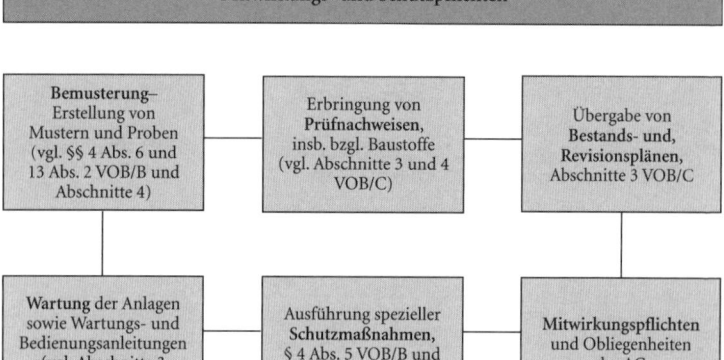

L. Vorgaben für die Abrechnung

703 Nach § 14 Abs. 1 VOB/B hat der Auftragnehmer den von ihm tatsächlich erstellten Bauinhalt, seine Leistungen, **prüfbar** abzurechnen. Der Auftragnehmer hat dabei seine Rechnungen **übersichtlich** aufzustellen und dabei die Reihenfolge der Posten (Positionen, Ordnungszahlen) einzuhalten sowie die in den Vertragsbestandteilen enthaltenen Bezeichnungen zu verwenden. Er muss die zum **Nachweis** von Art und Umfang der Leistung erforderlichen Mengenberechnungen, Zeichnungen und andere Belege der Rechnung beifügen. Dabei sind gemäß § 14 Abs. 2 VOB/B die für die Abrechnung notwendigen Feststellungen dem Fortgang der Leistung entsprechend **möglichst gemeinsam** vorzunehmen und die **Abrechnungsbestimmungen** in den Technischen Vertragsbedingungen der VOB/C zu beachten. Für Leistungen, die bei Weiterführung der Arbeiten nur schwer feststellbar sind, hat der Auftragnehmer rechtzeitig gemeinsame Feststellungen zu beantragen.

704 Beim **Pauschalvertrag** ist die Abrechnung der Vertragsleistung trivial einfach, sie wird mit dem vereinbarten Pauschalpreis vergütet.

705 Der **Begriff** der Abrechnung ist ein Oberbegriff, der beim **Einheitspreisvertrag** in Übereinstimmung mit § 14 Abs. 1 VOB/B folgende Tätigkeiten beinhaltet:

706 1. Feststellung der erbrachten Leistung anhand von Abrechnungsplänen oder erstellter Aufmaße;

2. Zuordnung der einzelnen Leistungen zu Ordnungszahlen (Positionen oder Posten), denen ein maßgebender Einheitspreis zugeordnet ist;

3. Ermittlung des Umfangs der Leistung pro Ordnungszahl (Mengenermittlung) und

4. Ermittlung der Vergütung mit Hilfe der maßgebenden Einheitspreise und der zugehörigen Mengen.

Diese Schritte sind beim Einheitspreisvertrag sowohl für die Vertragsleistung als auch für Nachtragsleistungen durchzuführen.[506]

Die **Mengenermittlung** der einzelnen Leistungsbereiche wird durch den Abschnitt 5 der jeweils anwendbaren Fach-ATV-DIN-Norm aus der VOB/C geregelt. Im Einzelfall ist dabei vorab zu klären, welche ATV-DIN-Norm aus der VOB/C im konkreten Fall überhaupt anwendbar ist. Der Anwendungsbereich ist im jeweiligen Abschnitt 1 der ATV-DIN-Norm geregelt. Trotzdem kann es zu Zweifeln kommen.

Arbeitsbeispiel 11: Isolierte Wärmedämmung

Ein Auftraggeber wird von einem Bauherrn mit der Ausführung einer Natursteinfassade beauftragt. Er schließt mit dem Auftragnehmer als Nachunternehmer hierzu auf der Grundlage eines gesondert angefertigten Leistungsverzeichnisses einen Einheitspreisvertrag über die Erstellung der Wärmedämmung für die Natursteinfassade, wobei die Geltung der VOB/B zwischen den Parteien vereinbart wird. Der Auftragnehmer erbringt die beauftragte Leistung und stellt nach der Abnahme seine Schlussrechnung. Der Auftragnehmer kürzt die Schlussrechnung, weil er der Meinung ist, dass bei der Mengenfeststellung auf die Flächen der Wärmedämmung abzustellen ist, da nach § 2 Abs. 2 VOB/B nur die tatsächlich erbrachten Leistungen zu vergüten sind. Der Auftragnehmer hatte dagegen nach den Außenmaßen der Fassadenbekleidung abgerechnet. Beide berufen sich darauf, dass die von ihnen favorisierte Abrechnungsweise in der Natursteinbranche verkehrsüblich sei. Im Ergebnis führt die unterschiedliche Abrechnungsweise zwischen den Parteien zu einer Streitsumme von über 19.000,00 €.

Lösung:

Für Natursteinarbeiten gilt die DIN 18332. Nach Abschnitt 5.1.1.3 sind bei der Ermittlung der Leistung bei Fassaden die Maße der Bekleidung zugrunde zu legen. Auf diese Abrechnungsregel beruft sich der Auftragnehmer. Ob diese Abrechnungsregel auch für die Abrechnung von isoliert beauftragten Wärmedämmarbeiten gilt, nur weil diese im Zusammenhang mit einer Natursteinfassade erbracht werden, ist jedoch fraglich. Die DIN 18332 betrifft nach ihrer Benennung Natursteinarbeiten. Dämmarbeiten sind keine Natursteinarbeiten. Andererseits enthält die DIN 18332 Regelungen zur Dämmung im Zusammenhang mit Natursteinarbeiten sowohl hinsichtlich der Stoffe in Abschnitt 2.4 als auch hinsicht-

---

506 S. Langen/Schiffers, Bauplanung und Bauausführung, 2005, Rdn. 30.

lich der Ausführung in Abschnitt 3.5. Nach dem Wortlaut der DIN 18332 ist es daher nicht ausgeschlossen, dass sie auch für Dämmarbeiten als Grundlage von Natursteinarbeiten anwendbar ist, wenn diese isoliert vergeben werden. Aus Sinn und Zweck der Abrechnungsregel der DIN 18332 lässt sich nichts Entscheidendes entnehmen. Allein das Interesse an einer vereinfachten Abrechnung, wie sie Abschnitt 5.1.1.3 der DIN 18332 vorsieht, rechtfertigt nicht deren Anwendung. Da weder Wortlaut noch Sinn und Zweck der DIN 18332 für die isolierte Beauftragung von Dämmarbeiten als Grundlage von Natursteinarbeiten einen eindeutigen Regelungsgehalt erkennen lassen, kommt bei der Auslegung der DIN 18332 der Verkehrssitte maßgebliche Bedeutung zu. Bei den Abrechnungsregeln des Abschnitts 5 der Regelwerke der VOB/C handelt es sich um Allgemeine Geschäftsbedingungen. Bei deren Auslegung kommt der Verkehrssitte über die jeweilige Anwendung oder Nichtanwendung eine maßgebliche Bedeutung zu. Verbleibende Auslegungszweifel bei der Anwendung einer Abrechnungsbestimmung der VOB/C gehen zu Lasten des Verwenders, regelmäßig also zu Lasten des Auftraggebers als Veranlasser der Vertragsunterlagen. Die Frage, auf welcher vertraglichen Grundlage das Aufmaß zu nehmen ist, ist eine Rechtsfrage und keine Sachverständigenfrage und daher einer Begutachtung durch einen Bausachverständigen zugänglich. Eine etwaige Beweiserhebung wäre verfahrensfehlerhaft. Die Gerichte sind jedoch nicht daran gehindert, zur Ermittlung der tatsächlichen Grundlagen für die von ihnen vorzunehmende Auslegung der ATV-DIN-Norm Beweis darüber zu erheben, wie eine für die Abrechnung herangezogene ATV-DIN-Norm im Baugewerbe verstanden wird. Diese Beweisfrage kann auch durch einen Bausachverständigen beantwortet werden. Dieser muss dann aber frei von Wertungen darlegen, auf welcher Grundlage er der Auffassung ist, dass eine ATV-DIN-Norm im Baugewerbe in einem bestimmten Sinne verstanden wird. Soweit nicht bereits Stellungnahmen der beteiligten Verkehrskreise oder z. B. der Industrie- und Handelskammer sowie der Handwerkskammern vorliegen, muss der Sachverständige eigene Erkundigungen einholen und die Quellen offenlegen.[507]

714 Das Arbeitsbeispiel zeigt zum einen, dass es mitunter schwierig ist, die richtige und einschlägige Abrechnungsvorschrift aus den Regelwerken der VOB/C ausfindig zu machen, zum anderen aber auch, dass sich die Abrechnungsvorschriften der VOB/C durchaus **erheblich** auf die Höhe der Vergütung auswirken können.

715 Eine entscheidende Frage ist, ob das sich aus den Abrechnungsvorschriften des Abschnitts 5 der ATV-DIN-Normen ergebende vereinfachte System auch auf einen **BGB-Bauvertrag**, der spezielle Regelungen nicht enthält, übertragen werden darf. Dabei geht es um die Rechtsfrage, ob hierdurch die nach § 632 Abs. 2 BGB zu bestimmende übliche Vergütung konkretisiert wird. So sieht es das OLG Saarbrücken, da der Regelungsgehalt des Abschnitts 5 Ausdruck der **gewerblichen Verkehrssitte** und der **baugewerblichen Übung** sei.[508]

---

507 S. BGH, BauR 2004, S. 1438.
508 Vgl. OLG Saarbrücken, BauR 2000, S. 1332.

Die VOB-Stelle Sachsen-Anhalt hält die Abrechnungsvorschriften der VOB/C für einen **angemessenen Ausgleich** der Belange beider Vertragsparteien, was für eine Übertragung auf den BGB-Bauvertrag spricht.[509] So rechnet etwa auch das OLG Hamm Dachdeckungsarbeiten im Rahmen eines BGB-Bauvertrages nach den Regeln der DIN 18338 ab.[510] Bei BGB-Bauverträgen mit **Verbrauchern** wird die Übertragbarkeit stark bezweifelt. Ein gewöhnlicher und im Bereich des Bauens nicht bewanderter Verbraucher wird beim BGB-Bauvertrag grundsätzlich davon ausgehen, dass er nur das bezahlen muss, was auch tatsächlich an Leistung erbracht wurde. Aufgrund diverser **Übermessungsregeln** in der VOB/C wird jedoch aus Vereinfachungsgründen mitunter mehr abgerechnet, als tatsächlich ausgeführt wurde. So wie Handelsbräuche nach § 346 HGB nur unter Kaufleuten für ihr Handelsgewerbe gelten und die Anwendung im privaten Bereich ausgeschlossen ist, können auch gewerbliche Verkehrssitte und baugewerbliche Übung nur zwischen den Angehörigen der jeweiligen (Verkehrs-)Gruppe gelten.[511]

Der Abschnitt 5 vieler ATV-DIN-Normen der VOB/C ist aufgegliedert in **Teilabschnitte**. Die DIN 18300 (Erdarbeiten) und die meisten ATV-DIN-Normen des Hochbaus (ab DIN 18330) besitzen vorab einen Teilabschnitt 5.1 »*Allgemeines*«, in dem Grundsätzliches für die Mengenermittlung des betreffenden Leistungsbereichs geregelt wird. Trotz ihres Umfangs regeln die Abrechnungsvorschriften im Abschnitt 5 der Regelwerke der VOB/C bei weitem nicht alle möglichen Situationen, die bei der Kategorisierung von erbrachten Leistungen zu den Ordnungszahlen bzw. Positionen und bei der Mengenermittlung auftreten können.[512] 716

Beispiel: 717

Bei Mauer- oder Ortbetonarbeiten stellt sich häufig die Frage, ob es um eine Wand mit großen Öffnungen oder um Stützen handelt, zwischen denen Brüstungen gesetzt wurden. Über die Abrechnungsvorschriften der VOB/C lässt sich dieses Problem nicht lösen.

Bei Betonarbeiten ist nach Abschnitt 5 der DIN 18331 die Schalungszuordnung der Deckenrandschalung unklar. Gehört sie zur Decken- oder Wandschalung?[513] 718

Von daher ist es durchaus trotz der Abrechnungsvorschriften in den Regelwerken der VOB/C empfehlenswert, im Bauvertrag auch eine Abrechnungsvereinbarung zu treffen, in der Mengenermittlungs- und Abrechnungsprobleme 719

---

509 Vgl. VOB-Stelle Sachsen-Anhalt, IBR 2001, 161.
510 OLG Hamm, NJW-RR 1992, S. 1375.
511 So Motzke, in: Beck'scher VOB-Kommentar, VOB/C, Syst. IV, Rdn. 106 ff.
512 S. Langen/Schiffers, Bauplanung und Bauausführung, 2005, Rdn. 2281.
513 S. Langen/Schiffers, Bauplanung und Bauausführung, 2005, Rdn. 2281.

einvernehmlich geregelt werden, mit denen erfahrungsgemäß zu rechnen ist. Dabei können insbesondere folgende Details geklärt werden:[514]

- Welche Näherungsverfahren und -formeln dürfen verwendet werden?
- Festlegungen zur Kategorisierung von Leistungen zu bestimmten Ordnungszahlen.
- Festlegungen dazu, welcher ATV-DIN-Norm eine Leistung abrechnungstechnisch zuzuordnen ist.
- Erfolgt die Mengenermittlung per Hand oder mit Hilfe von EDV? Welche Datenträger dürfen dabei verwendet werden? Welche Datensätze sind einzusetzen?
- Wie soll der Aufbau der Mengenermittlung strukturiert werden?
- Wer ermittelt für den Auftragnehmer die Mengen? Wer prüft sie auf der Auftraggeberseite?
- Zu welchen Terminen sind die Abrechnungsunterlagen einzureichen und geprüft zurückzugeben?

720 Individualvertragliche Abrechnungsvereinbarungen begegnen grundsätzlich keinen rechtlichen Bedenken, auch wenn sie von den einschlägigen Abrechnungsvorschriften der VOB/C abweichen. Soweit der Bauvertrag jedoch als Allgemeine Geschäftsbedingungen einzustufende Abrechnungsklauseln beinhaltet, die zu Lasten des Vertragspartners von der gängigen und deshalb Treu und Glauben entsprechenden Abrechnungspraxis abweichen, sind solche Abrechnungsklauseln unwirksam. So sind als unwirksam beispielsweise vom Auftraggeber verwendete Klauseln einzustufen, wonach nur Teile der tatsächlich erbrachten Leistung abrechnungsfähig sind oder »künstlich« Aufmaßbestimmungen aus anderen, eigentlich nicht einschlägigen ATV-DIN-Normen heranzuziehen sind.[515]

721 Eine für Bauleistungen jeder Art geltende, besonders **wichtige** Abrechnungsvorgabe enthält Abschnitt 5 der DIN 18299:

»Die Leistung ist aus Zeichnungen zu ermitteln, soweit die ausgeführte Leistung diesen Zeichnungen entspricht. Sind solche Zeichnungen nicht vorhanden, ist die Leistung aufzumessen.«

722 Sind die zu erstellenden Leistungen durch freigegebene Ausführungspläne vorgegeben und sind ihnen gegenüber keine neuen ändernden Anordnungen getroffen worden, ergibt sich die abrechenbare Leistung aus den Ausführungsplänen. Somit sind die freigegebenen Ausführungspläne auch die für die Abrechnung maßgebenden Zeichnungen. Soweit der Auftraggeber jedoch gegenüber den freigegebenen Ausführungsplänen ändernd eingegriffen hat oder wenn es keine Ausführungspläne gibt, dann sind die in § 14 Abs. 1 VOB/B auf-

---

514 S.Langen/Schiffers, Bauplanung und Bauausführung, 2005, Rdn. 2282.
515 S. OLG Karlsruhe, NJW-RR 1989, S. 52; OLG Düsseldorf, BauR 1992, S. 521; Langen/Schiffers, Bauplanung und Bauausführung, 2005, Rdn. 2283.

geführten »anderen Belege« für die Abrechnung heranzuziehen.[516] Für die praktische Durchführung der Mengenermittlung bietet es sich dann an, eine eigene Plangeneration von »*Abrechnungsplänen*« anzulegen. Sinnvollerweise legt man hierzu ein **synoptisches Verzeichnis** der Ausführungs- und Abrechnungspläne an. Dabei wird die Mehrfachverwendung eines Ursprungsausführungsplan notwendig sein, damit der Prüfende die Abrechnung problemlos nachvollziehen kann und nicht durch eine Vielzahl von Abrechnungseintragungen in einem Plan verwirrt wird. Abrechnungskennzeichnungen in den Zeichnungen können farbig, durch Figurenabgrenzung oder anderweitig erfolgen.[517] Grundsätzlich sollte die Mengenermittlung nur solche Maße aufweisen, die auch in den Abrechnungsplänen enthalten sind. Soweit aus Vereinfachungsgründen Maße in die Mengenermittlung eingehen, die (noch) nicht in den zu den Abrechnungsplänen führenden Unterlagen enthalten sind, sind sie in den Abrechnungszeichnungen handschriftlich zu ergänzen.[518]

723 Eine weitere bedeutsame Abrechnungsvorgabe enthält **Abschnitt 5.1.1** der **DIN 18300**, die auch in weiteren ATV-DIN-Normen zu finden ist:

»*Bei der Mengenermittlung sind **übliche Näherungsverfahren** zulässig.*«

724 Für die meisten Leistungsbereiche wird in Abschnitt 5 der maßgebenden ATV-DIN-Norm festgelegt, welche Maße bei der Mengenermittlung anzusetzen sind. Beispielsweise sind bei der Abrechnung von **Verglasungsarbeiten** nach Flächenmaß gemäß der **DIN 18361**, **Abschnitt 5.1.1** die Maße der Scheiben einschließlich der Glasfalzhöhe maßgeblich, die auf Zentimeter aufgerundet werden, die durch 3 teilbar sind. Scheibenflächen unter 0,25 m² Größe werden mit 0,25 m² gerechnet. Bei Mehrscheiben-Isolierglas werden Kantenlängen von mindestens 30 cm zugrunde gelegt. Bei vorgespannten Gläsern und Verbundsicherheitsgläsern werden Mindestflächen von 0,5 m² zugrunde gelegt.

725 Für **Raumlufttechnische Anlagen** werden in der **DIN 18379** in Tabelle 2 über 7 Seiten lang Ermittlungsvorgaben und Vereinfachungen für die komplexen Leitungsausbildungen vorgegeben.

726 Darüber hinaus gibt es für viele Leistungsbereiche in der maßgeblichen ATV-DIN-Norm der VOB/C **Vereinfachungsregeln**, insbesondere für das Übermessen von Aussparungen, von nicht bearbeiteten Teilflächen, Öffnungen, Fugen, Durchdringungen und Unterbrechungen, die zugleich einen **erhöhten Bearbeitungsaufwand** durch Einmessen und Anpassung in den entsprechenden Bereichen finanziell ausgleichen sollen, für den es ansonsten keine Ordnungsposition gibt. **Systemfremd** hierzu wird allerdings beispielsweise in der **DIN 18350**, Abschnitt 5.1.6 für Putz- und Stuckarbeiten geregelt, dass Öffnungen bis zu 2,5 m² Einzelgröße übermessen, also abrechnungstechnisch so

---

516 S. Langen/Schiffers, Bauplanung und Bauausführung, 2005, Rdn. 2284.
517 S. Langen/Schiffers, Bauplanung und Bauausführung, 2005, Rdn. 2285.
518 S. Langen/Schiffers, Bauplanung und Bauausführung, 2005, Rdn. 2286.

behandelt werden, als wäre die Fläche verputzt worden und andererseits trotzdem die dort anfallenden Leibungen nach Abschnitt 5.1.7 mit ihren Maßen gesondert gerechnet werden. Die Übermessregelungen sind zum Teil sehr unterschiedlich und im Einzelnen im **Anhang** nachlesbar.

727 Bei der Abrechnung nach **Längenmaß** werden häufig Unterbrechungen bis zu 1 m Einzellänge übermessen. Bei der Abrechnung nach **Flächenmaß** sind es häufig Öffnungen bis zu einer Größe von 2,5 m², bei Böden meist jedoch nur solche bis 0,5 m² Einzelgröße. Zum Teil erfolgt die Regelung auf die Weise, dass zu übermessen ist, zum Teil aber auch derart, dass z. B. Öffnungen mit einer Einzelgröße über 2,5 m² abgezogen werden. Unterbrechungen in einer **bekleideten Fläche** durch Bauteile mit einer Einzelbreite über 30 cm sind regelmäßig abzuziehen, darunter nicht.

Anhang

Inhaltsverzeichnis des Anhangs

Verzeichnis der DIN-Normen 211
Text DIN 18299, Einleitungsnorm VOB/C 214
Stoffe und Bauteile 224
Ausführung 244
Bedenkenanmeldung 262
Nebenleistungen 278
Besondere Leistungen 302
Abrechnung 352
   A. Abrechnungsgrundlagen 352
   B. Übermessungs- und Abzugsregeln 378

Verzeichnis der DIN-Normen

DIN	Titel
18299	Allgemeine Regelungen für Bauarbeiten jeder Art
18300	Erdarbeiten
18301	Bohrarbeiten
18302	Arbeiten zum Ausbau von Bohrungen
18303	Verbauarbeiten
18304	Ramm-, Rüttel- und Pressarbeiten
18305	Wasserhaltungsarbeiten
18306	Entwässerungskanalarbeiten
18307	Druckrohrleitungsarbeiten außerhalb von Gebäuden
18308	Drän- und Versickerarbeiten
18309	Einpressarbeiten
18310	Sicherungsarbeiten an Gewässern, Deichen und Küstendünen
18311	Nassbaggerarbeiten
18312	Untertagebauarbeiten
18313	Schlitzwandarbeiten mit stützenden Flüssigkeiten
18314	Spritzbetonarbeiten
18315	Verkehrswegebauarbeiten – Oberbauschichten ohne Bindemittel
18316	Verkehrswegebauarbeiten – Oberbauschichten mit hydraulischen Bindemittel
18317	Verkehrswegebauarbeiten – Oberbauschichten aus Asphalt
18318	Verkehrswegebauarbeiten – Pflasterdecken und Plattenbeläge in ungebundener Ausführung, Einfassungen
18319	Rohrvortriebsarbeiten
18320	Landschaftsbauarbeiten
18321	Düsenstrahlarbeiten
18322	Kabelleitungstiefbauarbeiten

Verzeichnis der DIN-Normen

18323	Kampfmittelräumarbeiten
18325	Gleisbauarbeiten
18326	Renovierungsarbeiten an Entwässerungskanälen
18330	Mauerarbeiten
18331	Betonarbeiten
18332	Naturwerksteinarbeiten
18333	Betonwerksteinarbeiten
18334	Zimmer- und Holzbauarbeiten
18335	Stahlbauarbeiten
18336	Abdichtungsarbeiten
18338	Dachdeckungs- und Dachabdichtungsarbeiten
18339	Klempnerarbeiten
18340	Trockenbauarbeiten
18345	Wärmedämm-Verbundsysteme
18349	Betonerhaltungsarbeiten
18350	Putz- und Stuckarbeiten
18351	Vorgehängte hinterlüftete Fassaden
18352	Fliesen- und Plattenarbeiten
18353	Estricharbeiten
18354	Gussasphaltarbeiten
18355	Tischlerarbeiten
18356	Parkettarbeiten
18357	Beschlagarbeiten
18358	Rollladenarbeiten
18360	Metallbauarbeiten
18361	Verglasungsarbeiten
18363	Maler- und Lackierarbeiten – Beschichtungen
18364	Korrosionsschutzarbeiten an Stahlbauten

18365	Bodenbelagarbeiten
18366	Tapezierarbeiten
18367	Holzpflasterarbeiten
18379	Raumlufttechnische Anlagen
18380	Heizanlagen und zentrale Wassererwärmungsanlagen
18381	Gas-, Wasser- und Entwässerungsanlagen innerhalb von Gebäuden
18382	Nieder- und Mittelspannungsanlagen bis 36 kV
18384	Blitzschutzanlagen
18385	Förderanlagen, Aufzugsanlagen, Fahrtreppen und Fahrsteige
18386	Gebäudeautomation
18421	Dämm- und Brandschutzarbeiten an technischen Anlagen
18451	Gerüstarbeiten
18459	Abbruch- und Rückbauarbeiten

DIN 18 299

Vergabe- und Vertragsordnung für Bauleistungen – Teil C
Allgemeine Technische Vertragsbedingungen für Bauleistungen (ATV)
Allgemeine Regelungen für Bauarbeiten jeder Art
DIN 18 299 – Ausgabe September 2012

Inhalt

0 Hinweise für das Aufstellen der Leistungsbeschreibung

1 Geltungsbereich

2 Stoffe, Bauteile

3 Ausführung

4 Nebenleistungen, Besondere Leistungen

5 Abrechnung

Anhang Begriffsbestimmungen

0 Hinweise für das Aufstellen der Leistungsbeschreibung

Diese Hinweise für das Aufstellen der Leistungsbeschreibung gelten für Bauarbeiten jeder Art; sie werden ergänzt durch die auf die einzelnen Leistungsbereiche bezogenen Hinweise in den ATV DIN 18300 bis ATV DIN 18459, Abschnitt 0, sowie den Anhang Begriffsbestimmungen. Die Beachtung dieser Hinweise und des Anhangs ist Voraussetzung für eine ordnungsgemäße Leistungsbeschreibung gemäß § 7, § 7 EG bzw. § 7 VS VOB/A.

In die Vorbemerkungen zum Leistungsverzeichnis ist aufzunehmen:

»Soweit in der Leistungsbeschreibung auf Technische Spezifikationen, z.B. nationale Normen, mit denen europäische Normen umgesetzt werden, europäische technische Zulassungen, gemeinsame technische Spezifikationen, internationale Normen, Bezug genommen wird, werden auch ohne den ausdrücklichen Zusatz: »oder gleichwertig« immer gleichwertige technische Spezifikationen in Bezug genommen.«

Die Hinweise werden nicht Vertragsbestandteil.

In der Leistungsbeschreibung sind nach den Erfordernissen des Einzelfalls insbesondere anzugeben:

0.1   Angaben zur Baustelle

0.1.1 Lage der Baustelle, Umgebungsbedingungen, Zufahrtsmöglichkeiten und Beschaffenheit der Zufahrt sowie etwaige Einschränkungen bei ihrer Benutzung.

0.1.2 Besondere Belastungen aus Immissionen sowie besondere klimatische oder betriebliche Bedingungen.

0.1.3 Art und Lage der baulichen Anlagen, z.B. auch Anzahl und Höhe der Geschosse.

0.1.4 Verkehrsverhältnisse auf der Baustelle, insbesondere Verkehrsbeschränkungen.

0.1.5 Für den Verkehr freizuhaltende Flächen.

0.1.6 Art, Lage, Maße und Nutzbarkeit von Transporteinrichtungen und Transportwegen, z.B. Montageöffnungen.

0.1.7 Lage, Art, Anschlusswert und Bedingungen für das Überlassen von Anschlüssen für Wasser, Energie und Abwasser.

0.1.8 Lage und Ausmaß der dem Auftragnehmer für die Ausführung seiner Leistungen zur Benutzung oder Mitbenutzung überlassenen Flächen und Räume.

0.1.9 Bodenverhältnisse, Baugrund und seine Tragfähigkeit. Ergebnisse von Bodenuntersuchungen.

0.1.10 Hydrologische Werte von Grundwasser und Gewässern. Art, Lage, Abfluss, Abflussvermögen und Hochwasserverhältnisse von Vorflutern. Ergebnisse von Wasseranalysen.

0.1.11 Besondere umweltrechtliche Vorschriften.

0.1.12 Besondere Vorgaben für die Entsorgung, z.B. Beschränkungen für die Beseitigung von Abwasser und Abfall.

0.1.13 Schutzgebiete oder Schutzzeiten im Bereich der Baustelle, z.B. wegen Forderungen des Gewässer-, Boden-, Natur-, Landschafts- oder Immissionsschutzes; vorliegende Fachgutachten oder dergleichen.

0.1.14 Art und Umfang des Schutzes von Bäumen, Pflanzenbeständen, Vegetationsflächen, Verkehrsflächen, Bauteilen, Bauwerken, Grenzsteinen und dergleichen im Bereich der Baustelle.

0.1.15 Im Bereich der Baustelle vorhandene Anlagen, insbesondere Abwasser- und Versorgungsleitungen.

0.1.16 Bekannte oder vermutete Hindernisse im Bereich der Baustelle, z.B. Leitungen, Kabel, Dräne, Kanäle, Bauwerksreste und, soweit bekannt, deren Eigentümer.

0.1.17 Bestätigung, dass die im jeweiligen Bundesland geltenden Anforderungen zu Erkundungs- und gegebenenfalls Räumungsmaßnahmen hinsichtlich Kampfmitteln erfüllt wurden.

0.1.18 Gegebenenfalls gemäß der Baustellenverordnung getroffene Maßnahmen.

0.1.19 *Besondere Anordnungen, Vorschriften und Maßnahmen der Eigentümer (oder der anderen Weisungsberechtigten) von Leitungen, Kabeln, Dränen, Kanälen, Straßen, Wegen, Gewässern, Gleisen, Zäunen und dergleichen im Bereich der Baustelle.*

0.1.20 *Art und Umfang von Schadstoffbelastungen, z.B. des Bodens, der Gewässer, der Luft, der Stoffe und Bauteile; vorliegende Fachgutachten oder dergleichen.*

0.1.21 *Art und Zeit der vom Auftraggeber veranlassten Vorarbeiten.*

0.1.22 *Arbeiten anderer Unternehmer auf der Baustelle.*

0.2 **Angaben zur Ausführung**

0.2.1 *Vorgesehene Arbeitsabschnitte, Arbeitsunterbrechungen und Arbeitsbeschränkungen nach Art, Ort und Zeit sowie Abhängigkeit von Leistungen anderer.*

0.2.2 *Besondere Erschwernisse während der Ausführung, z.B. Arbeiten in Räumen, in denen der Betrieb weiterläuft, Arbeiten im Bereich von Verkehrswegen oder bei außergewöhnlichen äußeren Einflüssen.*

0.2.3 *Besondere Anforderungen für Arbeiten in kontaminierten Bereichen, gegebenenfalls besondere Anordnungen für Schutz- und Sicherheitsmaßnahmen.*

0.2.4 *Besondere Anforderungen an die Baustelleneinrichtung und Entsorgungseinrichtungen, z.B. Behälter für die getrennte Erfassung.*

0.2.5 *Besonderheiten der Regelung und Sicherung des Verkehrs, gegebenenfalls auch, wieweit der Auftraggeber die Durchführung der erforderlichen Maßnahmen übernimmt.*

0.2.6 *Besondere Anforderungen an das Auf- und Abbauen sowie Vorhalten von Gerüsten.*

0.2.7 *Mitbenutzung fremder Gerüste, Hebezeuge, Aufzüge, Aufenthalts- und Lagerräume, Einrichtungen und dergleichen durch den Auftragnehmer.*

0.2.8 *Wie lange, für welche Arbeiten und gegebenenfalls für welche Beanspruchung der Auftragnehmer Gerüste, Hebezeuge, Aufzüge, Aufenthalts- und Lagerräume, Einrichtungen und dergleichen für andere Unternehmer vorzuhalten hat.*

0.2.9 *Verwendung oder Mitverwendung von wiederaufbereiteten (Recycling-)Stoffen.*

0.2.10 *Anforderungen an wiederaufbereitete (Recycling-)Stoffe und an nicht genormte Stoffe und Bauteile.*

0.2.11 *Besondere Anforderungen an Art, Güte und Umweltverträglichkeit der Stoffe und Bauteile, auch z.B. an die schnelle biologische Abbaubarkeit von Hilfsstoffen.*

0.2.12 *Art und Umfang der vom Auftraggeber verlangten Eignungs- und Gütenachweise.*

0.2.13 *Unter welchen Bedingungen auf der Baustelle gewonnene Stoffe verwendet werden dürfen oder müssen oder einer anderen Verwertung zuzuführen sind.*

0.2.14 *Art, Zusammensetzung und Menge der aus dem Bereich des Auftraggebers zu entsorgenden Böden, Stoffe und Bauteile; Art der Verwertung oder bei Abfall die Entsorgungsanlage; Anforderungen an die Nachweise über Transporte, Entsorgung und die vom Auftraggeber zu tragenden Entsorgungskosten.*

0.2.15 *Art, Anzahl, Menge oder Masse der Stoffe und Bauteile, die vom Auftraggeber beigestellt werden, sowie Art, genaue Bezeichnung des Ortes und Zeit ihrer Übergabe.*

0.2.16 *In welchem Umfang der Auftraggeber Abladen, Lagern und Transport von Stoffen und Bauteilen übernimmt oder dafür dem Auftragnehmer Geräte oder Arbeitskräfte zur Verfügung stellt.*

0.2.17 *Leistungen für andere Unternehmer.*

0.2.18 *Mitwirken beim Einstellen von Anlageteilen und bei der Inbetriebnahme von Anlagen im Zusammenwirken mit anderen Beteiligten, z.B. mit dem Auftragnehmer für die Gebäudeautomation.*

0.2.19 *Benutzung von Teilen der Leistung vor der Abnahme.*

0.2.20 *Übertragung der Wartung während der Dauer der Verjährungsfrist für die Mängelansprüche für maschinelle und elektrotechnische sowie elektronische Anlagen oder Teile davon, bei denen die Wartung Einfluss auf die Sicherheit und die Funktionsfähigkeit hat (vergleiche § 13 Absatz 4 Nummer 2 VOB/B) durch einen besonderen Wartungsvertrag.*

0.2.21 *Abrechnung nach bestimmten Zeichnungen oder Tabellen.*

0.3 **Einzelangaben bei Abweichungen von den ATV**

0.3.1 *Wenn andere als die in den ATV DIN 18299 bis ATV DIN 18459 vorgesehenen Regelungen getroffen werden sollen, sind diese in der Leistungsbeschreibung eindeutig und im Einzelnen anzugeben.*

0.3.2 *Abweichende Regelungen von der ATV DIN 18299 können insbesondere in Betracht kommen,*

Abschnitt 2.1.1,   wenn die Lieferung von Stoffen und Bauteilen nicht zur Leistung gehören soll,

Abschnitt 2.2, *wenn nur ungebrauchte Stoffe und Bauteile vorgehalten werden dürfen,*
Abschnitt 2.3.1, *wenn auch gebrauchte Stoffe und Bauteile geliefert werden dürfen.*

0.4 Einzelangaben zu Nebenleistungen und Besonderen Leistungen

0.4.1 Nebenleistungen

Nebenleistungen (Abschnitt 4.1 aller ATV) sind in der Leistungsbeschreibung nur zu erwähnen, wenn sie ausnahmsweise selbständig vergütet werden sollen. Eine ausdrückliche Erwähnung ist geboten, wenn die Kosten der Nebenleistung von erheblicher Bedeutung für die Preisbildung sind; in diesen Fällen sind besondere Ordnungszahlen (Positionen) vorzusehen.

Dies kommt insbesondere für das Einrichten und Räumen der Baustelle in Betracht.

0.4.2 Besondere Leistungen

Werden Besondere Leistungen (Abschnitt 4.2 aller ATV) verlangt, ist dies in der Leistungsbeschreibung anzugeben; gegebenenfalls sind hierfür besondere Ordnungszahlen (Positionen) vorzusehen.

0.5 Abrechnungseinheiten

Im Leistungsverzeichnis sind die Abrechnungseinheiten für die Teilleistungen (Positionen) gemäß Abschnitt 0.5 der jeweiligen ATV anzugeben.

1 Geltungsbereich

Die ATV DIN 18299 »Allgemeine Regelungen für Bauarbeiten jeder Art« gilt für alle Bauarbeiten, auch für solche, für die keine ATV in VOB/C – ATV DIN 18300 bis ATV DIN 18459 – bestehen.

Abweichende Regelungen in den ATV DIN 18300 bis ATV DIN 18459 haben Vorrang.

2 Stoffe, Bauteile

2.1 Allgemeines

2.1.1 Die Leistungen umfassen auch die Lieferung der dazugehörigen Stoffe und Bauteile einschließlich Abladen und Lagern auf der Baustelle.

2.1.2 Stoffe und Bauteile, die vom Auftraggeber beigestellt werden, hat der Auftragnehmer rechtzeitig beim Auftraggeber anzufordern.

2.1.3 Stoffe und Bauteile müssen für den jeweiligen Verwendungszweck geeignet und aufeinander abgestimmt sein.

2.2 Vorhalten

Stoffe und Bauteile, die der Auftragnehmer nur vorzuhalten hat, die also nicht in das Bauwerk eingehen, dürfen nach Wahl des Auftragnehmers gebraucht oder ungebraucht sein.

2.3 Liefern

2.3.1 Stoffe und Bauteile, die der Auftragnehmer zu liefern und einzubauen hat, die also in das Bauwerk eingehen, müssen ungebraucht sein. Wiederaufbereitete (Recycling-)Stoffe gelten als ungebraucht, wenn sie den Bedingungen gemäß Abschnitt 2.1.3 entsprechen.

2.3.2 Stoffe und Bauteile, für die DIN-Normen bestehen, müssen den DIN-Güte- und DIN-Maßbestimmungen entsprechen.

2.3.3 Stoffe und Bauteile, die nach den deutschen behördlichen Vorschriften einer Zulassung bedürfen, müssen amtlich zugelassen sein und den Bestimmungen ihrer Zulassung entsprechen.

2.3.4 Stoffe und Bauteile, für die bestimmte technische Spezifikationen in der Leistungsbeschreibung nicht genannt sind, dürfen auch verwendet werden, wenn sie Normen, technischen Vorschriften oder sonstigen Bestimmungen anderer Staaten entsprechen, sofern das geforderte Schutzniveau in Bezug auf Sicherheit, Gesundheit und Gebrauchstauglichkeit gleichermaßen dauerhaft erreicht wird.

Sofern für Stoffe und Bauteile eine Überwachungs- oder Prüfzeichenpflicht oder der Nachweis der Brauchbarkeit, z.B. durch allgemeine bauaufsichtliche Zulassung, allgemein vorgesehen ist, kann von einer Gleichwertigkeit nur ausgegangen werden, wenn die Stoffe und Bauteile ein Überwachungs- oder Prüfzeichen tragen oder für sie der genannte Brauchbarkeitsnachweis erbracht ist.

3 Ausführung

3.1 Wenn Verkehrs-, Versorgungs- und Entsorgungsanlagen im Bereich der Baustelle liegen, sind die Vorschriften und Anordnungen der zuständigen Stellen zu beachten. Kann die Lage dieser Anlagen nicht angegeben werden, ist sie zu erkunden. Leistungen zur Erkundung derartiger Anlagen sind Besondere Leistungen (siehe Abschnitt 4.2.1).

3.2 Die für die Aufrechterhaltung des Verkehrs bestimmten Flächen sind freizuhalten. Der Zugang zu Einrichtungen der Versorgungs- und Entsorgungsbetriebe, der Feuerwehr, der Post und Bahn, zu Vermessungspunkten und dergleichen darf nicht mehr als durch die Ausführung unvermeidlich behindert werden.

3.3 Werden Schadstoffe vorgefunden, z.B. in Böden, Gewässern, Stoffen oder Bauteilen, ist dies dem Auftraggeber unverzüglich mitzuteilen.

Bei Gefahr im Verzug hat der Auftragnehmer die notwendigen Sicherungsmaßnahmen unverzüglich durchzuführen. Die weiteren Maßnahmen sind gemeinsam festzulegen. Die erbrachten und die weiteren Leistungen sind Besondere Leistungen (siehe Abschnitt 4.2.1).

4 Nebenleistungen, Besondere Leistungen

4.1 Nebenleistungen

Nebenleistungen sind Leistungen, die auch ohne Erwähnung im Vertrag zur vertraglichen Leistung gehören (§ 2 Absatz 1 VOB/B).

Nebenleistungen sind demnach insbesondere:

4.1.1 Einrichten und Räumen der Baustelle einschließlich der Geräte und dergleichen.

4.1.2 Vorhalten der Baustelleneinrichtung einschließlich der Geräte und dergleichen.

4.1.3 Messungen für das Ausführen und Abrechnen der Arbeiten einschließlich des Vorhaltens der Messgeräte, Lehren, Absteckzeichen und dergleichen, des Erhaltens der Lehren und Absteckzeichen während der Bauausführung und des Stellens der Arbeitskräfte, jedoch nicht Leistungen nach § 3 Absatz 2 VOB/B.

4.1.4 Schutz- und Sicherheitsmaßnahmen nach den staatlichen und berufsgenossenschaftlichen Regelwerken zum Arbeitsschutz, ausgenommen Leistungen nach den Abschnitten 4.2.4 und 4.2.5.

4.1.5 Beleuchten, Beheizen und Reinigen der Aufenthalts- und Sanitärräume für die Beschäftigten des Auftragnehmers.

4.1.6 Heranbringen von Wasser und Energie von den vom Auftraggeber auf der Baustelle zur Verfügung gestellten Anschlussstellen zu den Verwendungsstellen.

4.1.7 Liefern der Betriebsstoffe.

4.1.8 Vorhalten der Kleingeräte und Werkzeuge.

4.1.9 Befördern aller Stoffe und Bauteile, auch wenn sie vom Auftraggeber beigestellt sind, von den Lagerstellen auf der Baustelle oder von den in der Leistungsbeschreibung angegebenen Übergabestellen zu den Verwendungsstellen und etwaiges Rückbefördern.

4.1.10 Sichern der Arbeiten gegen Niederschlagswasser, mit dem normalerweise gerechnet werden muss, und seine etwa erforderliche Beseitigung.

4.1.11 Entsorgen von Abfall aus dem Bereich des Auftragnehmers sowie Beseitigen der Verunreinigungen, die von den Arbeiten des Auftragnehmers herrühren.

4.1.12 Entsorgen von Abfall aus dem Bereich des Auftraggebers bis zu einer Menge von 1 m^3, soweit der Abfall nicht schadstoffbelastet ist.

4.2 Besondere Leistungen

Besondere Leistungen sind Leistungen, die nicht Nebenleistungen nach Abschnitt 4.1 sind und nur dann zur vertraglichen Leistung gehören, wenn sie in der Leistungsbeschreibung besonders erwähnt sind. Besondere Leistungen sind z.B.:

4.2.1 Leistungen nach den Abschnitten 3.1 und 3.3.

4.2.2 Beaufsichtigen der Leistungen anderer Unternehmer.

4.2.3 Erfüllen von Aufgaben des Auftraggebers (Bauherrn) hinsichtlich der Planung der Ausführung des Bauvorhabens oder der Koordinierung gemäß Baustellenverordnung.

4.2.4 Leistungen zur Unfallverhütung und zum Gesundheitsschutz für Mitarbeiter anderer Unternehmen.

4.2.5 Besondere Schutz- und Sicherheitsmaßnahmen bei Arbeiten in kontaminierten Bereichen, z.B. messtechnische Überwachung, spezifische Zusatzgeräte für Baumaschinen und Anlagen, abgeschottete Arbeitsbereiche.

4.2.6 Leistungen für besondere Schutzmaßnahmen gegen Witterungsschäden, Hochwasser und Grundwasser, ausgenommen Leistungen nach Abschnitt 4.1.10.

4.2.7 Versicherung der Leistung bis zur Abnahme zugunsten des Auftraggebers oder Versicherung eines außergewöhnlichen Haftpflichtwagnisses.

4.2.8 Besondere Prüfung von Stoffen und Bauteilen, die der Auftraggeber liefert.

4.2.9 Aufstellen, Vorhalten, Betreiben und Beseitigen von Einrichtungen zur Sicherung und Aufrechterhaltung des Verkehrs auf der Baustelle, z.B. Bauzäune, Schutzgerüste, Hilfsbauwerke, Beleuchtungen, Leiteinrichtungen.

4.2.10 Aufstellen, Vorhalten, Betreiben und Beseitigen von Einrichtungen außerhalb der Baustelle zur Umleitung, Regelung und Sicherung des öffentlichen und Anliegerverkehrs sowie das Einholen der hierfür erforderlichen verkehrsrechtlichen Genehmigungen und Anordnungen nach der StVO.

4.2.11 Bereitstellen von Teilen der Baustelleneinrichtung für andere Unternehmer oder den Auftraggeber.

4.2.12 Leistungen für besondere Maßnahmen aus Gründen des Umweltschutzes sowie der Landes- und Denkmalpflege.

4.2.13 Entsorgen von Abfall über die Leistungen nach den Abschnitten 4.1.11 und 4.1.12 hinaus.

4.2.14 Schutz der Leistung, wenn der Auftraggeber eine vorzeitige Benutzung verlangt.

4.2.15 Beseitigen von Hindernissen.

4.2.16 Zusätzliche Leistungen für die Weiterarbeit bei Frost und Schnee, soweit sie dem Auftragnehmer nicht ohnehin obliegen.

4.2.17 Leistungen für besondere Maßnahmen zum Schutz und zur Sicherung gefährdeter baulicher Anlagen und benachbarter Grundstücke.

4.2.18 Sichern von Leitungen, Kabeln, Dränen, Kanälen, Grenzsteinen, Bäumen, Pflanzen und dergleichen.

5 Abrechnung

Die Leistung ist aus Zeichnungen zu ermitteln, soweit die ausgeführte Leistung diesen Zeichnungen entspricht. Sind solche Zeichnungen nicht vorhanden, ist die Leistung aufzumessen.

Anhang Begriffsbestimmungen

**Begriffsbestimmungen zu den
Allgemeinen Technischen Vertragsbedingungen für Bauleistungen**

- **Aussparungen** sind bei Bauteilen Querschnittsschwächungen, deren Tiefe kleiner oder gleich der Bauteiltiefe sein kann. Aussparungen sind bei Flächen nicht zu behandelnde bzw. nicht herzustellende Teile. Aussparungen entstehen, z.B. durch Öffnungen (auch raumhoch), Durchbrüche, Durchdringungen, Nischen, Schlitze, Hohlräume, Leitungen, Kanäle.
- **Unterbrechungen** sind bei der Ermittlung der Längenmaße trennende, nicht zu behandelnde bzw. nicht herzustellende Abschnitte. Unterbrechungen durch Bauteile sind bei der Ermittlung der Flächenmaße trennende, nicht zu behandelnde bzw. nicht herzustellende Teilflächen geringer Breite, z.B. Fachwerkteile, Vorlagen, Lisenen, Gesimse, Entwässerungsrinnen, Einbauten.
- **Anarbeiten:** Heranführen an begrenzende Bauteile ohne Anpassen oder Anschließen.

- **Anpassen:** Heranführen an begrenzende Bauteile durch Bearbeiten des heranzuführenden Baustoffes, so dass dieser der Geometrie des begrenzenden Bauteils folgt.
- **Anschließen:** Heranführen an begrenzende Bauteile und Sicherstellen einer definierten technischen Funktion, z.B. Winddichtigkeit, Wasserdichtigkeit, Kraftschluss.
- **Das kleinste umschriebene Rechteck:** Das kleinste umschriebene Rechteck ergibt sich aus dem kleinsten Rechteck, das eine Fläche beliebiger Form umschließt.

Stoffe und Bauteile

DIN	Abschnitt	Inhalt
18300	2.1.1	Gelöster Boden und Fels gehen nicht in das Eigentum des AN über.
	2.1.2	Zu den Leistungen gehört nicht die Lieferung von Boden und Fels
	2.1.3	Sind Boden und Fels vom AN zu liefern, umfasst die Lieferung auch das Abladen und Lagern auf der Baustelle
18301	2.1	Das Bohrgut geht nicht in das Eigentum des AN über.
18302	2.3.1	Dichtstoffe müssen dauerhaft wirksam sein.
	2.3.2	Dichtstoffe, die Boden oder Wasser gefährden oder sich auf Brunnenbauwerke nachteilig auswirken können, dürfen nicht verwendet werden.
	2.3.3	Der AN hat auf Verlangen nachzuweisen, dass die Dichtstoffe den Anforderungen genügen und hat das Ergebnis von Eignungsprüfungen vorzulegen.
18304	2.1.1	Bauelemente im Sinne der DIN 18304 sind Bohlen, Pfähle, Träger, Rohre, Lanzen und dergleichen.
18308	2.1	Für Dränungen und Versickerungsanlagen dürfen keine verrottbaren Stoffe und Bauteile verwendet werden, ausgenommen bei Dränungen für landwirtschaftlich genutzte Flächen sowie bei zeitlich begrenzten Maßnahmen.
18309	2.1	Der AN hat dem AG auf Verlangen nachzuweisen, dass die Ausgangsstoffe und der Einpressstoff den Anforderungen der geltenden Normen genügen.
18311	2.1	Baggergut geht nicht in das Eigentum des AN über.
	2.2	Böden werden durch ihre für Nassbaggerarbeiten relevanten geotechnischen Eigenschaften mit Angabe von Schichtenaufbau, Kornverteilung, Lagerungsdichte aus Sondierergebnissen, undränierte Scherfestigkeit sowie Angaben über Häufigkeit und Größe von Steinen und Blöcken beschrieben. Fels wird au-

Stoffe und Bauteile

		ßerdem durch den Abstand und die räumliche Lage der Trennflächen beschrieben.
18312	2.1	Gelöster Boden und Fels gehen nicht in das Eigentum des AN über.
	2.3	Boden und Fels werden aufgrund ihrer Eigenschaften nach den davon abhängigen Maßnahmen für den Ausbruch und die Sicherung des Hohlraums im Hinblick auf Form und Größe des Hohlraumquerschnitts sowie auf das vereinbarte Bauverfahren in Vortriebsklassen eingeteilt.
18313	2.1	Leitwand- und Schlitzwandaushub sowie dessen Vermischungen mit stützenden Flüssigkeiten gehen nicht in das Eigentum des AN über.
	2.3	Boden und Fels sind zur Beurteilung der bautechnischen Eigenschaften in Homogenbereiche einzuteilen. Ein Homogenbereich ist ein räumlich begrenzter Bereich aus einer oder mehreren Boden- oder Felsschichten, dessen bautechnische Eigenschaften eine definierte Streuung aufweisen und der sich von den Eigenschaften der abgegrenzten Bereiche abhebt.
18315	2.1.1	Es dürfen nur Gesteinskörnungen mit Kennzeichnung gemäß TL Gestein-StB verwendet werden. Das gilt nicht für unsortierte Baustoffgemische und Böden
	2.1.2	Die Zusammensetzung von Baustoffgemischen und Böden bleibt dem AN überlassen. Er hat dabei die Angaben zu Verwendungszweck, Verkehrsmengen und Verkehrsarten, klimatischen Einflüssen und die örtlichen Verhältnisse zu berücksichtigen.
	2.1.2	Baustoffgemische müssen gleichmäßig, frostsicher, filterstabil gegen die oben und unten angrenzenden Schichten und ausreichend dicht sein.
	2.1.2	Baustoffgemische für Planumsschutzschichten bestehen aus Kies-Sand-Gemischen oder Sand-Kies-Gemischen, gegebenenfalls unter Zusatz von gebrochenen Gesteinskörnungen, Schotter-Splitt-Sand-Gemischen oder Splitt-Sand-Gemischen.

	2.1.3	Baustoffgemische müssen eine geeignete Korngrößenverteilung aufweisen.
	2.2.1	Der AN hat dem AG auf Verlangen nachzuweisen, dass Stoffe und Stoffgemische sowie Boden und Fels für den vorgesehenen Verwendungszweck geeignet sind.
	2.2.2	Der AN hat während der Ausführung auf Verlangen dem AG nachzuweisen, dass Stoffe und Stoffgemische sowie Boden und Fels den vertraglichen Anforderungen entsprechen.
18316	2.1.5	Für Luftporenbeton ist die Verwendung von Restwasser nicht zulässig.
	2.1.6	Die Zusammensetzung der Baustoffgemische und des Betons bleibt dem AN überlassen. Er hat dabei die Angaben zu Verwendungszweck, Verkehrsmengen und Verkehrsarten, klimatischen Einflüssen und örtlichen Verhältnissen zu berücksichtigen.
	2.1.6.1	Verfestigungen sind aus Baustoffen durch Einmischen von hydraulischen Bindemitteln herzustellen. Pechhaltige Straßenausbaustoffe dürfen eingesetzt werden, wenn die damit hergestellten Verfestigungen die bautechnischen und umweltrelevanten Anforderungen erfüllen.
	2.1.6.2	Hydraulisch gebundene Tragschichten sind aus korbgestuften Gemischen aus Gesteinskörnungen (TL Gestein-StB, Anhang G) und hydraulischen Bindemitteln herzustellen.
	2.1.6.3	Betontragschichten sind aus Beton mit korngestuften Gemischen aus Gesteinskörnungen nach TL Gestein-StB, Anhang G herzustellen. Es dürfen nur grobe rezyklierte Gesteinskörnungen aus Fahrbahndeckenbeton für die Betontragschicht verwendet werden.
	2.1.8.1	Stoffe zum Abdichten des Fugenspalts müssen eine ausreichende Verformungs- und Haftfähigkeit aufweisen. Werden Abdichtungsprofile verwendet, muss der Anpressdruck auch bei niedrigen Temperaturen das Eindringen von Feuchtigkeit verhindern.

Stoffe und Bauteile

	2.1.8.2	Bleibende Fugeneinlagen in Raumfugen müssen die Ausdehnung der Betonplatten zulassen und so steif sein, dass sie bei der Betonverdichtung nicht verformt werden. Sie müssen wasser- und alkalibeständig sein und dürfen das Wasser aus dem frischen Beton nicht absaugen. Bleibende Einlagen bei Scheinfugen dürfen im unteren Teil der Decke nicht zusammendrückbar sein.
	2.2.1 2.2.2	Der AN hat dem AG auf Verlangen nachzuweisen, dass die verwendeten Stoffe und Stoffgemische für den vorgesehenen Verwendungszweck geeignet sind und den vertraglichen Anforderungen entsprechen. Wenn ein bestimmter Luftporengehalt vorgeschrieben ist, muss während des Betonierens am Einbauort der Luftporengehalt des Frischbetons nachgeprüft werden. Diese Verpflichtungen werden durch Kontrollprüfungen des AG nicht eingeschränkt.
18317	2.1.1	Hausmüllverbrennungsasche, Recycling-Baustoffe mit Inhaltsstoffen nach Anhang B der TL Gestein-StB und Lavaschlacke dürfen für die Herstellung von Asphalt nicht verwendet werden. Gießereirestsand und Gießerei-Kupolofenstückschlacke dürfen für die Herstellung von Asphaltbinderschichten und Deckschichten aus Asphalt nicht verwendet werden.
	2.1.2	Bindemitteln dürfen geeignete Zusätze und Naturasphalt zugegeben werden.
	2.1.3	Das Bindemittelgemisch des mit Asphaltgranulat hergestellten Asphaltes muss geeignet sein.
	2.1.4.1	Die Zusammensetzung des Asphaltes bleibt dem AN überlassen. Er hat dabei die Angaben zu Verwendungszweck, Verkehrsmengen und Verkehrsarten, klimatischen Einflüssen und örtlichen Verhältnissen zu berücksichtigen. Im Asphalt muss das Bindemittel die Gesteinskörner vollständig umhüllen und dauerhaft haften. Die Temperaturen der Gesteinskörnungen und der Bindemittel sind so zu wählen, dass die Qualität nicht schädlich beeinflusst wird und der Asphalt einwandfrei verarbeitet werden kann.

Stoffe und Bauteile

	2.1.4.2 2.1.4.3 2.1.4.4 2.1.4.5 2.1.4.6 2.1.4.7 2.1.4.8 2.1.4.9 2.1.4.10 2.1.5	Gesteinskörnungen nach Anhang F der TL Gestein-StB. Bindemittel: Straßenbaubitumen, teilweise polymermodifizierte Bitumen, eingeschränkt Gemische aus Straßenbaubitumen und Naturasphalt, bei bestimmten Schichten auch polymermodifizierte Bitumenemulsion. Stabilisierende, Viskositätsverändernde Zusätze sowie Zusätze zur Steuerung des Brechvorganges sind bei bestimmten Asphaltdeckschichten ebenfalls zulässig. Bei der Oberflächenbehandlung sind Bitumenemulsion oder polymermodifizierte Bitumenemulsion als Bindemittel zulässig.
	2.2.1 2.2.2 2.2.3	Der AN hat auf Verlangen des AG nachzuweisen, dass die verwendeten Stoffe und Stoffgemische für den vorgesehenen Verwendungszweck geeignet sind und den vertraglichen Anforderungen entsprechen. Diese Verpflichtung wird durch Kontrollprüfungen des AG nicht eingeschränkt.
18318	2.2	Für Flächen, die nicht mit Kraftfahrzeugen erreichbar sind, können als Bettungsstoffe und zum Füllen von Fugen auch Gesteinskörnungsgemische 0/2 mm, 1/3 mm oder 2/5 mm verwendet werden.
18319	2.1.1	Gelöster Boden und Fels gehen nicht in das Eigentum des AN über.
18320	2.2	Pflanzen und Pflanzenteile müssen aus Anzuchtbeständen stammen.
	2.3	Gelöster Boden geht nicht in das Eigentum des AN über.
	2.4	Zu den Leistungen gehört nicht die Lieferung von Boden.
18321	2.2	Der AN hat dem AG auf Verlangen nachzuweisen, dass die Ausgangsstoffe und die Düsenstrahlsuspension den Anforderungen genügen
18322	2.1.1	Zu den Leistungen gehört nicht die Lieferung der Kabel, Kabelschutzrohre und der zu den Kabelschutzrohren gehörenden Einbauteile
	2.1.2	Die vom AG beigestellten Stoffe und Bauteile werden, außer bei schienengebundener Beistellung, frei Verwendungsstelle abgeladen bereitgestellt.

Stoffe und Bauteile

	2.1.3	Ausgebaute Stoffe und Bauteile gehen nicht in das Eigentum des AN über.
18323	2.1.1	Ausgebaute Stoffe und Bauteile sowie Kampfmittel gehen nicht in das Eigentum des AN über.
	2.1.2	Kampfmittel sind zur Kriegsführung bestimmte Stoffe, Munition und Waffen sowie Munitions- und Waffenteile, die Explosiv-, Brand- oder Nebelstoffe enthalten oder enthalten können.
	2.2	Hilfskonstruktionen zur Sondenführung und Verbauelemente zur Bergung von Verdachtsobjekten dürfen keine Stoffe und Bauteile enthalten, die einen Sondereinsatz beeinträchtigen und Messergebnisse beeinflussen können.
18325	2.1	Zu den Leistungen gehört nicht die Lieferung der dazugehörigen Stoffe und Bauteile.
	2.2	Die vom AG gestellten Stoffe und Bauteile werden frei Verwendungsstelle bereitgestellt.
	2.3	Transportmittel, die der AG zur Verfügung stellt, sind rechtzeitig beim AG anzufordern.
	2.4	Sind Stoffe und Bauteile vom AN zu liefern, umfasst die Lieferung auch das Abladen und Lagern auf der Baustelle.
18326	2.2.1 2.2.2 2.2.3	Der AN hat dem AG auf Verlangen nachzuweisen, dass die Stoffe und Stoffgemische für den vorgesehenen Verwendungszweck geeignet sind und den vertraglichen Anforderungen entsprechen. Diese Verpflichtungen werden durch Kontrollprüfungen des AG nicht eingeschränkt. Mit der Erstprüfung vor Beginn der Ausführung sind insbesondere die Werkstoffkennwerte nachzuweisen. Das Renovierungsverfahren ist in der Dokumentation der Erstprüfung zu beschreiben. Die Probenahme bei den örtlich hergestellten und härtenden Rohren kann zunächst im Schachtbauwerk mit Hilfe eines Probenstützrohres erfolgen. Wenn das dort entnommene Probestück den Anforderungen nicht genügt, kann eine Zweitprobe innerhalb der Haltung entnommen werden, welche dann maßgebend ist.

Stoffe und Bauteile

18330	2.1	Natürliche Steine müssen wetterbeständig, genügend druckfest und lagerhaft sein und dürfen keine Spalten, Risse, Brüche, Blätterungen, schieferige Absonderungen und dergleichen ausweisen.
18332	2.1.1	Naturwerksteine mit Dicken bis 80 mm gelten als Platten mit größeren Dicken als massive Werkstücke. Die Dicke der Platten richtet sich nach den Beanspruchungen, der Materialfestigkeit, dem Plattenformat, der Verlegetechnik und dem Untergrund.
	2.1.2	Grenzabmaße für Platten und Werkstücke für Dicke, Länge und Winkel (siehe im Einzelnen dort), die aber nicht gelten für gespaltene und handbekantete Platten und Werkstücke.
	2.1.3	Abweichungen von der Ebenheit der Oberfläche geschliffener oder polierter Platten dürfen nicht mehr als 0,2 % der größten Plattenlänge, maximal 2 mm, betragen. Dies gilt nicht für bruchraue und gespaltene Oberflächen.
	2.1.4	Farb-, Struktur- und Texturschwankungen innerhalb desselben Vorkommens, z. B. entsprechend Bandbreite der Bemusterung, sind zulässig.
	2.1.5	Beschädigte neue Werkstücke dürfen nur mit Zustimmung des AG ausgebessert und eingebracht werden. Bunter Marmor darf für Innenarbeiten sachgemäß gekittet und durch untergelegte feste Platten (Verdoppelung) oder Bewehrungsmatten aus Kunststoff, z. B. Glasvlies oder Kohlefaser, verstärkt werden. In buntem Marmor dürfen – im Einvernehmen mit dem AG – Klammern, Schienen, Dübel und Vierungen eingesetzt werden. Schließen von Gesteinsporen ist zulässig. Bei massiven Stücken aus Sandstein oder Kalkstein mit einer abgewickelten Ansichtsfläche über 0,5 m² dürfen bei Nestern, Tongallen oder Kohleeinsprengungen Vierungsstücke aus gleichem Material bis 10 cm × 10 cm Ansichtsfläche eingesetzt und angepasst werden. Benachbarte Vierungen müssen mindestens 2 m auseinander liegen. Bei anderen Gesteinen ist die Zustimmung des AG erforderlich.

Stoffe und Bauteile

18333	2.3	Farb- und Strukturschwankungen, die durch unterschiedliche Herstellungsverfahren, jedoch bei gleicher Betonzusammensetzung entstehen, sind zulässig. Hierzu gehören auch Farbschwankungen innerhalb des gleichen Zuschlages, die durch das naturbedingte Vorkommen gegeben sind.
18334	2.7	Stahlteile, z. B. Anker, Laschen, Verbinder, Träger, Stützen, müssen mindestens aus Stahl S 235JR hergestellt sein.
18335	2.1.1	Der AN hat dem AG eine Werksbescheinigung vorzulegen. Ist stattdessen vereinbart, dass Werkszeugnisse oder unter Angabe von Umfang und abnehmender Stelle Abnahmeprüfzeugnisse vorzulegen sind, so sind diese nach DIN EN 10204 aufzustellen. Werkszeugnisse und Werksbescheinigungen müssen in der Regel vom herstellenden Werk, in begründeten Fällen dürfen sie vom verarbeitenden Werk ausgestellt sein.
	2.1.2	Wenn Abnahmeprüfzeugnisse verlangt sind, hat der AN sicherzustellen, dass dem AG rechtzeitig mitgeteilt wird, wann der Werkstoff zur Prüfung bereitsteht, dass der Prüfungsbeauftragte des AG Zutritt zum herstellenden bzw. verarbeitenden Werk erhält und die zur Durchführung der Prüfung erforderlichen Arbeitskräfte, Maschinen und Geräte usw. sowie die fertig bearbeiteten Probestücke gestellt werden.
	2.1.3	Wenn Abnahmeprüfzeugnisse verlangt sind, dürfen für die Ausführung nur Werkstoffe verwendet werden, die vom Prüfungsbeauftragten des AG mit einem Prüfzeichen versehen und damit zur Verwendung freigegeben sind.
18339	2.6	Feuerverzinkte Stahlteile müssen gut haftende und dichte Überzüge aufweisen.
18345	2.3	Profile wie Eckprofile, Abschlussprofile und Bewegungsfugenprofile müssen korrosionsresistent sein.
18349	2.2	Stoffe für das Verstärken von Betonbauteilen durch Ankleben von Stahllaschen, CFK-Lamellen und CFK-Laminaten müssen den Bestimmungen ihrer Zulassung entsprechen.

Stoffe und Bauteile

	2.3	Stoffe für die Betoninstandsetzung müssen alkalibeständig sein.
18350	2.3	Drahtgeflechte, Rippenstreckmetall und dergleichen müssen verzinkt oder korrosionsresistent, Baustahlmatten und dergleichen frei von losem Rost sein. Textile Gewebe müssen bei der Verwendung von Kalk-, Kalkzement- oder Zementmörtel alkalibeständig sein. Nägel, Klammern und andere Befestigungselemente müssen bei Verwendung in Feuchträumen und für Arbeiten mit Gips korrosionsresistent sein.
	2.6	Profile, z. B. Eckprofile, Abschlussprofile, Bewegungsfugenprofile, Randwinkel, Einfassprofile, müssen entsprechend ihrem Verwendungszweck verzinkt oder korrosionsresistent sein. Profile aus textilen Geweben müssen alkalibeständig sein.
18351	2.5	Bei Natur- und Betonwerkstein sind Farb- und Strukturschwankungen sowie Äderungen und Einschlüsse, die durch naturgebundene Vorkommen bedingt sind, zulässig.
18352	2	Fliesen, Platten und Mosaik müssen der ersten Güteklasse entsprechen.
	2.2.1	Farb- und Strukturschwankungen, Äderungen und Einschlüsse, bedingt durch naturgebundene Vorkommen, sind zulässig.
	2.2.2	Angaben zur Dicke von Solnhofener Platten, Natursteinfliesen und Natursteinriemchen (s. im Einzelnen dort).
	2.2.3	Bei gesägten Natursteinfliesen bis 12 mm Dicke sind in Länge, Breite und Dicke Abweichungen vom Nennmaß bis +/− 0,5 mm zulässig. Bei gesägten Natursteinfliesen ab 12 mm Dicke und bis 60 cm Kantenlänge sind in der Dicke Abweichungen vom Nennmaß bis +/− 1,5 mm, in der Länge und Breite bis +/− 1 mm, zulässig.
	2.3	Zuschlagstoffe müssen gemischtkörnig und frei von schädigenden Bestandteilen sein.
	2.4	Kitte, vorgemischte hydraulisch abbindende Fugenmörtel, Fugenmörtel auf Reaktionsharzbasis und

Stoffe und Bauteile

		Fugendichtungsmassen dürfen die Oberfläche des Belages nicht beeinträchtigen.
	2.6	Baustahlgitter müssen eine Maschenweite von 50 mm/50 mm bei Stabdurchmesser von 2 mm, bis Maschenweite 70 mm/70 mm bei Stabdurchmesser 3 mm aufweisen.
18353	2.2	Kunstharze müssen alkalibeständig sein.
	2.3	Als Zuschlag für geschliffene Terrazzoböden sind schleif- und polierfähige Körnungen möglichst gleicher Härte zu verwenden.
	2.4	Nicht genormte Dämmstoffe, z. B. gekörnte, geschäumte, geblähte Stoffe, dürfen verwendet werden, wenn die Gebrauchstauglichkeit den bauaufsichtlichen Vorschriften entsprechend nachgewiesen ist.
18354	2.2	Die Zusammensetzung des Mischgutes bleibt dem AN überlassen. Er hat dabei die Angaben zu Verwendungszweck, Verkehrslasten, sonstigen Belastungen, klimatischen Einflüssen und örtlichen Verhältnissen zu berücksichtigen.
	2.4	Ungenormte Dämmstoffe, z. B. Platten oder Schüttstoffe aus gekörnten, geschäumten oder geblähten Mineralstoffen, dürfen verwendet werden, wenn ihre Gebrauchstauglichkeit den bauaufsichtlichen Vorschriften entsprechend nachgewiesen ist.
18355	2.1.2	Für die nach dem Einbau verdeckten Bauteile ist nach Wahl des AN die für die nicht verdeckten Bauteile vorgeschriebene Holzart oder ein gleich geeigneter Baustoff zu verwenden, z. B. bei Wandschränken oder Wandbekleidungen.
	2.1.3	Der Feuchtegehalt fertig zusammengebauter Teile aus Holz darf für Innenausbauteile, die nicht mit der Außenluft in Verbindung stehen, beim Verlassen des Herstellerbetriebes bis 10 %, bezogen auf das Darrgewicht, betragen, für Bauteile, die ständig mit der Außenluft in Verbindung stehen, bis 15 %. Der Feuchtegehalt muss auf Verlangen des AG nachgewiesen werden.

	2.2.2	Die sichtbar bleibenden Flächen von Bauteilen aus Sperrholz müssen mindestens der Erscheinungsklasse E nach DIN EN 635 genügen.
	2.10	Holzbeizen müssen so beschaffen sein, dass sie den Farbton der Holzoberfläche verändern, die Struktur des Holzes aber erhalten bleibt oder hervorgehoben wird.
	2.11	Ist ein nachfolgender Anstrich der Hölzer vorgesehen, müssen Holzschutzmittel anstrichverträglich und bei Innenanstrichen geruchlos sein.
18356	2.1	Parketthölzer dürfen auch bei der Anlieferung an die Verwendungsstelle keinen anderen als den genormt zulässigen Feuchtegehalt haben.
	2.5	Parkett-Oberflächenbehandlungsmittel müssen so beschaffen sein, dass sie die Oberfläche des Parketts gegen das Eindringen von Schmutz und Flüssigkeiten schützen.
18357	2.1.1	Beschläge, die Riegel, Fallen, Rollzapfen, Zungen oder andere Schließvorrichtungen aufweisen, sind mit passenden Beschlagteilen zu liefern, in die Riegel und dergleichen eingreifen können, z.B. mit Schließblechen, Schließkolben.
	2.1.2	Riegel müssen leicht beweglich sein, in den Endstellungen jedoch durch Einrasten feststehen oder sich selbst hemmen. Für Kantenriegel genügen Loch- oder Griffschieber.
	2.1.3	Beschläge, die der Wartung bedürfen, müssen so beschaffen sein, dass sie nach dem Einbau leicht zu warten sind.
	2.2	Türbänder müssen einen Öffnungswinkel von mehr als 90 Grad zulassen. Der Stift muss aus Stahl bestehen, auch bei Türbändern aus Nicht-Eisenmetall und bei Bändern für Ganzglastüren.
	2.2.2	Federbänder müssen so beschaffen sein, dass sie die Tür völlig schließen; sie müssen ein- und nachstellbar sein.
	2.2.4.2	Bauart, Stoffe und Befestigungsart von Schlössern, Schließblechen und Schließkolben müssen den Si-

Stoffe und Bauteile

		cherheitsanforderungen hinsichtlich unbefugten Entsperrens und Gewaltangriffs entsprechen.
	2.2.4.3	Schlüssel dürfen sich beim Schließvorgang von Hand weder verbiegen noch dürfen sie brechen. Für Anzahl, Stoffe und Oberflächenbehandlung der zu liefernden Schlüssel sind die Angaben in Tabelle 1 maßgebend.
	2.2.4.4	Schlösser in Rohrrahmentüren für höhere Sicherheitsanforderungen müssen einen mindestens 15 mm in die Schließöffnung der Zarge eingreifenden Riegel aufweisen.
	2.2.4.5	Schlösser für Haustüren aus Holz müssen zweitourig sein oder einen Riegelausschluss von mindestens 20 mm aufweisen.
	2.2.4.7	Bei Panikschlössern in Türen zu Fluchtwegen sind – auch im privaten Bereich – die öffentlich-rechtlichen Vorschriften zu beachten.
	2.3.2	Die Laufwerke müssen gegen Herausspringen aus den Laufschienen gesichert sein.
	2.3.3	Beschläge für Hebe- und Schwingtore müssen so wirken, dass das Tor in voll geöffnetem Zustand stehen bleibt und in keiner Stellung von selbst zufällt.
	2.3.4	Dem Außenklima ausgesetzte Laufwerke müssen gegen Witterungseinflüsse geschützt sein.
	2.3.5	Schiebetüren, Harmonikatüren und Falttüren in Wohnräumen müssen sich geräuscharm bewegen lassen.
	2.3.6	Stangenriegelverschlüsse müssen so beschaffen sein, dass ein selbstständiges Öffnen und Schließen durch Erschütterungen ausgeschlossen ist.
	2.4.2	Die Schließbewegung von Türschließern muss gedämpft werden sowie hinsichtlich der Schließgeschwindigkeit ein- und nachstellbar sein.
	2.4.3	Zum sicheren Eindrücken der Schlossfalle muss bei obenliegenden Türschließern die Dämpfung so ein-

		stellbar sein, dass sie kurz vor dem Endanschlag der Tür aufgehoben werden kann.
	2.4.4	Türschließer müssen so ausgelegt und montiert sein, dass die zum Öffnen der Tür erforderliche Kraft beim manuellen Öffnen spätestens ab 10 Grad Öffnungswinkel bis mindestens 60 Grad Öffnungswinkel abnimmt.
	2.4.5	Hydraulische Türschließer, die Außentemperaturen ausgesetzt sind, müssen bezüglich der Schließgeschwindigkeit in ihrem Temperaturverhalten so ausgelegt sein, dass ein Nachregulieren bei üblichen Temperaturschwankungen nicht erforderlich ist. Der Stockpunkt der Hydraulikflüssigkeit darf nicht höher als –40 Grad C liegen.
	2.4.6	Bodentürschließer müssen ein wasserdichtes Gehäuse aufweisen.
	2.7.1	Elektrische Türöffner müssen so wirken, dass sie das Öffnen der Tür nur ermöglichen, während der Türöffner bedient wird.
	2.7.2	Elektrische Öffner für Tore und Türen, die dem Außenklima ausgesetzt sind, müssen gegen Witterungseinflüsse geschützt sein.
	2.8.2	Beschläge für Fenster und Fenstertüren dürfen sich im geschlossenen Zustand nicht von außen öffnen lassen.
	2.8.3	Bei Fensterfeststellern mit Bremse muss diese ein- und nachstellbar sein.
	2.8.4	Oberlichtöffner müssen bei Bedienung von Hand einen Hebelantrieb aufweisen.
	2.8.5	Bei Oberlichtöffnern müssen Hebelstangen und Querwellen so gelagert und geführt werden, dass sie sich bei Bedienung nicht bleibend verformen.
	2.8.6	Scheren von Oberlichtöffnern müssen, soweit die Flügel nur vom Rauminneren zu reinigen sind, aushängbar sein.
	2.8.7	Bei Schwingflügeltüren müssen die Lager die Drehung der Fensterflügel um 180 Grad um ihre hori-

Stoffe und Bauteile

		zontale Achse ermöglichen und ihrer Masse entsprechend ein- und nachstellbare Bremsen aufweisen.
	2.8.8	Bei Wendeflügelbeschlägen müssen die Lager die Drehung der Fensterflügel um ihre vertikale Achse so weit ermöglichen, dass sich die Außenflächen der Fenster vom Raum aus gefahrlos reinigen lassen. Die Lager müssen ausreichend wirksame, ein- und nachstellbare Bremsen aufweisen.
	2.8.9	Beschläge für vertikale Schiebe- oder Versenkfenster müssen deren Masse so ausgleichen, dass das Fenster in jeder Lage stehen bleibt.
	2.8.10	Horizontale Schiebe- und Hebeschiebe-Fenster und Fenstertüren müssen sich geräuscharm betätigen lassen. Die Laufrollen dürfen sich bei dynamischer und statischer Belastung nicht verformen.
	2.10.2	Beschläge für Einbaumöbel müssen korrosionsgeschützt sein. Für Feuchträume müssen Beschläge gegen die in Betracht kommenden aggressiven Einwirkungen widerstandsfähig sein.
	2.10.3	Bänder für Einbaumöbel müssen verstellbar sein.
	2.10.4	Schubführungen müssen das Ausheben der Schublade erlauben.
	2.10.5	Bei Klappenhaltern mit Bremse muss diese ein- und nachstellbar sein.
	2.10.6	Bei nach oben sich öffnenden Klappen mit einer Ausladung von über 30 cm müssen die Beschläge sicherstellen, dass die Klappe in Öffnungsstellung gehalten wird.
	2.10.7	Bodensteller müssen einen Mindeststellbereich von 15 mm aufweisen.
18360	2.8	Verbindungselemente, Dübel und Abhängungen müssen aus korrosions- und alterungsbeständigen Werkstoffen sein.
	2.9	Dicht-, Trenn- und Beschichtungsstoffe müssen witterungs- und alterungsbeständig sein.

Stoffe und Bauteile

18361	2.1	Floatglas muss in seiner Oberfläche plan, klar, durchsichtig, klar reflektierend und verzerrungsfrei sein. Vereinzelte, nicht störende kleine Blasen und unauffällige Kratzer sind zulässig. Drahtspiegelglas muss beidseitig plangeschliffen, poliert und durchsichtig sein. Unauffällige Kratzer, kleine Blasen und Abweichungen in der Drahtnetzeinlage dürfen nur in handelsüblichem Ausmaß vorhanden sein. Bei Glas mit Drahtnetzeinlage muss die Einlage bei einem Bruch des Glases dessen Bruchstücke halten. Bei Verbund-Sicherheitsglas müssen die einzelnen Schichten so dauerhaft verbunden sein, dass sich bei einem Bruch keine gefährlichen Glassplitter ablösen können.
	2.2	Lichtdurchlässige Kunststoffplatten müssen dauerhaft lichtdurchlässig und schlagfest sein.
	2.6	Chemische Verbindungsmittel für Glasstöße müssen spätestens 2 Tage nach der Verarbeitung abgebunden haben. Danach müssen sie haften und dem jeweiligen Verwendungszweck entsprechend elastisch, wasserfest, aber mit Mitteln lösbar sein, die am Bau anwendbar sind. Soweit sie bei Einscheiben-Sicherheitsgläsern verwendet werden, müssen sie bei einer ausreichenden Fugenbreite so elastisch sein, dass der Bruch einer Scheibe nicht auf die mit ihr verbundene Scheibe übergreift.
18363	2.1.1	Anlaugestoffe müssen die Oberfläche vorhandener Öllack- und Lackfarbenbeschichtungen anrauen.
	2.2	Grundbeschichtungsstoffe müssen die Saugfähigkeit von Untergründen mindern oder egalisieren und die Haftfestigkeit der folgenden Beschichtungen gewährleisten.
	2.3	Spachtel- und Ausgleichsmassen dürfen nach dem Trocknen keine Schwindrisse aufweisen.
	2.4.1.1	Kalkfarben aus Weißkalk dürfen kalkbeständige Pigmente bis zu einem Massenanteil von 10 % aufweisen. Leimfarben dürfen keine Zusätze von Polymerdispersion auf Kunststoffbasis enthalten. Silikatfarben müssen aus Kaliwasserglaslösungen und

Stoffe und Bauteile

		kaliwasserglasbeständigen Pigmenten bestehen und dürfen keine organischen Bestandteile enthalten. Dispersionssilikatfarben, -füllfarben und -beschichtungsstoffe für putzartige Oberflächen müssen aus Kaliwasserglas mit kaliwasserglasbeständigen Pigmenten und Zusätzen von Hydrophobierungsmitteln bestehen. Sie dürfen maximal 5 % Massenanteil organische Bestandteile enthalten. Silikonharzfarben für den Außenbereich müssen dauerhaft wasserabweisend und gegen Schmutzverklebung resistent sein.
	2.4.2.1	Lasuren müssen transparente farbgebende Beschichtungen ergeben, Lasurpigmente alkalibeständig sein.
	2.4.2.2	Imprägnierlasuren müssen bei einmaligem Auftrag Trockenschichtdicken unter 5µm ergeben (minimal filmbildend)
	2.7	Im Außenbereich ist Blattgold mit einem Goldgehalt von mindestens 23 $^1/_2$ Karat zu verwenden, im Innenbereich mit einem Goldgehalt von mindestens 22 Karat. Blattsilber muss für Beschichtungen aus reinem Silber bestehen.
18365	2.9	Klebstoffe müssen so beschaffen sein, dass durch sie eine feste und dauerhafte Verbindung erreicht wird. Sie dürfen Bodenbelag, Unterlagen und Untergrund nicht nachteilig beeinflussen und nach der Verarbeitung keine Belästigung durch Geruch hervorrufen.
	2.10	Unterlagen müssen für die vorgesehenen Klebstoffe einen guten Haftgrund bilden. Sie dürfen nicht zerfallen, ihr Gefüge nicht verändern, nicht faulen und Klebstoffe, Bodenbeläge und Untergründe nicht nachteilig beeinflussen.
	2.11	Vorstriche, Spachtel- und Ausgleichsmassen müssen sich fest und dauerhaft mit dem Untergrund verbinden, einen Haftgrund für den Klebstoff ergeben und so beschaffen sein, dass der Bodenbelag darauf ohne Formveränderungen liegt. Sie dürfen Untergrund, Unterlage, Klebstoff und Bodenbelag nicht nachteilig beeinflussen. Spachtel- und Ausgleichsmassen

		für spezielle Einsatzgebiete müssen für den jeweiligen Zweck geeignet sein.
18366	2.1.1	Absperrmittel müssen das Einwirken von Stoffen aus dem Untergrund auf die Tapezierung verhindern.
	2.1.2	Anlaugstoffe müssen die Oberfläche vorhandener Öllack- und Lackfarbenbeschichtungen anrauen.
	2.2	Grundbeschichtungsstoffe müssen die Saugfähigkeit von Untergründen mindern oder egalisieren und die Haftfestigkeit der Wandbekleidungen gewährleisten. Tapetenwechselgrundierungen müssen beim Renovieren das trockene Abziehen der Tapeten ermöglichen und sich für mehrmaliges Überkleben eignen.
	2.3	Spachtel- und Ausgleichsmassen dürfen nach dem Trocknen keine Schwindrisse aufweisen.
	2.4	Rohpapier muss unbedruckt und saugfähig sein. Unterlagsstoffe mit Abzieheffekt müssen das Abziehen der aufgeklebten Tapeten in trockenem Zustand ermöglichen.
	2.6	Wandbekleidungen einer Anfertigung müssen von gleicher Beschaffenheit sein. Wandbekleidungen verschiedener Anfertigung müssen jeweils eine andere Anfertigungsnummer tragen.
	2.7	Spannstoffe einer Lieferung müssen, auch wenn sie nicht aus einer Anfertigung zusammengestellt werden, qualitäts-, farbton- und mustergleich sein. Spannstoffe aus mehreren Anfertigungen sind nach Fertigungsnummer zu sortieren.
	2.8	Reversible Klebstoffe müssen aus reinem Cellulosekleister bestehen.
	2.9	Leisten müssen in Farbtönung, Oberflächenmodelierung und Querschnitt gleichmäßig sein; sie dürfen nicht reißen, sich nicht werfen und sich nicht verziehen.
	2.10	Kordeln dürfen sich nicht durch Einwirkung von Luftfeuchte oder Wärme verändern.

Stoffe und Bauteile

	2.11	Befestigungselemente dürfen nicht korrodieren.
	2.12	Borten müssen die gleichen Eigenschaften aufweisen wie die entsprechenden Wandbekleidungen.
	2.13	Profile und Ornamente müssen eine ebene Kontaktfläche aufweisen, sie dürfen sich nicht verziehen und müssen in der Struktur gleichmäßig sein.
18379	2.1	Sofern es der Verwendungszweck erfordert, müssen Stoffe und Bauteile korrosionsgeschützt sein. Bauteile, bei denen mit Tau- oder Überlaufwasser zu rechnen ist, sind mit Auffangvorrichtungen zur Wasserableitung zu liefern. Stoffe und Bauteile im Luftstrom von RLT-Anlagen müssen geruchfrei und – ausgenommen Verschleißteile – abriebfest sein. Maschinelle Bauteile und Wärmeübertrager müssen mit Typ- und Leistungsschildern versehen sein. Beschilderungen an Bauteilen müssen in deutscher Sprache und entsprechend dem Gesetz über Einheiten im Messwesen ausgeführt werden.
	2.4	Luftfilter müssen mit Druckdifferenzmesseinrichtungen ausgestattet sein.
	2.5.2	Die Antriebsmotoren müssen leicht ein- und ausbaubar sein. Es muss ausreichend Platz zum Nachspannen von Keilriemen vorhanden sein. Der elektrische Anschluss muss leicht zugänglich sein.
	2.5.3 2.5.4	Die Gehäuse der RLT-Zentralgeräte müssen den Betriebsbedingungen entsprechend ausreichend steif sein; die Wände dürfen bei Betrieb nicht flattern. Sie müssen ausreichend luftdicht sein. Zur Kabeleinführung müssen entsprechende Kabelverschraubungen vorhanden sein.
	2.5.5	Bedienungstüren sowie Inspektions- und Wartungsöffnungen müssen in solcher Größe und Anzahl vorhanden sein, dass alle wichtigen Bauteile, insbesondere bewegliche, leicht und sicher instand gehalten werden können. Lufterwärmer und Luftkühler müssen ausbaubar sein. Bei Lagerschäden muss eine Instandsetzung möglich sein.
	2.6.1	Absperrvorrichtungen gegen Feuer oder Rauch in Luftleitungen unterliegen der Prüfzeichenpflicht.

Stoffe und Bauteile

	2.7	Schaltschränke müssen mindestens der Schutzart IP 43 entsprechen.
18380	2.1	Sofern es der Verwendungszweck erfordert, müssen Stoffe und Bauteile korrosionsgeschützt sein. Maschinelle Bauteile und Wärmeübertrager müssen mit Typ- und Leistungsschildern versehen sein. Beschilderungen an Bauteilen müssen in deutscher Sprache und entsprechend dem Gesetz über Einheiten im Messwesen ausgeführt sein.
	2.3.2	Kupferrohre nach DIN EN 1057 dürfen auch mit werkseitig aufgebrachter Wärmedämmung oder Kunststoffummantelung verwendet werden.
	2.5	Schaltschränke müssen mindestens der Schutzart IP 43 entsprechen.
	2.6	Die Wärmeleistungen von Raumheizkörpern müssen auf einem nach den Normen der Reihe DIN EN 442 anerkannten Prüfstand ermittelt und registriert sein.
18381	2.1	Sofern es der Verwendungszweck erfordert müssen Stoffe und Bauteile korrosionsgeschützt sein. Beschilderungen an Bauteilen müssen in deutscher Sprache und entsprechend dem Gesetz über Einheiten im Messwesen ausgeführt sein.
	2.2	Schaltschränke müssen mindestens der Schutzart IP 43 entsprechen.
18386	2	Schaltschränke müssen mindestens der Schutzart IP 43 entsprechen.
18421	2.2	Die Wärmeleitfähigkeit mit der Mitteltemperatur als Bezugstemperatur und die Rohdichte der Dämmstoffe müssen auf Verlangen des AG durch ein Prüfzeugnis einer geeigneten Prüfstelle nachgewiesen werden.
18451	2.1	Die Leistung umfasst auch das Wiederaufladen und den Abtransport der zugehörigen Stoffe und Bauteile.
	2.3	Verankerungselemente aus Stahl, die in das einzurüstende Bauwerk eingehen, müssen korrosionsgeschützt sein.

Stoffe und Bauteile

18459	2.1	Bei den Abbruch- und Rückbauarbeiten anfallende Stoffe und Bauteile gehen nicht in das Eigentum des AN über.
	2.2	Für die Klassifizierung der anfallenden Stoffe gilt der Abfallschlüssel der Abfallverzeichnis-Verordnung (AVV) zum Kreislaufwirtschafts- und Abfallgesetz (KrW-/AbfG).

Ausführung

DIN	Abschnitt	Inhalt
18300	3.1	Allgemeines
	3.2	Vorbereiten, Betreiben und Sichern der Baustelle
	3.3	Oberbodenarbeiten
	3.4	Lösen und Laden von Boden und Fels
	3.5	Fördern von Boden und Fels
	3.6	Einbauen und Verdichten von Boden und Fels
	3.7	Herstellen der Böschungen von Erdbauwerken
	3.8	Herstellen von Dichtungskörpern
	3.9	Herstellen von Baugruben und Gräben
	3.10	Hinterfüllen und Überschütten von baulichen Anlagen
	3.11	Arbeiten bei und nach Frostwetter
18301	3.1	Allgemeines
	3.2	Bohrverfahren und Bohrgeräte
	3.3	Feststellen der Bohrergebnisse
	3.4	Behandlung von Hindernissen
	3.5	Ausbau der Bohrrohre, Bohrgestänge und Bohrwerkzeuge
18302	3.1	Allgemeines
	3.2	Herstellen der Bohrbrunnen
18303	3.1	Allgemeines
	3.2	Herstellen des Verbaus und mögliche Toleranzabweichungen
	3.2.2	Herstellen von Bohrpfahlwänden
	3.2.3	Herstellen von Trägerbohlwänden und aufgelösten Wänden
	3.2.4	Herstellen und Prüfen von Verankerungen

Ausführung

	3.2.5	Einbau von Aussteifungen und Gurtungen
	3.3	Vorhaltung
	3.4	Rückbau
18304	3.1	Allgemeines
	3.2	Einbringen der Bauelemente
	3.3	Toleranzen
	3.4	Aufzeichnungen
	3.5	Herrichten der Köpfe von Bauelementen
	3.6	Ziehen der Bauelemente
18305	3.1	Allgemeines
	3.2	Herstellen der Wasserhaltungsanlage
	3.3	Fördern und Ableiten des Wassers
	3.4	Ansteigen des Wassers
18306	3.1	Allgemeines
	3.2	Herstellen und Prüfen von Entwässerungskanälen, -leitungen und Schächten
18307	3	Verweis auf die einzuhaltenden Regelwerke, Bedenken und Mitteilungspflichten
18308	3.1	Allgemeines
	3.2	Schutz baulicher Anlagen
	3.3	Regelung des Bodenwasser-Haushaltes
	3.4	Grundwasserabsenkung
	3.5	Versickerungsanlagen
18309	3.1	Allgemeines
	3.2	Durchführung der Einpressungen, Wahl der Geräte und des Bauablaufes
	3.3	Qualitätssicherung
18311	3.1	Allgemeines
	3.2	Lösen und Laden

Ausführung

	3.3	Fördern
	3.4	Ablagern
	3.5	Herstellen von Böschungen und Spülfeldflächen
	3.6	Arbeiten bei und nach Frostwetter
18312	3.1	Allgemeines
	3.2	Ableiten von Wasser
	3.3	Ausbruch
	3.4	Sicherung
	3.5	Fördern
	3.6	Verfüllen von Hohlräumen
18313	3.1	Allgemeines
	3.2	Herstellen von Leitwänden
	3.3	Herstellen von Schlitzen
	3.4	Herstellen von Wänden
	3.5	Überwachung der Ausführung und mit zu liefernde Unterlagen
18314	3.1	Allgemeines
	3.2	Herstellen des Spritzbetons
	3.3	Oberflächen des Spritzbetons
	3.4	Rückprall
18315	3.1	Allgemeines
	3.2	Unterlage und Untergrund
	3.3.1	Herstellen von und Anforderungen an Trag-, Frostschutz- und Planumsschutzschichten
	3.3.2	Herstellen von Deckschichten
	3.3.3	Herstellen von Oberbauschichten aus unsortierten Baustoffgemischen, Boden und Fels
18316	3.1	Allgemeines
	3.2	Unterlage und Untergrund

Ausführung

	3.3.1	Verfestigungen als Tragschichten
	3.3.2	Hydraulisch gebundene Tragschichten
	3.3.3	Betontragschichten
	3.3.4	Betondecken
18317	3.1	Allgemeines
	3.2	Unterlage und Untergrund
	3.3.1	Asphalttrag- und Asphalttragdeckschichten, Asphaltbinder- und Asphaltdeckschichten aus Asphaltbeton, Splittmastixasphalt und offenporigem Asphalt sowie Schutzschichten aus Walzasphalt
	3.3.2	Deckschichten und Schutzschichten aus Gussasphalt
	3.3.3	Oberflächenbehandlungen
	3.3.4	Dünne Asphaltschichten in Kaltbauweise
	3.3.5	Dünne Asphaltschichten in Heißbauweise
	3.3.6	Rückformen von Asphaltschichten
18318	3.1	Allgemeines
	3.2	Unterlage und Untergrund
	3.3	Profilgerechte Lage und Toleranzen
	3.4	Decken aus Betonsteinpflaster
	3.5	Decken aus Pflasterklinker und Pflasterziegel
	3.6	Decken aus Natursteinpflaster
	3.7	Plattenbeläge
	3.8	Begrünbare Pflasterdecken und Plattenbeläge
	3.9.1	Randeinfassungen
	3.9.2	Entwässerungsrinnen
18319	3.1	Allgemeines
	3.2	Prüfungen, Messungen und Aufzeichnungen während des Vortriebs
18320	3.1	Allgemeines

Ausführung

	3.2	Bodenarbeiten
	3.3	Pflanzarbeiten
	3.4	Rasen- und Saatarbeiten im Landschaftsbau
	3.5	Ingenieurbiologische Sicherungsbauweisen
	3.6	Sportplatzbauarbeiten
	3.7	Fertigstellungspflegearbeiten
	3.8	Entwicklungs- und Unterhaltungspflegearbeiten
	3.9	Spielplatzbauarbeiten
	3.10	Schutz von Bäumen, Pflanzenbeständen und Vegetationsflächen bei Baumaßnahmen
18321	3.1	Allgemeines
	3.2	Düsenstrahlsystem, Düsenstrahlparameter und Düsvorgang
	3.3	Qualitätskontrolle
18322	3.1	Allgemeines
	3.2	Vorbereiten, Betreiben und Sichern der Baustelle
	3.3	Aufbruch
	3.4	Baugruben und Gräben
	3.5.2	Kabellegen
	3.5.3	Legen von Kabelschutzrohren und Herstellen von Kabelkanälen
	3.5.4	Einziehen der Kabel
	3.6	Ausbau von Kabeln
	3.7	Kabel- und Rohreinführungen in Bauwerke
	3.8	Einbauen und Verdichten von Boden
18323	3.1	Allgemeines
	3.2.2	Baustellensicherung und sonstige Schutzmaßnahmen
	3.2.3	Bereitstellungslager

Ausführung

	3.3	Einmessen und Einteilen der Testfelder sowie Sondier- und Räumflächen
	3.4	Sondieren vor und nach der Kampfmittelräumung
	3.5	Vollflächige Sondierung mit punktuell bodeneingreifender Kampfmittelräumung
	3.6	Einzelpunkträumung
	3.7	Kampfmittelräumung durch Bodenabtrag und Separation
	3.8	Baubegleitende Kampfmittelsondierung
	3.9	Transporte und Vorbereiten des Abtransportes
	3.10	Dokumentation
18325	3.1	Erkundung vorhandener Leitungen, Kabel und dergleichen
	3.2	Mitteilungspflichten von Schäden an baulichen Anlagen
	3.3 3.4	Schutzmaßnahmen bei Arbeiten in der Nähe von Gleisen
	3.5	Schutzmaßnahmen gegen Straßenverkehr
	3.7	Befahrung und Instandhaltung vorhandener Gleisanlagen
	3.9	Schutz der gleisfahrbaren Baufahrzeuge und Geräte
	3.12	Reinigungspflichten
18326	3.1	Allgemeines
	3.2	Vorbereitungsarbeiten
	3.3.1.1	Rohrstrang-Lining
	3.3.1.2	Einzelrohr-Lining
	3.3.1.3	Close-Fit-Lining
	3.3.2	Wickelrohr-Lining
	3.3.3	Schlauchlining
	3.3.4	Montierte Einzelelemente

Ausführung

	3.4	Ringraumverfüllung
	3.5	Nacharbeiten
18330	3.1	Allgemeines
	3.2	Herstellen des Mauerwerks
18331	3.1	Allgemeines
	3.2	Herstellen des Betons
	3.3	Schalung und Betonflächen
	3.4	Traggerüste
18322	3.1	Allgemeines
	3.2	Versetzen und Verlegen
	3.3	Ausbildung von Fugen
	3.4	Bewegungsfugen
	3.5	Dämmstoffe
	3.6	Instandhaltungsarbeiten
	3.7	Oberflächenbehandlung
18333	3.1	Ausführung
	3.2	Treppen
	3.3	Verlegen von Bodenplatten
	3.4	Bekleidungen
	3.5	Sonstige Bauteile
	3.6	Mörtel
	3.7	Fugen und Verfugen
18334	3.1	Allgemeines
	3.2	Verzimmerungen
	3.3	Holzhausbau, Holzrahmenbau und Holztafelbau
	3.4	Latten und Bretter für Fehlböden
	3.5	Dachschalungen

Ausführung

	3.6	Nicht sichtbar bleibende Wand- und Deckenschalungen
	3.7	Nicht bewitterte Wand- und Deckenbekleidungen aus Brettern oder Bohlen
	3.8	Dachlattung
	3.9	Lagerhölzer, Blind-, Unter- und Fußböden sowie Fußleisten
	3.10	Außenwandbekleidungen
	3.11	Gezimmerte Türen und Tore
	3.12	Verschläge
	3.13	Treppen
	3.14	Holzschutz
18335	3.1	Allgemeines
	3.2	Ausführungsunterlagen und Planungsaufgaben des AN
	3.3	Herstellung der Stahlbauarbeiten
	3.4	Korrosionsschutzarbeiten
18336	3.1	Allgemeines
	3.2.1	Waagerechte Abdichtung in oder unter Wänden
	3.2.2	Abdichtung von Außenwandflächen
	3.2.3	Abdichtung von Bodenplatten
	3.3	Abdichtung gegen nicht drückendes Wasser
	3.4	Abdichtung gegen aufstauendes Wasser
	3.5	Abdichtung gegen von außen drückendes Wasser
	3.6	Abdichtung gegen von innen drückendes Wasser
	3.7	Abdichtung unter Intensivbegrünungen
	3.8	Abdichtung über Bewegungsfugen
	3.9	Anschlüsse an Durchdringungen, Übergänge und Abschlüsse

Ausführung

	3.10	Abdichtungsanschlüsse im Bodenplatten-/Wandbereich
	3.11	Dämmstoff- und Trennschichten sowie Schutzlagen
18338	3.1	Allgemeines
	3.2.2	Dachdeckungen mit Dachziegeln oder Dachsteinen
	3.2.3	Dachdeckungen mit Schiefer
	3.2.4	Dachdeckungen mit Faserzement-Dachplatten
	3.2.5	Dachdeckungen mit Faserzement-Wellplatten
	3.2.6	Dachdeckungen mit vorgefertigten Elementen aus Metall
	3.2.7	Dachdeckungen aus Holzschindeln
	3.2.8	Dachdeckungen mit Bitumenschindeln
	3.2.9	Dachdeckungen mit Bitumenwellplatten
	3.2.10	Dachdeckungen mit Reet oder Stroh
	3.3.2	Dachabdichtungen mit Bitumenbahnen
	3.3.3	Dachabdichtungen mit Kunststoffbahnen
	3.4.1	Außenwandbekleidungen mit Schiefer
	3.4.2	Außenwandbekleidungen mit ebenen Faserzementplatten
	3.4.3	Außenwandbekleidungen mit Faserzement-Wellplatten
	3.4.4	Außenwandbekleidungen mit vorgefertigten Elementen aus Metall
18339	3.1	Allgemeines
	3.2	Metalldachdeckungen als Falz- und Leistendächer sowie rollennahtgeschweißte Dächer
	3.3	Metall-Wandbekleidungen
	3.4	Kehlen
	3.5	Sonstige Klempnerarbeiten
18340	3.1	Allgemeines

Ausführung

	3.2	Verspachtelungen
	3.3	Deckenbekleidungen und Unterdecken
	3.4	Trenn- und Montagewände
	3.5	Fertigteilestriche, Trockenunterböden und Systemböden
	3.6	Dämmung
	3.7	Zargen und Einbauteile
18345	3.1	Allgemeines
	3.2	Herstellen von Wärmedämm-Verbundsystemen
	3.3	Oberflächenbehandlung
18349	3.1	Allgemeines
	3.2	Vorbereiten des Betonuntergrundes
	3.3	Behandlung des Stahls im Beton
	3.4	Betoninstandsetzung
	3.5	Füllen von Rissen und Hohlräumen
	3.6	Fugenabdichtungen mit elastischen Fugenbändern
18350	3.1	Allgemeines
	3.2	Herstellen von Putzflächen
	3.3	Herstellen und Ausbessern von Steinputzflächen
	3.4	Sgraffito
	3.5	Bauteile aus Drahtputz
	3.6.1	Gezogener und vorgefertigter Stuck
	3.6.2	Stuckantragarbeiten
	3.6.3	Angetragener Stuckmarmor
	3.6.4	Geformter Stuckmarmor
	3.6.5	Stukkolustro
	3.7	Glättetechnik
	3.8	Ausbildung von Kanten

Ausführung

	3.9	Einbau von Sonderprofilen
	3.10	Verputzte Innendämmungen
	3.11	Innenwandbekleidungen
	3.12	Außenwandbekleidungen mit Putzträgerplatten
	3.13	Wärmedämmputzsysteme
18351	3.1	Allgemeines
	3.2	Verbindungen und Befestigungen
	3.3	Unterkonstruktionen und Verankerungen
	3.4.2	Bekleidungen aus Metall und Metallverbundelementen
	3.4.3	Bekleidungen aus Keramik
	3.4.4	Bekleidungen aus Hochdruck-Schichtpressstoff und aus faserverstärkten Baustoffen
	3.4.5	Bekleidungen aus Kunststoff
	3.4.6	Bekleidungen aus Glas
	3.4.7	Bekleidungen aus Natur- und Betonwerksteinen
	3.4.8	Verbundelemente und Stoffkombinationen
	3.5	Wärmedämmung
	3.6	Konstruktive Anforderungen
18352	3.1	Allgemeines
	3.2	Ansetzen und Verlegen im Dick- und Dünnbett
	3.3	Befestigen auf Unterkonstruktionen
	3.4	Fugen
18353	3.1	Allgemeines
	3.2	Estriche
	3.3	Terrazzoböden
	3.4	Dämmstoffe
	3.5	Trennschichten

Ausführung

18354	3.1	Allgemeines
	3.2	Gussasphaltestriche und Gussasphaltheizestriche auf Dämmstoffschichten
	3.3	Gussasphaltestriche auf Trennschichten
	3.4	Gussasphalt-Verbundestriche
	3.5	Beheizbare Gussasphaltbeläge im Freien
	3.6	Schutzschichten aus Gussasphalt
	3.7	Abdichtungen in Verbindung mit Gussasphalt
	3.8	Gussasphaltestriche als Oberflächenschutz für Bauteile aus Beton in verfahrenstechnischen Anlagen
18355	3.1	Allgemeines
	3.2	Bauteile aus Vollhölzern
	3.3	Absperren, Furnieren und Beschichten
	3.4	Verleimen
	3.5	Einbau und Außenbauteile
	3.6	Fenster
	3.7	Fensterbänke und Zwischenfutter
	3.8	Fenster- und Türläden
	3.9	Türen und Tore
	3.10	Futter und Zargen
	3.11	Bekleidungen, Unterdecken, Vorsatzschalen und nichttragende Wände
	3.12	Einbauschränke
	3.13	Oberflächenbehandlung
	3.14	Konstruktiver und chemischer Holzschutz
18356	3.1	Allgemeines
	3.2.2	Parkett genagelt
	3.2.3	Parkett geklebt
	3.2.4	Parkett schwimmend verlegt

Ausführung

	3.2.5	Parkettunterlage
	3.2.6	Fußleisten und Deckleisten
	3.2.7	Schleifen
	3.3	Oberflächenbehandlung
18357	3.1	Allgemeines
	3.2	Anbringen von Beschlägen
18358	3.2	Überprüfung der Maße am Bau
	3.3	Zulässige Toleranzabweichungn
	3.5	Korrosionsschutzmaßnahmen
	3.6	Anschießen zur Befestigung an Bauteilen
	3.7	Planungsaufgaben des AN
18360	3.1	Allgemeines
	3.1.2	Konstruktive Anforderungen
	3.1.3	Verbindungselemente
	3.1.4	Befestigung am Bauwerk
	3.1.5	Oberflächenschutz
	3.2	Fenster
	3.3	Türen
	3.4	Metallfassaden, Fensterwände, Schaufenster und Vitrinen
	3.5	Bekleidungen und abgehängte Metalldecken
	3.6	Überdachungen, Vordächer, feststehende Sonnenschutzkonstruktionen
	3.7	Zargen
	3.8	Türblätter
	3.9	Tore und Klappen
	3.10	Scherengitter
	3.11	Bühnen, Stege, Abdeckungen und Roste

Ausführung

	3.12	Treppen, Leitertreppen, ortsfeste Leitern, Handläufe, Geländer, Umwehrungen und Gitter
	3.13	Ortsfeste Turn- und Spielgeräte
	3.14	Bauteile aus Blech und Kleinteile
18361	3.1	Allgemeines
	3.1.4	Kantenbearbeitung
	3.2	Klotzung
	3.3	Abdichten von Verglasungssystemen
	3.4	Gewächshäuser
	3.5	Glaskonstruktionen aus nicht vorgespanntem Glas
	3.6	Glaskonstruktionen aus vorgespanntem Glas
	3.7	Profilbauglas
	3.8	Verglasen mit Blei-, Messing- und Leichtmetallprofilen
	3.9	Lichtdurchlässige Kunststoffplatten
18363	3.1	Allgemeines
	3.2	Erstbeschichtungen
	3.3	Besondere Beschichtungsverfahren
	3.4	Überholungsbeschichtungen
18364	3.1	Allgemeines
	3.2	Erstbeschichtung
	3.3	Ausbesserung
	3.4	Teilerneuerung
	3.5	Vollerneuerung
	3.6	Feuerverzinkung
	3.7	Thermische Spritzen
	3.8	Beschichtungen auf feuerverzinkten Oberflächen
	3.9	Brandschutzbeschichtungssysteme

	3.10	Kontrollflächen
18365	3.1	Allgemeines
	3.2	Maßtoleranzen
	3.3	Vorbehandeln des Untergrundes
	3.4	Verlegen der Bodenbeläge
	3.5	Schichtstoff-Elemente schwimmend verlegt
	3.6	Anbringen von Leisten, Stoßkanten und Profilen
18366	3.1	Allgemeines
	3.2.1	Vorbereiten des Untergrundes zum Tapezieren und Kleben
	3.2.2	Aufbringen von Unterlagsstoffen
	3.2.3	Tapezierung
	3.3	Tapezierung auf tapezierten oder beschichteten Untergründen
	3.4	Anbringen von Tapetenabschlüssen und Feldeinteilungen
	3.5	Anbringen von Spannstoffen
18367	3.1	Allgemeines
	3.2	Holzpflaster GE
	3.3	Holzpflaster RE
	3.4	Holzpflaster WE
18379	3.1	Allgemeines
	3.2	Anforderungen
	3.2.2	Ventilatoren
	3.2.3	Lufterwärmer, Luftkühler und Warmlufterzeuger
	3.2.4	Luftfilter
	3.2.5	Luftbefeuchtungseinrichtungen
	3.2.6	RLT-Zentralgeräte
	3.2.7	Luftleitungen mit Zubehör

	3.2.8	Mess-, Steuer- und Regeleinrichtungen sowie Gebäudeautomation
	3.2.9	Schallschutz
	3.2.10	Dämmung und Brandschutz
	3.3	Anzeige, Erlaubnis, Genehmigung und Prüfung
	3.4	Einstellung der Anlage
	3.5	Abnahmeprüfung
	3.6	Mitzuliefernde Unterlagen
18380	3.1	Allgemeines
	3.2	Anforderungen
	3.2.2	Wärmeerzeuger
	3.2.3	Wassererwärmer
	3.2.4	Sicherheitseinrichtungen
	3.2.5	Anlagen zur Beheizung, einschließlich Brennstoffzufuhr und Fernwärme
	3.2.6	Abgasanlagen
	3.2.7	Rohrleitungen
	3.2.8	Armaturen und Pumpen
	3.2.9	Mess-, Steuer- und Regeleinrichtungen sowie Gebäudeautomation
	3.2.10	Raumheizflächen
	3.2.11	Fußbodenheizungen
	3.2.12	Schallschutz
	3.2.13	Wärmedämmung
	3.3	Anzeige, Erlaubnis, Genehmigung und Prüfung
	3.4	Druckprüfung
	3.5	Einstellung der Anlage
	3.6	Abnahmeprüfung, Vollständigkeits- und Funktionsprüfung

	3.7	Mitzuliefernde Unterlagen
18381	3.1	Allgemeines
	3.2	Anforderungen
	3.2.1.1	Gas-Installation
	3.2.1.2	Trinkwasser-Installation
	3.2.1.3	Entwässerungsanlagen
	3.2.1.4	Anlagen zur Regenwassernutzung
	3.2.1.5	Schallschutz
	3.2.1.6	Brandschutz
	3.3	Mess-, Steuer- und Regeleinrichtungen sowie Gebäudeautomation
	3.4	Einweisung
	3.5	Mitzuliefernde Unterlagen
18382	3.1	Allgemeines
	3.2	Errichtung von elektrischen Anlagen
18384	3.2	Planungsaufgaben des AN und mitzuliefernde Unterlagen
	3.4	Prüfung
18385	3.1	Allgemeines
	3.2	Anforderungen
	3.2.1	Aufzugsanlagen
	3.2.2	Förderanlagen
	3.2.3	Fahrtreppen und Fahrsteige
	3.3	Korrosionsschutzarbeiten
	3.4	Mitzuliefernde Unterlagen
18386	3.1	Allgemeines
	3.2	Anzeige, Erlaubnis, Genehmigung und Prüfung
	3.3	Inbetriebnahme und Einregulierung

	3.4	Abnahmeprüfung
	3.5	Mitzuliefernde Unterlagen
18421	3.1	Dämmarbeiten
	3.2	Einhaltung der Zulassung
	3.4	Klimatische Randbedingungen
18451	3.1	Schutzmaßnahmen
	3.4	Arbeitsgerüste
	3.5	Gerüstbekleidungen
	3.6	Absenkung von Traggerüsten
	3.7	Gerüstzustand und Erhaltung
	3.8	Beschädigung von Gerüstteilen
	3.9	Verankerungselemente
	3.10	Gebrauchsüberlassung
	3.11	Grundeinsatzzeit
18459	3.1	Allgemeines
	3.2	Vorbereiten des Baugeländes
	3.3	Durchführung
	3.4	Fördern und Laden
	3.5	Zulässige Abweichungen

Bedenkenanmeldung

DIN	Abschnitt	Der AN hat bei seiner Prüfung Bedenken (siehe § 4 Abs. 3 VOB/B) insbesondere geltend zu machen bei
18300	3.1.2	– ungenügender Tragfähigkeit oder Beschaffenheit des Untergrundes; – ungeeigneten Witterungsbedingungen.
18301	3.1.2	– Abweichungen des Bohrplanums von den Vorgaben; – Abweichungen des Baugrunds von den Vorgaben.
18302	3.1.3	– ungeeigneter Konstruktion des Ausbaus, z. B. bei Mehrfachgrundwassermessstellen in einem Bohrloch; – unzureichenden Vorgaben für Entsandungs- und Entwicklungsverfahren bei Brunnen und Messstellen.
18303	3.1.4	– Abweichungen des Bestandes und vorhandener Verbauelemente gegenüber den Vorgaben; – Abweichungen des Baugrundes gegenüber den Vorgaben; – Abweichungen von Wasserdurchlässigkeitsvorgaben; – Abweichungen des Arbeitsplanums von den Vorgaben, sowohl für das Einbringen als auch für das Ausbauen der Verbauelemente; – nicht normgerechtem und technisch notwendigem Arbeitsraum; – fehlenden Bezugspunkten; – Beschädigungen an Verbauelementen; – fehlender Berücksichtigung der Toleranzen und Verformungen in der Ausführungsplanung.
18304	3.1.4	– Abweichungen des Arbeitsplanums von den Vorgaben, sowohl für das Einbringen als auch das Ziehen der Bauelemente; – Abweichungen des Baugrunds von den Vorgaben.
18305	3.1.1	– ungeeigneter Lage der Absenkbrunnen; – der Gefahr eines hydraulischen Grundbruches; – der Gefahr von Hebungen oder Setzungen von Bauwerksteilen sowie des Trockenfallens von Grundstücken.

Bedenkenanmeldung

18306 18307	3.1.1 3.2	– mangelnder Eignung des Rohrgrabens zum Verlegen der Rohre, z. B. bei falscher Tiefe, Breite und Sicherung des Rohrgrabens, ungeeigneter Beschaffenheit der Grabensohle oder der Bettung.
18308	3.1.8	– Abweichungen des Bestandes gegenüber den Vorgaben; – abweichenden Boden- und Grundwasserverhältnissen; – unzureichenden oder unzweckmäßigen Vorgaben für Arbeiten in der Nähe von Bauwerken, Bäumen und Sträuchern; – unzureichender Vorflut oder der Gefahr von Rückstau.
18309	3.1.3	– Abweichungen des Baugrundes von den Vorgaben; – Abweichungen von den Ergebnissen der Einpressversuche, Untersuchungsprüfungen und Probebelastungen; – ungeeigneter Anordnung von Einpressstellen; – ungeeigneter Einpressfolge; – ungeeignetem Einpressstoff; – Fehlen eines ausreichenden Widerstands gegen den Einpressdruck; – ungeeigneten Einpressdrücken, Einpressmengen und Abbruchkriterien.
18311	3.1.2	– unzutreffender Vorgabe von Bodenklassen; – unzutreffenden Angaben von morphologischen und hydrologischen Einflüssen; – unzureichenden Arbeits- und Transportflächen; – der Gefahr von Rutschungen, Ausfließen von Boden, Gelände- oder Grundbrüchen; – unzureichender Klassifizierung von Boden und Fels.
18313	3.1.4	– Abweichungen des Arbeitsplanums von den Vorgaben; – Abweichungen des Baugrunds von den Vorgaben; – nicht ausreichender Standsicherheit der Schlitzwandungen in Bezug auf die vorgegebene Schlitzwandelementlänge.
18314	3.1.2	– unzutreffender Vorgabe von Expositionsklassen; – Gefährdung der Standsicherheit; – ungeeigneter Beschaffenheit der Auftragflächen;

Bedenkenanmeldung

		– Umständen, die den Haftverbund, die Erhärtung und die Güte des Betons beeinträchtigen.
18315	3.2	– ungenügender Tragfähigkeit oder Beschaffenheit des Untergrundes; – Abweichungen von der planmäßigen Höhenlage, Neigung oder Ebenheit; – schädlichen Verschmutzungen; – Fehlen notwendiger Entwässerungseinrichtungen; – ungeeigneten klimatischen Bedingungen; – fehlenden Bezugspunkten.
18316	3.2	– ungenügender Tragfähigkeit oder Beschaffenheit des Untergrundes; – schädlichen Rissbildungen; – Abweichungen von der planmäßigen Höhenlage, Neigung oder Ebenheit; – schädlichen Verschmutzungen; – Fehlen notwendiger Entwässerungseinrichtungen; – ungeeigneten klimatischen Bedingungen; – fehlenden Bezugspunkten.
18317	3.2	– ungenügender Tragfähigkeit oder Beschaffenheit des Untergrundes; – Abweichungen von der planmäßigen Höhenlage, Neigung oder Ebenheit; – schädlichen Verschmutzungen; – Fehlen notwendiger Entwässerungseinrichtungen; – ungeeigneten klimatischen Bedingungen; – fehlenden Bezugspunkten.
18318	3.2	– ungenügender Tragfähigkeit oder Beschaffenheit; – unzureichender Wasserdurchlässigkeit; – Abweichungen von der planmäßigen Höhenlage, Neigung oder Ebenheit; – schädlichen Verschmutzungen; – Fehlen notwendiger Entwässerungseinrichtungen.
18320	3.1.10	– Abweichungen des Bestands gegenüber den Planunterlagen; – störenden, gefährdenden oder gefährdeten Verkehrs- und Versorgungsanlagen; – ungeeigneten Bauzeitplanungen, z. B. für Bodenarbeiten, für Saat- und Pflanzarbeiten; – ungeeigneten Standortverhältnissen, z. B. Boden, Klima, Wasser, Immissionen;

		– verunreinigtem Gelände, z. B. durch Chemikalien, Mineralöle, Bauschutt, Bauwerksreste; – durch Baubetrieb gefährdete Pflanzen und Flächen; – zum Wiederverwenden nicht geeignetem Aufwuchs und Rasen; – vorhandenen Wurzeln, Aufwuchs oder sonstigen Gegebenheiten, die die vorgesehene Vegetation oder eine sonstige Nutzung der Fläche gefährden; – unzureichend oder unzweckmäßig vorgeschriebener Düngung oder Bodenverbesserung; – Mängeln an vom AG beigestellten oder vorgeschriebenen Böden, Pflanzen oder Pflanzenteilen; – unzureichend vorgeschriebenen Maßnahmen zur Bodenpflege und zum Schutz der Vegetationsflächen bis zur Ansaat oder Pflanzung; – unzureichendem Umfang oder unzweckmäßiger Art der vorgeschriebenen Leistungen zur Herstellung sowie zu Pflege- und Instandhaltungsarbeiten.
18322	3.1.2	– Abweichungen des Bestandes gegenüber den Vorgaben; – mangelnder Eignung des Leitungsgrabens zum Verlegen der Kabel, Kabelschutzrohre und Kabelkanäle, z. B. ungenügender Beschaffenheit der Grabensohle oder des Auflagers der Leitungsanlage.
18323	3.1.4	– Abweichungen des Bestandes gegenüber den Vorgaben; – ungeeigneter Vorgabe des einzusetzenden Sondier- oder Räumverfahrens; – ungenügender Tragfähigkeit oder Beschaffenheit der zu beräumenden Flächen; – ungeeigneten Witterungsbedingungen.
18325	3.6	– offensichtlich unzureichender Tragfähigkeit; – Abweichungen von der planmäßigen Höhenlage, Neigung oder Ebenheit; – offensichtlich schädlichen Verschmutzungen; – Fehlen notwendiger Entwässerungseinrichtungen.
18330	3.1.1	– Abweichungen des Bestandes gegenüber den Vorgaben, z. B. nicht ausreichend flucht- und lotrechte Auflager; – ungeeigneter Beschaffenheit des Untergrundes; – fehlenden Bezugspunkten.

18331	3.1.3	– unzureichenden Gründungsflächen, z. B. aufgelockerter Sohle; – ungenügendem Arbeitsraum; – abweichender Beschaffenheit des Baugrundes gegenüber den Angaben des AGs.
18332	3.1.1	– ungeeigneter Beschaffenheit des Untergrundes, z. B. grobe Verunreinigungen, Ausblühungen, Risse, nichthaftfähige Flächen; – größeren Unebenheiten als nach DIN 18202 zulässig; – fehlenden Höhenbezugspunkten je Geschoss; – fehlendem, ungenügendem oder von der Angabe in den Ausführungsunterlagen abweichendem Gefälle, – nicht ausreichender Konstruktionshöhe; – fehlendem Aufheizprotokoll bei beheizten Fußbodenkonstruktionen.
18333	3.1.1	– Abweichungen des Bestandes gegenüber den Vorgaben; – ungeeigneter Beschaffenheit des Untergrundes, z. B. grobe Verunreinigungen, Ausblühungen, zu glatte, zu feuchte, verölte oder gefrorene Flächen, Risse, fehlende oder unzureichend ausgehärtete Lastverteilungsschicht bei Verlegen auf Dämmstoffschichten; – zu geringer Höhe für den Einbau der Belagkonstruktion; – unzureichendem Gefälle des Untergrundes in bewitterten Bereichen; – größeren Unebenheiten des Untergrundes als nach DIN 18202 zulässig; – ungeeigneten klimatischen Bedingungen; – fehlenden Bezugspunkten.
18334	3.1.1	– fehlenden Voraussetzungen für die Verankerung und Befestigung; – zu hoher Baufeuchte; – fehlenden Aussparungen; – unzureichenden Maßnahmen für den vorbeugenden baulichen Holzschutz; – unrichtiger Lage und Höhe sowie ungenügender Tragfähigkeit des Untergrundes; – ungeeigneter Beschaffenheit des Untergrundes; – fehlenden Bezugspunkten.

Bedenkenanmeldung

18335	3.3.1	– unrichtiger Lage und Kennzeichnung der Unterbauten.
18336	3.1.3	– Abweichungen des Bestandes gegenüber den Vorgaben; – ungeeignetem Gefälle; – ungeeigneter Beschaffenheit des Abdichtungsuntergrundes; – größeren Unebenheiten als nach DIN 18202 zulässig; – ungenügender Festigkeit des Abdichtungsuntergrundes; – Spannungs- und Setzrissen, Löchern, Betonnester, Betonschlempe; – zu kalten, zu rauen, zu porigen, zu glatten, zu feuchten, zu stark saugenden oder verölten Flächen; – scharfen Schalungskanten und Grate; – fehlenden Ausrundungen von Kanten, Kehlen und Ecken; – fehlenden Gleitsicherungen; – ungeeigneter Art oder Lage von Bewegungsfugen und durchdringenden Bauteilen; – ungeeigneter Art und Lage oder dem Fehlen von Abläufen und sonstigen Entwässerungseinrichtungen sowie Einbauteilen zum Anschluss der Abdichtung an Durchdringungen; – ungeeigneten klimatischen Bedingungen.
18338	3.1.2	– ungeeigneter Beschaffenheit des Verlegeuntergrundes.
18339	3.1.1	– Abweichungen des Bestandes gegenüber den Vorgaben; – ungenügender Tragfähigkeit oder Beschaffenheit des Untergrundes; – größeren Unebenheiten des Untergrundes als nach DIN 18202 zulässig; – ungeeigneten klimatischen Bedingungen; – fehlenden Bezugspunkten; – fehlenden oder ungeeigneten Befestigungsmöglichkeiten an Anschlüssen, Aussparungen, z. B. Durchdringungen; – fehlender Be- und Entlüftung bei zu durchlüftenden Dächern und hinterlüfteten Wandbekleidungen;

Bedenkenanmeldung

		– ungeeigneter Art und Lage von Durchdringungen, Entwässerungen, Anschlüssen, Schwellen und dergleichen; – fehlenden oder ungenügenden Bewegungsmöglichkeiten (z. B. Gefällestufe); – fehlenden oder ungenügenden baulichen Voraussetzungen für Sicherheitsüberläufe; – fehlenden Sätteln an Dachdurchdringungen; – zu großen Achsabständen.
18340	3.1.1	– Abweichungen des Bestandes gegenüber den Vorgaben, z. b. bei fehlendem oder ungenügendem Gefälle bei Trockenunterböden mit Bodenabläufen; – unrichtiger Lage und Höhe des Untergrundes; – ungenügender Tragfähigkeit des Untergrundes; – ungeeigneter Beschaffenheit des Untergrundes, z. B. Ausblühungen, zu glatten, staubigen, nassen oder gefrorenen Flächen, verschiedenartigen Stoffen des Untergrundes; – größeren Unebenheiten des Untergrundes als nach DIN 18202 zulässig; – ungeeigneten klimatischen Bedingungen; – Schwächungen der Unterkonstruktion, z. B. durch Einbauten und Kreuzungen von Leitungen und dergleichen; – fehlenden Bezugspunkten, insbesondere fehlenden Angaben zu Bezugsachsen in nicht rechtwinkligen Räumen; – fehlenden Angaben zum Bodenaufbau im Übergangsbereich von unterschiedlichen Bodenflächen.
18345	3.1.1	– ungeeigneter Beschaffenheit des Untergrundes, z. B. Ausblühungen, zu glatten Flächen, ungleich saugenden Flächen, gefrorenen Flächen, verschiedenartigen Stoffe des Untergrundes; – ungeeigneten klimatischen Bedingungen; – größeren Unebenheiten als nach DIN 18202 zulässig; – ungenügenden Verankerungs- und Befestigungsmöglichkeiten; – fehlenden Bezugspunkten.
18349	3.1.3	– erkennbarer Gefährdung der Standsicherheit; – erkennbaren Mängeln des Instandsetzungskonzeptes;

Bedenkenanmeldung

		– Abweichungen in Art und Umfang des Schadens von der Ist-Zustandsfeststellung; – abweichender Beschaffenheit des Betonuntergrundes vom genannten Ist-Zustand; – Abweichungen des Bestandes gegenüber den Vorgaben; – ungeeignet vorgegebenen Vorbereitungsverfahren; – ungeeigneten klimatischen Bedingungen; – ungeeigneten äußeren Bedingungen, z. B. physikalischen oder chemischen Beanspruchungen.
18350	3.1.1	– ungeeigneter Beschaffenheit des Untergrundes, z. B. Ausblühungen, zu glatten, ungleich saugenden Flächen, gefrorenen Flächen, verschiedenartigen Stoffen des Untergrundes, – größeren Unebenheiten als nach DIN 18202 zulässig; – zu hoher Baufeuchtigkeit; – ungeeigneten klimatischen Bedingungen; – ungenügenden Verankerungs- und Befestigungsmöglichkeiten; – fehlenden Bezugspunkten.
18351	3.1.2	– Abweichungen des Bestandes gegenüber den Vorgaben, z. B. nicht ausreichend flucht- und lotrechter Auflager; – ungeeigneter Beschaffenheit des Untergrundes; – fehlender oder nicht ausreichender Verankerungsmöglichkeit; – größeren Maßabweichungen als nach DIN 18202 zulässig; – ungeeigneter Beschaffenheit der Gerüste, z. B. falscher Abstand zum Rohbau, grobe Verschmutzung; – ungeeigneten klimatischen Bedingungen; – fehlenden Bezugspunkten; – fehlender Möglichkeit, vor Beginn der Fertigung die Maße am Bau zu prüfen.
18352	3.1.1	– ungeeigneter Beschaffenheit des Untergrundes, z. B. bei groben Verunreinigungen, Ausblühungen, zu glatten, zu feuchten, verölten oder gefrorenen Ansetz- und Verlegeflächen, Rissen; – größeren Unebenheiten als nach DIN 18202 zulässig; – fehlenden Bezugspunkten;

Bedenkenanmeldung

		– fehlendem, ungenügendem oder von der Angabe in den Ausführungsunterlagen abweichendem Gefälle.
18353	3.1.1	– Abweichungen des Bestandes gegenüber den Vorgaben; – ungenügender Beschaffenheit des Untergrundes; – größeren Unebenheiten als nach DIN 18202 zulässig; – fehlenden Bezugspunkten; – zu geringer Höhe für den Einbau der Estrichkonstruktion; – fehlendem, ungenügendem oder von den Angaben in den Ausführungsunterlagen abweichendem Gefälle oder einem Gefälle, das keine gleichmäßig dicke Ausführung zulässt; – fehlender Abdichtung gegen Bodenfeuchte bei erdberührten Bauteilen; – Rohrleitungen und dergleichen auf dem Untergrund, wenn kein Höhenausgleich vorgesehen ist; – nicht vorhandenen oder ungeeigneten Putzanschlüssen, fehlenden Türzargen, fehlenden Anschlagschienen; – ungeeigneten klimatischen Bedingungen; – fehlendem Korrosionsschutz bei zu schützenden Metallbauteilen, z. B. beim Einbau von Magnesiaestrichen.
18354	3.1.1	– Abweichungen des Bestandes gegenüber den Vorgaben; – fehlenden Bezugspunkten; – Untergründen, die nicht den Erfordernissen der DIN 18195 und DIN 18560 entsprechen; – Untergründen mit Abweichungen von der Waagerechten oder von dem der Sachlage nach notwendigen Gefälle; – Untergründen mit falscher Höhenlage; – größeren Unebenheiten als nach DIN 18202 zulässig; – bei Rissen und Löchern; – gefrorenen, feuchten, verölten oder verschmutzten Flächen; – Rückständen von Gips, Mörtel, Beton oder Farbe; – fehlenden Ausrundungen von Kanten, Kehlen und Ecken;

		– ungeeigneter Art, Lage und Ausbildung von Bewegungsfugen und durchdringenden Bauteilen; – fehlenden Entwässerungseinrichtungen.
18355	3.1.2	– fehlenden Möglichkeiten, vor Beginn der Fertigung die Maße am Bau zu prüfen; – fehlenden Voraussetzungen für die Befestigung und Abdichtung; – größeren Maßabweichungen als nach DIN 18202 zulässig; – fehlendem konstruktiven Holzschutz; – unrichtiger Lage und Höhe von Auflagern und sonstigen Unterkonstruktionen; – fehlenden Bezugspunkten; – zu hoher Baufeuchtigkeit.
18356	3.1.1	– unrichtiger Höhenlage der Oberfläche des Untergrundes im Verhältnis zur Höhenlage anschließender Bauteile; – größeren Unebenheiten als nach DIN 18202 zulässig; – Rissen im Untergrund, nicht genügend fester, zu poröser, zu rauer oder verunreinigter Oberfläche des Untergrundes; – ungenügenden Bewegungsfugen im Untergrund; – fehlendem Überstand des Randdämmstreifens; – nicht genügend trockenem Untergrund; – fehlender Markierung von Messstellen bei beheizten Fußbodenkonstruktionen; – fehlendem Aufheizprotokoll bei beheizten Fußbodenkonstruktionen; – ungeeigneter Temperatur des Untergrundes; – ungeeignetem Raumklima.
18357	3.1.1	– Abweichungen des Bestandes gegenüber den Vorgaben; – sich als unzweckmäßig erweisenden Vorgaben zur Anbringung der Beschläge und Schlösser; – zu erwartender Überbeanspruchung.
18358	3.1	– Abweichungen des Bestandes gegenüber den Vorgaben; – ungenügender Tragfähigkeit oder Beschaffenheit des Untergrundes;

		– ungeeigneten oder fehlenden Auflagern oder Aussparungen für die zu befestigenden oder einzubauenden Teile; – ungeeigneten eingebauten Teilen, z. B. ungeeigneten vorhandenen Führungsschienen; – fehlenden Möglichkeiten, vor Beginn der Fertigung die Maße am Bau zu prüfen.
18360	3.1.1.1	– fehlenden Höhenbezugspunkten je Geschoss; – ungeeigneter Beschaffenheit der vorhandenen Bauteile; – fehlender oder nicht ausreichender Befestigungsmöglichkeit; – fehlenden Möglichkeiten zur gefahrlosen Reinigung und Wartung von Fenstern und Fassadenflächen; – größeren Maßabweichungen als nach DIN 18202 zulässig.
18361	3.1.5	– Verglasungen, die den gesetzlichen oder bauaufsichtlichen Bestimmungen nicht entsprechen; – unzureichender Festigkeit von Rahmen, Pfosten, Riegeln, Sprossen und Beschlägen, vor allem im Verhältnis zum Gewicht der Scheiben und unter Klotzungsstellen; – ungenügender Befestigung von Rahmen; – Unebenheiten der Glasauflageflächen; – nicht abnehmbaren Glashalteleisten; – Klemmleisten und Halterungen, die für eine sichere Befestigung der Scheiben nicht geeignet sind; – Rahmen und Glashalteleisten, an denen die erforderliche Vorbereitung für die Befestigung nicht durchgeführt ist oder die Befestigungsmittel fehlen; – Rahmen, an denen die Glashalteleisten erst nachträglich angebracht werden können und die notwendigen Halteelemente zur Scheibensicherung fehlen; – ungenügender Dicke des vorgeschriebenen Glases; – ungenügender Ausbildung, Bemessung und Vorbehandlung der Glasfalze und Glashalteleisten; – Verglasungen mit gebogenen Scheiben, wenn die Glasfalzbreite nicht mindestens 20 mm größer als die Glasdicke ist; – Verglasungssystemen mit freiem Glasfalzraum, wenn Öffnungen zum Dampfdruckausgleich fehlen oder diese ungenügend bemessen sind.

Bedenkenanmeldung

18363	3.1.1	– ungeeigneter Beschaffenheit des Untergrundes, z. B. absandendem und kreidendem Putz, nicht genügend festem, gerissenem und feuchtem Untergrund, Sinterschichten, Ausblühungen, korrodierenden Metallbauteilen; – Holz, das erkennbar von Bläue, Fäulnis oder Insekten befallen ist; – nicht tragfähigen Grund- oder Altbeschichtungen; – ungeeigneten klimatischen Bedingungen; – Unebenheiten, die die technischen und optischen Anforderungen an die Beschichtung beeinträchtigen.
18364	3.1.1	– Abweichungen des Bestandes von den Vorgaben; – grober Verschmutzung der Oberfläche: – nicht ausreichender Haftfestigkeit vorhandener Beschichtungen oder Überzüge; – nicht ausreichender Durchhärtung vorhandener Beschichtungen; – Rissen, Blasen, Kreidungen und dergleichen in vorhandenen Beschichtungen oder Überzügen; – ungeeigneten Umgebungsbedingungen; – ungeeigneten klimatischen Bedingungen; – vorgegebener Verzinkung von Bauteilen und Konstruktionen, die wegen ihrer Ausbildung zum Verzinken ungeeignet sind.
18365	3.1.1	– größeren Unebenheiten; – Rissen im Untergrund; – nicht genügend trockenem Untergrund; – nicht genügend fester, zu poröser und zu rauer Oberfläche des Untergrundes; – verunreinigter Oberfläche des Untergrundes, z. B. durch Öl, Wachs, Lacke, Farbreste; – unrichtiger Höhenlage der Oberfläche des Untergrundes im Verhältnis zur Höhenlage anschließender Bauteile; – ungeeigneter Temperatur des Untergrundes; – ungeeignetem Raumklima; – fehlendem Aufheizprotokoll bei beheizten Fußbodenkonstruktionen; – fehlendem Überstand des Randdämmstreifens; – fehlender Markierung von Messstellen bei beheizten Fußbodenkonstruktionen.

Bedenkenanmeldung

18366	3.1.1	– ungeeigneter Beschaffenheit des Untergrundes, z. B. absandendem und kreidendem Putz, nicht genügend festem, gerissenem und feuchtem Untergrund, Ausblühungen, Schimmelbildung; – ungeeigneten raumklimatischen Bedingungen; – Unebenheiten, die die technischen und optischen Anforderungen an die Tapezierung beeinträchtigen; – Wasserrändern; – Verunreinigungen durch Öle, Fette, Nikotin; – klaffenden Fugen zwischen Putz und Einbauteilen.
18367	3.1.2	– unrichtiger Höhenlage der Oberfläche des Untergrundes, im Verhältnis zur Höhenlage anschließender Bauteile; – größeren Unebenheiten als nach DIN 18202 zulässig; – Rissen im Untergrund, nicht genügend fester, zu poröser, zu rauer oder verunreinigter Oberfläche des Untergrundes; – ungenügenden Bewegungsfugen im Untergrund; – fehlendem Überstand des Randdämmstreifens; – nicht genügend trockenem Untergrund; – nicht genügend trockenen angrenzenden Bauteilen; – fehlendem Aufheizprotokoll bei beheizten Fußbodenkonstruktionen; – fehlender Markierung von Messstellen bei beheizten Fußbodenkonstruktionen; – ungeeigneter Temperatur des Untergrundes; – Fehlen von Schienen, Schwellen und dergleichen als Anschlag für das Holzpflaster; – ungeeignetem Raumklima.
18379	3.1.4	– Unstimmigkeiten in den vom AG gelieferten Planungsunterlagen und Berechnungen; – erkennbar mangelhafter Ausführung, nicht rechtzeitiger Fertigstellung oder dem Fehlen von Fundamenten, Schlitzen und Durchbrüchen; – ungenügenden Maßnahmen für den Schall-, Wärme- und Brandschutz; – ungeeigneter Bauart oder ungeeignetem Querschnitt der Schornsteine, Zuluft- und Abluftschächte; – unzureichender Anschlussleistung für Energieträger; – nicht ausreichendem Platz für die Einbauteile;

		– fehlenden Bezugspunkten; – ungeeigneten klimatischen Bedingungen; – ihm bekannt gewordenen Änderungen von Voraussetzungen, die der Planung zugrunde gelegen haben.
18380	3.1.4	– Unstimmigkeiten in den vom AG gelieferten Planungsunterlagen und Berechnungen; – erkennbar mangelhafter Ausführung, nicht rechtzeitiger Fertigstellung oder dem Fehlen von Fundamenten, Schlitzen und Durchbrüchen; – ungenügenden Maßnahmen für den Schall-, Wärme- und Brandschutz; – ungeeigneter Bauart der Abgasanlagen und ungeeignetem Querschnitt der Abgasleitungen sowie der Zuluft- und Abluftschächte; – unzureichender Anschlussleistung für Energieträger; – nicht ausreichendem Platz für die Bauteile; – unzureichenden Voraussetzungen für die Aufnahme von Reaktionskräften; – fehlenden Bezugspunkten; – ungeeigneten klimatischen Bedingungen; – ihm bekannt gewordenen Änderungen von Voraussetzungen, die der Planung zugrunde gelegen haben.
18381	3.1.4	– Unstimmigkeiten in den vom AG gelieferten Planungsunterlagen und Berechnungen; – erkennbar mangelhafter Ausführung, nicht rechtzeitiger Fertigstellung oder dem Fehlen von Fundamenten, Schlitzen und Durchbrüchen; – ungenügenden Maßnahmen für den Schall-, Wärme- und Brandschutz; – ungeeigneter Bauart der Abgasanlagen und ungeeignetem Querschnitt der Abgasleitungen sowie der Zuluft- und Abluftschächte; – unzureichender Anschlussleistung für Energieträger; – nicht ausreichendem Platz für die Bauteile; – unzureichenden Voraussetzungen für die Aufnahme von Reaktionskräften; – fehlenden Bezugspunkten; – ungeeigneten klimatischen Bedingungen; – ihm bekannt gewordenen Änderungen von Voraussetzungen, die der Planung zugrunde gelegen haben.

Bedenkenanmeldung

18382	3.1.5	– Unstimmigkeiten in den vom AG gelieferten Planungsunterlagen und Berechnungen; – erkennbar mangelhafter Ausführung, nicht rechtzeitiger Fertigstellung oder dem Fehlen von Fundamenten, Schlitzen und Durchbrüchen; – unzureichendem Platz für die elektrischen Bauteile.
18384	3.1	– ungeeignetem Zustand der Gebäude und Gebäudeteile.
18385	3.1.2	– Unstimmigkeiten in den vom AG gelieferten Planungsunterlagen und Berechnungen; – erkennbar mangelhafter Ausführung, nicht rechtzeitiger Fertigstellung oder dem Fehlen von Fundamenten, Schlitzen und Durchbrüchen, ausreichender Unter- bzw. Überfahrt, Schall- und Wärmedämmungen; – ungeeigneter Bauart und/oder ungeeigneten Querschnitten der Schächte; – unzureichender Anschlussleistung für die Energieversorgung; – unzureichendem Platz für die Bauteile; – unzureichenden Voraussetzungen für die Aufnahme von Reaktionskräften; – fehlenden Höhenbezugspunkten je Geschoss; – ihm bekannt gewordenen Änderungen von Voraussetzungen, die der Planung zugrunde gelegen haben.
18386	3.1.5	– Unstimmigkeiten in den vom AG gelieferten Planungsunterlagen und Berechnungen; – offensichtlich mangelhafter Ausführung, nicht rechtzeitiger Fertigstellung oder dem Fehlen von Aussparungen; – unzureichendem Platz für die Bauteile; – ihm bekannt gewordenen Änderungen von Voraussetzungen, die der Planung zugrunde gelegen haben; – unzureichendem Überspannungsschutz, – Störeinflüssen durch elektromagnetische Felder.
18421	3.3	– fehlenden Voraussetzungen nach DIN 4140; – nicht möglicher Einhaltung der Bestimmungen der Zulassung, z. B. bei Leitungsdurchführungen, die nach der Zulassung der Brandabschottung erforderlichen Abstände der Abhängungen nicht eingehalten sind.

18451	3.3	– größeren Unebenheiten des Untergrundes; – nicht tragfähigem oder gefrorenem Untergrund; – unzureichenden Verankerungsmöglichkeiten; – fehlendem Einnivellieren und Einplanieren des Untergrundes für Traggerüste.
18459	3.1.2	– Abweichungen des Bestandes gegenüber den Vorgaben; – ungenügender Tragfähigkeit des Untergrundes.

Nebenleistungen

DIN	Abschnitt	Leistungsinhalt
18300	4.1.1	Feststellen des Zustandes der Straßen- und Geländeoberflächen.
	4.1.2	Roden, Aufnehmen und seitliches Lagern einzelner Sträucher bis 2 m Höhe und einzelner Bäume bis 10 cm Stammdurchmesser, gemessen 1 m über dem Erdboden, sowie der dazugehörigen Baumstümpfe und Wurzeln. Bei mehrstämmigen Bäumen gilt als Durchmesser die Summe der Durchmesser der einzelnen Stämme.
	4.1.3	Lösen, Aufnehmen und seitliches Lagern von Bauwerksresten und dergleichen bis 0,1 m³ Rauminhalt sowie von einzelnen Blöcken. Dies gilt nicht für Gräben bis 80 cm Sohlenbreite.
	4.1.4	Herstellen von behelfsmäßigen Zugängen, Zufahrten und dergleichen.
	4.1.5	Prüfungen einschließlich Probenahmen zum Nachweis der Eignung oder Güte von Stoffen und Stoffgemischen sowie Boden und Fels, soweit sie vom AN geliefert oder hergestellt werden.
18301	4.1.1	Im Bereich des Bohrplanums Beseitigen einzelner Sträucher und einzelner Bäume bis 10 cm Durchmesser, gemessen 1 m über dem Erdboden, der dazugehörigen Wurzeln und Baumstümpfe sowie von einzelnen Steinen, Blöcken und Bauwerksresten bis 0,03 m³ Rauminhalt mit einem Gesamtrauminhalt bis 0,25 m³ je Bohransatzpunkt, soweit hierfür keine Erdarbeiten auszuführen sind.
	4.1.2	Unterhalten des Bohrplanums.
	4.1.3	Feststellen des Zustandes der Straßen- und Geländeoberflächen, der Vorfluter und dergleichen.
	4.1.4	Umsetzen der Bohreinrichtung von Bohransatzpunkt zu Bohransatzpunkt.
	4.1.5	Entsorgen der mit Spülzusätzen versehenen Bohrspülung, soweit die Zusätze nicht vom AG verlangt sind. Die Entsorgung ist dem AG nachzuweisen.

18302	4.1.1	Liefern der für Brunnenbauarbeiten und Ausbauarbeiten notwendigen Werkzeichnungen und Protokolle.
	4.1.2	Säubern der Bohrlochsohle beim Ausbau von Bohrungen zu Brunnen und Entsorgen der anfallenden Stoffe, sofern diese nicht schadstoffbelastet sind.
	4.1.3	Entsorgen der restlichen, mit Spülungszusätzen versehenen Bohrspülungen, soweit die Zusätze nicht vom AG verlangt sind.
	4.1.4	Messen und Protokollieren der Wasserstände während der Bauarbeiten.
18303	4.1.1	Feststellen des Zustandes der Straßen- und Geländeoberfläche, der Vorfluter und dergleichen.
	4.1.2	Unterhalten des Arbeitsplanums
	4.1.3	Umsteifen für eigene Zwecke des AN.
	4.1.4	Erstmaliges Anspannen und Festlegen von Ankern, einschließlich der Abnahmeprüfungen bei Verpressankern.
18304	4.1.1	Feststellen des Zustandes der Straßen- und Geländeoberfläche, der Vorfluter und dergleichen.
	4.1.2	Unterhaltung des Arbeitsplanums.
18305	4.1.1	Feststellen des Zustandes der Straßen- und Geländeoberfläche, der Vorfluter und dergleichen.
	4.1.2	Beobachten und Dokumentieren des Grundwasserstands innerhalb der Baustelle.
	4.1.3	Prüfen der Funktionsfähigkeit der Wasserhaltungsanlage.
18306	4.1.1	Feststellen des Zustandes der Straßen- und Geländeoberfläche, der Vorfluter und dergleichen.
	4.1.2	Reinigen der vom AN gelieferten Stoffe und Bauteile vor deren Einbau.
	4.1.3	Liefern von Steighilfen, sofern sie Bestandteil von Fertigteilen sind.
	4.1.4	Herstellen von Muffenlöchern im Rohrauflager.

Nebenleistungen

	4.1.5	Reinigen von Anschlussstellen an vorhandenen Entwässerungskanälen, Entwässerungsleitungen und Schächten.
	4.1.6	Herstellen von Rohrverbindungen.
18307	4.1.1	Feststellen des Zustandes der Straßen- und Geländeoberfläche, der Vorfluter und dergleichen.
	4.1.2	Reinigen von Stoffen und Bauteilen vor dem Einbau, soweit sie vom AN geliefert werden.
	4.1.3	Herstellen von Muffenlöchern für nicht geschweißte Rohrverbindungen.
	4.1.4	Herstellen von Rohrverbindungen, ausgenommen Schweißverbindungen.
18308	4.1.1	Feststellen des Zustandes der Straßen- und Geländeoberfläche, der Vorfluter und dergleichen.
	4.1.2	Feststellen der Feuchte des Bodens während der Bauzeit.
18309	4.1.1	Feststellen des Zustandes der Straßen- und Geländeoberfläche, der Vorfluter und dergleichen.
	4.1.2	Unterhalten des Arbeitsplanums.
	4.1.3	Aufbereiten und Mischen des Einpressstoffes, auch wenn der AG die Stoffe beistellt.
	4.1.4	Umsetzen aller Einrichtungen zum Aufbereiten und Mischen des Einpressstoffes und zum Einpressen, soweit dies nicht vom AG zu vertreten ist.
	4.1.5	Verfüll- und Verpressmengen bis zum 1,7-fachen des theoretischen Bohrlochvolumens.
18311	4.1.1	Feststellen des Zustandes der Straßen- und Geländeoberfläche, der Vorfluter und dergleichen.
	4.1.2	Beseitigen einzelner Sträucher und einzelner Bäume bis zu 10 cm Durchmesser, gemessen 1 m über dem Erdboden, der dazugehörigen Wurzeln und Baumstümpfe.
	4.1.3	Herstellen, Vorhalten und Beseitigen der zur Durchführung der Leistung erforderlichen Treppen und Wege in den Böschungen.

	4.1.4	Beseitigen von Schäden, die bei der Durchführung der vertraglichen Leistung an schwimmenden oder sonstigen Geräten auftreten, und daraus folgende Ausfall- und Liegezeiten der betroffenen Geräte des AN.
	4.1.5	Sichern der Spülrohrleitungen, auch der vom AG gestellten.
	4.1.6	Wasserstandsmessungen für das Ausführen und Abrechnen der Arbeiten, Einmessen und laufender Kontrolle der Positionen der schwimmenden Geräte einschließlich Vorhalten der navigatorischen Ausrüstung und Stellen der Arbeitskräfte.
18312	4.1.1	Feststellen des Zustandes der Straßen- und Geländeoberfläche, der Vorfluter und dergleichen.
	4.1.2	Leistungen zum Nachweis der Eignung und Güte von Stoffen und Bauteilen, soweit sie vom AN geliefert werden.
	4.1.3	Beseitigen des Brauchwassers.
	4.1.4	Aufwendungen bei den Ausbruch- und Sicherungsarbeiten, die durch Zutritt von Bergwasser bis zur Grenzwassermenge entstehen. Für die Bestimmung der Grenzwassermenge wird nur das bis zu einer Entfernung von 50 m von der Ortsbrust zutretende Bergwasser berücksichtigt.
	4.1.5	Beseitigen von Ortsbrustsicherungen.
	4.1.6	Lösen, Laden und Fördern unter Tage sowie Entsorgen des Mehrausbruchs zwischen dem Ausbruchsollprofil und der L_A-Linie des vermeidbaren Mehrausbruchs.
	4.1.7	Anfertigen der Einpress- und Spannprotokolle bei Ankerung.
	4.1.8	Anfertigen von Messprotokollen bei Verformungs- und Spannungsmessungen.
	4.1.9	Entfernen des Transportschutzes bei Tübbings.
	4.1.10	Einbauen der Stirnschalung bei Ortbetonsicherung.
	4.1.11	Einbauen aller Verbindungs- und Dichtungsmittel für Tübbings.

Nebenleistungen

	4.1.12	Einbauen aller Verbindungsmittel und Fußplatten für Ausbaubögen.
	4.1.13	Beseitigen von einzelnen Steinen und Mauerresten bis zu 0,1 m³ Rauminhalt bzw. bei Vortriebsklassen 6, 6A, 7 und 7A bis 0,01 m³ Rauminhalt.
	4.1.14	Vorhalten der Gerüste einschließlich Traggerüste.
	4.1.15	Aufstellen, Vorhalten, Betreiben und Beseitigen von Einrichtungen zum Belüften und Entstauben.
	4.1.16	Aufstellen, Vorhalten, Betreiben und Beseitigen von Notstromanlagen.
	4.1.17	Erstellen prüffähiger Standsicherheitsnachweise und Ausführungszeichnungen, soweit sie für Baubehelfe nötig sind.
18313	4.1.1	Feststellen des Zustandes der Straßen- und Geländeoberfläche, der Vorfluter und dergleichen.
	4.1.2	Unterhalten des Arbeitsplanums.
	4.1.3	Leistungen zum Nachweis der Güte der Stoffe, Bauteile und Schlitzwände.
	4.1.4	Einrichten und Führen eines Baustellenlabors.
	4.1.5	Kontrolle des Spiegels der stützenden Flüssigkeit im Schlitz.
	4.1.6	Mehrverbrauch von Stützflüssigkeit, Beton und anderen Stoffen bis 10 % des jeweiligen theoretischen Volumens, bei selbsterhärtenden Stützflüssigkeiten bis 40 %.
	4.1.7	Herstellen, Vorhalten und Beseitigen von Spritzschutz bis 2 m Höhe ab Oberfläche Gelände.
18314	4.1.1	Feststellen des Zustandes der Straßen- und Geländeoberfläche, der Vorfluter und dergleichen.
	4.1.2	Leistungen zum Nachweis der Güte der Stoffe und Bauteile sowie der Konformität des Spritzbetons nach DIN 18551.
	4.1.3	Auf- und Abbauen sowie Vorhalten der Gerüste, deren Arbeitsbühnen nicht höher als 2 m über Gelände oder Fußboden liegen.

	4.1.4	Aufstellen, Vorhalten, Betreiben und Beseitigen von Einrichtungen zum Belüften und Entstauben, soweit diese für die eigene Leistung notwendig sind.
	4.1.5	Nachbehandlung zum Schutz des jungen Spritzbetons vor Witterungseinflüssen und gegen Austrocknung.
18315 18316 18317	4.1.1	Feststellen des Zustandes der Straßen- und Geländeoberfläche, der Vorfluter und dergleichen.
	4.1.2	Herstellen von behelfsmäßigen Zugängen, Zufahrten und dergleichen.
	4.1.3	Prüfungen einschließlich Probenahmen zum Nachweis der Eignung und Güte von Stoffen und Stoffgemischen sowie Boden und Fels, soweit sie vom AN geliefert oder hergestellt werden.
18318	4.1.1	Feststellen des Zustandes der Straßen- und Geländeoberfläche, der Vorfluter und dergleichen.
	4.1.2	Herstellen von behelfsmäßigen Zugängen, Zufahrten und dergleichen.
18319	4.1.1	Feststellen des Zustandes der Straßen- und Geländeoberfläche, der Vorfluter und dergleichen.
	4.1.2	Beseitigen des Brauchwassers.
	4.1.3	Umsetzen der Vortriebseinrichtung und anderer Geräte von Baugrube zu Baugrube und innerhalb der Baugrube oder Umrüsten der Vortriebs- und Bodenabbaueinrichtungen.
	4.1.4	Liefern von Standsicherheitsnachweisen und Zeichnungen für Pressenwiderlager und Vortriebsrohre, soweit diese Unterlagen für die Leistung erforderlich sind.
	4.1.5	Verfahrenstechnisch bedingtes Einpressen von Gleit- und Stützmitteln während des Vortriebes in den Ringraum einschließlich Einbauen und Verschließen der Injektionsstutzen.
	4.1.6	Dauerhaftes und korrosionssicheres Verschließen der Ankermulden.
18320	4.1.1	Feststellen des Zustandes der Straßen- und Geländeoberfläche, der Vorfluter und dergleichen.

Nebenleistungen

	4.1.2	Herstellen der werkgerechten Anschlüsse an angrenzende Bauteile.
	4.1.3	Anwässern nach dem Pflanzen und nach dem Verlegen von Fertigrasen.
	4.1.4	Beseitigen einzelner Sträucher bis 2 m Höhe und einzelner Bäume bis 10 cm Stammdurchmesser, gemessen 1 m über dem Erdboden, der dazugehörigen Baumstümpfe und Wurzeln. Bei mehrstämmigen Bäumen gilt als Durchmesser die Summe der Durchmesser der einzelnen Stämme.
	4.1.5	Beseitigen von einzelnen Steinen und Mauerresten bis zu 0,01 m³ Rauminhalt.
	4.1.6	Herstellen des nötigen Gefälles bei der Oberflächenausbildung von Vegetationsflächen, Belägen und Sicherungsbauwerken zur Wasserableitung.
18321	4.1.1	Feststellen des Zustandes der Straßen- und Geländeoberfläche, der Vorfluter und dergleichen.
	4.1.2	Durchörtern von bereits hergestellten eigenen Düsenstrahlkörpern.
	4.1.3	Aufnehmen und Entsorgen schadstoffunbelasteten Rückflusses.
	4.1.4	Erhalten der Arbeitsebenen, soweit zum ordnungsgemäßen Baustellenbetrieb erforderlich.
	4.1.5	Umsetzen aller Einrichtungen zum Aufbereiten und Einbringen der Düsenstrahlsuspension.
	4.1.6	Setzungs- und Hebungskontrollen an benachbarten Gebäuden durch Nivellement während des Düsens.
18322	4.1.1	Feststellen des Zustandes der Straßen- und Geländeoberfläche, der Vorfluter und dergleichen.
	4.1.2	Beseitigen einzelner Sträucher bis 2 m Höhe und einzelner Bäume bis 10 cm Stammdurchmesser, gemessen 1 m über dem Erdboden, und der dazugehörigen Baumstümpfe und Wurzeln sowie von einzelnen Steinen, Blöcken und Mauerresten bis zu 0,01 m³ Rauminhalt zum Herstellen des Arbeitsplanums, soweit hierfür keine weiteren Erdarbeiten auszuführen sind.

Nebenleistungen

	4.1.3	Reinigen von Anschlussstellen an vorhandenen Kabeln, Kabelschutzrohren und Kabelkanälen sowie Schächten und dergleichen.
18323	4.1.1	Feststellen des Zustandes der Straßen- und Geländeoberfläche, der Vorfluter und dergleichen.
	4.1.2	Aufnehmen und seitliches Lagern von einzelnen Steinen, Blöcken und Bauwerksresten bis zu 0,01 m³ Rauminhalt während der Kampfmittelräumarbeiten.
	4.1.3	Herstellen von behelfsmäßigen Zugängen, Zufahrten und dergleichen.
18325	4.1.1	Feststellen des Zustandes der Straßen- und Geländeoberfläche, der Vorfluter und dergleichen.
	4.1.2	Reinigen der vom AN ausgebauten Bauteile von losen Stoffen für das versandfertige Verladen.
	4.1.3	Einweisen der Arbeitnehmer in Lage und Art der vom AG gekennzeichneten Kontakte, Kabeleinführungen, Festpunkte und dergleichen.
	4.1.4	Angemessenes Sichern von Baustoffen und Geräten vor unbefugtem Zugriff zum Freihalten des Lichtraumprofils.
	4.1.5	Arbeitsstellenbeleuchtung durch Fahrzeugscheinwerfer bei Arbeiten mit Maschinen des AN.
	4.1.6	Herrichten der Auslauframpen bei Arbeitsunterbrechungen zwischen Gleissperrungen.
	4.1.7	Herstellen, Vorhalten und Beseitigen der zur Durchführung der Leistung erforderlichen Treppen oder Wege in den Böschungen.
	4.1.8	Sammeln und Aufladen der vom AG gestellten Gebinde, Paletten, Ladebehelfe und dergleichen auf Fahrzeuge des AG.
	4.1.9	Wiederherstellen des Schotterprofils.
	4.1.10	Umsetzen von Gleisbaumaschinen, soweit es für das Ausführen der Leistung erforderlich ist.
18326	4.1.1	Feststellen des Zustandes der Straßen- und Geländeoberfläche, der Vorfluter und dergleichen.

	4.1.2	Dokumentationen.
	4.1.3	Optische Inspektionen unmittelbar vor Herstellung des Lining-Rohres.
	4.1.4	Kontrolle der Nennweite der Altrohre an sämtlichen Schächten.
	4.1.5	Liefern von Unterlagen und Nachweisen der Erstprüfungen sowie der Lieferscheine von Stoffen und Bauteilen.
	4.1.6	Einmessen und Dokumentieren der Lage der Anschlüsse vor der Herstellung des Lining-Rohres.
	4.1.7	Errichten, Vorhalten sowie Abbauen von Stützkonstruktionen und Gerüsten.
	4.1.8	Leistungen zum Abbau von Spannungen im Lining-Rohr, z. B. Herstellen von Trennschnitten und Abdichten der Trennstellen.
18330	4.1.1	Liefern von statischen Verformungsberechnungen und Zeichnungen für Hilfskonstruktionen, soweit diese für die eigene Leistung notwendig sind.
	4.1.2	Auf-, Um- und Abbauen sowie Vorhalten der Arbeits- und Schutzgerüste sowie der Traggerüste der Bemessungsklasse A, soweit diese Gerüste für die eigene Leistung notwendig sind.
	4.1.3	Herstellen der Abdeckungen und Umwehrungen von Öffnungen und Belassen zum Mitbenutzen durch andere Unternehmer über die eigene Benutzungsdauer hinaus. Der Abschluss der eigenen Benutzung ist dem AG unverzüglich schriftlich mitzuteilen.
	4.1.4	Aussparen und Vermauern aller für die Ausführung der eigenen Leistungen erforderlichen Rüstlöcher.
	4.1.5	Aussparen von Reinigungsöffnungen und Rohröffnungen in gemauerten Schornsteinen.
	4.1.6	Ummauern und Vergießen von Träger- und Balkenköpfen und anderen Konstruktionsgliedern, die im Zuge der eigenen Arbeiten eingebaut werden, ausgenommen das Vergießen bei Stahlbauarbeiten.

	4.1.7	Zubereiten des Mörtels und Vorhalten der hierzu erforderlichen Einrichtungen.
18331	4.1.1	Herstellen von Verbindungen beim Einbau von Betonfertigteilen mit Ausnahme der Fugendichtung, soweit der Einbau der Betonfertigteile zu den Leistungen des AN gehört.
	4.1.2	Schutz des jungen Betons gegen Witterungseinflüsse bis zum genügenden Erhärten.
	4.1.3	Leistungen zum Nachweis der Güte der Stoffe und Bauteile sowie der Überwachung der Konformität des Betons, ausgenommen Leistungen der Überwachung des Einbaus von Beton der Überwachungsklassen 2 und 3 durch anerkannte Überwachungsstellen.
	4.1.4	Auf-, Um- und Abbauen sowie Vorhalten der Arbeits- und Schutzgerüste sowie der Traggerüste der Bemessungsklasse A, soweit diese Gerüste für die eigene Leistung notwendig sind.
	4.1.5	Liefern von statischen Verformungsberechnungen und Zeichnungen für Hilfskonstruktionen, soweit diese für die eigene Leistung notwendig sind.
	4.1.6	Herstellen der Abdeckungen und Umwehrungen von Öffnungen und Belassen zum Mitbenutzen durch andere Unternehmer über die eigene Benutzungsdauer hinaus. Der Abschluss der eigenen Benutzung ist dem AG unverzüglich schriftlich mitzuteilen.
	4.1.7	Liefern und Einbauen von Zubehör zur Spannbewehrung, z. B. Hüllrohre, Spannköpfe, Kupplungsstücke, Einpressmörtel, sowie Spannen und Verpressen.
18331	4.1.1	Liefern der Befestigungsmittel, z. B. Klammern, Anker.
	4.1.2	Auf- und Abbauen sowie Vorhalten der Gerüste, deren Arbeitsbühnen nicht höher als 2 m über Gelände oder Fußboden liegen.
	4.1.3	Ausgleichen von Unebenheiten des Untergrundes innerhalb der nach DIN 18202 zulässigen Toleranzen beim Ansetzen oder Verlegen von Platten im Mörtelbett
	4.1.4	Beseitigen kleiner Putzüberstände.

Nebenleistungen

	4.1.5	Herstellen von Löchern, die zum Befördern, Verankern, Verklammern und Verdübeln der Platten und Werkstücke erforderlich sind.
	4.1.6	Herstellen der Anschlüsse an angrenzende, eingebaute Bauteile, wie Fenster, Türen, Schwellen, Anschlagschienen.
	4.1.7	Schutz von Belägen und Treppen bis zur Begehbarkeit durch Absperren.
	4.1.8	Liefern von Musterplatten, Größe bis 20 cm × 30 cm.
18333	4.1.1	Auf- und Abbauen sowie Vorhalten der Gerüste, deren Arbeitsbühnen nicht höher als 2 m über Gelände oder Fußboden liegen.
	4.1.2	Vorlegen vorgefertigter Oberflächen- und Farbmuster.
	4.1.3	Beseitigen kleiner Putzüberstände.
	4.1.4	Anarbeiten von Belägen an angrenzende eingebaute Bauteile, z. B. Zargen, Bekleidungen, Anschlagschienen, Schwellen.
	4.1.5	Anarbeiten an Aussparungen im Belag, z. B. Fundamentsockel, Pfeiler, Säulen, bis 0,1 m^2 Einzelgröße.
	4.1.6	Absperren von belegten Flächen und Treppen bis zur Begehbarkeit der Beläge.
	4.1.7	Schutz von Bau- und Anlagenteilen vor Verunreinigungen und Beschädigungen während der Betonwerksteinarbeiten durch loses Abdecken, Abhängen oder Umwickeln.
18334	4.1.1	Auf- und Abbauen sowie Vorhalten der Gerüste, deren Arbeitsbühnen nicht höher als 2 m über Gelände oder Fußboden liegen.
	4.1.2	Einbauen von Holzschrauben bis 6 mm Durchmesser und einer Länge von 100 mm sowie Nägeln, sofern es sich nicht um vergütete oder besonders geformte Verbindungselemente handelt.
	4.1.3	Vorlegen vorgefertigter Muster.
18335	4.1.1	Feststellen des Zustandes der Straßen, der Geländeoberfläche, der Vorfluter usw.

	4.1.2	Schutz der Unterbauten vor Verunreinigungen durch Arbeiten des AN bis zum Zeitpunkt des Abnahme.
	4.1.3	Stellen der für die Prüfung während der Herstellung und für die Abnahme nach Fertigstellung der Stahlarbeiten erforderlichen Proben, Arbeitskräfte, Maschinen und Werkzeuge.
	4.1.4	Wiegen der Stahlbauteile oder Liefern der Gewichtsberechnungen für die Abrechnung.
	4.1.5	Herstellen der Abdeckungen und Umwehrungen von Öffnungen und Belassen zum Mitbenutzen durch andere Unternehmer über die eigene Benutzungsdauer hinaus. Der Abschluss der eigenen Benutzung ist dem AG unverzüglich schriftlich mitzuteilen.
	4.1.6	Vorhalten der Gerüste für die eigene Benutzung.
	4.1.7	Erstellen und Vorhalten von Baubehelfen (z. B. Hilfskonstruktionen und Traggerüste) einschließlich Liefern der dafür erforderlichen statischen und zeichnerischen Unterlagen.
	4.1.8	Dichtheitsprüfungen, soweit diese zum Nachweis der Funktionsfähigkeit notwendig sind.
18336	4.1.1	Umbau von Gerüsten, deren Arbeitsbühnen nicht höher als 2 m über Gelände oder Fußboden liegen.
	4.1.2	Reinigen des Abdichtungsuntergrundes.
18338	4.1.1	Umbau von Gerüsten, deren Arbeitsbühnen nicht höher als 2 m über Gelände oder Fußboden liegen.
	4.1.2	Reinigen des Untergrundes.
	4.1.3	Vorlegen vorgefertigter Muster.
18339	4.1.1	Auf- und Abbauen sowie Vorhalten der Gerüste, deren Arbeitsbühnen nicht höher als 2 m über Gelände oder Fußboden liegen.
	4.1.2	Reinigen des Untergrundes.
	4.1.3	Schutz von Bau- und Anlagenteilen vor Verunreinigungen und Beschädigungen während der Klempnerarbeiten durch loses Abdecken, Abhängen oder Umwickeln.

Nebenleistungen

	4.1.4	Fertigstellen von Bauteilen in zwei Arbeitsgängen zur Ermöglichung von Arbeiten anderer Unternehmer, soweit die Leistungen im Zuge gleichartiger Klempnerarbeiten kontinuierlich erbracht werden können.
	4.1.5	Anzeichnen der Aussparungen, Schlitze und Durchbrüche.
	4.1.6	Einlassen und Befestigen der Rinnenhalter, Halterungen für Laufroste, Verankerungselemente, Rohrschellen.
	4.1.7	Anbringen, Vorhalten und Beseitigen von Wasserabweisern für die Abführung von Niederschlagswasser während der Bauzeit. Die Wasserabweiser müssen mindestens 50 cm über das Gerüst hinausreichen.
18340	4.1.1	Auf- und Abbauen sowie Vorhalten der Gerüste, deren Arbeitsbühnen nicht höher als 2 m über Gelände oder Fußboden liegen.
	4.1.2	Reinigen des Untergrundes.
	4.1.3	Vorlegen vorgefertigter Oberflächen- und Farbmuster.
	4.1.4	Fertigstellen von Trenn- und Montagewänden und Vorsatzschalen in zwei Arbeitsgängen zur Ermöglichung der Montage von Installationen durch andere Unternehmer, soweit die Leistungen im Zuge gleichartiger Trockenbauarbeiten kontinuierlich erbracht werden können.
18345	4.1.1	Auf- und Abbauen sowie Vorhalten der Gerüste, deren Arbeitsbühnen nicht höher als 2 m über Gelände oder Fußboden liegen.
	4.1.2	Reinigen des Untergrundes.
	4.1.3	Vorlegen vorgefertigter Oberflächen- und Farbmuster.
	4.1.4	An- und Beiputzarbeiten.
	4.1.5	Schutz von Bauteilen vor Verunreinigungen und Beschädigungen während der Wärmedämm-Verbundsystemarbeiten durch loses Abdecken, Abhängen oder Umwickeln.

Nebenleistungen

18349	4.1.1	Feststellen des Zustandes der Straßen und Geländeoberflächen, Grünanlagen, der Vorfluter und dergleichen.
	4.1.2	Auf- und Abbauen sowie Vorhalten der Gerüste, deren Arbeitsbühnen nicht höher als 2 m über Gelände oder Fußboden liegen.
	4.1.3	Herstellen von Musterflächen für die Schlussbeschichtung bis zu 2 % der zu beschichtenden Fläche, jedoch höchstens 3 Musterflächen mit maximal je 1,5 m² Einzelgröße.
	4.1.4	Herstellen und Entfernen der Verdämmung von Rissen.
	4.1.5	Überwachung durch das ausführende Unternehmen nach Vorgabe der Instandsetzungs-Richtlinie.
18350	4.1.1	Auf- und Abbauen sowie Vorhalten der Gerüste, deren Arbeitsbühnen nicht höher als 2 m über Gelände oder Fußboden liegen.
	4.1.2	Reinigen des Untergrundes.
	4.1.3	Feuchthalten der Putzflächen bis zum Abbinden.
	4.1.4	Zubereiten des Mörtels und Vorhalten aller hierzu erforderlichen Einrichtungen, auch wenn der AG die Stoffe beistellt.
	4.1.5	Vorlegen vorgefertigter Oberflächen- und Farbmuster.
	4.1.6	An- und Beiputzarbeiten.
	4.1.7	Schutz von Bau- und Anlagenteilen vor Verunreinigungen und Beschädigungen während der Putzarbeiten durch loses Abdecken, Abhängen oder Umwickeln.
18351	4.1.1	Auf- und Abbauen sowie Vorhalten der Gerüste, deren Arbeitsbühnen nicht höher als 2 m über Gelände oder Fußboden liegen.
	4.1.2	Vorlegen vorgefertigter Oberflächen- und Farbmuster.
	4.1.3	Fertigstellen von Bauteilen in zwei Arbeitsgängen zur Ermöglichung von Arbeiten anderer Unternehmer, soweit diese Leistungen im Zuge der Montagearbeiten kontinuierlich erbracht werden können.

Nebenleistungen

18352	4.1.1	Auf- und Abbauen sowie Vorhalten der Gerüste, deren Arbeitsbühnen nicht höher als 2 m über Gelände oder Fußboden liegen.
	4.1.2	Vorlegen vorgefertigter Oberflächen- und Farbmuster.
	4.1.3	Schutz der Bodenbeläge bis zu deren Begehbarkeit, z. B. durch Absperren der Räume.
	4.1.4	Reinigen des Untergrundes.
	4.1.5	Maßnahmen zum Ausgleich von Unebenheiten und Maßabweichungen des Untergrundes innerhalb der nach DIN 18202 zulässigen Abweichungen beim Ansetzen oder Verlegen von Fliesen oder Platten im Dickbett.
	4.1.6	Beseitigen kleiner Putzüberstände.
	4.1.7	Anarbeiten von Belägen an angrenzende eingebaute Bauteile, z. B. an Zargen, Bekleidungen, Anschlagschienen, Schwellen.
	4.1.8	Anarbeiten an Aussparungen im Belag, z. B. Fundamentsockel, Pfeiler, Säulen, bis 0,1 m² Einzelgröße.
	4.1.9	Zubereiten des Mörtels und Vorhalten der hierzu erforderlichen Einrichtungen, auch wenn der AG die Stoffe beistellt.
18353	4.1.1	Reinigen des Untergrundes.
	4.1.2	Schutz von Bau- und Anlagenteilen vor Verunreinigungen und Beschädigungen während der Estricharbeiten durch loses Abdecken, Abhängen oder Umwickeln.
	4.1.3	Herstellen der Anschlüsse der Estriche an angrenzende Bauteile, z. B. Wände, Schwellen, Zargen, Bekleidungen, Anschlagschienen, Vorstoßschienen.
	4.1.4	Vorlegen vorgefertigter Oberflächen- und Farbmuster.
18354	4.1.1	Reinigen des Untergrundes.
	4.1.2	Schutz von Bau- und Anlagenteilen vor Verunreinigungen und Beschädigungen während der Gussasphaltarbeiten durch loses Abdecken, Abhängen oder Umwickeln.

	4.1.3	Anarbeiten von Gussasphaltestrichen und Gussasphaltbelägen an angrenzende Bauteile und Durchdringungen.
18355	4.1.1	Einbauen erforderlicher Unterlegkeile und Herstellen von Auffütterungen.
	4.1.2	Auf- und Abbauen sowie Vorhalten der Gerüste, deren Arbeitsbühnen nicht höher als 2 m über Gelände oder Fußboden liegen.
	4.1.3	Einbauen der erforderlichen Verankerungs-, Verbindungs- und Befestigungselemente, z. B. Schrauben, Nägel, Zargenanker.
	4.1.4	Berücksichtigung von Abweichungen der Fertigmaße von den in der Leistungsbeschreibung oder Zeichnung angegebenen Breiten und Höhen der Fenster, Türen und Tore oder von entsprechenden Maßen anderer Bauteile bis 5 % jedes dieser Maße, höchstens jedoch bis 50 mm, – wenn die Notwendigkeit der Abweichungen vor Beginn der Fertigung festgestellt wird oder vom AN hätte festgestellt werden müssen; – wenn das Rahmenaußenmaß für die Gesamtmengen der einzelnen Positionen einheitlich abweicht, – wenn die Abweichung eine Konstruktionsänderung aus statischen Gründen nicht notwendig macht.
	4.1.5	Vorkehrungen für das Arbeiten mit Ortschaum, z. B. Abkleben angrenzender oberflächenfertiger Bauteile, Anfeuchten des Untergrundes, Maßnahmen bei niedrigen Temperaturen.
18356	4.1.1	Reinigen des Untergrundes.
	4.1.2	Anpassen des Parketts an angrenzende Bauteile, z. B. an Rohrleitungen, Zargen, Bekleidungen, Abschluss- und Trennschienen, Säulen, Schwellen.
	4.1.3	Auffüttern bis zu 1 cm Dicke auf Balken oder Lagerhölzern.
	4.1.4	Absperrmaßnahmen bis zur Begehbarkeit des Parketts.
	4.1.5	Vorlegen vorgefertigter Muster.

Nebenleistungen

	4.1.6	Einmalige Messung der Feuchte der Untergründe zur Feststellung der Verlegefähigkeit.
18357	4.1.1	Auf- und Abbauen sowie Vorhalten der Gerüste, deren Arbeitsbühnen nicht höher als 2 m über Gelände oder Fußboden liegen.
	4.1.2	Vorlegen vorgefertigter Muster von Baubeschlägen.
	4.1.3	Liefern für die Beschlagarbeiten erforderlicher Werkstattzeichnungen.
18358	4.1.1	Auf- und Abbauen sowie Vorhalten der Gerüste, deren Arbeitsbühnen nicht höher als 2 m über Gelände oder Fußboden liegen.
	4.1.2	Reinigen des Untergrundes.
	4.1.3	Schutz von Bau- und Anlagenteilen vor Verunreinigungen und Beschädigungen während der Montagearbeiten durch loses Abdecken, Abhängen oder Umwickeln.
	4.1.4	Fertigstellen von Bauteilen in zwei Arbeitsgängen zur Ermöglichung von Arbeiten anderer Unternehmer, soweit die Leistungen im Zuge der Montagearbeiten kontinuierlich erbracht werden können.
	4.1.5	Anbringen von Bedienelementen, Abdeckungen und dergleichen im Zuge der Montagearbeiten.
	4.1.6	Ablängen und Ausklinken von Rollladenkastenabschlussschienen und deren Einbau, sofern die Lieferung von Rollladenkästen zum Leistungsumfang gehört.
	4.1.7	Vorlage von Plänen für Aussparungen, Eintragen notwendiger Aussparungen in bauseits gestellte Baupläne oder Anzeichnen der erforderlichen Aussparungen, die zur Anbringung von Rollläden, Roll- und Sektionaltoren, Rollgittern, mechanisch betriebenen Sonnenschutz- und Verdunklungsanlagen sowie Insektenschutzgittern nötig sind.
18360	4.1.1	Auf- und Abbauen sowie Vorhalten der Gerüste, deren Arbeitsbühnen nicht höher als 2 m über Gelände oder Fußboden liegen.

Nebenleistungen

	4.1.2	Vorlage von Plänen für auszusparende Ankerlöcher zur Befestigung der Türen, Tore, Fenster und dergleichen oder die Markierung der Ankerlöcher für deren nachträgliches Herstellen.
	4.1.3	Anfertigen von einzelnen Probestücken, sofern sie bei der Ausführung mitverwendet werden können.
	4.1.4	Liefern der Verbindungselemente, z. B. Anker, Schrauben.
	4.1.5	Einsetzen und Befestigen von Türen, Toren, Zargen, Fenstern und dergleichen, einschließlich der Verbindungselemente.
18361	4.1.1	Bei Reparaturverglasungen das Ausglasen von Scheiben oder Glasresten sowie das Säubern der Glasfalze.
	4.1.2	Auf- und Abbauen sowie Vorhalten der Gerüste, deren Arbeitsbühnen nicht höher als 2 m über Gelände oder Fußboden liegen.
	4.1.3	Liefern von Glasproben bis 0,05 m^2 Einzelgröße.
	4.1.4	Liefern und Anbringen von Stahldrahteinlagen und Windeisen bei Bleiglasverglasungen sowie Verstärkungseinlagen bei Leichtmetall- und Messingverglasungen, die dem jeweiligen Metall entsprechen.
	4.1.5	Aus- und Einhängen von Fenster- und Türflügeln sowie Zusammenschließen der Verbundflügel.
	4.1.6	Rückstandfreies Entfernen der Klebestreifen, Etiketten, Distanzplättchen o. Ä. sowie der Rückstände von Dichtstoffen oder Glasverbindungsmitteln.
18363	4.1.1	Auf- und Abbauen sowie Vorhalten der Gerüste, deren Arbeitsbühnen nicht höher als 2 m über Gelände oder Fußboden liegen.
	4.1.2	Maßnahmen zum Schutz von Bauteilen, z. B. von Fußböden, Treppen, Türen, Fenstern, sowie von Einrichtungsgegenständen vor Verunreinigung und Beschädigungen während der Arbeiten durch loses Abdecken, Abhängen oder Umwickeln einschließlich anschließender Beseitigung der Schutzmaßnahmen.
	4.1.3	Entfernen und Wiederanbringen von Schalter- und Steckdosenabdeckungen.

Nebenleistungen

	4.1.4	Aus- und Einhängen der Türen, Fenster, Fensterläden und dergleichen zur Bearbeitung und Kennzeichnung dieser Bauteile.
	4.1.5	Reinigen des Untergrundes.
	4.1.6	Ausbessern von einzelnen kleinen Schäden in der Altbeschichtung und im Untergrund.
	4.1.7	Schleifen von Holzflächen, mineralischen Untergründen und Metallflächen zwischen den einzelnen Beschichtungen sowie Feinreinigen der zu beschichtenden Flächen.
	4.1.8	Vorlegen vorgefertigter Oberflächen- und Farbmuster, Ansetzen von 3 Farbmustern, jeweils bis zu 1 m² Größe.
18364	4.1.1	Feststellen des Zustandes der Straßen- und Geländeoberflächen, der Vorfluter und dergleichen.
	4.1.2	Auf- und Abbauen sowie Vorhalten der Gerüste, deren Arbeitsbühnen nicht höher als 2 m über Gelände oder Fußboden liegen.
	4.1.3	Schutz von Bau- und Anlagenteilen vor Verunreinigungen und Beschädigungen während der Korrosionsschutzarbeiten durch loses Abdecken, Abhängen oder Umwickeln.
	4.1.4	Entfernen von Staub und loser Verschmutzung auf den zu behandelnden Untergründen.
	4.1.5	Anlegen von Kontrollflächen.
	4.1.6	Aufbringen von höchstens fünf Musterbeschichtungen bis jeweils 2 m² Einzelgröße und insgesamt 1 % der zu beschichtenden Gesamtfläche.
	4.1.7	Kennzeichnen der Beschichtung am Objekt.
18365	4.1.1	Vorlegen der geforderten Muster.
	4.1.2	Säubern des Untergrundes.
	4.1.3	Ausgleichen von Unebenheiten des Untergrundes bis 1 mm.
	4.1.4	Herstellen von Aussparungen in Bodenbelägen für Rohrdurchführungen und dergleichen sowie Anschlie-

Nebenleistungen

		ßen der Bodenbeläge an Einbauteile, z. B. Zargen, Bekleidungen, Anschlagschienen, Vorstoßschienen, Säulen, Schwellen.
	4.1.5	Einmalige Messung der Feuchte der Untergründe zur Feststellung der Verlegefähigkeit.
	4.1.6	Schutz von Boden- und Treppenbelägen durch Absperren bis zur Begehbarkeit.
18367	4.1.1	Reinigen des Untergrundes.
	4.1.2	Anpassen des Holzpflasters an angrenzende Bauteile, z. B. Rohrleitungen, Zargen, Abschluss- und Trennschienen, Stützen, Schwellen, Maschinenfundamente.
	4.1.3	Absperrmaßnahmen bis zur Begehbarkeit des Holzpflasters.
	4.1.4	Vorlegen vorgefertigter Muster
	4.1.5	Einmalige Messung der Feuchte der Untergründe zur Feststellung der Verlegefähigkeit.
18379	4.1.1	Prüfen der Unterlagen des AG.
	4.1.2	Auf- und Abbauen sowie Vorhalten der Gerüste, deren Arbeitsbühnen nicht höher als 2 m über Gelände oder Fußboden liegen.
	4.1.3	Liefern und Anbringen der Typ- und Leistungsschilder sowie gegebenenfalls Liefern einer Bedienungsanleitung.
	4.1.4	Einbau von Verbindungs- und Befestigungselementen sowie von zugehörigen Bauteilen, z. B. Flansche, Profilverbinder, Schrauben, Steckverbinder ohne besondere Anforderungen, Dichtungen, Versteifungen für Luftleitungen
	4.1.5	Herstellen von Messöffnungen ohne besondere Anforderungen bis 35 mm Durchmesser.
	4.1.6	Schutz von Bau- und Anlagenteilen vor Verunreinigungen und Beschädigungen während der Arbeiten an Raumlufttechnischen Anlagen durch loses Abdecken, Abhängen oder Umwickeln.

18380	4.1.1	Anzeichnen der Schlitze und Durchbrüche, auch wenn diese von einem anderen Unternehmer auszuführen sind.
	4.1.2	Prüfen der Unterlagen des AG.
	4.1.3	Auf- und Abbauen sowie Vorhalten der Gerüste, deren Arbeitsbühnen nicht höher als 2 m über Gelände oder Fußboden liegen.
	4.1.4	Liefern und Einbauen von Wand- und Deckendurchführungen ohne besondere Anforderungen.
	4.1.5	Schutz von Bau- und Anlagenteilen vor Verunreinigungen und Beschädigungen während der Arbeiten durch loses Abdecken, Abhängen oder Umwickeln.
18381	4.1.1	Anzeichnen der Schlitze und Durchbrüche, auch wenn diese von einem anderen Unternehmer auszuführen sind.
	4.1.2	Prüfen der Unterlagen des AG.
	4.1.3	Auf- und Abbauen sowie Vorhalten der Gerüste, deren Arbeitsbühnen nicht höher als 2 m über Gelände oder Fußboden liegen.
	4.1.4	Einstellen und Justieren der Anlagen und von Anlagenteilen sowie eine Funktionsprüfung.
	4.1.5	Liefern und Einbauen von Wand- und Deckendurchführungen ohne besondere Anforderungen.
	4.1.6	Schutz von Bau- und Anlagenteilen vor Verunreinigungen und Beschädigungen während der Arbeiten durch loses Abdecken, Abhängen oder Umwickeln.
	4.1.7	Vorlegen vorgefertigter Oberflächen- und Farbmuster.
18382	4.1.1	Auf- und Abbauen sowie Vorhalten der Gerüste, deren Arbeitsbühnen nicht höher als 2 m über Gelände oder Fußboden liegen.
	4.1.2	Stemm-, Fräs- und Bohrarbeiten für das Einsetzen von Dübeln, Steinschrauben und für den Einbau von Unterputz-, Schalter- und Abzweigdosen.
	4.1.3	Anzeichnen von Schlitzen und Durchbrüchen.
	4.1.4	Einsetzen von Dübeln, Steinschrauben u. Ä.

18384	4.1.1	Auf- und Abbauen sowie Vorhalten der Gerüste, deren Arbeitsbühnen nicht höher als 2 m über Gelände oder Fußboden liegen.
	4.1.2	Anfertigen und Liefern der geforderten Unterlagen.
	4.1.3	Vorhalten der Leitern, Dachböcke, Dachleitern, Gurte, Leinen u. Ä.
	4.1.4	Einsetzen und Befestigen der Stützen und dergleichen einschließlich der hierfür nötigen Stemmarbeiten und Lieferung der Befestigungsmittel.
	4.1.5	Korrosionsschutz, soweit er nach den einschlägigen Normen auszuführen ist.
18385	4.1.1	Liefern und Beistellen von Montagehilfen und bauseits einzubauenden Verankerungen.
	4.1.2	Auf- und Abbauen sowie Vorhalten der Gerüste, deren Arbeitsbühnen nicht höher als 2 m über Gelände oder Fußboden liegen.
	4.1.3	Liefern und Einbauen von Dübeln und Befestigungsmitteln für die Installation, Schachtbeleuchtung und Schaltgeräte.
	4.1.4	Liefern und Anbringen vorgeschriebener Typ- und Hinweisschilder.
	4.1.5	Stellung von Monteuren und Prüfgewichten für die Abnahme.
	4.1.6	Einweisen der Aufzugswärter des AG.
18386	4.1.1	Anzeichnen der Aussparungen, auch wenn diese von einem anderen Unternehmer hergestellt werden.
	4.1.2	Auf- und Abbauen sowie Vorhalten der Gerüste, deren Arbeitsbühnen nicht höher als 2 m über Gelände oder Fußboden liegen.
	4.1.3	Bohr-, Stemm- und Fräsarbeiten für das Einsetzen von Dübeln und für den Einbau von Installationen, z. B. Unterputzdosen.
	4.1.4	Liefern und Anbringen der Typ- und Leistungsschilder.

Nebenleistungen

18421	4.1.1	Auf- und Abbauen sowie Vorhalten der Gerüste, deren Arbeitsbühnen nicht höher als 2 m über Gelände oder Fußboden liegen.
	4.1.2	Reinigen des Untergrundes.
	4.1.3	Schutz von Bau- und Anlagenteilen vor Verunreinigungen und Beschädigungen während der Arbeiten durch loses Abdecken, Abhängen oder Umwickeln.
	4.1.4	Fertigstellen von Dämm- oder Brandschutzsystemen in zwei Arbeitsgängen zur Ermöglichung von Arbeiten anderer Unternehmer, soweit die Leistungen im Zuge gleichartiger Dämm- oder Brandschutzarbeiten kontinuierlich erbracht werden können.
18451	4.1.1	Schutz von Bau- und Anlagenteilen und deren Zugängen vor Beschädigung beim Auf-, Um- und Abbau der Gerüste.
	4.1.2	Vorlegen von Typengenehmigungen oder Zulassungen.
	4.1.3	Einsetzen von Fußplatten und Auslegen von Unterlagsbohlen unter den Gerüstfußpunkten bei Arbeits- und Schutzgerüsten.
	4.1.4	Errichten eines Leiterganges je Gerüst bis 50 m Länge; je weitere angefangene 50 m Gerüstlänge Errichten eines zusätzlichen Leiterganges.
	4.1.5	Einbau der zur Befestigung der Gerüste benötigten Verankerungselemente und Ausbau der nicht im Bauwerk zu belassenden Teile beim Abbau der Gerüste.
	4.1.6	Einmalige Einweisung und Lieferung von Bedienungsanleitungen bei Absenkanlagen, Kletterbühnen und fahrbaren Arbeitsbühnen.
18459	4.1.1	Feststellen des Zustandes der Straßen- und Geländeoberfläche, der Vorfluter und dergleichen.
	4.1.2	Eindämmen der Staubentwicklung durch Niederschlagen mit Wasser, jedoch maximal bis zum Einsatz eines C-Schlauches je Staubanfallstelle.
	4.1.3	Auf- und Abbauen sowie Vorhalten der Gerüste, deren Arbeitsbühnen nicht höher als 2 m über Gelände oder Fußboden liegen.

Nebenleistungen

	4.1.4	Beseitigen einzelner Sträucher bis 2 m Höhe und einzelner Bäume bis 10 cm Stammdurchmesser, gemessen 1 m über dem Erdboden, sowie der dazugehörigen Baumstümpfe und Wurzeln. Bei mehrstämmigen Bäumen gilt als Durchmesser die Summe der Durchmesser der einzelnen Stämme.
	4.1.5	Stahlschnitte am verbleibenden Bauteil bis 2 cm² Einzelschnittfläche.
	4.1.6	Auffangen und Entsorgen des bei Hochdruckwasserstrahl-, Bohr- und Sägearbeiten anfallenden Wassers.

Besondere Leistungen

Leistung	DIN	Abschnitt
Sicherung gefährdeter baulicher Anlagen.	18300	4.2.1
	18304	4.2.1
	18308	4.2.1
	18312	4.2.1
	18313	4.2.1
	18318	4.2.1
	18319	4.2.1
	18321	4.2.1
	18322	4.2.1
	18323	4.2.6
	18459	4.2.1
Erkundung vorhandener Leitungen, Vermarkungen, Hindernisse und baulicher Anlagen.	18300	4.2.1
	18308	4.2.1
	18311	4.2.1
	18312	4.2.1
	18315	4.2.1
	18320	4.2.1
	18325	4.2.1
	18459	4.2.1
Maßnahmen beim unvermuteten Antreffen von Hohlräumen und Hindernissen.	18300	4.2.1
	18301	4.2.1
	18303	4.2.1
	18304	4.2.1
	18308	4.2.1
	18311	4.2.1
	18312	4.2.1
	18313	4.2.1
	18318	4.2.1
	18319	4.2.1
	18320	4.2.1
	18322	4.2.1
	18323	4.2.6
	18326	4.2.1
	18459	4.2.1
Schutz gefährdeter Bäume, Pflanzenbestände und Vegetationsflächen.	18300	4.2.1
	18304	4.2.1
	18308	4.2.1
	18318	4.2.1
	18320	4.2.1

Besondere Leistungen

	18322	4.2.1
	18459	4.2.1
Leistungen für das Beseitigen von Grund-, Schichten-, Quell-, Sicker- und Oberflächenwasser.	18300 18311	4.2.1 4.2.1
Maßnahmen, wenn von der Leistungsbeschreibung abweichende Boden-, Fels- und Wasserverhältnisse angetroffen werden oder die vereinbarten Abtragsquerschnitte nicht eingehalten werden können.	18300 18311 18312 18313 18319	4.2.1 4.2.1 4.2.1 4.2.1 4.2.1
Maßnahmen bei unvorhergesehenen Ereignissen.	18300 18459	4.2.1 4.2.1
Maßnahmen bei ungeeigneten Bodenarten und Hindernissen.	18300	4.2.1
Auffüllungen und Verdichten von Vertiefungen in Gründungssohlen.	18300	4.2.1
Erforderliche Abtreppungen oder andere sichernde Maßnahmen bei geneigten Grundflächen aus Gründen der Gleitsicherheit,	18300	4.2.1
Maßnahmen zur Erreichung vorgegebener Anforderungen.	18300	4.2.1
Maßnahmen, wenn Böschungen offen liegen bleiben.	18300	4.2.1
Herstellung von Stufen oder Rillen bei Böschungen.	18300	4.2.1
Maßnahmen zur Verhütung von Rutschungen und anderen Gefahren.	18300 18311 18313 18319 18322	4.2.1 4.2.1 4.2.1 4.2.1 4.2.1
Die Entfernung einer Schutzschicht der Gründungssohle.	18300	4.2.1
Leistungen zum Feststellen des Zustands der baulichen Anlagen einschließlich der Straßen sowie der Versorgungs- und Entsorgungsanlagen vor Beginn der Arbeiten über Leistungen nach Abschnitt 4.1.1 hinaus.	18300 18301 18303 18304 18309 18311 18312 18313	4.2.2 4.2.2 4.2.2 4.2.2 4.2.2 4.2.9 4.2.2 4.2.2

Besondere Leistungen

	18321	4.2.1
	18323	4.2.3
	18325	4.2.5
	18326	4.2.3
	18459	4.2.2
Roden, Laden und Entsorgen von Aufwuchs, ausgenommen Leistungen nach Abschnitt 4.1.2.	18300	4.2.3
	18301	4.2.4
	18311	4.2.3
	18322	4.2.3
	18323	4.2.4
	18459	4.2.5
Lösen, Laden und Entsorgen von Bauwerksresten und dergleichen über 0,01 m³ Rauminhalt sowie einzelner Blöcke in Gräben bis 80 cm Sohlenbreite.	18300	4.2.4
Lösen, Laden und Entsorgen von Bauwerksresten und dergleichen über 0,1 m³ Rauminhalt sowie von Blöcken in Boden und Fels der Klassen 1 bis 6.	18300	4.2.5
Erhalten der vorhandenen Wasserläufe und der Vorflut.	18300	4.2.6
	18313	4.2.4
Aufbrechen und Wiederherstellen von befestigten Flächen.	18300	4.2.7
	18304	4.2.3
	18311	4.2.6
	18313	4.2.5
	18325	4.2.3
Ausheben und Verfüllen von Arbeitsräumen für Leitungsverbindungen.	18300	4.2.8
Boden- und Wasseruntersuchungen sowie Wasserstandsmessungen.	18300	4.2.9
	18308	4.2.2
	18309	4.2.3
	18311	4.2.8
	18313	4.2.13
	18314	4.2.2
	18315	4.2.2
	18316	4.2.1
	18320	4.2.2
	18321	4.2.3
	18326	4.2.11
	18331	4.2.2
	18335	4.2.1
	18349	4.2.7

	18381	4.2.2
	18421	4.2.1
Einbauen von Geokunststoffen.	18300	4.2.10
Trennen von Boden und Fels von sonstigen Bauteilen und Stoffen, ausgenommen Leistungen nach Abschnitt 4.1.3.	18300	4.2.11
Lösen, Laden und Entsorgen von in Boden und Fels eingebrachten Bauteilen und Stoffen.	18300	4.2.12
Sichern von Böschungen, Flächen oder Halden.	18300	4.2.13
Verbau bei Baugruben und Gräben.	18300	4.2.14
Nachweis der Standsicherheit, soweit die Notwendigkeit hierfür nicht vom Auftragnehmer verursacht ist.	18300	4.2.15
Wiederherstellen der planmäßigen Höhenlage, Neigung und Ebenheit sowie Verdichten von Baugruben- und Grabensohlen nach Auflockerung, soweit nicht vom Auftragnehmer zu vertreten.	18300	4.2.16
Zusätzliche Leistungen an Steilstrecken, bei felsigem oder steinigem Untergrund, bei wenig tragfähiger oder stark wasserhaltiger Grabensohle, bei aggressiven Böden sowie bei wechselnder Tragfähigkeit der Grabensohle.	18300	4.2.17
Reinigen freigelegter Bauteile von Bodenanhaftungen.	18300	4.2.18
Herstellen, Vorhalten und Beseitigen von Absperrungen und Befestigungen zur Aufrechterhaltung des öffentlichen und Anliegerverkehrs, insbesondere aufgrund behördlicher Anordnungen.	18300 18315 18316 18317 18318 18322 18323 18325	4.2.19 4.2.4 4.2.4 4.2.2 4.2.10 4.2.11 4.2.7 4.2.4
Zusätzliche Maßnahmen, wenn die Möglichkeit besteht, dass der Boden im Bohrloch auftreibt oder seitlich eintreibt.	18301	4.2.1
Maßnahmen bei außergewöhnlichen Feststellungen.	18301	4.2.1
Maßnahmen, wenn sich die Bohrrohre, Bohrgestänge und Bohrwerkzeuge nicht ziehen lassen.	18301	4.2.1

Besondere Leistungen

Herstellen und Beseitigen des Bohrplanums, soweit Maßnahmen nach Abschnitt 4.1.1 nicht ausreichend sind.	18301	4.2.3
Erkundungs- und Sicherungsmaßnahmen hinsichtlich vermuteter oder bekannter Kampfmittel.	18301	4.2.5
Umsetzen der Bohreinrichtung von Bohransatzpunkt zu Bohransatzpunkt und Umrüsten der Bohreinrichtung aus Gründen, die nicht der Auftragnehmer zu vertreten hat.	18301	4.2.6
Herstellen, Vorhalten und Beseitigen von Spritzschutz- oder Lärmschutzeinrichtungen.	18301 18319	4.2.7 4.2.4
Entnahme von Gasproben sowie Feststellen der Gasart, der Gasmenge und des Gasdrucks.	18301 18302	4.2.8 4.2.3
Liefern, Füllen, Beschriften und Vorhalten der Behälter für Boden-, Fels-, Wasser- und Gasproben.	18301 18302	4.2.9 4.2.4
Entnehmen, Behandeln, Transprotieren und Aufbewahren von Proben.	18301	4.2.10
Wasserstandsmessungen in benachbarten Brunnen, Grundwassermessstellen und Gewässern.	18301 18302	4.2.11 4.2.5
Entsorgen des Bohrgutes.	18301	4.2.12
Entsorgen der mit Spülsätzen versehenen Bohrspülung, soweit die Zusätze vom Auftraggeber verlangt sind.	18301	4.2.13
Anpassen der Spülzusätze bei von der Leistungsbeschreibung abweichenden Baugrundverhältnissen.	18301	4.2.14
Maßnahmen am offenen Bohrloch zum Durchführen von Messungen und Untersuchungen.	18301	4.2.15
Durchführen von Bohrlochmessungen.	18301	4.2.16
Einmessen der Bohrung nach Lage und Höhe. Erstellen eines Lage- oder Bestandsplanes.	18301	4.2.17
Vorhalten der Bohrrohre im Baugrund für Beobachtungen sowie bau- oder geotechnische Untersuchungen.	18301 18302	4.2.18 4.2.15
Zeichnerische Darstellung der Bohrergebnisse.	18301	4.2.19
Verfüllen der Bohrlöcher nach DIN EN ISO 22475–1	18301	4.2.20

Besondere Leistungen

Siebanalysen.	18302	4.2.1
Entnahme von Wasserproben.	18302	4.2.2
Leistungen zur Einbindung von ausgebauten Bohrungen in Bauwerke.	18302	4.2.6
Einbau von Kiesschüttungskörben.	18302	4.2.7
Verlegen sowie Vorhalten und Abbauen von Abflussleitungen.	18302	4.2.8
Entsandungs-, Klar- und Leistungspumpen.	18302	4.2.9
Säubern der Brunnensohle von Ablagerungen nach dem Entsandungs-, Klar- und Leistungspumpen.	18302	4.2.10
Desinfektion von Brunnen.	18302	4.2.11
Erstellen von Bestandsplänen.	18302 18303 18304 18306 18313 18320 18323 18326 18379 18380 18381 18386	4.2.12 4.2.14 4.2.24 4.2.12 4.2.21 4.2.14 4.2.11 4.2.19 4.2.20 4.2.21 4.2.30 4.2.12
Leistungen an ausgebauten Bohrungen zur Durchführung von Messungen und Untersuchungen.	18302	4.2.13
Durchführen von Messungen und Untersuchungen in ausgebauten Bohrungen.	18302	4.2.14
Entspannen und Ausbauen von Ankern.	18303	4.2.1
Ausbau von Ausfachungselementen.	18303	4.2.1
Maßnahmen, wenn der Verbau nicht entsprechend den Vorgaben rückgebaut werden kann.	18303	4.2.1
Herstellen, Befestigen, Ertüchtigen und Entfernen des Arbeitsplanums, von Stell- und Lagerflächen, Zufahrtswegen, Brücken, Durchsteifungen von Decken und dergleichen auf vom Auftraggeber bereitgestellten Flächen.	18303 18304 18309 18313	4.2.3 4.2.4 4.2.9 4.2.3

Herstellen von Anschlüssen an angrenzende Bauteile.	18303 18339	4.2.4 4.2.11
Nachspannen von Ankern.	18303	4.2.5
Anpassen des Verbaus bei Hindernissen.	18303	4.2.6
Herstellen und Schließen von Aussparungen und Ankerlöchern.	18303	4.2.7
Umsteifen, ausgenommen für eigene Zwecke des Auftragnehmers.	18303	4.2.8
Vorspannen von Aussteifungen.	18303	4.2.9
Kontrolle des Verbaus während der Vorhaltezeit.	18303	4.2.10
Messungen und Prüfungen einschließlich Dokumentationen.	18303	4.2.11
Verfüllen von Hohlräumen, verursacht durch das Ausbauen von Ausfachungselementen oder das Ziehen von Bohlen, Pfählen, Trägern, Rohren und dergleichen.	18303 18304	4.2.12 4.2.22
Liefern rechnerischer Nachweise für die Standsicherheit und von Ausführungszeichnungen.	18303 18304 18312 18313 18319 18321 18326 18332	4.2.13 4.2.23 4.2.3 4.2.12 4.2.7 4.2.2 4.2.2 4.2.4
Eignungsprüfungen für Verpressanker und Probebelastungen bei Verpresspfählen.	18303	4.2.15
Verankerungen gegen drückendes Wasser.	18303	4.2.16
Besondere Anforderungen an die Oberfläche von Verbauelementen.	18303	4.2.17
Maßnahmen bei Schäden und Auswirkungen des Einbringens oder Ziehens von Bauelementen.	18304	4.2.1
Maßnahmen, wenn die vorgegebenen Längen der Bauelemente zu kurz oder zu lang sind.	18304	4.2.1
Maßnahmen bei Beeinträchtigung der Leistung durch wesentliches Abweichen von der vorgegebenen Lage	18304	4.2.1

oder Einbringtiefe, Beschädigung der Bauelemente oder Wände.		
Maßnahmen, wenn sich die Bauelemente wider Erwarten nicht oder nur unter erheblicher Beeinträchtigung der Umgebung oder unter beträchtlicher Beschädigung auf die vorgesehene Tiefe einbringen lassen.	18304	4.2.1
Maßnahmen, wenn das Ziehgerät nicht unmittelbar vor dem zu ziehenden Bauelement positioniert und eingesetzt werden kann.	18304	4.2.1
Maßnahmen, wenn Bauelemente nicht wie vorgegeben gezogen werden können.	18304	4.2.1
Entfernen oder Verlegen von Leitungen.	18304	4.2.5
Herstellen und Einbringen von Passelementen.	18304	4.2.6
Erfüllen erhöhter Anforderungen an die Maßhaltigkeit, über die in Abschnitt 3.3 genannten Toleranzen hinaus.	18304	4.2.7
Abschneiden, Kappen und Bearbeiten der Köpfe von Bauelementen nach dem Einbringen, soweit nicht vom Auftragnehmer zu vertreten.	18304	4.2.8
Probeinbringungen.	18304	4.2.9
Probebelastungen.	18304 18321 18335	4.2.10 4.2.5 4.2.9
Herrichten beschädigter Köpfe der Bauelemente und Beseitigen von Schäden, die durch das Einbringen entstanden sind, soweit diese Schäden nicht der Auftragnehmer zu vertreten hat.	18304	4.2.11
Herstellen, Vorhalten und Beseitigen von Lärmschutzeinrichtungen.	18304	4.2.12
Einbauen und Vorhalten von Prüf- und Messeinrichtungen.	18304	4.2.13
Messungen und Prüfungen.	18304	4.2.14
Abdichten von Spundwänden.	18304	4.2.15
Verschweißen von Schlössern und Öffnungen.	18304	4.2.16

Besondere Leistungen

Kürzen und Verlängern von Bauelementen.	18304	4.2.17
Anbringen von Anbauteilen an die Bauelemente.	18304	4.2.18
Arbeitsunterbrechung des Ein- oder Ausbaus von Bauelementen, soweit nicht vom Auftragnehmer zu vertreten.	18304	4.2.19
Erneutes Einrichten, Umsetzen und Umrüsten der Einbring- oder Zieheinrichtungen aus Gründen, die nicht vom Auftragnehmer zu vertreten sind.	18304	4.2.20
Auffüllen von Absenkungen, hervorgerufen durch das Einbringen oder das Ziehen von Bauelementen.	18304	4.2.21
Maßnahmen, wenn die Boden- und Wasserverhältnisse von der Leistungsbeschreibung abweichen.	18305	4.2.1
Maßnahmen, wenn sich die Gefahr des schädlichen Ansteigens des Grundwassers oder des hydraulischen Grundbruchs ergibt.	18305	4.2.1
Untersuchungen zum geförderten Wasser.	18305	4.2.1
Maßnahmen, wenn Quellen angetroffen werden.	18305 18308	4.2.1 4.2.6
Maßnahmen bei schädigendem Ansteigen des Wassers.	18305	4.2.1
Boden- und Wasseruntersuchungen, hydrologische Untersuchungen.	18305 18307	4.2.2 4.2.8
Einbauen, Vorhalten, Betreiben und Abbauen von Wassermengen- und Wassergütemessvorrichtungen.	18305	4.2.3
Einbauen, Vorhalten, Betreiben und Abbauen von automatischen Datenerfassungssystemen sowie das Dokumentieren von Messdaten.	18305	4.2.4
Bauen, Vorhalten und Rückbauen von Grundwassermessstellen.	18305	4.2.5
Beobachten und Dokumentieren des Grundwasserstands außerhalb der Baustelle.	18305	4.2.6
Vorbereiten der Vorfluter und Wiederherstellen des früheren Zustands der Vorfluter.	18305	4.2.7

Besondere Leistungen

Umbauen von Teilen der Wasserhaltungsanlage aus Gründen, die nicht vom Auftragnehmer zu vertreten sind.	18305	4.2.8
Belassen von Anlageteilen auf Verlangen des Auftraggebers.	18305	4.2.9
Übernahme der Gebühren und Entgelte für die Entnahme sowie das Ab- und Einleiten des Wassers.	18305	4.2.10
Probebetrieb der Wasserhaltungsanlage.	18305	4.2.11
Rückbauen und Verfüllen von Pumpensümpfen.	18305	4.2.12
Einholen öffentlich-rechtlicher Genehmigungen und Erlaubnisse vor Beginn der Arbeiten.	18305	4.2.13
Herstellen, Vorhalten, Unterhalten und Rückbauen von Rohrbrücken und Überfahrten sowie Herstellen und Verfüllen von Gräben zur Verlegung von Leitungen.	18305	4.2.14
Wasserbehandlung.	18305 18308	4.2.15 4.2.5
Aufbauen, Vorhalten, Betreiben und Abbauen von Netzersatz- oder Notstromanlagen.	18305 18319	4.2.16 4.2.12
Einbauen und Abdichten von Bauteilen für Bauwerksdurchdringungen.	18305	4.2.17
Zusammenführen aller Dokumentationen und Messergebnisse.	18305	4.2.18
Liefern von statischen Berechnungen für Entwässerungskanäle, Entwässerungsleitungen und Schächte einschließlich der Schal- und Bewehrungspläne für Sonderbauwerke.	18306	4.2.1
Besondere Leistungen zum Herstellen der Bettung.	18306	4.2.2
Reinigen von verschmutzten Stoffen und Bauteilen, die der Auftraggeber beistellt, soweit die Verschmutzungen nicht durch den Auftragnehmer verursacht wurden.	18306 18307 18322 18325 18326	4.2.3 4.2.9 4.2.9 4.2.17 4.2.6
Einbauen von Gelenk- und Formstücken.	18306	4.2.4

Einbauen von Sonderbauteilen, Schachtabdeckungen sowie Steighilfen, ausgenommen Leistungen nach Abschnitt 4.1.3	18306	4.2.5
Boden- und Wasseruntersuchungen.	18306	4.2.6
Prüfen auf Wasserdichtheit einschließlich Herstellen und Beseitigen der für die Prüfung auf Wasserdichtheit erforderlichen Verankerungen und Rohrverschlüsse.	18306 18326	4.2.7 4.2.4
Liefern und Ableiten des für die Prüfung auf Wasserdichtheit notwendigen Füllstoffs.	18306 18326	4.2.8 4.2.5
Einbauen von Manschettendichtungen, soweit deren Einsatz nicht vom Auftragnehmer zu vertreten ist.	18306	4.2.9
Leistungen zum Erhalt der Vorflut in bestehenden Entwässerungskanälen und Entwässerungsleitungen.	18306	4.2.10
Fremdüberwachung der Ausführung.	18306 18326	4.2.11 4.2.13
Druckprüfungen nach den in Abschnitt 2.1 aufgeführten Regelwerken.	18307	4.2.1
Prüfung von Schweißverbindungen nach den in Abschnitt 2.1 aufgeführten Regelwerken.	18307	4.2.2
Reinigen, Spülen, Desinfizieren nach den in Abschnitt 2.1 aufgeführten Regelwerken.	18307	4.2.3
Einbau von Formstücken, Armaturen und Zubehörteilen.	18307	4.2.4
Herstellen von Schweiß-, Flansch- und anderen längskraftschlüssigen Rohrverbindungen, Rohrschnitten, Anbohrungen, Einbindungen und Anschlüssen.	18307	4.2.5
Trennen von im Betrieb verbleibenden oder stillzulegenden Rohrleitungen einschließlich Verschließen der Rohrenden.	18307	4.2.6
Herstellen des Innen- und Außenschutzes an Rohrverbindungen.	18307	4.2.7
Entrosten, Aufarbeiten und Ausbessern des Innen- und Außenschutzes von Stoffen und Bauteilen, soweit sie der Auftraggeber beigestellt hat und die Mängel nicht der Auftragnehmer zu vertreten hat.	18307	4.2.10

Besondere Leistungen

Aufrechterhalten des Wasserabflusses und der Vorflut bei Arbeiten an in Betrieb befindlichen Leitungen.	18307	4.2.11
Besondere Maßnahmen gegen leitungsschädigende Einwirkungen.	18307	4.2.12
Besondere Maßnahmen auf Steilstrecken.	18307	4.2.13
Herstellen und Beseitigen der nur für die Druckprüfung erforderlichen Verankerungen und Rohrverschlüsse.	18307	4.2.14
Liefern und Ableiten des für die Druckprüfung notwendigen Füllstoffs.	18307	4.2.15
Einbinden von in Betrieb befindlichen Rohrleitungen.	18307	4.2.16
Einmessen der Rohrleitungsteile, Anfertigen von Bestandszeichnungen, Anbringen von Hinweisschildern und Kennzeichen der Rohrleitungen.	18307 18319 18322	4.2.17 4.2.13 4.2.14
Nachträgliches Anpassen von Straßenkappen und Einbaugarnituren.	18307	4.2.18
Gebühren für Genehmigungen.	18307	4.2.19
Entfernen von Schweißwulsten bei PE-Stumpfschweißverbindungen innen oder außen. Bündigschleifen von Schweißnähten bei Stahlrohrverbindungen außen.	18307	4.2.20
Leistungen zum Erhalt vorhandener Wasserläufe und der Vorflut.	18308	4.2.3
Leistungen zum Sichern und Wiederherstellen vorhandener Drän- und Versickerungseinrichtungen.	18308	4.2.4
Leistungen bei Drän- und Versickerungsarbeiten im Wurzelbereich von Bäumen und Sträuchern.	18308	4.2.7
Herstellen von Anschlüssen der Drän- und Versickerungseinrichtungen an vorhandene Schächte.	18308	4.2.8
Herstellen von Spül- und Kontrolleinrichtungen zur Unterhaltung von Drän- und Versickerungseinrichtungen.	18308	4.2.9
Anfertigen von Ausführungsplänen und Bestandsdokumentationen.	18308	4.2.10

Besondere Leistungen

Entsorgung der vom Auftraggeber geforderten Zusätze für den Einpressstoff.	18309	4.2.1
Injektionsversuche nach DIN EN 12715.	18309	4.2.4
Beseitigen des Überprofils bei Verfestigungen.	18309	4.2.5
Freispülen oder Verfüllen der Bohrlöcher oder der Injektionsrohre nach dem Injizieren nach DIN EN 12715.	18309	4.2.6
Statistische Auswertungen und graphische Darstellungen.	18309	4.2.7
Durchlässigkeitsversuche, Pumpenversuche, Entnahme von Proben durch Kernbohrung oder im Schurf, Druckfestigkeitsprüfungen.	18309	4.2.8
Verfüll- und Verpressmengen über dem 1,7-fachen des theoretischen Bohrlochvolumens.	18309	4.2.10
Stillstandszeiten, die nicht vom Auftragnehmer zu vertreten sind.	18309	4.2.11
Schutz- und Sicherungsmaßnahmen nach den Vorschriften der Eigentümer oder anderer Weisungsberechtigter.	18311	4.2.1
Aufstellen, Vorhalten und Beseitigen von Pegeln, Beobachtungsbrunnen und dergleichen.	18311	4.2.2
Verlegen von Baggergeräten bei Antreffen nicht aufbaggerbarer Hindernisse wie Wracks oder Wrackteile, Bauwerksreste, Kampfmittel und dergleichen, die eine Fortführung der Baggerarbeiten an der Fundstelle verhindern.	18311	4.2.4
Maßnahmen zur Verbesserung der bodenmechanischen Eigenschaften.	18311	4.2.5
Maßnahmen beim Antreffen von Geotextilien.	18311	4.2.7
Beseitigen von Schäden an schwimmenden oder sonstigen Geräten und daraus folgende Ausfall- und Liegezeiten der betroffenen Geräte des Auftragnehmers, die durch Hindernisse entstanden sind.	18311	4.2.10
Aufwendungen bei den Ausbruch- und Sicherungsarbeiten, die durch Zutritt von Bergwasser über die Grenzwassermenge hinaus entstehen.	18312	4.2.5

Besondere Leistungen

Messungen und Untersuchungen zur Kontrolle der Standsicherheit und des Verformungsverhaltens des Hohlraums sowie benachbarter Bauwerke, Überprüfung der Wirksamkeit der gewählten Sicherungs- und Auskleidungsmaßnahmen und zur Dimensionierung während der Bauzeit.	18312	4.2.4
Verfüllung beim Vortrieb angetroffener Hohlräume.	18312	4.2.1
Maßnahmen bei Änderung der vereinbarten Sicherung.	18312	4.2.1
Unvermeidbarer Mehrausbruch aufgrund geologischer Verhältnisse.	18312	4.2.1
Maßnahmen für das Ableiten von Bergwasser über die vereinbarten hinaus.	18312	4.2.1
Maßnahmen aufgrund der Gefahr von Verbrüchen, Ausfließen von Boden, Sohlhebungen, Wassereinbrüchen und dergleichen.	18312	4.2.1
Maßnahmen, wenn sich beim Abteufen der Schlitze herausstellt, dass die vorgesehenen Tiefen für die vorgesehene Funktion der Schlitzwand ungeeignet sind.	18313	4.2.1
Maßnahmen, wenn unvermutet Verluste an stützender Flüssigkeit auftreten.	18313	4.2.1
Maßnahmen, wenn im Baugrund aus nicht vom Auftragnehmer zu vertretenden Gründen Aushubwerkzeuge oder Abschalelemente nicht mehr bewegt werden können oder kein Arbeitsfortschritt mehr erzielt werden kann.	18313	4.2.1
Besondere Maßnahmen zur Wasserwiderstandsfähigkeit von Fugen.	18313	4.2.1
Fördern des mit Stützflüssigkeit vermengten Schlitzwandaushubs auf der Baustelle bei einem Förderweg über 50m.	18313	4.2.6
Laden und Entsorgen des mit Stützflüssigkeit vermengten Schlitzwandaushubs.	18313	4.2.7
Herstellen von Bewegungsfugen oder Fugendichtungen.	18313 18335 18339 18340	4.2.8 4.2.13 4.2.8 4.2.32

	18345	4.2.29
	18349	4.2.16
	18350	4.2.12
	18353	4.2.15
Herstellen von Aussparungen, die nach Anzahl, Art und Maße nicht in der Leistungsbeschreibung angegeben sind.	18313	4.2.9
	18315	4.2.5
	18316	4.2.5
	18317	4.2.5
	18318	4.2.7
	18335	4.2.10
Liefern und Einsetzen von Einbauteilen.	18313	4.2.10
	18314	4.2.7
	18331	4.2.12
Angeordnete Versuchsschlitze und Probekästen zur Prüfung der Standsicherheit des mit stützender Flüssigkeit gefüllten Schlitzes oder zur Überprüfung der Ausführbarkeit des Verfahrens.	18313	4.2.11
Schutz vor ungeeigneten klimatischen Bedingungen.	18313	4.2.14
	18315	4.2.9
	18318	4.2.1
	18333	4.2.3
	18336	4.2.4
	18338	4.2.1
	18339	4.2.4
	18340	4.2.4
	18345	4.2.6
	18349	4.2.6
	18350	4.2.6
	18351	4.2.2
	18353	4.2.2
	18363	4.2.3
	18364	4.2.4
	18379	4.2.22
	18380	4.2.27
	18381	4.2.32
	18421	4.2.4
Schutz gegen betonschädigende Einwirkungen.	18313	4.2.15
	18331	4.2.15

Besondere Leistungen

Überwachung des Einbaus von Beton der Überwachungsklassen 2 und 3 durch anerkannte Überwachungsstellen.	18313 18331	4.2.16 4.2.14
Leistungen zum Nachweis der Güte der Stoffe und Bauteile.	18313 18314 18335 18336 18349	4.2.17 4.2.10 4.2.6 4.2.20 4.2.9
Verfüllen von Leerschlitzen mit anderen Stoffen als dem Schlitzwandaushub.	18313	4.2.18
Abtragen oberhalb der vorgegebenen Schlitzwandoberseite entstandener Betonkörper und Herrichten der Anschlussbewehrung.	18313	4.2.19
Bearbeiten freigelegter Schlitzwandflächen und Freilegen von Aussparungskörpern, Anschlussbewehrung und dergleichen.	18313	4.2.20
Leistungen zum Schutz von Personen sowie Bau- und Anlagenteilen.	18314	4.2.1
Auf-, Um- und Abbauen sowie Vorhalten der Gerüste, deren Arbeitsbühnen höher als 2 m über Gelände oder Fußboden liegen.	18314 18332 18333 18334 18336 18338 18339 18340 18345 18349 18350 18351 18352 18355 18357 18358 18360 18361 18363 18364 18366 18379	4.2.3 4.2.3 4.2.2 4.2.2 4.2.3 4.2.3 4.2.2 4.2.2 4.2.2 4.2.5 4.2.2 4.2.4 4.2.2 4.2.2 4.2.2 4.2.2 4.2.2 4.2.2 4.2.4 4.2.3 4.2.3 4.2.4

	18380	4.2.4
	18381	4.2.4
	18382	4.2.2
	18384	4.2.2
	18385	4.2.2
	18386	4.2.3
	18421	4.2.3
	18459	4.2.3
Leistungen für Vorsorge- und Schutzmaßnahmen für den jungen Beton gegen schädigende Einflüsse.	18314	4.2.4
Liefern bauphysikalischer Nachweise sowie statischer Berechnungen für Bauwerke, Instandsetzungen und planmäßige Bauzustände und der für diese Nachweise erforderlichen Zeichnungen.	18314	4.2.5
Herstellen von Verankerungen für den Verbund.	18314	4.2.6
Reinigen des Untergrundes von grober Verschmutzung.	18314	4.2.8
	18332	4.2.6
	18333	4.2.4
	18334	4.2.5
	18335	4.2.4
	18336	4.2.5
	18338	4.2.5
	18339	4.2.5
	18340	4.2.6
	18345	4.2.9
	18349	4.2.11
	18350	4.2.9
	18351	4.2.8
	18352	4.2.5
	18353	4.2.4
	18354	4.2.2
	18355	4.2.3
	18356	4.2.3
	18358	4.2.3
	18363	4.2.5
	18364	4.2.1
	18365	4.2.2
	18366	4.2.4
	18367	4.2.2
	18380	4.2.29
	18381	4.2.34
	18421	4.2.5

Besondere Leistungen

Vorbehandeln der Auftragflächen.	18314	4.2.9
Besondere Leistungen zur Wassererfassung und Wasserableitung von den Auftragflächen.	18314	4.2.11
Leistungen für Maßnahmen in Verbindung mit unvorhergesehenen Ausbrüchen und Hohlräumen.	18314	4.2.12
Zusätzliche Maßnahmen, wenn die Oberfläche einzelner Schichten unmittelbar befahren wird oder über den Winter liegen bleibt.	18315	4.2.1
Vorbereiten der Unterlage, z. B. Nachverdichten, Herstellen der planmäßigen Höhenlage, Beseitigen von schädlichen Verschmutzungen, soweit die Notwendigkeit solcher Leistungen nicht vom Auftragnehmer verursacht ist.	18315 18316 18317 18318 18325	4.2.3 4.2.3 4.2.1 4.2.2 4.2.10
Schließen von Aussparungen sowie Einsetzen von Einbauteilen.	18315 18316 18317 18318	4.2.6 4.2.6 4.2.6 4.2.8
Maßnahmen für Kontrollprüfungen des Auftraggebers, einschließlich der Probenahmen und zugehöriger Leistungen.	18315 18316 18317 18320 18321 18354	4.2.7 4.2.8 4.2.9 4.2.12 4.2.1 4.2.12
Räumen von Schnee und Abstumpfen bei Glätte zur Aufrechterhaltung des Verkehrs.	18315 18316 18317 18318 18322 18323	4.2.8 4.2.9 4.2.10 4.2.9 4.2.13 4.2.10
Schutzmaßnahmen für den Einbau von Baustoffgemischen und Beton, wenn bei ungünstigen Witterungsverhältnissen auf Anordnung des Auftraggebers gearbeitet werden soll.	18316	4.2.2
Umweltrelevante Untersuchungen bei Erstprüfung und Eigenüberwachungsprüfungen, soweit diese Leistungen über diejenigen nach Abschnitt 4.1.3 hinaus verlangt oder die Stoffe vom Auftraggeber gestellt oder vorgeschrieben werden.	18316 18317	4.2.7 4.2.8

Besondere Leistungen

Herstellen von Anschlüssen an bestehende Bauteile und Oberbauschichten durch Schneiden, Fräsen, Ausbilden von Fugen oder sonstige besondere Konstruktionen und Ausführungen.	18317	4.2.7
Maßnahmen zum Aufrauen oder Abstumpfen von Deckschichten aus Asphalt, soweit die Notwendigkeit solcher Leistungen nicht vom Auftragnehmer verursacht ist.	18317	4.2.4
Maßnahmen zum Verbund der Schichten und besondere Ausführung und Vorbehandlung der Längsnähte, soweit die Notwendigkeit solcher Leistungen nicht vom Auftragnehmer verursacht ist.	18317	4.2.3
Zuarbeiten, Verhau oder Schneiden von Pflastersteinen, Platten, Bordsteinen, Formstücken und Formteilen einschließlich Passstücken für das Verlegen oder Versetzen an Einbauten und Aussparungen.	18318	4.2.3
Aussortieren, Aufladen, Abtransport und Abladen von ausgebauten Stoffen und Bauteilen, von den vom Auftragnehmer nicht zu vertretenden Resten und unbrauchbaren Steinen und Platten, die vom Auftraggeber beigestellt wurden.	18318	4.2.4
Herstellung von Plattenbelägen im Bogen oder im Muster.	18318	4.2.5
Herstellung von Pflasterdecken im Muster oder in Kombination mit Platten.	18318	4.2.6
Herstellen von Musterflächen.	18318 18353 18354	4.2.11 4.2.22 4.2.14
Umsetzen der Vortriebseinrichtung und anderer Geräte von Baugrube zu Baugrube und innerhalb der Baugrube sowie Umrüsten der Vortriebs- und Bodenabbaueinrichtungen aus Gründen, die jeweils nicht vom Auftragnehmer zu vertreten sind.	18319	4.2.2
Herstellen, Sichern, Vorhalten und Verfüllen der Start- und Zielgruben sowie vorgegebener Zwischengruben.	18319	4.2.3
Lärm- und Erschütterungsmessungen.	18319	4.2.5
Dichtheitsprüfungen und optische Inspektionen.	18319	4.2.6

Besondere Leistungen

Leistungen zur Aufrechterhaltung der Vorflut beim Überfahren oder Verdrängen bestehender Rohrleitungen.	18319	4.2.8
Vorbereiten bestehender Leitungen.	18319	4.2.9
Herstellen von Anschlüssen an das Vortriebsrohr.	18319	4.2.10
Einbauen von Passrohren und Ablängen von Vortriebsrohren.	18319	4.2.11
Verpressen von Ringräumen und Hohlräumen mit hydraulisch abbindenden Stoffen nach Beendigung der Vortriebsarbeiten.	18319	4.2.14
Leistungen für Maßnahmen gegen Boden- und Grundwassereinbruch bei den Ein- und Ausfahrvorgängen.	18319	4.2.15
Herstellen eines inneren Fugenverschlusses.	18319	4.2.16
Maßnahmen bei Gefährdung der Vegetation und der ausgeführten Leistungen durch Trockenheit oder Nässe, Hitze oder Frost, Krankheiten, Schädlinge, unerwünschten Aufwuchs, Wild- oder Weidevieh.	18320	4.2.1
Eignungsprüfungen einschließlich Probenahmen von Stoffen, Bauteilen, Pflanzen und Pflanzenteilen, die vom Auftraggeber beigestellt werden oder deren Herkunft von ihm vorgeschrieben ist.	18320	4.2.3
Vorhalten von Aufenthalts- und Lagerräumen, wenn der Auftraggeber Räume, die nicht leicht verschließbar gemacht werden können, nicht zur Verfügung stellt.	18320 18323 18332 18333 18334 18336 18338 18339 18340 18345 18349 18350 18351 18352 18353 18354 18355 18356	4.2.4 4.2.1 4.2.2 4.2.1 4.2.1 4.2.1 4.2.2 4.2.1 4.2.1 4.2.1 4.2.4 4.2.1 4.2.3 4.2.1 4.2.1 4.2.1 4.2.1 4.2.2

	18357	4.2.1
	18358	4.2.1
	18360	4.2.1
	18361	4.2.1
	18363	4.2.2
	18364	4.2.7
	18365	4.2.1
	18366	4.2.2
	18367	4.2.1
	18379	4.2.3
	18380	4.2.3
	18381	4.2.3
	18382	4.2.1
	18384	4.2.1
	18385	4.2.1
	18386	4.2.2
	18421	4.2.2
Maßnahmen zum Ableiten von Wasser aus angrenzenden Flächen.	18320	4.2.5
Abladen und Lagern bauseitig gelieferter Stoffe, Bauteile, Pflanzen und Pflanzenteile.	18320	4.2.6
Schutzmaßnahmen für Pflanzen nach Ablauf der Lagerungszeit auf der Baustelle sowie Leistungen zum Einschlagen oder Aufschulen von Pflanzen und Pflanzenteilen, die vom Auftraggeber verlangt werden, oder wenn diese aus Gründen erforderlich werden, die der Auftragnehmer nicht zu vertreten hat.	18320	4.2.7
Liefern von Wasser bei Pflegeleistungen.	18320	4.2.8
Maßnahmen zur Beseitigung von vorzeitigem Aufwuchs, wenn diese aus Gründen erforderlich werden, die der Auftragnehmer nicht zu vertreten hat.	18320	4.2.9
Lockern des Baugrundes vor dem Aufbringen des Oberbodens.	18320	4.2.10
Schutzmaßnahmen für Vegetationsflächen gegen Wild und Weidevieh oder wenn angrenzende Flächen vor der Abnahme der Vegetationsflächen genutzt werden.	18320	4.2.11
Besondere Messungen über ATV DIN 18299, Abschnitt 4.1.3, hinaus.	18320 18321	4.2.13 4.2.12

Besondere Leistungen

Maßnahmen zur Beurteilung der Abmessungen nach DIN EN 12716.	18321	4.2.13
Beseitigen des mit Rückfluss verfestigten Bodens aus der Arbeitsebene.	18321	4.2.11
Beseitigen der verfestigten Rückstände im Boden.	18321	4.2.10
Beseitigen des verfahrensbedingten Überprofils.	18321	4.2.9
Durchlässigkeitsprüfungen.	18321	4.2.8
Entsorgen des Rückflusses, wenn durch Schadstoffe aus Boden und Grundwasser sich die Einstufung in die Zuordnungsklasse verändert.	18321	4.2.7
Umsetzen aller Einrichtungen zum Aufbereiten und Einbringen der Düsenstrahlsuspension aus Gründen, die nicht vom Auftragnehmer zu vertreten sind.	18321	4.2.6
Herstellen von Probeelementen einschließlich Erkunden und Beproben.	18321	4.2.4
Maßnahmen, wenn die Zielgrößen des Düsvorgangs nicht erreicht werden.	18321	4.2.1
Maßnahmen bei unvermuteten Verlusten an Suspension.	18321	4.2.1
Sicherungsmaßnahmen, wenn vorhandene Anlagen unvorhergesehen den Baufortschritt gefährden.	18322	4.2.1
Maßnahmen bei Abweichungen von vereinbarten Maßen.	18322	4.2.1
Aufrechterhaltung von Zugängen und Zufahrten zu Grundstücken für die Dauer der Bauzeit.	18322	4.2.1
Maßnahmen, wenn gelockerte Reststreifen mit einer größeren Reststreifenbreite festgestellt werden, als in Tabelle 1 angegeben.	18322	4.2.1
Maßnahmen bei ungeeigneter Grabensohle für den Einbau von Kabeln, Kabelschutzrohren, Kabelkanälen und dergleichen.	18322	4.2.1
Sichernde Maßnahmen bei geneigter Grabensohle.	18322	4.2.1

Besondere Leistungen

Zwischenraumdämmung und Sicherung gegen Aufschwimmen, wenn Rohre in ein Mantelrohr mit einem Innendurchmesser größer 160 mm eingebaut werden.	18322	4.2.1
Anpassarbeiten bei Kabelkanälen aus Fertigteilen, deren Ursache nicht der Auftragnehmer zu vertreten hat.	18322	4.2.1
Zustandskontrollen.	18322	4.2.2
Kalibrieren und Reinigen bestehender Rohrstrecken.	18322	4.2.12
Herrichten von Stell- und Lagerplätzen auf fremdem Grund und Boden.	18322 18323	4.2.4 4.2.2
Entsorgen der zum Wiedereinbau ungeeigneten Stoffe und Bauteile.	18322	4.2.5
Abbauen und Wiederherstellen von Zäunen, Straßen-, Platz- und Bahnsteigmöblierungen sowie sonstigen Verkehrseinrichtungen und die sich daraus ergebenden Sicherungsmaßnahmen.	18322	4.2.6
Rücktransport nicht benötigter bauseitig beigestellter sowie ausgebauter wiederverwendbarer Stoffe und Bauteile des Auftraggebers.	18322	4.2.7
Sichern von Böschungen und Flächen.	18322	4.2.8
Übernahme der Gebühren für behördliche Genehmigungen oder vorgeschriebene Abnahmeprüfungen.	18322 18323 18379 18380 18381 18386	4.2.10 4.2.9 4.2.17 4.2.18 4.2.26 4.2.13
Sicherheitseinrichtungen bei Arbeiten in Gewässern mit Fließgeschwindigkeiten über 0,5 m/s.	18323	4.2.15
Wiederverfüllen bei Einzelpunkträumungen entstandener Gruben, Spültrichter und dergleichen sowie bei Bohrlochsondierungen entstandener Bohrlöcher.	18323	4.2.14
Anbringen von Hinweisschildern und Kennzeichen, außer für die Vermarkung von Testfeldern und Räumflächen.	18323	4.2.13
Einmessen von Leitungen.	18323	4.2.12

Besondere Leistungen

Leistungen für sofort und auf Anordnung der zuständigen Stelle zu treffende Maßnahmen bei nicht transportfähigen Kampfmitteln sowie beim Antreffen von Kampfmitteln mit chemischen oder biologischen Kampfstoffen oder mit radioaktiven Bestandteilen.	18323	4.2.8
Zur Sondierung oder Kampfmittelräumung erforderliche Erd-, Bohr-, Verbau-, Wasserhaltungs-, Nassbagger- sowie Abbruch- und Rückbauarbeiten sowie Aufnehmen und seitliches Lagern von Schrott, Baustoffen, Bauteilen, Bauwerksresten und dergleichen.	18323	4.2.5
Permanente Bewachung von Kampfmitteln im Bereitstellungslager über die Arbeitszeit hinaus.	18323	4.2.6
Maßnahmen bei Störkörpern unterhalb der vorgegebenen Räumtiefe.	18323	4.2.6
Maßnahmen bei nicht handhabungsfähigen Kampfmitteln.	18323	4.2.6
Einsatz von erschütterungsarmen Verfahren bei Verbau- und Wasserhaltungsarbeiten.	18323	4.2.6
Antreffen von Kampfmitteln.	18323	4.2.6
Umsetzen von Gleisbaumaschinen auf besondere Anordnung des Auftraggebers.	18325	4.2.2
Besondere Maßnahmen zum Schutz von Fahrleitungs- und Gleisanlagen und Bahnsteigen.	18325	4.2.6
Abdeckung von Bettung, seitlichen Kanälen, Kabelbahnen, Kabelverteilern und dergleichen.	18325	4.2.7
Entsorgen und Einebnen von Bettungsrückständen.	18325	4.2.8
Wiederherstellen des durch Stopf- und Richtarbeiten zerstörten Schotterprofils.	18325	4.2.9
Maßnahmen für die Instandhaltung und Kontrolle der Gleisanlagen im Bauzustand während der Unterbrechung der Arbeiten, soweit diese nicht vom Auftragnehmer zu vertreten ist	18325	4.2.11
Feststellen der Lage der Gleisanlagen vor Beginn der Arbeiten, Festlegen der herzustellenden Lage durch Berechnen und Übertragen der Korrekturmaße.	18325	4.2.12
Arbeitsstellenbeleuchtung.	18325	4.2.13

Besondere Leistungen

Wiegen von Stoffen und Bauteilen, die der Auftraggeber stellt.	18325	4.2.14
Abladen von Stoffen und Bauteilen, die der Auftraggeber stellt.	18325	4.2.15
Aufladen, Fördern und Abladen ausgebauter Stoffe und Bauteile.	18325	4.2.16
Aufbauen, Vorhalten, Betreiben und Abbauen von Lüftungsanlagen.	18325	4.2.18
Gestellen einer Schweißaufsichtskraft für den thermischen Spannungsausgleich beim Schlussschweißen.	18325	4.2.19
Reprofilierung des Altrohres	18326	4.2.1
Dokumentation, deren Umfang über die Parameter des Abschnitts 3.3.3 hinausgeht.	18326	4.2.7
Optische Inspektionen zur Zustandserfassung des Altrohres und zur Vorbereitung der Abnahme.	18326	4.2.8
Beseitigen von Verunreinigungen, die aus dem Betrieb des Kanalsystems entstehen.	18326	4.2.9
Entsorgen von Räumgut, das aus dem Bereich des Kanalsystems entsteht.	18326	4.2.10
Abwasserüberleitungen und Abwasserumleitungen in bestehenden Entwässerungskanälen einschließlich aller einbindenden Anschlussleitungen.	18326	4.2.12
Einbinden des Lining-Rohrs an Schächte.	18326	4.2.14
Öffnen und Einbinden der Anschlussleitungen an das Lining-Rohr.	18326	4.2.15
Kalibrierung des Altrohres.	18326	4.2.16
Einbau von Probestützrohren.	18326	4.2.17
Probenahmen und Prüfungen nach Abschnitt 2.2.3 sowie Verschließen der Entnahmestellen.	18326	4.2.18
Errichten, Vorhalten sowie Abbauen von Stützkonstruktionen und Gerüsten für die Durchführung der Arbeiten in Schachtbauwerken mit einer lichten Weite größer 1,5 m.	18326	4.2.20

Besondere Leistungen

Herstellen von Rohrverbindungen, Pass-, Gelenk- und Formstücken, Fugendichtungen und Handlaminaten.	18326	4.2.21
Maßnahmen zur Erfüllung erhöhter Anforderungen an die Ebenheit oder Maßhaltigkeit.	18330　18331　18332　18333　18340　18345　18349　18350　18351　18353　18354　18356	4.2.1　4.2.1　4.2.1　4.2.8　4.2.7　4.2.16　4.2.1　4.2.24　4.2.1　4.2.9　4.2.5　4.2.1
Glattstriche an Leibungen, Stützen und Brüstungen für den Einbau von Fenstern, Türen und dergleichen.	18330	4.2.2
Erstellen von Traggerüsten der Bemessungsklasse B.	18330　18331	4.2.3　4.2.3
Vorhalten der Gerüste über die eigene Benutzungsdauer hinaus für andere Unternehmer.	18330　18331　18335	4.2.4　4.2.4　4.2.2
Umbau von Gerüsten und Vorhalten von Hebezeugen, Aufzügen, Aufenthalts- und Lagerräumen, Einrichtungen und dergleichen für Zwecke anderer Unternehmer.	18330　18331　18334　18335　18339　18340　18345　18350　18361	4.2.5　4.2.5　4.2.3　4.2.3　4.2.3　4.2.3　4.2.3　4.2.3　4.2.3
Liefern bauphysikalischer Nachweise sowie statischer Berechnungen und der für diese Nachweise erforderlichen Zeichnungen.	18330　18331　18333　18334　18338　18339　18340　18345　18350　18351	4.2.6　4.2.6　4.2.24　4.2.9　4.2.9　4.2.15　4.2.11　4.2.13　4.2.14　4.2.11

Besondere Leistungen

	18355	4.2.10
	18421	4.2.11
Herstellen und Schließen von Aussparungen.	18330	4.2.7
	18331	4.2.8
	18333	4.2.10
	18334	4.2.10
	18336	4.2.14
	18338	4.2.10
	18340	4.2.13
	18345	4.2.14
	18353	4.2.21
	18357	4.2.17
	18358	4.2.4
	18360	4.2.4
	18365	4.2.3
		4.2.7
Überdecken von Öffnungen und Nischen durch gemauerte Stürze, Überwölbungen und Entlastungsbögen.	18330	4.2.8
Liefern und Einbauen von Dübeln, Dübelsteinen, Schornsteinreinigungstüren, Tür- und Fensterzargen und dergleichen.	18330	4.2.9
Herstellen von Bewegungs- und Scheinfugen sowie Fugendichtungen.	18330	4.2.10
	18331	4.2.13
Schließen des Zwischenraumes an Öffnungen bei zweischaligem Mauerwerk.	18330	4.2.11
Abfangen der Außenschalen bei zweischaligen Außenwänden	18330	4.2.12
Herstellen von Tür- und Fensterpfeilern im Wandmauerwerk, wenn sie schmaler als 50 cm sind und die beidseits dieser Pfeiler liegenden Öffnungen nach Abschnitt 5.2.1 abgezogen werden.	18330	4.2.13
Herstellen von Mauerwerksabdeckungen.	18330	4.2.18
Herstellen von Leibungen bei Sicht- und Verblendmauerwerk sowie von Sohlbänken, Gesimsen und Bändern einschließlich etwaiger Auskragungen.	18330	4.2.14
Herstellen von Ecken mit Formsteinen oder geschnittenen Mauersteinen.	18330	4.2.15

Besondere Leistungen

Herstellen von Mauerwerksschrägen.	18330	4.2.16
Herstellen von Quergefälle in Mauerwerkskronen.	18330	4.2.17
Herstellen von Deckenabmauerungen.	18330	4.2.19
Maßnahmen für den Brand-, Schall-, Wärme-, Feuchte- und Strahlenschutz, soweit diese über die Leistungen nach Abschnitt 3 hinausgehen.	18330 18331 18333 18334 18338 18339 18340 18345 18351 18355 18358 18379 18380 18381 18421	4.2.20 4.2.19 4.2.6 4.2.26 4.2.10 4.2.7 4.2.36 4.2.32 4.2.5 4.2.11 4.2.9 4.2.23 4.2.28 4.2.32 4.2.10
Vorsorge- und Schutzmaßnahmen für das Mauern bei Frost.	18330	4.2.21
Herstellen von Profilierungen.	18331	4.2.9
Vorsorge- und Schutzmaßnahmen für das Betonieren bei Lufttemperaturen unter +5°C sowie bei über einen Zeitraum von 48 Stunden anhaltenden Lufttemperaturen von durchschnittlich über +30°C vor dem Betonieren.	18331	4.2.7
Herstellen von Vouten, Auflagerschrägen und Konsolen.	18331	4.2.11
Maßnahmen zum Erzielen einer bestimmten Betonoberfläche. Herstellen von Erprobungs- und Referenzflächen.	18331	4.2.16
Abstemmen des erforderlichen Überbetons des Pfahlkopfes bis zur planmäßigen Höhe, einschließlich Herrichten der Anschlussbewehrung.	18331	4.2.17
Maßnahmen zum Beseitigen überschüssigen Betons an den Pfahlschäften.	18331	4.2.18
Versetzen und Verlegen von Mustern.	18332	4.2.5

Besondere Leistungen

Maßnahmen zum Schutz gegen Feuchtigkeit und zur Wärme- und Schalldämmung.	18332 18352	4.2.7 4.2.10
Vorbereiten des Untergrundes zur Erzielung eines guten Haftgrundes.	18332 18356 18365 18366 18367	4.2.8 4.2.4 4.2.3 4.2.1 4.2.3
Auffüllen des Untergrundes zur Herstellung der erforderlichen Höhe oder des nötigen Gefälles sowie das Herstellen von Unterputz zum Ausgleich unebener oder nicht lot-und fluchtrechter Wände.	18332 18333 18352	4.2.9 4.2.5 4.2.8
Herstellen von Gleitlagern oder Gleitschichten, Einbauen von Brückenankern.	18332 18333	4.2.10 4.2.7
Liefern und Einbauen von Konsolen, Anschlag-, Trenn- und Bewegungsschienen, Rahmen, im Bauwerk verbleibenden Gerüsthalterungen und dergleichen.	18332 18333	4.2.11 4.2.17
Herstellen von Ausklinkungen, Löchern, Ausnehmungen, Ankertaschen und dergleichen.	18332	4.2.12
Einsetzen von Installations- und Einbauteilen.	18332 18335 18352	4.2.13 4.2.12 4.2.13
Nachträgliches Anarbeiten an Einbauteile, soweit dies vom Auftraggeber zu vertreten ist.	18332 18333 18352 18356	4.2.14 4.2.15 4.2.14 4.2.8
Anarbeiten an gebogene, nicht rechtwinklige sowie nicht lot- und fluchtrechte begrenzende Bauteile.	18332	4.2.15
Herstellen von Gehrungen oder Schrägschnitten.	18332 18333 18340 18352	4.2.16 4.2.12 4.2.28 4.2.23
Abschneiden des Überstandes von Randstreifen anderer Gewerke.	18332	4.2.17
Bearbeiten nach dem Versetzen bzw. Verlegen.	18332	4.2.18
Anfertigen geforderter Verlege- oder Versetzpläne, Bestands-, Sanierungs- und Kartierungspläne.	18332	4.2.19

Besondere Leistungen

Erfüllen erhöhter Anforderungen hinsichtlich der Absätze und Höhensprünge zwischen benachbarten Platten.	18333	4.2.9
Anarbeiten von Belägen.	18333	4.2.13
Abrunden von Ecken und Kanten sowie Ausbilden von Kehlen.	18333	4.2.11
Anarbeiten an Aussparungen im Belag.	18333 18352	4.2.14 4.2.22
Ausbilden, Schließen und Abdecken von Bewegungs- und Anschlussfugen.	18333	4.2.16
Herstellen feingeschliffener Oberflächen.	18333	4.2.18
Nachträgliche oder besondere Oberflächenbehandlung.	18333 18352 18353 18354	4.2.19 4.2.24 4.2.20 4.2.11
Abschneiden des Überstandes von Randdämmstreifen.	18333 18352 18353 18354 18356 18365 18367	4.2.20 4.2.18 4.2.21 4.2.9 4.2.14 4.2.12 4.2.10
Besondere Maßnahmen zum Schutz von Bau- und Anlagenteilen sowie Einrichtungsgegenständen.	18333 18334 18336 18338 18339 18340 18345 18349 18350 18353 18354 18358 18363 18364 18366 18379 18380	4.2.21 4.2.6 4.2.19 4.2.15 4.2.10 4.2.5 4.2.7 4.2.3 4.2.7 4.2.13 4.2.13 4.2.10 4.2.6 4.2.5 4.2.6 4.2.21 4.2.26

	18381	4.2.31
	18421	4.2.6
	18459	4.2.9
Herstellen von Mustern sowie Muster- und Referenzflächen, soweit diese nicht in die Leistung eingehen.	18333	4.2.22
Erstellen von Verlegeplänen.	18333	4.2.23
Auf- und Abbauen sowie Vorhalten von Schutznetzen.	18334	4.2.4
	18338	4.2.4
Liefern von statisch nachzuweisenden oder konstruktiv erforderlichen Verbindungs- und Befestigungselementen.	18334	4.2.7
	18355	4.2.4
Nachziehen von Bolzen und Passbolzen nach DIN 1052, wenn mit dem Schwinden des vom Auftraggeber beigestellten Holzes zu rechnen ist.	18334	4.2.8
Probebelastungen nach DIN 1074, wenn die vertragsmäßige Beschaffenheit der Leistung nicht auf andere Weise nachgewiesen werden kann.	18334	4.2.10
Versuche zum Nachweis der Standsicherheit am Bauwerk, Dübelauszugsversuche, Schlagversuche und dergleichen.	18334	4.2.11
	18339	4.2.16
	18340	4.2.12
Herstellen von im Bauwerk verbleibenden Verankerungsmöglichkeiten.	18334	4.2.12
	18338	4.2.6
	18339	4.2.13
	18345	4.2.4
	18350	4.2.4
	18351	4.2.7
Herstellen und Schließen von Löchern im Mauerwerk und Beton für Auflager und Verankerungen.	18334	4.2.13
Herstellen und Anbringen von Musterflächen, Musterkonstruktionen und Modellen.	18334	4.2.15
	18338	4.2.12
	18339	4.2.9
	18340	4.2.9
	18345	4.2.12
	18350	4.2.13
	18352	4.2.4
	18381	4.2.28

Besondere Leistungen

Ausbau und Wiedereinbau von Bekleidungselementen für Leistungen anderer Unternehmer.	18334	4.2.16
Bearbeiten von Oberflächen.	18334	4.2.17
Zuschnitte von Schalungen, Bekleidungen und dergleichen an schrägen An- und Abschlüssen.	18334	4.2.18
Herstellen von besonderen Fugen- und Eckausbildungen.	18334	4.2.19
Herstellen von Bekleidungen der Leibungen.	18334	4.2.20
Herstellen von Abschottungen, Schürzen und Scheinunterzügen bei Deckenbekleidungen, Unterdecken und Wandbekleidungen.	18334 18345 18350	4.2.21 4.2.28 4.2.32
Herstellen von Schiftersparrenschnitten sowie Abbinden, Aufstellen oder Verlegen von Hölzern bei schwierigen Verzimmerungen.	18334	4.2.22
Hobeln und Profilierungen von Sparren-, Pfetten- und Balkenköpfen.	18334	4.2.23
Verstärken von Bauteilen.	18334	4.2.24
Anschließen von Luft- und Winddichtheitsschichten sowie Dampfbremsen an bauseitig erstellte Bauteile.	18334	4.2.25
Liefern von Berechnungen und Zeichnungen.	18335	4.2.5
Leistungen des Prüfungsbeauftragten für die Abnahmeprüfzeugnisse bzw. für die Prüfung von Bauteilen.	18335	4.2.7
Einbringen und Entfernen flüssiger Füllstoffe zur Dichtheitsprobe, wenn der Dichtheitsnachweis auch mit anderen Mitteln geführt werden kann.	18335	4.2.8
Schließen von Löchern, Schlitzen und Durchbrüchen.	18335	4.2.11
Arbeiten zum Anschließen an vorhandene Konstruktionen.	18335	4.2.14
Korrosionsschutzarbeiten, über die Leistungen nach Abschnitt 3.4 hinaus.	18335	4.2.15
Auf- und Abbauen sowie Vorhalten von Gerüsten.	18336	4.2.2
Beseitigung von Schäden an der Abdichtung, die der Auftragnehmer nicht verursacht hat.	18336	4.2.4

Besondere Leistungen

Vorbehandeln des Abdichtungsuntergrundes.	18336	4.2.6
Ausgleichen von größeren Unebenheiten des Untergrundes.	18336 18338 18339 18350 18351 18358 18365	4.2.7 4.2.7 4.2.6 4.2.26 4.2.9 4.2.8 4.2.8
Leistungen für Schutzmaßnahmen nach DIN 18195–10.	18336	4.2.8
Herstellen von Schutzschichten nach DIN 18195–10.	18336	4.2.9
Herstellen von Abdichtungen über Bewegungsfugen.	18336	4.2.11
Verstärken der Abdichtung in der Fläche, an Kanten, Kehlen, Anschlüssen, Abschlüssen und Übergängen.	18336 18338	4.2.12 4.2.20
Herstellen von Hohlkehlen.	18336	4.2.13
Herstellen von Anschlüssen der Abdichtung an Durchdringungen bei Übergängen und Anschlüssen mittels Einbauteilen.	18336	4.2.14
Herstellen von Kehranschlüssen und rückläufigen Stößen.	18336	4.2.15
Liefern und Einbauen von Zubehörteilen.	18336 18338 18339	4.2.16 4.2.22 4.2.27
Einbauen und Eindichten beigestellter Bauteile sowie Ausbauen und Einbauen von Bauteilen für Leitungen anderer Unternehmer.	18336	4.2.17
Fertigstellen von Bauteilen in zwei Arbeitsgängen zur Ermöglichung von Arbeiten anderer Unternehmer.	18336 18338 18339 18351 18358 18421	4.2.18 4.2.14 4.2.12 4.2.15 4.2.11 4.2.8
Prüfung der Oberflächenzugfestigkeit des Untergrundes.	18336	4.2.21
Bekleiden von Gaubenpfosten.	18338	4.2.21

Besondere Leistungen

Auffüttern der Unterkonstruktion um mehr als 20 mm zur Herstellung ebener Flächen.	18338	4.2.8
Erstellen von Montage- und Verlegeplänen, Detail- und Konstruktionszeichnungen.	18338 18339 18340 18345 18350 18352 18360	4.2.11 4.2.14 4.2.13 4.2.14 4.2.15 4.2.3 4.2.6
Einbauen und Eindecken oder Eindichten beigestellter Bauteile.	18338 18351	4.2.16 4.2.17
Ausbauen und Einbauen von Bauteilen für Leistungen anderer Unternehmer.	18338	4.2.17
Nachträgliches Anarbeiten und Einbauen von Teilen.	18338 18351	4.2.18 4.2.16
Anschlüsse an Bau- und Einbauteile.	18338	4.2.19
Schaffen der notwendigen Höhenfestpunkte.	18339	4.2.17
Bekleidungen von Leibungen und Stürzen sowie Einbau von Fensterbänken und Lüftungsgittern.	18339	4.2.18
Einsetzen von Profilen und Zierelementen.	18339	4.2.19
Maßnahmen zur Abführung von Niederschlagswasser.	18339	4.2.20
Abnehmen und Wiederanbringen von Regenfallrohren, soweit es der Auftragnehmer nicht zu vertreten hat.	18339	4.2.21
Einbauen von Laub- und Schmutzfängern.	18339	4.2.22
Herstellen und Schließen von Schlitzen.	18339	4.2.23
Aufnehmen und Wiedereinbauen von Deckungen und Bekleidungen auch provisorischer Art, soweit es der Auftragnehmer nicht zu vertreten hat.	18339	4.2.24
Einbauen von Innen- und Außenecken an geformten Blechen und Blechprofilen.	18339	4.2.25
Einbauen von Formstücken an Strangpressprofilen.	18339	4.2.26
Einbauen von Leiterhaken, Absturzsicherungssystemen, Laufrostanlagen und Einfassungen von Dachdurchdringungen.	18339	4.2.28

Besondere Leistungen

Leistungen für das Herstellen höherer Oberflächenqualitäten.	18340	4.2.8
Herstellen vollflächiger Bewehrungen.	18340	4.2.10
Einbau von Zargen, Türen, Fenster und dergleichen.	18340	4.2.15
Nachträgliches Anarbeiten an Einbauten, Installationen oder angrenzende Bauteile.	18340 18353	4.2.16 4.2.18
Fertigstellen von Trenn- und Montagewänden und Vorsatzschalen, soweit die Leistungen nicht im Zuge gleichartiger Trockenbauarbeiten kontinuierlich erbracht werden können.	18340	4.2.17
Schließen von Decken- und Bodenkonstruktionen, wenn Unterkonstruktionen und Bekleidungen im Arbeitsbereich nicht in einem Arbeitsgang ausgeführt werden können.	18340	4.2.18
Arbeiten für Leistungen anderer Unternehmer.	18340 18351	4.2.19 4.2.14
Entfernen des Überstandes von Randdämmstreifen und Einstellen des Oberbelagabschlussprofils nach Verlegen der Bodenbeläge.	18340	4.2.20
Zuschnitte von Bekleidungen oder werkmäßig vorgefertigten Elementen zur Anpassung an Schrägen, gebogene oder nicht rechtwinklige Bauteile.	18340	4.2.21
Liefern von werkseitig zu fertigenden Sonderformaten.	18340	4.2.22
Verstärken von angeschnittenen Elementen im Bereich von Anschlüssen und Aussparungen.	18340	4.2.23
Herstellen von besonderen Unterkonstruktionen.	18340	4.2.24
Nachbehandeln angeschnittener Elemente.	18340	4.2.25
Herstellen von Stelen und Gesimsen, Auskragungen, Abstufungen und Aufkantungen.	18340	4.2.26
Herstellen von Abschottungen, Brandschutzummantelungen, Schürzen, Scheinunterzügen und seitlichen Bekleidungen.	18340	4.2.27
Herstellen von Sohlbänken, Fenster- und Türumrahmungen, hinterschnittenen oder hinterlegten Sockelan-	18340 18350	4.2.29 4.2.36

Besondere Leistungen

schlüssen, Faschen, Leibungen, Stufen und Rampen sowie Herstellen von freien Wand- und Deckenenden.		
Einbauen von An- und Abschlussprofilen.	18340	4.2.30
Herstellen von Anschlüssen an Bauteile als elastische, dicht angearbeitete, gleitende, mit Trennstreifen angespachtelte oder offene Anschlüsse, Nuten oder Schattenfugen.	18340	4.2.31
Herstellen von Schwert- und Reduzierungsanschlüssen bei Trenn- und Montagewänden und freien Wand- und Deckenabschlüssen.	18340	4.2.33
Herstellen von luftdichten Anschlüssen an angrenzende Bauteile, Einbauteile, Durchdringungen und dergleichen.	18340 18350	4.2.34 4.2.16
Grundierungen und Imprägnierungen von Oberflächen.	18340	4.2.35
Einmessen fehlender Bezugspunkte zur Durchführung notwendiger Messungen nach ATV DIN 18299, Abschnitt 4.1.3	18340 18351	4.2.37 4.2.20
Schließen von Ankerlöchern für die Gerüstverankerung.	18345 18350	4.2.5 4.2.5
Entfernen von bauseits vorhandenen Schutzfolien und dergleichen.	18345 18350	4.2.8 4.2.8
Vorbehandeln des Untergrundes.	18345 18350	4.2.10 4.2.10
Beseitigen von Hindernissen im Untergrund.	18345 18350	4.2.11 4.2.11
Maßnahmen zum Ausgleich von größeren Unebenheiten des Untergrundes.	18345 18353 18354 18356 18367	4.2.15 4.2.7 4.2.4 4.2.5 4.2.4
Maßnahmen gegen Algen- und Pilzbefall.	18345 18350	4.2.17 4.2.29
Herstellen von Oberputzen mit einer Korngröße abweichend von der Ausführung nach Abschnitt 3.2.5.1.	18345	4.2.18

Besondere Leistungen

Ausführung farbiger Putze. Beschichtung des Oberputzes.	18345	4.2.19
Herstellen von Anschlüssen an angrenzende Bauteile.	18345 18365	4.2.20 4.2.11
Schließen und Verputzen von Schlitzen und von Aussparungen für Auflager und Verankerungen.	18345 18350	4.2.22 4.2.22
Einbauen von Fensterbänken, Profilen und Dekorprofilen sowie Herstellen von Fenster- und Türumrahmungen, Faschen, Putzbändern, Schattenfugen, Bossierungen und dergleichen.	18345	4.2.23
Herstellen von Ecken, Gehrungen, Kreuzungen, Verkröpfungen und Endungen an Dekorprofilen.	18345	4.2.24
An- und Beiputzarbeiten, soweit sie nicht im Zuge mit den übrigen Arbeiten ausgeführt werden können.	18345 18350	4.2.25 4.2.30
Zuschnitte zur Anpassung an Schrägen und gebogene oder andersartig geformte Bauteile.	18345 18351	4.2.26 4.2.18
Herstellen von Hilfskonstruktionen zur Befestigung von Markisen, Werbeträgern und dergleichen.	18345 18350	4.2.27 4.2.33
Herstellen von Brandbarrieren.	18345	4.2.30
Mechanische Befestigungen bei nicht klebegeeigneten Untergründen.	18345	4.2.31
Maßnahmen bei zu geringer Oberflächenzugfestigkeit.	18349	4.2.1
Maßnahmen, wenn die erforderlichen Werte oder die vorgegebene Rautiefe nach dem Strahlen nicht erreicht werden.	18349	4.2.1
Maßnahmen zum Schutz von Vegetation.	18349	4.2.2
Besondere Maßnahmen zum Feststellen des Zustandes der Vorfluter.	18349	4.2.8
Beseitigen und Entsorgen verfahrensbedingter Vermischungen und Abfall aus dem Bereich des Auftraggebers.	18349 18364	4.2.12 4.2.6
Anfertigen von Schadensdokumentationen.	18349	4.2.10
Entfernen von störenden Fremdkörpern aus dem Beton.	18349	4.2.13

Besondere Maßnahmen zum Trocknen von Bauteilen oder zur Reduzierung der Luftfeuchte.	18349	4.2.14
Zusätzliche Maßnahmen der Untergrundvorbehandlung.	18349	4.2.15
Ausbilden von Nuten, Kanten und Wassertropfkanten.	18349	4.2.17
Vornässen von trockenen Rissen für die Ausbildung der Porenstruktur des Polyurethanharz.	18349	4.2.18
Besondere Schutzmaßnahmen gegen schädigende Einflüsse.	18349	4.2.19
Reinigungsarbeiten, soweit sie über die Leistungen nach ATV DIN 18299, Abschnitt 4.1.11, hinausgehen	18349	4.2.20
Überwachung durch eine anerkannte Überwachungsstelle, soweit vom Auftraggeber veranlasst.	18349	4.2.21
Einbau von Sonderprofilen.	18350	4.2.17
Ausbildung von Kanten ohne Profile.	18350	4.2.18
Einbau von Fugenüberspannungen, Streifenbewehrungen und Streifenputzträgern bis 1 m Breite, Diagonalbewehrungen und dergleichen.	18350	4.2.19
Mechanische Befestigung von Putzträgern, Putzträgerplatten und dergleichen.	18350	4.2.20
Ausbau und Wiedereinbau von Bekleidungselementen und dergleichen.	18350	4.2.21
Maßnahmen zum Verputzen von anbetonierten Dämmstoffplatten.	18350	4.2.23
Maßnahmen zum Erreichen von Oberflächenqualitäten nach Abschnitt 3.2.5.	18350	4.2.25
Herstellen von Oberputzen mit einer Korngröße kleiner 3 mm.	18350	4.2.27
Farbige Ausführung der Putze.	18350	4.2.28
Herstellen von Kehlen und Gesimsen.	18350	4.2.34
Herstellen von Ecken und Verkröpfungen an Stuckprofilen, Kehlen und Gesimsen.		

Besondere Leistungen

Aufstellen von Dokumentationen, z. B. Bestandsplänen, und Liefern von Betriebs-, Wartungs- und Bedienungsanleitungen.	18351	4.2.21
Verstärken von angeschnittenen Elementen und von Unterkonstruktionen im Bereich von Anschlüssen und Aussparungen.	18351	4.2.19
Herstellen und Anbringen von Mustern.	18351 18366	4.2.13 4.2.20
Prüfung auf klimatische, chemische oder physikalische Eignung der zu verwendenden Stoffe und der Konstruktion bei Vorliegen besonderer Einflussfaktoren oder standortbedingter Beanspruchungen.	18351 18360	4.2.12 4.2.5
Maßnahmen zur Verkabelung von Installationen, Sonnenschutzanlagen, Photovoltaikelementen und dergleichen.	18351	4.2.6
Aufstellen prüffähiger Standsicherheitsnachweise und Anfertigen der dazugehörenden Zeichnungen.	18351	4.2.10
Anschleifen von Estrichen.	18352	4.2.6
Aufbringen von Haftbrücken.	18352 18353	4.2.7 4.2.11
Ansetzen und Verlegen von Lehren aus Fliesen oder Platten zur Vorbereitung einer maßgenauen Installation.	18352	4.2.9
Herstellen von Löchern in Wand- und Bodenbelägen für Installationen und Einbauteile.	18352	4.2.11
Stemmarbeiten für Installationen und Einbauteile.	18352	4.2.12
Anarbeiten der Beläge an Waschtische, Spülbecken, Wannen, Brausewannen, Wannenuntertritte, schräge Wannenschürzen und dergleichen.	18352	4.2.15
Ausbilden, Schließen und Abdecken von Bewegungs- und Anschlussfugen.	18352 18365	4.2.16 4.2.9
Vergießen und Verdübeln von Scheinfugen im Untergrund.	18352	4.2.17
Liefern und Einsetzen von Profilleisten, Zierplatten und Formteilen.	18352	4.2.19

Besondere Leistungen

Ausbilden freier Stufenköpfe.	18352	4.2.20
Herstellen von Zwickeln bei abgestuften Begrenzungen der Beläge.	18352	4.2.21
Besondere Maßnahmen für das Herstellen von Estrichen im Freien.	18353	4.2.3
Besonderes Reinigen des Untergrundes mittels Staubsauger, Hochdruckreiniger und dergleichen.	18353	4.2.5
Vorbereiten des Untergrundes mittels Fräsen, Stocken, Strahlen und dergleichen.	18353	4.2.6
Ausgleichen von Ebenheits- und Winkelabweichungen des Untergrundes innerhalb der Toleranzen nach DIN 18202 bei Estrichen aus fließfähigen Massen bis 10 mm Nenndicke, wenn der Mehrverbrauch 20 % übersteigt.	18353	4.2.8
Beseitigen von Putzüberständen.	18353 18354	4.2.10 4.2.8
Anarbeiten von Wärmedämmstoffen an auf der Rohdecke liegende Rohre, Kabelkanäle und dergleichen.	18353	4.2.12
Einbauen von Anschlag-, Stoß- und Trennschienen, Mattenrahmen und dergleichen.	18353 18354	4.2.14 4.2.6
Herstellen von Kanten und Höhenversprüngen sowie Abstellungen.	18353	4.2.16
Ausbilden von Kehlen und Sockeln sowie Aufbringen von Estrich auf Stufen und Schwellen.	18353	4.2.19
Entfernen des nicht gebundenen Abreib- oder Abstreumaterials.	18354	4.2.10
Besondere Prüfung der Beschaffenheit des Untergrundes.	18354	4.2.3
Herstellen des Anschlusses von Dichtungsschichten an angrenzende Bauteile und Durchdringungen.	18354	4.2.7
Nachträgliches Abdichten von Anschlussfugen, soweit diese Leistungen nicht im Zuge der Montagearbeiten kontinuierlich erbracht werden können.	18355	4.2.5
Einbauen von Deckleisten beim Anschluss an andere Bauteile.	18355	4.2.6

Besondere Leistungen

Herstellen von Musterstücken, sofern diese nicht am Bau verwendet werden.	18355 18357 18358	4.2.7 4.2.3 4.2.13
Einbauen bauseitig gelieferter Dichtungen.	18355	4.2.8
Entfernen und Wiedereinsetzen von Falzdichtungen.	18355	4.2.9
Auffütterungen von mehr als 1 cm Dicke auf Balken oder Lagerhölzern.	18356	4.2.6
Beseitigen alter Beläge und Klebestoffschichten.	18356 18365	4.2.7 4.2.4
Herstellen von sichtbar bleibenden Aussparungen, Fugen und Anschlüssen.	18356	4.2.9
Belegen von Bodenklappen und dergleichen.	18356 18367	4.2.10 4.2.7
Einbauen von Übergangs-, Abschluss- und Trennschienen, Matten, Revisionsrahmen und dergleichen.	18356 18365 18367	4.2.11 4.2.5 4.2.8
Schließen und Abdecken von Fugen.	18356	4.2.12
Einbauen von Dübeln für Fußleisten und Anbringen von Schalldämmstreifen an Sockelleisten.	18356 18367	4.2.13 4.2.9
Herstellen und Einbauen von Mustern.	18356 18363 18367	4.2.15 4.2.18 4.2.11
Herstellen von Auflagern für zu befestigende Teile.	18358	4.2.5
Liefern und Einbauen von Rollkästen, Rollkastenabschlüssen und Einbaukästen.	18358	4.2.6
Anpassen von Rollladenkastenabschlussschienen nach deren Einbau.	18358	4.2.7
Erneutes Anbringen von Bedienelementen und Abdeckungen, sofern nicht vom Auftragnehmer zu vertreten.	18358	4.2.12
Vergießen von Ankern und Einputzen von Zargen und Blendrahmen.	18360	4.2.4

Besondere Leistungen

Zusätzliche Leistungen, die wegen nachträglichen Anbringens von Glashalteleisten und Dichtprofilen erforderlich werden.	18361	4.2.4
Zuschneiden, Einpassen und erforderlichenfalls Vorbohren von Glashalteleisten und Liefern von Befestigungsmaterial, ausgenommen Drahtstifte.	18361	4.2.5
Liefern von Glasproben.	18361	4.2.6
Liefern statischer Berechnungen, z. B. Glasdickenbemessung, und der dafür erforderlichen Zeichnungen und Nachweise.	18361	4.2.7
Besondere Kenntlichmachung von eingebauten Scheiben auf Anordnung des Auftraggebers und das Entfernen dieser Kenntlichmachungen.	18361	4.2.8
Biozides Vorbehandeln von organischem Bewuchs und Entfernen von Algen- und Pilzbefall sowie Leistungen zum Schutz der Oberflächen gegen Algen-, Pilz- und Insektenbefall.	18363 18366	4.2.17 4.2.15
Ausbessern von umfangreichen Schäden in der Altbeschichtung und im Untergrund. Vorbehandeln ungeeigneter Untergründe.	18363 18366	4.2.1 4.2.7
Entfernen alter Beschichtungen sowie vorhandener Wand- und Deckenbekleidungen.	18363 18366	4.2.7 4.2.9
Entfetten und Entrosten sowie Entfernen von Walzhaut und Zunder.	18363	4.2.8
Mattschleifen von Untergründen und Altbeschichtungen.	18363	4.2.9
Überbrücken von Putz- und Betonrissen mit Armierungsgeweben.	18363 18366	4.2.10 4.2.8
Ziehen von Abschlussstrichen, Schablonieren und Anbringen von Abschlussborten und dergleichen.	18363	4.2.11
Absetzen von Beschlagteilen in einem besonderen Farbton an Türen, Fenstern, Fensterläden und dergleichen.	18363	4.2.12
Mehrfarbiges Absetzen eines Bauteils.	18363	4.2.13
Aus- und Einbauen sowie Abkleben von Dichtprofilen und Beschlagteilen.	18363	4.2.14

Transportieren von Türen, Fensterflügeln und Fensterläden, Heizkörpern und dergleichen.	18363	4.2.15
Füllen von Ankerlöchern und Angleichen an die Oberflächenbeschichtung.	18363	4.2.16
Vorbereiten der Oberflächen von Grund- und Zwischenbeschichtungen vor dem Aufbringen von Folgebeschichtungen, soweit dies nicht vom Auftragnehmer zu vertreten ist.	18364	4.2.2
Entfernen und Wiederaufbringen von Rosten, Belägen, Abdeckplatten und dergleichen.	18364	4.2.8
Entfetten von Schraubverbindungen.	18364	4.2.9
Zusätzliche Beschichtung der Kanten, Schweißnähte und Verbindungselemente.	18364	4.2.10
Befestigen mit Schrauben und Dübeln.	18365	4.2.6
Zusätzliche Maßnahmen für die Weiterarbeit bei Raumtemperaturen, die die Leistung gefährden, soweit die Maßnahmen dem Auftragnehmer nicht ohnehin obliegen.	18365	4.2.10
Thermisches Verschweißen von Kunststoffbelägen, Verfugen von Linoleum-, Natur- und Synthesekautschukbelägen.	18365	4.2.13
Herstellen von Friesen, Kehlen und Markierungslinien sowie Belägen in Kehlen.	18365	4.2.14
Einbauen vorgefertigter Innen- und Außenecken bei Sockelleisten.	18365	4.2.15
Gesondertes Tapezieren von Deckeln.	18366	4.2.19
Entfernen und Wiederanbringen von Fußleisten und dergleichen.	18366	4.2.18
Tapezieren von Gesimsen und Hohlkehlen.	18366	4.2.17
Behandeln mit Absperrmitteln, Grundbeschichtungsstoffen, Korrosionsschutzbeschichtungsstoffen und dergleichen.	18366	4.2.16
Einbau von Kantenschutzprofilen und Anschlussleisten.	18366	4.2.14

Besondere Leistungen

Schließen von Anschlussfugen bei Tür- und Fensterbekleidungen und dergleichen.	18366	4.2.13
Beispachteln von Übergängen und Nachspachteln von Fugen, Stößen und dergleichen.	18366	4.2.12
Spachteln von Flächen.	18366	4.2.11
Fluatieren und Schleifen von Putzen, Schließen von Lunkern, Entfernen von Schalungsgraten.	18366	4.2.10
Aus- und Einräumen oder Zusammenstellen von Möbeln und dergleichen, Aufnehmen von Teppichen, Abnehmen von Vorhangschienen, Lampen und Gardinen.	18366	4.2.5
Herstellen einer Haftbrücke.	18366	4.2.1
Herstellen von Aussparungen und Anschlüssen sowie Anpassen an zum Fugenverlauf schräg oder gebogen angrenzende Bauteile.	18367	4.2.5
Schleifen von Holzpflaster GE und WE.	18367	4.2.6
Herstellen von luftdichten Anschlüssen an angrenzende Bauteile.	18379 18380 18381	4.2.24 4.2.30 4.2.35
Funktionsmessungen.	18379 18380	4.2.19 4.2.20
Wiederholtes Einweisen des Bedienungs- und Wartungspersonals.	18379 18380 18381	4.2.18 4.2.19 4.2.29
Wasseranalysen und Gutachten.	18379 18380	4.2.16 4.2.17
Besondere Prüfungen.	18379 18380 18381	4.2.15 4.2.16 4.2.24
Dichtheitsprüfung von luftführenden Anlagenteilen.	18379	4.2.14
Betreiben der Anlage oder von Anlagenteilen.	18379 18380 18386	4.2.13 4.2.14 4.2.10
Provisorische Maßnahmen zum vorzeitigen Betreiben der Anlage oder von Anlagenteilen vor der Abnahme auf Anordnung des Auftraggebers.	18379 18380 18381	4.2.12 4.2.13 4.2.17

Besondere Leistungen

	18382	4.2.3
	18386	4.2.9
Filterwechsel nach Beendigung des Probebetriebes.	18379	4.2.11
Planungsleistungen wie Entwurfs-, Ausführungs- und Genehmigungsplanung sowie Planung von Schlitzen und Durchbrüchen.	18379 18380 18381 18386	4.2.1 4.2.1 4.2.1 4.2.1
Besondere Maßnahmen zur Schalldämmung und Schwingungsdämpfung von Anlagenteilen gegen den Baukörper.	18379 18380	4.2.2 4.2.2
Stemm-, Bohr- und Fräsarbeiten für die Befestigung von Konsolen und Halterungen sowie das Herstellen von Schlitzen und Durchbrüchen.	18379 18380 18381 18382 18386	4.2.5 4.2.5 4.2.5 4.2.4 4.2.6
Anpassen von Anlagenteilen an nicht maßgerecht ausgeführte Leistungen anderer Unternehmer.	18379 18380 18381	4.2.6 4.2.6 4.2.12
Liefern und Einbauen von besonderen Befestigungskonstruktionen.	18379 18380 18381 18386	4.2.7 4.2.9 4.2.8 4.2.4
Liefern und Befestigen der Funktions-, Bezeichnungs- und Hinweisschilder.	18379 18380 18381 18386 18421	4.2.8 4.2.10 4.2.13 4.2.7 4.2.12
Prüfen der elektrischen Verkabelung, der Steuer- und Regelanlage sowie Abstellen einer Fachkraft bei der Inbetriebnahme der Steuer- und Regelanlage, wenn die Leistungen nicht vom Auftragnehmer ausgeführt werden.	18379 18380 18386	4.2.9 4.2.11 4.2.5
Liefern der für die Inbetriebnahme und den Probebetrieb nötigen Betriebsstoffe und Medien.	18379 18380 18381 18386	4.2.10 4.2.12 4.2.21 4.2.8
Wand- und Deckendurchführungen mit besonderen Anforderungen.	18380 18381	4.2.7 4.2.6

Besondere Leistungen

Einbau von Rosetten an Wand- und Deckendurchführungen.	18380 18381	4.2.8 4.2.7
Zusätzliche Druckprüfung sowie zusätzliches Füllen – auch mit Frostschutzmitteln – und Entleeren der Leitungen aus Gründen, die der Auftraggeber zu vertreten hat.	18380	4.2.15
Dokumentation des hydraulischen Abgleichs mit Hilfe von Messgeräten und des Vergleichs mit den rechnerisch ermittelten Einstellungen nach Abschnitt 3.5.1.	18380	4.2.22
Spülen von Leitungen und Anlagenteilen, die nicht zu den vertraglichen Leistungen gehören, einschließlich der Gestellung der dazu erforderlichen Geräte und Betriebsstoffe.	18380 18381	4.2.23 4.2.20
Liefern von Vorgaben für Systeme zum Messen, Steuern, Regeln und Leiten für Anlagen und Anlagenteile, die nicht zu den vertraglichen Leistungen gehören.	18380 18381	4.2.24 4.2.27
Besondere Maßnahmen für den Brandschutz bei Schweiß- und Lötarbeiten.	18380	4.2.25
Herstellen von Fundamenten für Pumpen, Behälter und sonstige Anlagenteile.	18381	4.2.9
Entrosten, Anschließen und Ausbessern des Innen- und Außenschutzes der vom Auftraggeber beigestellten Stoffe und Bauteile.	18381	4.2.10
Einbinden, Anschließen und Anbohren an bestehende Rohrleitungen, Schächte und Anlagenteile.	18381	4.2.11
Anschließen und Einbauen von bauseits gestellten Anlagenteilen an Rohrleitungen.	18381	4.2.14
Desinfizieren und Nachspülen von Trinkwasserinstallationen einschließlich der dazu notwendigen Betriebsstoffe und Reinigungsmittel sowie deren Befestigung	18381	4.2.25
Spülen von Trinkwasserleitungen oder Teilen davon nach den Normen der Reihe DIN 1988.	18381	4.2.23
Zusätzliche Druckprüfungen sowie zusätzliches Füllen und Entleeren der Leitungen aus Gründen, die der Auftraggeber zu vertreten hat.	18381	4.2.22

Besondere Leistungen

Druck- und Dichtheitsprüfungen von Entwässerungsleitungen.	18381	4.2.19
Zustandsprüfung vorhandener Gas-, Wasser- und Entwässerungsleitungen.	18381	4.2.18
Verfüllen der Fugen zwischen Sanitäreinrichtungen und angrenzenden Bauteilen sowie das Abdichten von Durchdringungen.	18381	4.2.16
Vorrichten von Anschlüssen, Armaturen und Abläufen im Fugenschnitt von Fliesen oder anderen Belägen.	18381	4.2.15
Unterlagen sowie Prüfungen, deren Umfang über den Abschnitt 3.1.3 und Abschnitt 3.1.6 bzw. 3.1.7 geforderten Umfang hinausgehen.	18381	4.2.5
Auf- und Abbauen sowie Vorhalten von besonders gearteten Geräten.	18384	4.2.3
Korrosionsschutz der Blitzschutzanlagen.	18384	4.2.5
Einbau von Auffangvorrichtungen, Leitungsstützen, Anschlüssen, Verbindungen, Trennstellen, Erdeinführungen und dergleichen.	18384	4.2.6
Stemmen und Schließen von Schlitzen und Durchbrüchen.	18384	4.2.4
Nachträgliches Einbauen von Verankerungen und Montagehilfen.	18385	4.2.3
Beschichten von grundierten Teilen.	18385	4.2.4
Mauer-, Beton-, Verputz- und sonstigen Bauarbeiten an Aufzugsschächten und Triebwerksräumen.	18385	4.2.5
Beschichten von Gebäudeteilen.	18385	4.2.6
Maßnahmen zum Abführen von Verlustleistungen.	18385	4.2.7
Beheizen von Schacht- und Triebwerksraum.	18385	4.2.8
Zusätzliche Maßnahmen bei und nach Nutzung von Anlagen als Bauaufzug einschließlich der erforderlichen Wartungs- und Überholungsleistungen.	18385	4.2.9
Schulungsmaßnahmen und Einweisungen über die Leistungen nach Abschnitt 3.3.3 hinaus.	18386	4.2.11
Liefern von Dokumentationen.	18421	4.2.13

Besondere Leistungen

Nachträgliches Aufbringen von Teilen der Dämmung.	18421	4.2.7
Bei Dämmungen das Herstellen und Anbringen von – Halterungen für Tragkonstruktionen, – Konstruktionen oder Befestigungen für Ummantelungen an Kanälen, die nicht allseitig ummantelt werden, – Berührungsschutz, – Ummantelungen mit weder kreisrundem noch eckigem Querschnitt, – zusätzlichen Ausschnitten an Kappen und Hauben, wenn nicht mehr als zwei Ausschnitte an Flanschenkappen und mehr als drei Ausschnitte an Armaturenkappen und Hauben erforderlich sind, – Trennungen, soweit sie aus technischen Gründen erforderlich sind, – trichterförmigen Ausbildungen des oberen Kreisrings, einschließlich der Nähte als Doppelfalz oder Zahradwellprofil, – Kappenstützen, – Manteleinschnürungen und Kreisringen.	18421	4.2.9
Freimachen des Geländes für Standflächen des Gerüstes. Schutz und Rückschnitt von Pflanzen und Bäumen.	18451	4.2.1
Sicherung des öffentlichen Verkehrs während der Zeit der Gebrauchsüberlassung.	18451	4.2.2
Aufwendungen für die Inanspruchnahme fremder Grundstücke.	18451	4.2.3
Herbeiführen der erforderlichen öffentlich-rechtlichen Genehmigungen und Erlaubnisse.	18451	4.2.4
Übernahme von Gebühren und Kosten der bauaufsichtlichen Genehmigung, für die Abnahme der Gerüste und für die Genehmigungen und Erlaubnisse nach Abschnitt 4.2.4.	18451	4.2.5
Liefern statischer Berechnungen und der für Nachweise erforderlichen Zeichnungen, ausgenommen Leistungen nach Abschnitt 4.1.2.	18451	4.2.6
Beseitigen von Mängeln des Untergrundes.	18451	4.2.7
Herstellen und Entfernen von Hilfsgründungen.	18451	4.2.8

Besondere Leistungen

Schutz gegen Beschädigung von Bauwerken, Gebäudeteilen, Anlagen und deren Zugängen beim Gebrauch der Gerüste.	18451	4.2.9
Errichten weiterer Leitergänge.	18451	4.2.10
Errichten von Treppentürmen.	18451	4.2.11
Abschnittweiser Auf- und Abbau der Gerüste.	18451	4.2.12
Nachträgliches Bekleiden von Gerüsten und Maßnahmen zur Aufnahme der zusätzlichen Lasten.	18451	4.2.13
Vom Auftraggeber verlangte Änderungen vertragsgemäß ausgeführter Gerüste sowie Wiederherstellung des vertragsgemäßen Zustands bei unsachgemäßer Nutzung.	18451	4.2.14
Entfernen von Schalungen, die nicht zur Leistung des Auftragnehmers gehören.	18451	4.2.15
Gebrauchsüberlassung über die Grundeinsatzzeit hinaus.	18451	4.2.16
Umsetzen der Verankerungen von Gerüsten.	18451	4.2.17
Einbau von Dauergerüstankern. Einbau und Ausbau von besonderen Verankerungselementen.	18451	4.2.18
Schließen von Aussparungen und Ankerlöchern.	18451	4.2.19
Reinigen und Abräumen der Gerüste von grober Verschmutzung, Abfällen und Rückständen jeder Art, soweit der ordnungsgemäße Abbau oder die Wiederverwendung ohne diese Vorleistungen nicht möglich ist.	18451	4.2.20
Maßnahmen bei Abweichungen des Bestandes gegenüber den Angaben in der Leistungsbeschreibung.	18459	4.2.1
Sichern, Abtrennen und Verschließen von stillgelegten und freigeschalteten Ver- und Entsorgungsleitungen.	18459	4.2.4
Besondere Maßnahmen zur Minderung von Lärmemissionen.	18459	4.2.6
Besondere Maßnahmen zum Eindämmen der Staubentwicklung.	18459	4.2.7

Besondere Leistungen

Demontieren, Ausbauen, Sichern und Transportieren von zu erhaltenden oder zu bergenden Bauteilen.	18459	4.2.8
Liefern statischer Berechnungen und der für Nachweise erforderlichen Zeichnungen für verbleibende oder benachbarte Bauwerke und Bauteile.	18459	4.2.10
Sicherungsmaßnahmen für verbleibende Bauteile und benachbarte Bauwerke, soweit die Notwendigkeit hierfür nicht vom Auftragnehmer verursacht ist.	18459	4.2.11
Herstellen von Abdeckungen und Umwehrungen nach Beendigung der Abbruch- und Rückbauarbeiten.	18459	4.2.12
Stahlschnitte im verbleibenden Bauteil über 2 cm² Einzelschnittfläche.	18459	4.2.13
Zerkleinerung der Stoffe über die in Abschnitt 3.3.6 genannten Maße und Massen hinaus.	18459	4.2.14
Fördern der Stoffe über die in Abschnitt 3.4.1 genannten Entfernungen hinaus.	18459	4.2.15

Abrechnung

A. Abrechnungsgrundlagen

DIN	Abschnitt	Inhalt
18300	5.1.1	Übliche Näherungsverfahren sind zulässig.
	5.1.2	Masse ist durch Wiegen festzustellen.
	5.1.3	Berechnungsweise der Länge des Förderwegs.
	5.2.1	Berechnungsweise der Aushubtiefe bei Gräben und Baugruben.
	5.2.2	Berechnungsweise der Maße der Baugruben- und Grabensohle
	5.2.3	Berechnungsweise der Maße des Böschungsraumes.
	5.4	Abtrags- und Aushubmengen sind an der Entnahmestelle im Abtrag zu ermitteln.
	5.5.1	Die Einbau- und Verdichtungsmengen sind im fertigen Zustand im Auftrag zu ermitteln.
	5.5.4	Bei Abrechnung nach Längenmaß wird die Achslänge der längsten gebetteten Leitung zugrunde gelegt.
18301	5.1	Bohrlänge wird vom planmäßigen Ansatzpunkt bis zur vereinbarten Endteufe ermittelt
	5.2	Vor- und Stützverrohrungen werden vom Planum bis zur vereinbarten Tiefe gerechnet.
	5.3	Aufgegebene Bohrungen werden bis zur erreichten Tiefe abgerechnet, es sei denn, der AN hat die Ursache zu vertreten.
	5.4	Die Länge von Bohrschablonen wird aus dem Abstand zwischen den außen liegenden Bohransatzpunkten in der Achse der Wand ermittelt.
18302	5.1	Die Länge von Rohren mit Verbindungen und Dichtungen wird in der Achse ermittelt.
	5.2	Erdwärmesonden werden vom Sondenfuß bis zur Geländeoberkante gerechnet.

Abrechnungsgrundlagen

18303	5.2.1	Berechnungsweise bei Abrechnung nach Flächenmaß.
	5.2.2	Abrechnung vertikaler Einzelelemente nach Längenmaß.
	5.2.3	Bei der Abrechnung nach Masse wird die errechnete Masse der Stahlbauteile zugrunde gelegt.
	5.2.4	Vorgaben bei der Abrechnung der Vorhaltung nach Zeit.
18304	5.2.1	Flächenmaßberechnung aus den Längen und Höhen der hergestellten Wände.
	5.2.2	Längenmaßberechnung nach der vorgegebenen Länge der einzelnen Bauelemente.
	5.2.3	Massenabrechnung nach der errechneten Masse der vorgegebenen Bauelemente
18305	5.1	Die Länge der Leitungen wird in der Mittelachse ermittelt. Rohrbögen werden bis zum Schnittpunkt der Mittelachsen gerechnet.
	5.2	Angefangene Tage werden als volle Tage, angefangene Stunden als volle Stunden gerechnet.
18306	5.1	Bei Abrechnung nach Längenmaß werden die Achslängen zugrunde gelegt.
	5.2	Die Schachttiefe wird von der Auflagerfläche der Abdeckung bis zum tiefsten Punkt der Rinnensohle gerechnet.
18307	5	Bei Abrechnung nach Längenmaß werden Leitungen in der Mittelachse gemessen.
18308	5.1	Die Länge wird in der Mittelachse der Bauteile ermittelt.
18309	5.1	Zugrunde zu legen sind die Maße, Zeit und Mengen der Einpressungen.
	5.2.1	Einpresszeit beginnt bei Messung eines Durchflusses oder eines Druckanstiegs. Sie endet bei Erreichen des vereinbarten Drucks, der vereinbarten Einpressmenge oder anderen vereinbarten Kriterien.

Abrechnung

	5.2.2	Die Einpressmenge wird nach verpresster Menge (kg oder l) abgerechnet.
	5.2.3	Das theoretische Volumen wird ermittelt aus dem Außendurchmesser der Bohrkrone und der verfüllten Bohrlänge.
18311	5.1	Das Aufmaß ist im Abtrag zu nehmen.
	5.2	Übliche Näherungsverfahren sind zulässig.
	5.3	Berechnungsvorgaben für die Länge des Förderwegs.
	5.4	Beim Aufmaß im Auftrag sind Setzungen des Untergrundes zu berücksichtigen; etwaige Spülverluste bleiben unberücksichtigt.
	5.5	Masse ist durch Wiegen festzustellen, Schiffsladungen durch Schiffseiche. Ermittelt wird die Abladung nach Schiffseiche vor und nach der Beladung. Gegebenenfalls sind Auftrieb und Wasseranteil zu berücksichtigen.
	5.7	Berechnungsvorgaben bei Mengenermittlung nach Laderaummaß.
	5.8	Laderaumbagger und Schuten sowie deren Laderäume müssen amtlich vermessen sein.
18312	5.1.1	Übliche Näherungsverfahren sind zulässig
	5.1.2	Abrechnungsmassen werden durch Berechnung ermittelt.
	5.2	Die Wassermenge der Wasserableitung wird aus der aus dem Hohlraum abgeführten Wassermenge abzüglich der zugeführten Brauchwassermenge ermittelt.
	5.3.1	Die Ausbruchmengen sind nach theoretischem Ausbruchsquerschnitt und Achslänge, getrennt nach Vortriebsklassen, zu ermitteln.
	5.3.2	Geologisch bedingter Mehrausbruch wird durch Aufmaß des entstandenen Hohlraums ermittelt.
	5.3.3	Bei Abzweigungen und Durchdringungen wird durchgerechnet.

	5.4.1	Die Fläche der Betonsicherung ist über die Abwicklung der Innenfläche zu ermitteln.
	5.4.2	Die Flächen von Maschendraht, Betonstahlmatten, Verzugs- und Getriebedielen werden nach Sollmaßen der bedeckten Flächen ohne Berücksichtigung von Überlappungen, Sicken, Rippen, Aufbiegungen und dergleichen ermittelt.
	5.4.3	Bei Gitterträgern und Stahlbögen werden Überlappungen, Verbindungselemente, Fußplatten und Längsaussteifungen nicht berücksichtigt (Abrechnung nach Masse).
	5.4.4	Bei Tübbings wird die Länge in Bauwerkslängsachse ermittelt.
18313	5.1	Die Maße der hergestellten Bauteile sind zugrunde zu legen.
	5.1.1	Länge wird aus der Länge der Schlitzwandachse im Grundriss ermittelt.
	5.1.2	Dicke ergibt sich aus der vorgegebenen Nenndicke.
	5.1.3	Berechnungsvorgabe für die Tiefe der ausgehobenen Schlitze.
	5.1.4	Berechnungsvorgabe für die Tiefe der Schlitzwand.
	5.1.5	Höhe eines Leerschlitzes ergibt sich aus dem Maß von der vorgegebenen Schlitzwandoberseite bis zur Oberfläche des anstehenden Bodens.
	5.4	Stahlbewehrung wird nach Stahlliste abgerechnet, andere nach Plan. Zur Bewehrung gehören auch die Unterstützungen. Maßgebend ist die errechnete Masse. Bindedraht, Walztoleranzen und Verschnitt werden nicht berücksichtigt.
18314	5.1	Auftragdicke bei unebenen Flächen wird durch Profilvergleich vor und nach dem Auftrag ermittelt.
	5.3	Schalung für Bauteile, Begrenzungen und Aussparungen wird nach Flächenmaß in der Abwicklung der geschalten Betonfläche gemessen.
	5.4	Bewehrung wird nach Stahllisten abgerechnet. Maßgebend ist die errechnete Masse. Bindedraht, Walzto-

		leranzen und Verschnitt werden nicht berücksichtigt. Bei Betonstahlmatten wird Verschnitt zusätzlich gerechnet, wenn dessen Masse über 10 % der Masse der eingebauten Matten liegt und vom AN nicht zu vertreten ist.
18315	5.1	Die Breite wird bis zur Mittelachse der Böschungslinie des eingebauten Baustoffgemischs, Bodens oder Fels gemessen.
18316	5.2	Bei Abrechnung von Bewehrung nach Flächenmaß werden Überdeckungen nicht berücksichtigt.
18318	5.1	Einzelflächen unter 0,5 m² werden mit 0,5 m² abgerechnet.
	5.2	Entfernen von Füll- und Bettungsstoffen wird mit den Maßen der aufgenommenen Fläche gerechnet.
	5.3	Berechnung von Zuarbeiten, Verhau oder Schneiden von Steinen und Platten.
	5.4	Fugen werden nach der Fläche der Decke oder des Belags gerechnet.
	5.5	Die Länge der Einfassung wird an der Vorderseite der Bord- oder Einfassungssteine gemessen. Ebenso bei Fundamenten mit und ohne Rückenstütze.
	5.6	Nacharbeiten von Bordsteinen werden nach der Länge der bearbeiteten Steine gerechnet.
18319	5.1	Länge wird in der Rohrachse als Gesamtlänge der vorgetriebenen Rohre ermittelt
	5.2	Aufgegebene Vortriebe werden bis zur erreichten Vortriebsstrecke gerechnet, wenn der AN die Ursache nicht zu vertreten hat.
18320	5.1.1	Zugrunde zu legen sind – die tatsächlichen Maße, dabei werden die Maße in der Abwicklung der Flächen ermittelt, – bei der Pflege von Dachbegrünungen die tatsächliche Vegetationsfläche einschließlich eventueller Randstreifen.
	5.1.2	Flächen werden getrennt nach Flächenneigungen abgerechnet, wenn die Neigung steiler als 1:4 ist.

	5.1.3	Abtrag wird an der Entnahmestelle ermittelt.
	5.1.4	Bodenlager werden einzeln nach ihrer Fertigstellung ermittelt.
	5.1.5	Anschüttungen, Andeckungen, Einbau von Schichten werden im fertigen, Vegetationstragschichten im gesetzten Zustand zur Zeit der Abnahme an den Auftragsstellen ermittelt.
	5.1.6	Boden wird nach DIN 18915 und, soweit 50 m Förderweg überschritten werden, auch gestaffelt nach Länge der Förderwege abgerechnet.
	5.1.7	Masse ist durch Wiegen festzustellen, Schiffsladungen durch Schiffseiche.
	5.1.8	Pflanzen werden vor dem Roden ermittelt, Sträucher getrennt nach Höhe, Bäume getrennt nach Stammdurchmesser.
	5.1.9	Schnitt von Hecken wird nach der bearbeiteten Fläche ermittelt.
	5.1.10	Bei der Auszählung von Flächenpflanzungen werden Ausfälle bis zu 5 % nicht berücksichtigt, wenn trotzdem ein geschlossener Eindruck entsteht.
18322	5.1.1	Übliche Näherungsverfahren sind zulässig.
	5.1.2	Aufbruchmengen sind im Abtrag zu ermitteln.
	5.1.3	Einbaumengen sind im fertigen Zustand zu ermitteln.
	5.2.1	Längenmaße werden in der Mittelachse der Bauteile gemessen. Längen werden auf die nächsten vollen 10 cm aufgerundet.
	5.3.3	Einzelflächen unter $0{,}50\,m^2$ werden mit $0{,}50\,m^2$ gerechnet.
	5.4	Massen sind durch Wiegen festzustellen.
18323	5	Zugrunde zu legen sind die Maße der sondierten und geräumten Flächen.
18325	5.1	Vorgaben für die Abrechnung nach Massen.
	5.2	Vorgaben für die Abrechnung nach Raummaß.

Abrechnung

	5.3	Vorgaben für die Abrechnung nach Längenmaß.
	5.4	Zuordnungsvorgaben für täglich erbrachte Mengen bei laufendem Bahnbetrieb.
18326	5	Bei der Abrechnung des Lining-Rohres nach Längenmaß wird die Länge in der Achse des Altrohres zugrunde gelegt.
18330	5.1.1	Zugrunde zu legen sind – für Bauteile aus Mauerwerk deren Maße, – für Bodenbeläge deren Maße, – für Fassaden mit mehrschaligem Aufbau für das Sicht- und Verblendmauerwerk und für die Dämmstoffschicht die Maße der Außenschale, – für die nachträgliche Verfugung die Maße der zu verfugenden Fläche.
	5.1.2	Wände werden von Ober- bis Unterseite Rohdecke gemessen.
	5.1.4	Bei oben abgeschrägtem Querschnitt wird bis zur höchsten Kante gerechnet.
	5.1.5	Bei Wanddurchdringungen wird nur eine Wand durchgehend berücksichtigt, bei ungleicher Dicke die dickere Wand.
	5.1.6	Bei Gewölben werden die Maße der abgewickelten Untersicht zugrunde gelegt.
	5.1.8	Vorgaben bei Abrechnung nach Längenmaß für bestimmte Bauteile.
	5.1.9	Tür- und Fensterpfeiler werden gesondert gerechnet, wenn sie schmaler als 50 cm sind und die Öffnung abgezogen wird. Anderenfalls gelten sie als Wandmauerwerk.
	5.1.10	Schornsteine werden in ihrer Achse gemessen.
	5.1.11	Liefern, Schneiden, Biegen und Einbauen von Bewehrungsstahl werden gesondert gerechnet. Maßgebend ist die errechnete Masse.
	5.1.13	Unmittelbar zusammenhängende Aussparungen werden getrennt gerechnet.

Abrechnungsgrundlagen

18331	5.1.1.1	Zugrunde zu legen sind – für Bauteile aus Beton deren Maße, – für Bauteile mit werksteinmäßiger Bearbeitung die Maße, die die Bauteile vor der Bearbeitung hatten, – für besonders bearbeitete oder strukturierte Oberflächen die Maße der besonders bearbeiteten Flächen
	5.1.1.3	Bei abgeschrägtem oder profiliertem Querschnitt der Kopffläche werden mit den Maßen ihrer größeren Ansichtsfläche gerechnet.
	5.1.1.4	Zugrunde zu legen sind die Bauteildefinitionen der DIN EN 1992.
	5.1.1.5	Geneigte oder gebogene Decken werden mit ihren tatsächlichen Maßen gerechnet
	5.1.1.6	Decken und Auskragungen werden zwischen ihren Begrenzungsflächen gerechnet.
	5.1.1.7	Bei abgegrenzten Bauteilen wird jedes mit seinen tatsächlichen Maßen gerechnet.
	5.1.1.8	Berechnungsvorgaben für Durchdringungen und Einbindungen.
	5.1.1.10	Fugenbänder und -bleche werden nach ihrer größten Länge gerechnet.
	5.1.1.11	Bei Ortbetonpfählen bleiben Mehrmengen des Betons bis zu 10 % über der theoretischen Menge unberücksichtigt.
	5.2.1.1 5.2.1.3	Schalung wird in der Abwicklung der geschalten Fläche gerechnet.
	5.2.1.2	Deckenschalung wird zwischen Wänden und Unterzügen oder Balken nach den geschalten Flächen der Deckenplatten gerechnet. Die Schalung von freiliegenden Begrenzungsseiten wird gesondert gerechnet.
	5.3.1	Bewehrungsmasse wird nach Stahllisten abgerechnet. Zur Bewehrung gehören auch die Unterstützungen, nicht jedoch Zubehör zur Spannbewehrung.
	5.3.2	Maßgebend ist die errechnete Masse.

	5.3.3	Bindedraht, Walztoleranzen und Verschnitt werden bei der Ermittlung nicht berücksichtigt. Bei Betonstahlmatten wird ein Verschnitt dessen Masse über 10 % der Masse der eingebauten Matten liegt zusätzlich gerechnet, wenn der An den Verschnitt nicht zu vertreten hat.
18332	5.1.1.1	Zugrunde zu legen sind die Maße der zu bekleidenden Fläche, gegebenenfalls bis zu den begrenzenden Bauteilen
	5.1.1.2	Bei Wandbekleidungen, die an Sockel anschließen, das Maß ab Oberseite Sockel, ansonsten das Maß ab Oberseite Bodenbelag.
	5.1.1.3	Bei Fassaden sind die Maße der Bekleidung zugrunde zu legen.
	5.1.2	Die größte Bauteil-/Werkstücklänge wird gerechnet. Bei zusammengesetzten Werkstücken ergibt sich die Gesamtlänge aus der Summe der Längen der einzelnen Werkstücke einschließlich der Fugenbreiten. Bischofsmützen werden an der Oberkante, abgetreppte Sockelplatten abgewickelt gemessen.
	5.1.3	Einzelstücke mit einer Breite unter 20 cm werden mit 20 cm Breite gerechnet. Bei einem Flächenmaß unter 0,25 m^2 wird mit 0,25 m^2 gerechnet.
18333	5.1.1	Zugrunde zu legen sind die Maße der hergestellten oder bearbeiteten Bauteile, Bekleidungen und Beläge.
	5.1.2	Bei der Ermittlung der Maße wird jeweils das größte abgewickelte Bauteilmaß zugrunde gelegt. Bei zusammengesetzten Werkstücken ergibt sich die Gesamtlänge aus der Summe der Längen der einzelnen Werkstücke einschließlich der Fugenbreiten. Die Länge bearbeiteter Werkstückköpfe wird hinzugerechnet.
	5.1.3	Bei der Abrechnung von nicht rechteckigen Einzelflächen nach Flächenmaß sind die Maße des kleinsten das Bauteil umschreibenden Rechtecks zugrunde zu legen.
18334	5.1.1.1	Zugrunde zu legen ist die größte Länge einschließlich der Zapfen und anderer Holzverbindungen, der volle Querschnitt, bei gehobelten Konstruktionen der Ein-

		bauquerschnitt, ohne Abzug von Aussparungen und dergleichen (Abrechnung nach Raummaß).
	5.1.1.2	Bei Abrechnung nach Flächenmaß sind die Flächen bis zu den begrenzenden Bauteilen zugrunde zu legen, bei Fassaden die Maße der Bekleidung
	5.1.1.3	Für Wände in Holzbauweise sind zugrunde zu legen – deren Maße bis zu den sie begrenzenden Bauteilen, – bei abgewinkelten Wänden die größte abgewickelte Bauteillänge, – bei Wanddurchdringungen nur eine Wand durchgehend, bei Wänden ungleicher Dicke die dickere Wand.
	5.1.1.4	Für verzimmerte Hölzer bei Abrechnung nach Längenmaß ist die größte Länge einschließlich der Holzverbindungen zugrunde zu legen.
	5.1.1.5	Sonstige Bauteile: die größten, gegebenenfalls abgewickelten Bauteilmaße.
	5.1.1.6	Für die Abrechnung von Stahlteilen und Abrechnung nach Masse ist zugrunde zu legen – bei genormten Profilen die Angaben in den DIN-Normen, – bei anderen Profilen die Angaben im Profilbuch des Herstellers, – bei Blechen und Bändern aus Stahl 7,85 kg je m^2 Fläche und 1 mm Dicke, – bei Blechen und Bändern aus nichtrostendem Stahl 7,9 kg, – Kleineisenteile bis 15 kg Einzelmasse können gewogen werden, – bei Verzinkung werden 5 % zugeschlagen, – Dübel, Bolzen und dergleichen werden gesondert gerechnet.
	5.1.5	Rückflächen von Nischen sowie Leibungen werden mit ihren Maßen gesondert gerechnet.
	5.1.8	Das Herstellen von Aussparungen wird gesondert gerechnet.

Abrechnung

18335	5.1	Bei Abrechnung nach Masse wird diese durch Berechnen ermittelt. Die Masse von Formstücken wird jedoch durch Wiegen ermittelt.
	5.2	Ermittlungsvorgaben für die Massenberechnung. Verbindungsmittel bleiben unberücksichtigt.
	5.2.3	Walztoleranz und Verschnitt bleiben unberücksichtigt.
	5.3	Bei Gewichtsermittlung durch Wiegen sind sämtliche Bauteile zu wiegen. Von gleichen Bauteilen braucht nur eine angemessene Anzahl gewogen werden.
18336	5.1.1	Zugrunde zu legen sind die Maße der behandelten Flächen. Auf Flächen, die von Bauteilen begrenzt sind, gelten die Maße bis zu den begrenzenden, ungeputzten und unbekleideten Bauteilen.
	5.1.2	Es wird jeweils das größte, gegebenenfalls abgewickelte Bauteilmaß zugrunde gelegt.
	5.1.3	Bei rückläufigen Stößen werden deren Flächen, zusätzlich zu der Länge der Stöße, sowohl als Bodenplattenabdichtung als auch als Wandabdichtung gerechnet.
18338	5.1.1	Zugrunde zu legen sind – auf Flächen, die von Bauteilen begrenzt sind, die Flächen bis zu den begrenzenden, ungeputzten und unbekleideten Bauteilen, – auf Flächen ohne begrenzende Bauteile die Maße, – bei Dämmstoffschichten die Maße der Dämmung, – bei Außenwandbekleidungen die Maße der Bekleidung.
	5.1.2	Bei der Ermittlung der Maße wird jeweils das größte, gegebenenfalls abgewickelte Bauteilmaß zugrunde gelegt.
	5.1.3	Bei Deckungen, Bekleidungen und Abdichtungen wird die Länge in der Mittellinie einfach gemessen.
	5.1.4	Schließen Dachdeckungen oder -abdichtungen an Firste, Grate und Kehlen an, wird bis Mitte First etc. gerechnet.

	5.1.6	Bindet eine Aussparung anteilig an angrenzende, getrennt zu rechnende Flächen ein, wird zur Ermittlung der Übermessungsgröße die jeweils anteilige Aussparungsfläche gerechnet.
18339	5.1	Zugrunde zu legen sind die Maße der – hergestellten Deckungen, – hergestellten Bekleidungen, – hergestellten Bauteile Zur Leistungsermittlung sind die vereinfachenden Regeln, wie Abzugs- und Übermessungsregeln anzuwenden.
	5.2.1	Bei der Abrechnung von Einzelelementen nach Flächenmaß wird bei nicht rechtwinkeligen oder ausgeklinkten Flächen das kleinste umschriebene Rechteck des Einzelteils gerechnet.
	5.2.2	Dachrinnen und Traufbleche werden an den Vorderwulsten gemessen.
	5.2.3	Regenfallrohre werden in der Mittellinie gemessen.
18340	5.1.1	Zugrunde zu legen sind die Maße der Bekleidungen.
	5.1.2	Bei Flächen mit begrenzenden Bauteilen werden die Maße bis zu den sie begrenzenden ungeputzten, ungedämmten und unbekleideten Bauteilen zugrunde gelegt. Systemböden, Trockenunterböden, Estriche, leichte Trennwände sowie Unterdecken und abgehängte Decken gelten als begrenzende Bauteile, sofern ihre Oberflächen nicht durchdrungen werden.
	5.1.3	Es wird jeweils das größte, gegebenenfalls abgewickelte Bauteilmaß zugrunde gelegt.
	5.1.4	Zusammenhängende, verschiedenartige Aussparungen werden getrennt gerechnet, ebenso Aussparungen, die durch konstruktive Elemente getrennt sind.
	5.1.5	Bindet eine Aussparung anteilig an angrenzende, getrennt zu rechnende Flächen ein, wird zur Ermittlung der Übermessungsgröße die jeweils anteilige Aussparungsfläche gerechnet.
	5.1.7	Rückflächen von Nischen, ganz oder teilweise bekleidete freie Wandenden und Wandoberseiten, Unter-

		seiten von Schürzenbekleidungen sowie Leibungen werden unabhängig von ihrer Einzelgröße mit ihrem Maß gesondert gerechnet.
	5.1.8	Sonderformate werden gesondert gerechnet.
	5.1.9	Gehrungen bei Friesen, Fugen, Nuten, Profilen und dergleichen werden je Richtungswechsel nur einmal gerechnet.
	5.1.10	Bei Abrechnung von Einzelteilen von Bekleidungen nach Flächenmaß wird das kleinste umschriebene Rechteck zugrunde gelegt.
	5.1.11	Flächen bis 5 m² werden getrennt gerechnet.
18345	5.1.1	Zugrunde zu legen sind die Maße der fertigen Oberfläche.
	5.1.2	Es wird jeweils das größte, gegebenenfalls abgewickelte Bauteilmaß zugrunde gelegt.
	5.1.4	Gehrungen, Kreuzungen, Verkröpfungen und Endungen von Dekorgesimsen werden gesondert gerechnet.
	5.1.5	s. DIN 18340, Abschnitt 5.1.7
	5.1.6	s. DIN 18340, Abschnitt 5.1.4
	5.1.7	s. DIN 18340, Abschnitt 5.1.5
	5.1.8	Bei vieleckigen Einzelflächen ist zur Ermittlung der Maße das kleinste das Bauteil umschreibende Rechteck zugrunde zu legen.
18349	5.1.1	Zugrunde zu legen sind die Maße der behandelten Fläche.
	5.1.2	Die Wandhöhen überwölbter Räume werden bis zum Gewölbeanschnitt, die Wandhöhe der Schildwände bis zu 2/3 des Gewölbestiches gerechnet.
	5.1.3	Bei der Flächenermittlung von gewölbten Decken mit einer Stichhöhe unter 1/6 der Spannweite wird die Fläche des überdeckten Raumes gerechnet. Gewölbe mit größerer Stichhöhe werden nach der Fläche der abgewickelten Untersicht gerechnet.

Abrechnungsgrundlagen

	5.1.4	Binden Stützen in Unterzüge oder Balken ein, werden die Unterzüge und Balken durchgemessen, wenn sie breiter als die Stützen sind. Die Stützen werden in diesem Fall bis Unterseite Unterzug oder Balken gerechnet.
	5.1.5	Bei ungleichmäßiger Dicke von Ausbrüchen und Schichten wird die größte Bearbeitungstiefe durch Profilvergleich vor und nach der Ausführung ermittelt.
	5.1.6	s. DIN 18340, Abschnitt 5.1.4
	5.1.7	Treppenwangen werden in ihrer größten Breite gerechnet.
	5.1.8	Reprofilierungen von Kanten werden in der Abwicklung gesondert gerechnet.
	5.1.9	Freilegen von Bewehrungsstahl, Ausbrüchen sowie Wiederherstellen der Oberfläche werden nach den größten Maßen gerechnet.
	5.1.10	s. DIN 18333, Abschnitt 5.1.3
	5.1.11	Bei Abrechnung der Schalung nach Flächenmaß ist das kleinste umschriebene Rechteck zugrunde zu legen.
	5.1.12	Schutzabdeckungen werden in der Abwicklung gerechnet
	5.2.1	Vorbehandlung und Korrosionsschutz des Bewehrungsstahls werden gesondert gerechnet.
	5.2.2 5.2.3	Liefern, Schneiden, Biegen und Einbauen der Bewehrung wird gesondert nach Masse gerechnet. Bindedraht, Walztoleranzen und Verschnitt werden bei der Massenermittlung nicht berücksichtigt.
	5.3	Fugenbänder und -profile werden in ihrer größten Länge gerechnet.
	5.4	Mehr- oder Minderverbrauch von Füllstoffen wird gesondert gerechnet. Angleichen der abgedichteten Risse an die Betonstruktur wird nach der Risslänge gesondert gerechnet. Bei der Abrechnung flächiger Verdämmungen nach Flächenmaß ist das kleinste umschriebene Rechteck zugrunde zu legen.

Abrechnung

18350	5.1.1	Zugrunde zu legen sind – auf Innenflächen ohne begrenzende Bauteile die Maße der zu behandelnden, zu dämmenden, zu bekleidenden oder mit Stuck zu versehenden Flächen, – auf Innenflächen mit begrenzenden Bauteilen die Maße der zu behandelnden Flächen bis zu den sie begrenzenden, ungeputzten, ungedämmten und nicht bekleideten Bauteilen, – bei Fassaden die Maße der geputzten Flächen.
	5.1.2	s. DIN 18340, Abschnitt 5.1.3
	5.1.3	Die Wandhöhen überwölbter Räume werden bis zum Gewölbeanschnitt, die Wandhöhe der Schildwände bis zu 2/3 des Gewölbestiches gerechnet.
	5.1.4	Bei der Flächenermittlung von gewölbten Decken werden diese nach der Fläche der abgewickelten Untersicht gerechnet.
	5.1.5	s. DIN 18345, Abschnitt 5.1.4
	5.1.7	s. DIN 18340, Abschnitt 5.1.7
	5.1.8	s. DIN 18340, Abschnitt 5.1.4
	5.1.9	s. DIN 18340, Abschnitt 5.1.5
	5.1.10	s. DIN 18333, Abschnitt 5.1.3
18351	5.1.1	Zugrunde zu legen sind die Außenmaße der Bekleidung.
	5.1.3	Bei der Ermittlung der Maße wird jeweils das größte, bei gebogenen Bauteilen das äußere abgewickelte Bauteilmaß zugrunde gelegt.
	5.1.4	s. DIN 18333, Abschnitt 5.1.3
	5.1.5	Sonderformate, z. B. Passplatten, werden gesondert gerechnet.
	5.1.6	s. DIN 18340, Abschnitt 5.1.4, zusätzlich: Gleichartige Aussparungen, die durch konstruktive Elemente getrennt sind, werden ebenfalls getrennt gerechnet.
	5.1.7	s. DIN 18340, Abschnitt 5.1.5

18352	5.1.1	Zugrunde zu legen sind – auf Flächen mit begrenzenden Bauteilen die Maße der zu bekleidenden oder zu belegenden Flächen bis zu den begrenzenden, ungeputzten, ungedämmten, unbekleideten Bauteilen, – auf Flächen ohne begrenzende Bauteile die Maße der zu bekleidenden oder zu belegenden Flächen, – bei Wandbekleidungen, die an Stehsockel, Kehlsockel, Kehlleisten oder ausgerundeten Ecken als Sockel anschließen oder unmittelbar auf den Bodenbelag aufsetzen, das Maß ab Oberseite Sockel oder Oberseite Bodenbelag, – bei Fassaden die Maße der Bekleidung, – bei Stufenbelägen, Schwellen, Sockeln, Kehlen, Gehrungen an Fliesen- und Plattenkanten, Schrägschnitten, Profilen, Leisten, Schienen und Beckenköpfen deren größte Maße.
	5.1.2	Bestehen Wandbekleidungen aus Schichten, von denen eine nicht die volle, jedoch mehr als die halbe Schichthöhe hat, so wird diese Schicht mit der vollen Höhe abgerechnet. Dies gilt nicht für Wandbekleidungen in Raumhöhe und für Wandbekleidungen, deren Höhe in der Leistungsbeschreibung durch Maßangaben festgelegt ist oder deren Schichthöhen größer als 30 cm sind.
	5.1.3	Binden Fliesentrennwände oder Wände aus Zellenwandsteinen in Beläge ein, so werden die Beläge durchgerechnet. Bei Fliesentrennwänden, die sich kreuzen oder ineinander einbinden, wird im Bereich der Einbindung nur eine Wand berücksichtigt.
	5.1.4	Bei der Ermittlung des Längenmaßes wird die größte Bauteillänge gemessen.
18353	5.1.1	Zugrunde zu legen sind die Maße der hergestellten Estriche.
	5.1.2	Bei Abrechnung nach Längenmaß wird jeweils das größte, gegebenenfalls abgewickelte Bauteilmaß zugrunde gelegt.
	5.1.2	Für das Anarbeiten an Aussparungen und Durchdringungen über 0,1 m² Einzelfläche wird die Länge

		der Abwicklung der jeweiligen Aussparung oder Durchdringung zugrunde gelegt.
18354	5.1.1	Zugrunde zu legen sind die Maße der hergestellten Estriche und Beläge.
	5.1.3	Bei der Abrechnung nach Masse ist nach Wiegescheinen abzurechnen.
18355	5.1.1	Zugrunde zu legen sind die Maße der herzustellenden Bauteile. Auf Flächen mit begrenzenden Bauteilen sind die Maße bis zu den begrenzenden, ungeputzten Bauteilen zugrunde zu legen. Vorsatzschalen und dergleichen gelten als begrenzende Bauteile, soweit sie nicht durchdrungen oder unterschnitten werden.
	5.1.2	Bei der Ermittlung des Längenmaßes wird die größte, gegebenenfalls abgewickelte Bauteillänge gemessen.
	5.1.5	s. DIN 18340, Abschnitt 5.1.4
	5.1.6	s. DIN 18340, Abschnitt 5.1.5
	5.1.7	s. DIN 18340, Abschnitt 5.1.7
18356	5.1.1	Zugrunde zu legen sind die Maße des Parketts. Auf Flächen mit begrenzenden Bauteilen sind die Maße bis zu den begrenzenden, ungeputzten Bauteilen zugrunde zu legen. Vorsatzschalen und dergleichen gelten als begrenzende Bauteile, soweit sie nicht unterschnitten werden.
	5.1.2	Bei Belägen auf Stufen und Schwellen sind die Maße des kleinsten das Bauteil umschreibenden Rechtecks zugrunde zu legen.
	5.1.3	Bei der Ermittlung des Längenmaßes wird die größte Bauteillänge gemessen.
18358	5.1	Zugrunde zu legen sind die Maße der herzustellenden Bauteile.
	5.2	Bei der Ermittlung der Maße wird jeweils das größte, gegebenenfalls abgewickelte Bauteilmaß zugrunde gelegt.

Abrechnungsgrundlagen

18360	5.1.1	Zugrunde zu legen sind – für Fenster, Türen u. Ä. die Öffnungsmaße bis zu den sie begrenzenden, ungeputzten, ungedämmten und nicht bekleideten Bauteilen, – auf Flächen mit begrenzenden Bauteilen die Maße der zu bekleidenden Flächen bis zu den sie begrenzenden, ungeputzten, ungedämmten, unbekleideten Bauteilen, – auf Flächen ohne begrenzende Bauteile die Maße der zu bekleidenden Flächen, – bei Fassaden die Maße der Bekleidung, – für sonstige Metallbauteile deren Maße.
	5.1.2	Bei Abrechnung von Einzelbauteilen nach Flächenmaß gelten die Maße des kleinsten umschriebenen Rechtecks.
	5.1.3	Ganz oder teilweise bekleidete Leibungen von Öffnungen, Aussparungen und Nischen über 2,5 m² Einzelgröße werden gesondert gerechnet.
	5.1.4	s. DIN 18340, Abschnitt 5.1.7
	5.1.5	Bei Abrechnung nach Längenmaß wird die größte Länge zugrunde gelegt, auch bei schräg geschnittenen und ausgeklinkten Profilen. Bei gebogenen Profilen wird die äußere abgewickelte Länge zugrunde gelegt.
	5.1.6	Bei Abrechnung nach Masse sind anzusetzen – bei genormten Profilen die Masse nach DIN-Normen, – bei anderen Profilen die Masse aus den Profilbüchern der Hersteller, – bei Blechen und Bändern aus Stahl 7,85 kg, – bei Blechen und Bändern aus nicht rostendem Stahl 7,9 kg, – bei Blechen und Bändern aus Aluminium 2,7 kg, – bei Blechen und Bändern aus Kupfer, Messing 9 kg Je 1 m² Fläche und 1 mm Dicke, – bei Formstücken aus Stahl die Dichte 7,85 kg/dm³ und bei solchen aus Gusseisen die Dichte 7,25 kg/dm³.

Abrechnung

		Kleineisenteile bis 15 kg Einzelmasse dürfen gewogen werden. Verbindungsmittel bleiben unberücksichtigt. Bei verzinkten Stahlkonstruktionen werden den Massen 5 % zugeschlagen.
18361	5.1.1	Gemessen werden die Scheiben einschließlich Glasfalzhöhe und die Maße auf Zentimeter aufgerundet, die durch 3 teilbar sind. Scheiben unter 0,25 m^2 werden mit 0,25 m^2 gerechnet. Bei Mehrscheiben-Isolierglas werden Kantenlängen von mindestens 30 cm zugrunde gelegt. Bei vorgespannten Gläsern und Verbundsicherheitsgläsern werden Mindestflächen von 0,5 m^2 zugrunde gelegt. Bei nicht rechteckigen Scheiben wird mit den Maßen des kleinsten umschriebenen Rechtecks gerechnet.
	5.1.2	Bei Abrechnung nach Stück: Weicht die Größe der eingeglasten Scheiben von den in der Leistungsbeschreibung angegebenen Maßen um weniger als 20 mm bei jedem Maß ab, so werden die Abweichungen bei der Abrechnung nicht berücksichtigt.
18363	5.1.1	Zugrunde zu legen sind die Maße der behandelten Flächen.
	5.1.3	s. DIN 18340, Abschnitt 5.1.7
	5.1.4	s. DIN 18340, Abschnitt 5.1.4
	5.1.6	Fenster, Türen, Trennwände, Bekleidungen und dergleichen werden je beschichtete Seite nach Fläche gerechnet.
	5.1.7	Bei Türen über 60 mm Dicke, bei Blockzargen über 60 mm Tiefe, bei Futter und Bekleidungen von Türen und Fenstern sowie bei Stahltürzargen und dergleichen wird die abgewickelte Fläche gerechnet.
	5.1.8	Bei vieleckigen Einzelflächen ist zur Ermittlung der Maße das kleinste umschriebene Rechteck zugrunde zu legen.
	5.1.9	Fenstergitter, Scherengitter, Rollgitter, Roste, Zäune, Einfriedungen und Stabgeländer werden einseitig gerechnet.

Abrechnungsgrundlagen

	5.1.10	Rohrgeländer werden nach Länge der Rohre und deren Durchmesser gerechnet.
	5.1.11	Profile, Heizkörper und dergleichen werden nach abgewickelter Fläche oder nach Tabellen abgerechnet.
	5.1.13	Werden Türen, Fenster, Rollläden und dergleichen nach Anzahl gerechnet, bleiben Abweichungen von den vorgeschriebenen Maßen bis jeweils 5 cm in der Höhe und Breite sowie bis 3 cm in der Tiefe unberücksichtigt.
	5.1.14	Bei Gesimsen, Umrahmungen, Faschen und dergleichen wird jeweils das größte, gegebenenfalls abgewickelte Bauteilmaß zugrunde gelegt.
	5.1.14	Dachrinnen werden am Wulst, Fallrohre im Außenbogen gemessen.
	5.1.15	Imprägnierungen werden nach verbrauchter Menge gerechnet.
18364	5.1.1	Zugrunde zu legen sind die Maße der behandelten Flächen.
	5.1.2	Bei genormten Profilen gelten die Angaben in den DIN-Normen, bei anderen Profilen die Angaben im Profilbuch des Herstellers.
	5.1.3	Es wird jeweils das größte, gegebenenfalls abgewickelte Bauteilmaß zugrunde gelegt.
	5.1.6	Die Fläche von Geländern, Rosten und Gittern wird nur einseitig mit der Ansichtsfläche gerechnet.
	5.1.7	Bei der Abrechnung nach Masse wird die Masse von Teilen, deren Fläche ganz oder teilweise nicht mitbehandelt werden konnten, nicht abgezogen, z. B. die Masse einbetonierter Stützenfüße.
	5.1.8	s. DIN 18363, Abschnitt 5.1.13
	5.1.9	Bei Blechen und Bändern aus Stahl wird 7,85 kg/m², bei nicht rostendem Stahl 7,90 kg/m² je 1 mm Dicke zugrunde gelegt. Verbindungselemente bleiben unberücksichtigt.

Abrechnung

	5.1.10	Bei Abrechnung der Verzinkung nach Masse wird die Masse der unverzinkten Stahlkonstruktionen und Bauteile zugrunde gelegt.
18365	5.1.1	Zugrunde gelegt werden – auf Flächen mit begrenzenden Bauteilen die Maße der belegten Fläche bis zu den begrenzenden, ungeputzten, nicht bekleideten Bauteilen, – auf Flächen ohne begrenzende Bauteile deren Maße, – auf Flächen von Stufen und Schwellen deren größte Maße.
	5.1.2	Bei der Ermittlung des Längenmaßes wird die größte Bauteillänge gemessen.
18366	5.1.1	Zugrunde zu legen sind die Maße der behandelten Fläche.
	5.1.3	s. DIN 18340, Abschnitt 5.1.7
	5.1.4	s. DIN 18340, Abschnitt 5.1.4
	5.1.6	Türen, Trennwände, Bekleidungen und dergleichen werden je tapezierte Seite nach Fläche gerechnet.
	5.1.7	Bei vieleckigen Einzelflächen ist zur Ermittlung der Maße das kleinste das Bauteil umschreibende Rechteck zugrunde zu legen.
	5.1.8	Bei der Ermittlung der Maße von Gesimsen, Umrahmungen, Faschen und dergleichen wird jeweils das größte, gegebenenfalls abgewickelte Bauteilmaß zugrunde gelegt.
	5.1.9	Wird die Lieferung nach verbrauchter Menge gerechnet, ist die tatsächlich verbrauchte Menge bei wirtschaftlicher Ausnutzung zugrunde zu legen. Unvermeidbare Reste und Verschnitte sowie angeschnittene Rollen gelten als verbraucht.
18367	5.1.1	Zugrunde zu legen sind die Maße des Holzpflasters. Auf Flächen mit begrenzenden Bauteilen sind die Maße bis zu den begrenzenden, ungeputzten Bauteilen zugrunde zu legen. Vorsatzschalen gelten als begrenzende Bauteile, soweit sie nicht unterschnitten werden.

Abrechnungsgrundlagen

	5.1.2	Bei Belägen auf Stufen und Schwellen sind die Maße des kleinsten das Bauteil umschreibenden Rechtecks zugrunde zu legen.
	5.1.3	Bei der Ermittlung des Längenmaßes wird die größte Bauteillänge gemessen.
18379	5.1	Zugrunde zu legen sind die Maße der Anlagenteile.
	5.2	Die Fläche bei Luftleitungen und deren Formteile werden aus dem größten Umfang und der größten Länge, ohne Berücksichtigung der Wärmedämmung, gerechnet.
	5.2	Formteile mit einer ermittelten Fläche von weniger als 1 m² werden mit 1 m² gerechnet. Formteile mit Kurzzeichen SR nur bei einer Länge von 100 mm bis 500 mm.
	5.3	Bei Abrechnung nach Längenmaß wird in der Mittelachse gemessen. Bögen werden bis zum Schnittpunkt der Mittelachsen gerechnet. Bögen und sonstige Formteile werden zusätzlich gerechnet.
	5.4	Deckel von Öffnungen werden zusätzlich gerechnet.
	5.5	Abrechnung nach Masse – bei Stahlblechen und Bandstahl 8 kg/m² je 1 mm Dicke, – bei genormten Profilen die Masse nach den Angaben in den DIN-Normen mit einem Zuschlag von 2 % für Walztoleranzen, – bei anderen Profilen die Masse nach den Angaben in den Profilbüchern der Hersteller, – bei geschraubten, genieteten oder geschweißten Stahlkonstruktionen werden der ermittelten Masse 2 % zugeschlagen, – bei verzinkten Bauteilen oder Konstruktionen werden 5 % zugeschlagen.
18380	5.1	Zugrunde zu legen sind die Maße der Anlagenteile, Stücklisten dürfen hinzugezogen werden.
	5.2	Abrechnung von Flächenheizungen: – auf Flächen mit begrenzenden Bauteilen die Maße der belegten Fläche bis zu den begrenzenden, un-

		geputzten, ungedämmten, nicht bekleideten Bauteilen, – auf Flächen ohne begrenzende Bauteile deren Maße.
	5.3	Das Längenmaß wird in der Mittelachse gemessen. Dabei werden Rohrbögen bis zum Schnittpunkt der Mittelachsen gemessen. Armaturen und Formstücke werden zusätzlich gerechnet.
	5.4	Abrechnung nach Masse – bei Stahlblechen und Bandstahl 8 kg/m² je 1 mm Dicke, – bei genormten Profilen die Masse nach den Angaben in den DIN-Normen mit einem Zuschlag von 2 % für Walztoleranzen, – bei anderen Profilen die Masse nach den Angaben in den Profilbüchern der Hersteller, – bei geschraubten, genieteten oder geschweißten Stahlkonstruktionen werden der ermittelten Masse 2 % zugeschlagen. – bei verzinkten Bauteilen oder Konstruktionen werden 5 % zugeschlagen.
18381	5.1	Zugrunde zu legen sind die Maße der Anlagenteile, Stücklisten dürfen herangezogen werden.
	5.2	Das Längenmaß wird in der Mittelachse gemessen. Dabei werden Rohrbögen bis zum Schnittpunkt der Mittelachsen gemessen. Armaturen und Formstücke werden zusätzlich gerechnet.
	5.3	Abrechnung nach Masse – bei Stahlblechen und Bandstahl 8 kg/m² je 1 mm Dicke, – bei genormten Profilen die Masse nach den Angaben in den DIN-Normen mit einem Zuschlag von 2 % für Walztoleranzen, – bei anderen Profilen die Masse nach den Angaben in den Profilbüchern der Hersteller, – bei geschraubten, genieteten oder geschweißten Stahlkonstruktionen werden der ermittelten Masse 2 % zugeschlagen, – bei verzinkten Bauteilen oder Konstruktionen werden 5 % zugeschlagen.

Abrechnungsgrundlagen

18382	5.1	Zugrunde zu legen sind die Maße der Anlagenteile.
	5.2	Kabel, Leitungen, Drähte, Rohre und Bauteile von Verlegesystemen werden nach der tatsächlich verlegten Länge in der Mittelachse gemessen. Verschnitt wird dabei nicht berücksichtigt.
18384	5.2	Leitungen, Erdleiter und Fangleiter werden nach der tatsächlich verlegten Länge gerechnet. Verschnitt wird dabei nicht berücksichtigt.
18385	5	Förderanlagen, Aufzugsanlagen, Fahrtreppen und Fahrsteige sind als Einheit, getrennt nach den jeweiligen technischen Daten der Anlagen, abzurechnen.
18386	5.1	Zugrunde zu legen sind die Maße der Anlagenteile. Wird die Leistung aus Zeichnungen ermittelt, dürfen Stück- und Belegungslisten, aktualisierte Funktionslisten und Systemprotokolle hinzugezogen werden.
	5.2	Kabel, Leitungen, Drähte, Rohre sowie Bauteiles von Verlegesystemen werden nach der tatsächlichen Länge gerechnet.
18421	5.1.1	Zugrunde zu legen sind – bei Dämmstoffschichten deren Maße, – bei Brandschutzbeschichtungen deren Maße, – bei Abschirmungen von Heiz- und Kühlzonen deren Maße, – bei Dämmungen mit Ummantelungen die Maße der Ummantelungen, – bei Ummantelungen deren Maße, – bei Brandschutzbekleidungen deren Maße. Wird die Leistung aus Zeichnungen ermittelt, dürfen Stücklisten hinzugezogen werden.
	5.1.2	Längen sind in Achsrichtung in der jeweils größten ausgeführten Länge zu messen.
	5.1.4	Bei Endstellen an Flanschen wird die Länge bis zur Mitte des Flanschenpaares, bei geschweißten Einbauten bis zur Schweißstelle gemessen.
	5.1.6	Bei Abrechnung nach Längenmaß wird bei konischen Rohren die halbe Länge jeweils den Maßen und Dämmstoffdicken oder Ummantelungsumfängen der anschließenden Rohre zugeordnet.

	5.1.7	Bei Rohrbündeln, deren Rohre einzeln gedämmt sind, wird die Dämmung jedes einzelnen Rohres gerechnet, die gemeinsame Ummantelung wird einmal gerechnet. Gleiches gilt für Brandschutzbekleidungen.
	5.1.10	Dämmstoffschichten, Ummantelungen und Brandschutzbekleidungen an Kanälen werden mit den Maßen der äußeren Oberfläche gerechnet. Die Oberfläche wird aus dem größten Umfang und der größten Länge ermittelt.
	5.1.11	Berechnungsmethodik bei Flächen kreisrunder Stirnseiten ohne deren zylindrische Teile
18451	5.1.1	Zugrunde zu legen sind die Maße der eingerüsteten Flächen.
	5.1.2	Als eingerüstete Fläche gelten die Flächen und Bauteile, für deren Bearbeitung oder Schutz ein Gerüst erstellt wird.
	5.1.3	Als Standfläche eines Gerüstes gilt die vom Gerüst überbaute Fläche zwischen den Einleitungspunkten der Lasten aus der Gerüstkonstruktion in das Bauwerk oder in den Baugrund.
	5.1.4	Die Höhe der Gerüste wird von deren Standfläche ausgehend gerechnet.
	5.1.5	Werden Gerüste der Höhe nach abschnittsweise auf- oder abgebaut, wird die Höhe je Abschnitt von der Standfläche der Gerüste bis zum jeweils obersten Gerüstbelag, zuzüglich 2 m, jedoch nicht höher als bis zur höchsten Stelle der eingerüsteten Fläche gerechnet.
	5.2	Berechnung bei Arbeitsgerüsten, Hänge- und Kletterbühnen.
	5.3	Berechnung bei Schutzgerüsten.
	5.4	Berechnung bei Wetterschutzgerüsten.
	5.5	Berechnung bei Raumgerüsten.
	5.6	Berechnung bei Traggerüsten.
	5.7	Berechnung bei Hängegerüsten.

Abrechnungsgrundlagen

	5.8	Berechnung bei Konsol-, Ausleger- und Bockgerüsten.
	5.9	Überbrückungen werden bei Abrechnung nach Längenmaß in der Länge des überbrückten Zwischenraumes gerechnet.
	5.10	Bei Abrechnung von Gerüstbekleidungen nach Flächenmaß wird die tatsächlich bekleidete Fläche gerechnet.
	5.11	Berechnung bei Gebrauchsüberlassung.
18459	5.1.1	Zugrunde zu legen sind die Maße der abzubrechenden Bauwerke und technischen Anlagen oder der Bauteile.
	5.1.2	Ist nach Masse abzurechnen, so kann diese durch Wiegen oder Berechnung ermittelt werden. Die Berechnung erfolgt durch Ermittlung des Raummaßes und unter Einbeziehung der Baustoffwichten.
	5.1.3	Bei Kernbohrungen beträgt die Mindest-Abrechnungslänge je Bohrloch 10 cm.
	5.1.4	Bei der Berechnung von Sägearbeiten nach Flächenmaß, ermittelt aus Schnittlänge und Schnitttiefe, ist bei Beton und Mauerwerk eine Schnitttiefe von mindestens 3 cm zugrunde zu legen.

Abrechnung

B. Übermessungs- und Abzugsregeln

DIN	Abschnitt	Inhalt
18300	5.3 5.5	Abgezogen werden bei Abrechnung nach Raummaß – Baukörper über 1 m³ Einzelgröße, – Leitungen, Sickerkörper, Steinpackungen und dergleichen mit einem äußeren Querschnitt größer 0,1 m².
	5.5.3	Durchdringungen über 1 m² Einzelgröße werden abgezogen bei Abrechnung nach Flächenmaß.
18303	5.3	Aussparungen für Leitungen und dergleichen bis 1 m² werden übermessen. Träger, Pfähle und dergleichen werden in der Achse des Verbaus übermessen.
18304	5.3	Bauelemente, die nicht ausgebaut werden können, werden ohne Minderung der Abrechnungsmenge beim Ziehen gerechnet.
18306	5.1	Bei Entwässerungskanälen und -leitungen aus vorgefertigten Rohren werden die lichten Weiten von Schächten abgezogen. Formstücke werden übermessen. Bei vorgefertigten Rohren mit Schachtaufsätzen, bei gemauerten sowie betonierten Kanälen werden die lichten Weiten der Schächte übermessen.
18307	5	Rohrverbindungen, Formstücke und Armaturen werden übermessen.
18308	5.2.1	Rohre und Bauteile mit einer mittleren Querschnittsfläche über 0,1 m² werden abgezogen (Abrechnung nach Raummaß).
	5.2.2	Aussparungen aufgrund von Einbauten und dergleichen über 1 m² Einzelgröße werden abgezogen (Abrechnung nach Flächenmaß).
	5.2.3	Schächte mit einer Nennweite über 1 m werden abgezogen. Formstücke werden übermessen und gesondert gerechnet (Abrechnung nach Längenmaß).
18309	5.2.3	Das Volumen von eingebauten Teilen wird nicht abgezogen.

	5.3	Unterbrechungen bei Störungen oder Verstopfungen werden bis 15 min nicht abgezogen. Darüber hinausgehende Unterbrechungen werden nicht berücksichtigt, sofern diese vom AN zu vertreten sind.
18312	5.3.4	Hohlräume innerhalb des Ausbruchsollprofils werden übermessen.
	5.4.1	Aussparungen, z. B. Öffnungen, Nischen bis 1 m² Einzelgröße werden bei der Betonsicherung übermessen.
	5.5	Aussparungen bis 0,25 m³ Einzelgröße werden beim Verfüllen übermessen.
18313	5.2	Aussparungen, Leitungen und Einbauteile werden übermessen.
	5.3	Durch Bewehrung und Einbauteile verdrängte Mengen werden nicht abgezogen.
18314	5.2	Die durch die Beehrung verdrängten Spritzbetonmengen werden nicht abgezogen.
	5.5	Abgezogen werden Aussparungen, z. B. Öffnungen, Nischen sowie einbindende Bauteile – über 1 m² (Abrechnung nach Flächenmaß), – über 0,25 m³ (Abrechnung nach Raummaß).
18315	5.2	Aussparungen oder Einbauten bis 1 m² Einzelgröße sowie Schienen werden übermessen (Abrechnung nach Flächenmaß).
	5.3	Der eingenommene Raum von Leitungen, Aussparungen oder Einbauteilen mit einer mittleren Durchdringungsfläche bis 1 m² wird übermessen (Abrechnung nach Raummaß).
18316	5.1	Aussparungen oder Einbauten bis 1 m² Einzelgröße sowie Schienen werden übermessen (Abrechnung nach Flächenmaß).
	5.3	Bei Abrechnung von Fugen nach Längenmaß werden Unterbrechungen der Fugen übermessen.

Abrechnung

18317	5	Aussparungen oder Einbauten bis 1 m² Einzelgröße sowie Schienen werden übermessen (Abrechnung nach Raum- oder Flächenmaß).
18318	5.7	Übermessen werden – Randfugen, – Fugen innerhalb des Pflasters, – Schienen, – Aussparungen oder Einbauten bis 1 m² Einzelgröße.
	5.9	Aussparungen oder Einbauten in Entwässerungsrinnen und Einfassungen über 1 m Einzellänge werden abgezogen (Abrechnung nach Längenmaß).
18319	5.1	Zwischenschächte werden übermessen.
18320	5.2	Abgezogen werden – Aussparungen über 100 m² Einzelfläche bei Nass- und Trockenansaaten, – Aussparungen über 2,5 m² Einzelfläche bei sonstigen Flächen, – Unterbrechungen über 1 m Länge (Abrechnung nach Längenmaß).
18321	5.1	Die Düslänge wird aus der planmäßigen Düsstrecke ermittelt.
	5.2	Die Fläche für das Beseitigen des Überprofils wird aus der Projektion der planmäßigen Sichtfläche ermittelt.
18322	5.2.1	Unterbrechungen unter 1 m Länge, Rohrverbindungen, Formstücke und dergleichen werden übermessen (Abrechnung nach Längenmaß).
	5.3.1	Aussparungen und Einbauten bis 1 m² Einzelgröße werden übermessen.
	5.3.2	Fugen werden übermessen. Schienen nur dann, wenn beidseitig der Schienen Flächen mit gleicher Befestigungsart liegen.
18326	5	Zwischenschächte, die überfahren werden, werden übermessen.
18330	5.1.3	Fugen werden übermessen.

Übermessungs- und Abzugsregeln

	5.1.7	Stürze, Rollladenkästen, Überwölbungen und Entlastungsbögen werden übermessen und mit ihren Maßen gesondert gerechnet.
	5.2.1	Abgezogen werden – Öffnungen und Durchdringungen über 2,5 m² Einzelgröße, dabei gelten jeweils die kleinsten Maße der Öffnung oder Durchdringung, – Nischen und Aussparungen, wenn das dahinterliegende Mauerwerk abgerechnet wird, – Aussparungen bei Bodenbeläge über 0,5 m² Einzelgröße, – Unterbrechungen mit einer Einzelbreite über 30 cm, – Unterbrechungen über 1 m Einzellänge (Abrechnung nach Längenmaß).
18331	5.1.1.2	Durch Bewehrung verdrängte Betonmengen werden nicht abgezogen. Einbetonierte Pfahlköpfe, Walzprofile und Spundwände ebenfalls nicht.
	5.1.1.6	Eingebaute Dämmstoffschichten werden bei Decken und Auskragungen übermessen.
	5.1.1.9	Nischen, Schlitze, Kanäle, Fugen und dergleichen werden übermessen (Abrechnung nach Flächenmaß).
	5.1.1.10	Formteile sowie vorkonfektionierte Knoten und Ecken werden bei Fugenbändern und dergleichen übermessen.
	5.1.2.1	Abgezogen werden bei Abrechnung nach Raummaß – Öffnungen über 0,5 m³ Einzelgröße, – Schlitze, Kanäle, Profilierungen über 0,1 m³ je m Längen, – durchdringende oder einbindende Bauteile über 0,5 m³ Einzelgröße, wenn sie baulich abgegrenzt sind, – Durchdringungen und Öffnungen über 2,5 m² Einzelgröße (Abrechnung nach Flächenmaß)
	5.2.1.1	Nischen, Schlitze, Kanäle, Fugen, eingebaute Dämmstoffschichten werden übermessen (Abrechnung der Schalung).

Abrechnung

	5.2.2	Abgezogen werden bei der Abrechnung der Schalung – Öffnungen, Durchdringungen, Einbindungen, Anschlüsse von Bauteilen über 2,5 m² Einzelgröße. Die kleinsten Maße sind zugrunde zu legen.
18332	5.1.3	Fugen werden übermessen. Bearbeitete Leibungen und Stirnflächen werden hinzugerechnet. Zwischenschichten bei zweihäuptigem Mauerwerk werden übermessen. Aussparungen, Ausnehmungen und Öffnungen an Einzelplatten werden übermessen.
	5.2.1	Abgezogen werden Öffnungen und Aussparungen in Bekleidungen und Belägen über 0,1 m² Einzelgröße.
	5.2.2	Unterbrechungen über 1 m Einzellänge werden abgezogen (Abrechnung nach Längenmaß).
	5.2.3	Öffnungen, Aussparungen, Nischen, einbindende, durchbindende und eingebaute Bauteile über 0,5 m³ Einzelgröße werden abgezogen, ebenso Schlitze und dergleichen über 0,1 m² Querschnittsfläche (Abrechnung nach Raummaß).
18333	5.1.2	Fugen werden übermessen.
	5.2.1	Abgezogen werden Aussparungen über 0,1 m² Einzelgröße (Abrechnung nach Flächenmaß).
	5.2.3	Unterbrechungen über 1 m Einzellänge werden abgezogen bei Abrechnung nach Längenmaß.
18334	5.1.1.5	Fugen werden übermessen.
	5.1.2 5.1.3 5.1.4	Aussparungen bis zu 2,5 m² Einzelgröße werden übermessen. Unmittelbar zusammenhängende verschiedenartige Aussparungen werden getrennt gerechnet. Bindet eine Aussparung anteilig in angrenzende, getrennt zu rechnende Flächen ein, wird zur Ermittlung der Übermessungsgröße die jeweils anteilige Aussparungsfläche gerechnet.
	5.1.6	In Böden werden Aussparungen bis 0,5 m² Einzelgröße übermessen.
	5.1.7	Bei Lattungen, Sparschalungen, Blindböden, Verschlägen und Bekleidungen aus Latten und dergleichen werden die Zwischenräume übermessen.

Übermessungs- und Abzugsregeln

	5.2.1	Abgezogen werden bei Abrechnung nach Flächenmaß – Aussparungen und Öffnungen über 2,5 m² Einzelgröße, in Böden über 0,5 m² Einzelgröße, – Unterbrechungen mit einer Einzelbreite über 30 cm.
	5.2.2	Abgezogen werden Unterbrechungen über 1 m Einzellänge (Abrechnung nach Längenmaß).
18335	5.2.1	Ausschnitte und einspringende Ecken werden übermessen.
18336	5.1.4	Fugen werden übermessen.
	5.2	Abgezogen werden – Aussparungen und Öffnungen über 2,5 m² Einzelgröße (Abrechnung nach Flächenmaß), – Unterbrechungen über 1 m Einzellänge (Abrechnung nach Längenmaß).
18338	5.1.1.2	Bohlen, Sparren und dergleichen werden übermessen.
	5.1.2	Fugen werden übermessen.
	5.1.5	Formstücke werden übermessen.
	5.2	s. DIN 18336, Abschnitt 5.2, hier gelten die gleichen Abzüge.
18339	5.3	Übermessen werden – Aussparungen und Öffnungen mit Einzelgrößen bis einschließlich 2,5 m², – Bohlen, Sparren und dergleichen bei Trenn- und Dämmschichten, – unbekleidete Rahmen, Riegel, Ständer, Unterzüge, Vorlagen und dergleichen mit Einzelbreiten bis einschließlich 30 cm in Flächen von Metall-Außenwandbekleidungen, – Unterbrechungen bis einschließlich 1 m Einzellänge, – Winkel und Bögen sowie Abzweige für Regenfallrohre. Diese werden gesondert gerechnet, – Überdeckungen und Überfälzungen bei geformten Blechen und Blechprofilen,

Abrechnung

		– Rinnenwinkel, Rinnenböden, Rinnenstutzen und Bewegungsausgleicher. Diese werden gesondert gerechnet.
18340	5.2	Zu den Abzügen s. DIN 18334, Abschnitt 5.2.1 und 5.2.2
	5.1.3	Fugen werden übermessen.
	5.1.6	Bei Bekleidungen und bekleideten Flächen werden Anschlüsse, Reduzieranschlüsse, Friese, Randfriese, offene Fugen, Vertiefungen, Verkofferungen und dergleichen bis 30 cm Breite übermessen und gesondert gerechnet.
18345	5.2	Zu den Abzügen s. DIN 18334, Abschnitt 5.2.1 und 5.2.2.
	5.1.3	Deckenprofile und Dekorelemente werden übermessen und gesondert gerechnet.
	5.1.2	Fugen werden übermessen.
18349	5.2.1	Kreuzungspunkte beim Bewehrungsstahl werden übermessen.
	5.2	Zu den Abzügen s. DIN 18334, Abschnitt 5.2.1 und 5.2.2.
18350	5.1.2	Fugen werden übermessen.
	5.1.6	In Decken, Wänden, Dächern, Schalungen, Wand- und Deckenbekleidungen, Vorsatzschalen, Dämmstoffschichten, Dampfbremsen sowie leichten Außenwandbekleidungen werden Aussparungen bis zu 2,5 m^2 übermessen.
	5.2	s. DIN 18334, Abschnitt 5.2.1 und 5.2.2 zu Abzügen.
18351	5.1.2	Fugen werden übermessen.
	5.2	Zu den Abzügen s. DIN 18334, Abschnitt 5.2.1 und 5.2.2.
18352	5.1.5	Eingesetzte Bordüren, Profilleisten, Zierplatten und Formteile, z. B. Seifenschalen, werden übermessen.
	5.2	Abgezogen werden – Aussparungen über 0,1 m^2 Einzelgröße (Abrechnung nach Flächenmaß),

Übermessungs- und Abzugsregeln

		Unterbrechungen über 1 m Einzellänge (Abrechnung nach Längenmaß).
18353	5.1.1 5.1.2	Fugen werden übermessen.
	5.2	Zu den Abzügen s. DIN 18352, Abschnitt 5.2.
18354	5.1.1	Fugen und Einbauteile werden übermessen.
	5.1.2	Bei der Ermittlung der Maße von Auffüllungen werden Fugen, Leitungen und Einbauteile übermessen.
	5.2	Zu den Abzügen s. DIN 18352, Abschnitt 5.2.
18355	5.2	Zu den Abzügen s. DIN 18334, Abschnitt 5.2.1 und 5.2.2.
	5.1.2	Fugen werden übermessen.
	5.1.4	In Decken- und Wandbekleidungen sowie leichten Außenwandbekleidungen werden Aussparungen bis 2,5 m^2 Einzelfläche übermessen.
	5.1.8	Bei Bekleidungen aus Latten, Brettern, Paneelen, Lamellen und dergleichen werden die Zwischenräume übermessen.
	5.1.3	Fußleisten und Konstruktionen bis 10 cm Höhe werden übermessen.
18356	5.1.1 5.1.3	Fugen werden übermessen.
	5.1.4	In Böden nachträglich eingearbeitete Teile, z. B. Intarsien, Markierungen, werden übermessen und gesondert gerechnet.
	5.2	Zu den Abzügen s. DIN 18352, Abschnitt 5.2.
18358	5.2	Fugen werden übermessen.
18360	5.2	Zu den Abzügen s. DIN 18336, Abschnitt 5.2.
18361	5.1.1	Bei Verglasungen mit Profilbauglas und lichtdurchlässigen Kunststoffplatten werden Sprossen und bewegliche Flügel übermessen. Bei Blei-, Messing- und Leichtmetallverglasungen werden die Metallfassungen übermessen.

Abrechnung

18363	5.1.2	Leisten, Sockelfliesen und dergleichen bis 10 cm Höhe werden übermessen.
	5.1.5	Gesimse, Lisenen, Eckverbände, Umrahmungen und Faschen von Füllungen oder Öffnungen werden unabhängig davon, ob sie behandelt wurden, übermessen.
	5.1.6	Verglasungen, Füllungen und dergleichen in Fenster, Türen, Trennwänden, Bekleidungen und dergleichen werden übermessen.
	5.1.12	Bei Rohrleitungen werden Schieber, Flansche und dergleichen übermessen und gesondert gerechnet.
	5.2	Zu den Abzügen s. DIN 18336, Abschnitt 5.2.
18364	5.1.4	Bei Abrechnung nach Längenmaß werden Kreuzungen, Überdeckungen und Durchdringungen übermessen.
	5.1.5	Bei Rohrleitungen werden auch Armaturen, Flansche und dergleichen übermessen, dabei werden Armaturen einschließlich ihrer Flansche sowie weitere Flansche einzeln nach Anzahl gerechnet.
	5.2	Zu den Abzügen siehe DIN 18352, Abschnitt 5.2.
18365	5.1.3	In Bodenbeläge nachträglich eingearbeitete Teile, z. B. Intarsien, Markierungen, werden übermessen und gesondert gerechnet.
	5.2	Zu den Abzügen s. DIN 18352, Abschnitt 5.2.
18366	5.1.2	Leisten und Sockelfliesen und dergleichen bis 10 cm werden übermessen.
	5.1.5	Gesimse, Umrahmungen und Faschen von Füllungen oder Öffnungen werden, unabhängig davon, ob sie behandelt werden, übermessen.
	5.2	Abgezogen werden Aussparungen über 2,5 m² Einzelgröße, Unterbrechungen mit einer Einzelbreite über 30 cm und bei Abrechnung nach Längenmaß Unterbrechungen über 1 m Einzellänge.
18367	5.1.3	Fugen werden übermessen.

Übermessungs- und Abzugsregeln

	5.1.4	In Böden nachträglich eingearbeitete Teile, z. B. Markierungen, Muster, werden übermessen und gesondert gerechnet.
	5.2	Zu den Abzügen s. DIN 18352, Abschnitt 5.2
18379	5.2	Ausschnitte für Luftdurchlässe und Stutzen werden nicht abgezogen.
18382	5.3	Elektrische Betriebsmittel und elektrische Bauteile werden übermessen und gesondert gerechnet.
18421	5.1.5	Übermessen und gesondert gerechnet werden bei Dämmstoffschichten, Ummantelungen und Brandschutzbekleidungen: – Abflachungen – Ausschnitte – Blenden, Rosetten, Deckel – Bogen – Einsätze – Endstellen – Endstellenausbildungen, z. B. Stoßkappen – Hosenstücke – Knicke – konische Bogen und Konusse – Kreisringe – Manteleinschnürungen – Passstücke – Regenabweiser – Stirnseiten – Stutzen – Tragkonstruktionen – Trennungen der Ummantelungen und Brandschutzbekleidungen – Übergangsstücke
	5.1.9	Bei Abrechnung nach Flächenmaß werden Ausschnitte, die erst bei oder nach der Montage ausgearbeitet werden können, unabhängig von ihrer Größe übermessen und gesondert gerechnet.
	5.2	Abgezogen werden – Unterbrechungen von mehr als 270 mm Länge – Längen zwei hintereinander liegender Einbauten mit Gewindeverbindungen

		– Aussparungen und Ausschnitte über 0,5 m² Einzelfläche, ausgenommen Ausschnitte nach Abschnitt 5.1.9 – Volumen von Rohren mit einem äußeren Durchmesser von mehr als 12 cm – sonstige Leitungen mit einem Querschnitt von mehr als 125 cm² – bei Brandschutzabschottungen werden Durchdringungen nicht abgezogen.
18451	5.2.1	Öffnungen in der eingerüsteten Fläche werden unabhängig von ihren Maßen übermessen.
18459	5.1.3	Unterbrechungen bei Kernbohrungen bis 15 cm in der Bohrtiefe werden übermessen.
	5.2.1	Aussparungen über 0,5 m³ Einzelgröße bei Abrechnung nach Raummaß werden abgezogen.
	5.2.2	Aussparungen über 2,5 m², in Böden über 0,5 m² Einzelgröße werden abgezogen, Unterbrechungen mit einer Einzelbreite werden ebenfalls abgezogen, ebenso Unterbrechungen über 0,1 m² Einzelgröße bei Abrechnung nach Schnittfläche und über 1 m Einzellänge bei Abrechnung nach Längenmaß, außer bei Kernbohrungen.

Stichwortverzeichnis

(Die Zahlen verweisen auf die jeweiligen Randnummern)

Abnahme
- -reife 672
- Beweislastumkehr 600
- fiktive 285
- Gewährleistungsrechte 532 ff.
- Mangelfreiheit 560 ff.
- Nutzung vor 285
- Prüfnachweise 659
- Teilabnahme 642
- Vergütungsgefahr 695
- Werklohnfälligkeit 672

Abnutzung
- Abgrenzung zum Mangel 574 f.

Abrechnung
- AGB 720
- Begriff 705 ff.
- BGB-Bauvertrag 715
- nach Flächenmaß 727
- individuelle Vereinbarung 720
- nach Längenmaß 727
- Pauschalvertrag 704
- -pläne 722
- Vorgaben 703 ff.
- -zeichnung 402

Absperrmaßnahmen 691

Allgemeine Geschäftsbedingungen (AGB)
- Abrechnungsregeln 29
- AGB-Recht 115 ff.
- Begriff 115
- Einbeziehung 118 ff.
- Inhaltskontrolle 124 ff.
- Unwirksamkeit 132 ff.
- VOB/C und ATV 78

Allgemeine Technische Vertragsbedingungen (ATV)
- Anerkannte Regeln der Technik 82 ff., 108
- Abrechnung 299
- Ausführung 268 ff.
- Auslegung 28 f.
- außerhalb der VOB/C 207
- baugewerbliche Verkehrssitte 92, 105
- Baustelle 266 ff.
- Begriff 44 ff.
- Einbeziehung 97 ff.
- Einzelangaben bei Abweichung 290 ff.
- Entstehung 66 ff.
- Geltungsbereich 139 ff.
- Klauselkontrolle 130
- Umfang innerhalb VOB/C 177 ff.

Anerkannte Regeln der Technik (a. R. d. T.)
- Änderung 562
- Begriff 83
- Definition 546
- DIN-Normen 215 ff.
- Mangelfreiheit 545, 604
- Mindeststandard 605 ff.
- technische Regelwerke 218 f., 550 ff.
- Vermutung und Beweislast 16, 602 ff.
- VOB/C 51, 79 ff.
- Vorrang 557 ff.

Anzeigepflicht siehe Pflicht
Arbeitsbeschränkung 271
Arbeitsplatz 256
Arbeitsschutz 249, 256, 422
Arbeitsunterbrechung 271
Aufbereitung 281
Aufenthaltsräume 10, 198, 256
Aufklärungspflicht siehe Pflicht
Aufmaß 402, 706
Aufzugsanlagen 177, 293, 436 ff., 464, 657, 679, 682

Auslegungshilfe
- VOB/C 93 f., 145

Stichwortverzeichnis

Ausführung
- Funktionstauglichkeit 5 f.
- -planung 458 ff.
- -unterlagen 452 ff.

Ausschreibung
- Besondere Leistungen 297
- Leistungsumfang 17 ff.
- Schadstoffbelastung 26 ff.
- VOB/A 223

Aussparung
- -pläne 473 ff.
- Vereinfachungsregeln 726

Aufwendungsersatz 535

Baugelände 234, 258

Baugrube
- Absicherung 24 f., 369
- Baugelände 234
- Bauverfahren 213 f.
- DIN-Vorschriften 14 ff.
- Standsicherheitsnachweis 413
- Verfüllung 662

Baugrund
- Angaben 257 f.
- Beweislastregeln 619 ff.
- Baugrunderkundung 214
- Baugrundrisiko 134, 257, 620
- Beschreibung 376 ff.
- Mehraufwand 356
- Bereitstellung 698

Baugrundstück
- Begriff 235
- Schadstoffe 524 f.
- Sicherung 235

Baunormen-Katalog 216

Baustelle
- Angaben 232 ff.
- Baustellenverordnung 260
- Begriff 233 f.
- Besichtigungsklauseln 248
- Deponiebaustelle 243
- Einrichten 295
- Kanalisation 255
- Leistungsbeschreibung 150, 153, 225, 228 ff., 236 ff.
- Linienbaustelle 242, 245
- Räumen 295
- Transportwege und -einrichtungen 253
- Umgebungsbedingungen 237 ff.
- Verkehrssicherungspflicht 625
- Verkehrssituation 245
- Wasser und Energie 255

Baustoffe
- siehe auch Bauteile
- Prüfnachweise 658
- Prüfpflicht des Auftragnehmers 491 ff.
- Rechtsmängelhaftung 594, 638
- Vorgaben der VOB/C 162 f.
- Zulassung 594

Bauteile
- Haftungsausschluss 147
- Bausoll und Leistungsumfang 162 f., 360 ff., 518
- Nachweise 664
- Prüfpflicht des Auftragnehmers 483 ff.
- Schadstoffe 524
- Schutz 689
- Systemzulassung 582

Bauüberwachung
- Befugnisse des Auftraggebers 700 f.
- Sachmängelhaftung 577
- Qualitätssicherung 698

Bauvertrag
- Bauvertragstypen 97 ff.
- BGB-Bauvertrag 51, 103 ff., 354, 396, 715
- VOB-Bauvertrag 98 ff., 631, 684

Bedenkenhinweis siehe Pflicht

Bedienungsanleitung 641 f., 680 ff.

Bemusterung 193 ff., 645 ff.

Besichtigungsklausel 248

Besondere Leistungen
- Allgemeines 166 ff.
- Bausoll 353 ff.
- Leistungsbeschreibung 295 ff.
- Prüfnachweise 658 ff.
- Dichtigkeitsprüfungen 669

Bestandspläne 411, 673 677 f.
Betonbau 189, 412, 499
Betonwerksteinarbeiten 181, 407, 584 f., 593, 653, 690 f.
Beweislast
– Allgemeines 595 ff.
– Anscheinsbeweis 16, 618 ff.
– Baugrundrisiko 620
– Besondere Beweislastregeln 617 ff.
– Beweisvereitelung 601
– Mängel 599 ff.
– Missachtung DIN-Vorschriften 14 ff.
– Umkehr 16, 601, 618
– Vermutung 602 ff.
Bewilligung
– öffentlich-rechtliche 624 ff.
Blitzschutzanlagen 177, 262, 429 ff., 667, 678
Boden 376 ff.
Bodenbelagsarbeiten 140, 177, 202, 652, 665, 691
Darlegungslast siehe Beweislast
Deponiebaustelle siehe Baustelle
DIN-Vorschriften
– Begriff und Entstehung 44 ff.
– Fach-DIN-Normen 206 ff.
– Mangelfreiheit 545 ff.
– Umfang 177
Dokumentationspflicht siehe Pflicht
Durchbruchpläne 473 ff.
Einheitspreisvertrag
– Abrechnung 29, 705 ff.
– Begriff 97
Einweisung 641, 680 ff.
Einzelangaben
– Abweichungen von ATV 290 ff.
– Leistungsbeschreibung 150
– Neben- und besondere Leistungen 295 ff.
Entwässerungsanlagen 211, 268, 331, 424, 465,
Erdbauwerke 213, 663

Erlaubnis
– siehe auch Bewilligung
– Besondere Leistung 423
– Betriebserlaubnis 428, 439
– Herbeiführung durch Auftraggeber 412, 423, 630 ff.
– Rechtsmangel 638
Ersatzvornahme 535, 601
Erschwernisse 272
Fachkunde 633 f.
Fahrtreppen siehe Aufzugsanlagen
Fahrsteige siehe Aufzugsanlagen
Fels siehe Boden
Flächenmaß siehe Abrechnung
Förderanlagen siehe Aufzugsanlagen
Geltungsbereich
– ATV 139 ff.
– VOB/C 155 ff.
Geltungsreihenfolge
– Beschaffenheit 544
– Leistungsbeschreibung 149
– Widersprüche 111 ff., 142, 557 ff.
Genehmigung
– siehe auch Bewilligung
– Bauprodukte und -verfahren 208
– Einholung 630 ff.
– Fehlen 629
– Typengenehmigung 422
Genehmigungsunterlagen 412 ff.
Gerüste
– -bauarbeiten 94
– Bausoll 194 ff.
– Neben- und besondere Leistung 343 ff.
– Genehmigung 276, 421 ff.
– Vorgaben 125, 347
– Zusatzvergütung 2 ff., 95 ff.
Gewohnheitsrecht 85, 145
Haftungsausschluss 493, 518 ff.
Handelsbrauch 86 ff., 145, 715
Informationspflicht siehe Pflicht
Inhaltskontrolle siehe AGB
Kanalisation siehe Baustelle
Klauselkontrolle 129 ff.

Kontamination
- Angaben zur Ausführung 272
- Leistungsbeschreibung 26 f.

Kündigung
- Androhung 533
- des Auftragnehmers 318

Längenmaß siehe Abrechnung

Leistungsbeschreibung
- Abgrenzung Zusatzvergütung 2 ff.
- Aufstellen 149 ff., 221 ff.
- Pauschalpreisvertrag 17 ff.
- Sachmangel 5 ff.
- Schadstoffbelastung 26 f.

Leistungsverweigerungsrecht 338, 625

Linienbaustelle siehe Baustelle

Mangel
- Anerkannte Regeln der Technik (a. R. d. T.) 545 ff.
- Begriff 538 ff.
- Beweislast 599 ff.
- DIN-Vorschriften 9 ff., 23, 602 ff.
- Erfolgshaftung 5 ff., 8, 569 ff.
- Haftungsausschluss 537
- Haftungsbefreiung 518 ff.
- Klauselverbote 132
- Mängelrechte des Auftraggebers 528 ff.
- Rechtsmängelhaftung 594, 637 ff.
- Relevanter Zeitpunkt 560 ff.
- Verjährung 672

Mängelbeseitigung
- nach Abnahme 535
- Nacharbeit 500
- vor Abnahme 533
- Zusatzvergütung 564

Mängelrechte siehe Mangel

Mauerarbeiten 176 f., 196, 420

Mengenermittlung 169, 203, 708, 711 ff.

Metallbauarbeiten 177, 205, 265, 304, 410, 440 ff., 475, 657

Minderung 535

Mindeststandard
- Anerkannte Regeln der Technik (a. R. d. T.) 80, 105, 542, 558, 605 ff.
- Mangelfreiheit 545

Mitverschulden 520, 634

Mitteilungspflicht siehe Pflicht

Mitwirkungspflicht siehe Pflicht

Montageanleitung 550

Muster 645 ff.

Nachträge 19, 223, 248

Nachunternehmer 101, 215, 454

Nachweise
- Standsicherheit 25, 412 ff.
- Prüfnachweise 658 ff.

Nebenleistungen
- Allgemein 166 ff.
- Bausoll 339 ff.
- Leistungsbeschreibung 295 ff.
- Zusatzvergütung 2 ff.

Niederschlagswasser 350

Obliegenheiten 318, 643, 696 ff.

Pauschalvertrag 97, 298, 704

Pflichten
- Anforderung 373
- Anzeige 439
- Aufklärung 525, 633, 641
- Bedenkenhinweis 483 ff., 537, 577, 590, 641
- Dokumentation 332 ff., 402
- Hinweis 21 ff., 134, 483 ff., 625
- Information 319 ff., 469
- Kooperation 134, 315 ff.
- Lieferung 373
- Mitteilung 487, 523 ff.
- Mitwirkung 116, 145, 316, 319, 326 ff., 523 ff., 630, 641 ff., 696 ff.
- Prüfung 21 ff, 483 ff., 537, 577, 625, 663
- Rücksichtnahme 223
- Rüge 316
- Schutz 531, 641 ff.
- Überwachung 272
- Verkehrssicherung 194, 625

Planungsaufgaben
- des Auftragnehmers 395 ff.

Proben siehe Muster
Prüfnachweise 526, 641 658 ff.
Prüfpflicht siehe Pflicht
Putzarbeiten 205, 522, 590
Qualitätssicherung
– Bauüberwachung 700 f.
– Begriff 528 ff.
– Bestandszeichnungen 672
– Maßnahmen 577 ff.
– Mitwirkung des Auftraggebers 643, 696 ff.
– Mitwirkung des Auftragnehmers 641 ff.
– Revisionszeichnungen 672
Rechtsmängel siehe Mängel
Reifenwaschanlage 244
Revisionspläne 641, 672 ff.
Rücktritt 535
Schadensersatz
– Beweislast 14 ff.
– Fehlen der Genehmigung 631 ff.
– Lärm- und Staubemissionen 239
– Mängel 535
– Nebenpflichtverletzung 521 f.
– untaugliches Bauprodukt 495
– Verhütung von Schäden 578 ff.
Schalungen 212
Schlitzpläne 473 ff.
Schlüsselfertigbau 638
Schutzausrüstung 249
Schutzmaßnahmen
– Maßnahmen gemäß § 4 Abs. 5 VOB/B 684 ff.
– Schallschutz bei Wohnraum 10 ff.
– Schutzgerüste 194
– Witterung 350, 694
Schutzpflicht siehe Pflicht
Spritzbetonarbeiten 189, 276, 310, 488, 664
Stahlbauarbeiten 177, 197, 305, 409, 440 ff., 460, 671
Standsicherheit
– Ausschachtungsarbeiten 15 f.
– Baugrube 24 f., 214
– Nachweise 412 ff.

Statik
– DIN-Vorschrift 211
– Spundwand 24 f.
– Vorstatik 37
Stoffe siehe Baustoffe
Technische Ausrüstung 424, 436, 482
Technische Regelwerke 13, 218 ff., 614
Übermessungsregeln 715
Überwachungspflicht siehe Pflicht
Übung
– tatsächliche 85
– baugewerbliche 86 ff., 715
Umgebungsbedingungen siehe Baustelle
Umweltbelastung 249
Umweltschutz 259
Untertagebauarbeiten 177, 276, 393, 420, 457
Vergabeverordnung (VgV) 77, 100
Verglasungsarbeiten 177, 202, 262, 293, 593, 656, 724
Vergütung
– Abrechnung 709
– -gefahr 695
– Sowieso-Kosten 6
– unwirksame Klauseln 134
– zusätzliche (siehe Zusatzvergütung)
Verkehrsregelungen 275
Verkehrssicherungspflicht
– siehe Pflicht
– siehe Baustelle
Verkehrssitte
– ATV 51, 145
– Ausführungsunterlagen 453
– Auslegungsmaßstab 28 ff., 713 ff.
– Baubehelfe 418
– Genehmigungsunterlagen 451
– Planungspflichten 398
– Vergütung 354, 715
– VOB/B 105, 107
– VOB/C 86 ff.
Vermutung siehe Beweislast

Verschleiß siehe Abnutzung
Verschmutzung
- Beseitigung 349, 593
- Schutzmaßnahmen 689 ff.

Verschulden
- Beweislast 620
- Mängelhaftung 494, 518, 535

VOB-Bauvertrag siehe Bauvertrag
VOB/A 27, 100
VOB/B 129 ff.
VOB/C
- Allgemeines 44 ff.
- Einbeziehung 95 ff.
- Geltungsumfang 111 ff.
- Rechtsnatur 71 ff.
- Systematik 146 ff.

Vorleistungen
- Haftungsausschluss 518
- Prüfpflichten des Auftragnehmers 483, 489, 497 ff., 515, 520

Wartung 575, 577, 641, 680 ff.
Werkerfolg
- Bauvertrag als Werkvertrag 314
- Erfolgshaftung 570 ff.
- Qualität 528

Werklohnanspruch
- Fälligkeit 672
- Sicherung 235

Witterung siehe Schutzmaßnahmen
Zusatzvergütung
- Abgrenzung 2 ff., 19, 166
- Ausführungsunterlagen 453
- besonderes Verlangen gemäß § 2 Abs. 9 VOB/B 398
- BGB-Bauvertrag 354 ff.
- ersparte Aufwendungen 282
- Fehlkalkulation 5
- gebrauchte Baustoffe 367 f.
- Genehmigungsunterlagen 412 ff.
- Gerüst 2 ff., 95 ff.
- Inhaltskontrolle 124 f., 134
- Kontamination 26 f.
- Sowieso-Kosten 6
- Standsicherheitsnachweis 25, 412 ff.
- Verkehrsregelungen 275